Rechtsschutz bei Verletzung von Verfahrensgrundrechten
und bei Untätigkeit der Gerichte

Europäische Hochschulschriften

Publications Universitaires Européennes
European University Studies

Reihe II
Rechtswissenschaft

Série II Series II
Droit
Law

Bd./Vol. 5332

PETER LANG
Frankfurt am Main · Berlin · Bern · Bruxelles · New York · Oxford · Wien

Vanessa Pickenpack

Rechtsschutz bei Verletzung von Verfahrensgrundrechten und bei Untätigkeit der Gerichte

PETER LANG
Internationaler Verlag der Wissenschaften

Bibliografische Information der Deutschen Nationalbibliothek
Die Deutsche Nationalbibliothek verzeichnet diese Publikation in der Deutschen Nationalbibliografie; detaillierte bibliografische Daten sind im Internet über http://dnb.d-nb.de abrufbar.

Zugl.: Göttingen, Univ., Diss., 2011

Gedruckt auf alterungsbeständigem,
säurefreiem Papier.

D 7
ISSN 0531-7312
ISBN 978-3-631-63762-3

www.peterlang.de

Vorwort

Diese Arbeit wurde im April 2011 von der Georg-August-Universität in Göttingen zur Promotion angenommen. Ihre Publikation schließt die Bearbeitung eines Themas ab, das in den letzten Jahren von starken Entwicklungen geprägt war; diese sind erst durch Inkrafttreten des *Gesetzes über den Rechtsschutz bei überlangen Gerichtsverfahren und strafrechtlichen Ermittlungsverfahren* am 3. Dezember 2011 zum Stillstand gekommen. Die Arbeit ist auf dem Bearbeitungsstand von Oktober 2010. Die Ergebnisse des zweiten Teils dieser Arbeit basieren auf der Fassung des Regierungsentwurfs vom 18. August 2010. Die in Kraft getretene Fassung ist in einem Nachtrag berücksichtigt.

Mein Dank gilt meinem Doktorvater Herrn Prof. Dr. Volker Lipp, vor allem für die Anregung, die hier behandelten Themenbereiche zu kombinieren, außerdem für die flexible Betreuung der externen Promotion und die zügige Erstellung des Erstgutachtens.

Herrn Prof. Dr. Martin Ahrens danke ich für die ebenfalls zügige Erstellung des Zweitgutachtens.

Darüber hinaus möchte ich mich herzlich bei allen bedanken, die mich während des Promotionsvorhabens unterstützt, motiviert und dadurch maßgeblich zum Gelingen und zum Abschluss dieser Arbeit beigetragen haben, ganz besonders bei meinen Eltern und meinen Bruder Stefan.

Köln, im März 2012

Inhaltsverzeichnis

Einleitung

Jeder hat einen Anspruch auf Zugang zu und Rechtsschutz durch ein Gericht. Der Anspruch ist Konsequenz der Bindung an Recht und Gesetz. Als Ausgleich für das Verbot der Selbsthilfe erhält jeder Einzelne einen Anspruch auf Klärung von Rechtsstreitigkeiten durch unabhängige Gerichte. Dieses Prinzip ist aber nur funktionsfähig, wenn und soweit der Rechtsschutz in einem formell ordnungsgemäßen Verfahren gewährt wird und bestimmte rechtsstaatliche Mindeststandards eingehalten werden. Diese Mindeststandards sind – ebenso wie der Zugang zu den Gerichten – durch die Verfahrensgrundrechte garantiert. Das Recht auf eine angemessene Verfahrensdauer, der Anspruch auf rechtliches Gehör und auf den gesetzlichen Richter, der Anspruch auf Waffengleichheit und das allgemeine Willkürverbot sind Grundvoraussetzungen eines tatsächlich wirksamen Verfahrens und durch die deutsche Verfassung sowie auch durch die EMRK garantiert. Umgekehrt gewährt ein unter Verletzung dieser Standards durchgeführtes Verfahren keinen (wirksamen) Rechtsschutz.

Angesichts der Bedeutung der Verfahrensgrundrechte stellt sich in besonderem Maße die Frage, welche Konsequenzen ihre Verletzung durch ein Gericht hat. Besteht auch dann ein Anspruch auf Zugang zu und Rechtsschutz durch ein Gericht und müssen auch Verfahrensgrundrechtsverletzungen einer gerichtlichen Überprüfung unterliegen? Das BVerfG hatte lange Zeit vertreten, dass das Grundgesetz nur Rechtsschutz durch, aber nicht gegen den Richter gewähre und der Gesetzgeber daher nicht zur Einrichtung eines Instanzenzuges verpflichtet sei. War kein fachgerichtlicher Rechtsschutz (mehr) statthaft, konnten Verfahrensgrundrechtsverletzungen also nur mit der Verfassungsbeschwerde gerügt werden. Da von dieser Möglichkeit vermehrt Gebrauch gemacht wurde, war das ohnehin überlastete BVerfG mit einer Flut von Verfassungsbeschwerden wegen Verfahrensgrundrechtsverletzungen konfrontiert. Mit einer ähnlichen Situation war der EGMR konfrontiert. Nach seiner ständigen Rechtsprechung war Art. 13EMRK subsidiär zu Art. 6 Abs. 1 EMRK und begründete deshalb bei Verletzungen der Verfahrensgarantien keinen Anspruch auf einen wirksamen innerstaatlichen Rechtsbehelf. Deshalb konnten Verletzungen der durch Art. 6 Abs. 1 EMRK garantierten Verfahrensgrundrechte häufig nur mit der Individualbeschwerde zum EGMR geltend gemacht werden.

Aus dieser Lage versuchten sich sowohl der EGMR als auch das BVerfG durch eine Kehrtwende in ihrer Rechtsprechung zu befreien. Den Anfang machte der EGMR mit seiner Entscheidung vom 26.10.2000 im Fall *Kudla* gegen Polen[1]. Darin stellte er klar, dass Art. 13 EMRK einen Anspruch auf eine innerstaatliche Beschwerde auch gegen Verletzungen des Anspruchs auf ein Verfahren

1 EGMR NJW 2001, 2694 ff (*Kudla*./.Polen).

innerhalb angemessener Dauer nach Art. 6 Abs. 1 EMRK gewähre. Kurze Zeit später kippte das BVerfG – bezogen auf Verletzungen des Anspruchs auf rechtliches Gehör – den Grundsatz „kein Rechtsschutz gegen, sondern nur durch den Richter". In seiner Plenarentscheidung vom 30.04.2003[2] erklärte er, dass der allgemeine Justizgewährleistungsanspruch einen Anspruch auf fachgerichtliche Überprüfung erstmaliger Verletzungen gewähre und forderte den deutschen Gesetzgeber zur Umsetzung dieser Vorgabe auf. Dieser Forderung entsprach der Gesetzgeber mit dem sog. Anhörungsrügengesetz vom 14.12.2004 und führte einen Rechtsbehelf zur Rüge von Verstößen gegen den Anspruch auf rechtliches Gehör in die deutschen Verfahrensordnungen ein. Die *Kudla*-Entscheidung des EGMR führte außerdem zu Bemühungen um die Einführung eines Rechtsbehelfs gegen überlange Verfahrensdauer.

Mit der Einführung von Rechtsbehelfen gegen Verletzungen des Anspruchs auf rechtliches Gehör und das Recht auf eine angemessene Verfahrensdauer sind jedoch längst nicht alle durch den Plenarbeschluss des BVerfG und die *Kudla*-Entscheidung sowie auch die nachfolgenden Entscheidungen des EGMR zum Rechtsschutz bei überlanger Verfahrensdauer aufgeworfenen Fragen geklärt. Dies gilt vor allem für die zentrale Frage, ob die jeweiligen Entscheidungsgrundsätze auf Verletzungen der anderen Verfahrensgrundrechte übertragbar sind und auch in solchen Fällen der allgemeine Justizgewährungsanspruch und die EMRK Rechtsschutz fordern. Offen sind zudem die verfassungs- und EMRK-rechtlichen Anforderungen an die Ausgestaltung des Rechtsschutzes gegen Verfahrensgrundrechtsverstöße und deren Umsetzung im deutschen Rechtsbehelfssystem.

Diese Fragestellungen werden im ersten Teil für den Rechtsschutz bei Verletzungen von Verfahrensgrundrechten untersucht, vor dem Hintergrund des Plenarbeschlusses vom 30.04.2003 vornehmlich unter verfassungsrechtlichen Aspekten. Demgegenüber steht im Mittelpunkt des zweiten Teils die Untersuchung mit Blick auf den Rechtsschutz bei Untätigkeit von Zivilgerichten, im Licht der Rechtsprechung des EGMR in Sachen Kudla sowie den nachfolgenden Entscheidungen zum Rechtsschutz bei überlanger Verfahrensdauer vor allem, wenn auch nicht ausschließlich, unter EMRK-rechtlichen Gesichtspunkten. Erst im dritten Teil wird der thematische Zusammenhang vollständig hergestellt, indem die Parallelen in der Entwicklungsgeschichte der Rechtsprechung des EGMR und des BVerfG sowie zwischen den verfassungs- und EMRK-rechtlichen Anforderungen vollständig aufgezeigt und damit die Fragestellungen abschließend beantwortet werden.

---

2 BVerfGE 107, 395 ff.; BVerfG NJW 2004, 1924 ff.

Teil 1: Rechtsschutz bei Verletzung von Verfahrensgrundrechten durch das Gericht

§ 1 Einleitung

I. Problemaufriss

Mit der Einführung der sog. Anhörungsrüge durch das Gesetz zur Reform des Zivilprozesses[3] im Jahr 2002 gab der Gesetzgeber den Fachgerichten erstmals die Möglichkeit, Verletzungen eines Verfahrensgrundrechts auf einen speziellen Rechtsbehelf hin selbst zu abzuhelfen. Zuvor konnten Verfahrensgrundrechtsverletzungen teilweise im Rahmen des gesetzlichen Rechtswegs, etwa mit der Berufung, der Revision oder der Beschwerde, geltend gemacht und korrigiert werden. Allerdings bot und bietet die Zivilprozessordnung weder lücken- noch endlosen Rechtsschutz. War ein Rechtsbehelf gegen eine Entscheidung im Gesetz nicht vorgesehen, konnte das betreffende Gericht seinen Fehler wegen der Bindungswirkung des § 318 ZPO deshalb auch dann nicht korrigieren, wenn es sich dabei um die Verletzung eines Verfahrensgrundrechts handelte. So verblieb dem Rechtsuchenden in vielen Fällen nur der Gang zum BVerfG.

Das BVerfG sah sich daher einer Flut von Verfassungsbeschwerden ausgesetzt, die insbesondere die Rüge der Verletzung des Anspruchs auf rechtliches Gehör zum Gegenstand hatten. Um dem Einhalt zu gebieten, forderte das BVerfG schon früh die Selbstkontrolle der Fachgerichte bei Verletzungen von Verfahrensgrundrechten[4]. Dieser Forderung entsprachen die Fachgerichte auch, indem sie die in der Zivilprozessordnung vorgesehenen Rechtsbehelfe über ihren Anwendungsbereich hinaus ausdehnten und mit Hilfe solcher außerordentlichen, d.h. im Gesetz nicht geregelten, Rechtsbehelfe auch unanfechtbare Urteile und Beschlüsse einer fachgerichtlichen Korrektur zuführten. Dabei spielten vor allem die außerordentliche Beschwerde und die Gegenvorstellung eine große Rolle.

Weder mit der Einführung des § 321 a ZPO noch mit der Erweiterung der Vorschrift im Jahr 2004 hat sich die Frage des Rechtsschutzes bei Verfahrensgrundrechtsverletzungen abschließend geklärt. Vielmehr wirft die Beschränkung des Anwendungsbereichs auf Verletzungen des Anspruchs auf rechtliches Gehör die Frage auf, ob Verletzungen anderer Verfahrensgrundrechte weiterhin mit den außerordentlichen Rechtsbehelfen gerügt werden können, oder ob in diesen Fällen eine analoge Anwendung des § 321 a ZPO möglich ist. Für Kontroversen sorgen vor allem der Plenarbeschluss des BVerfG vom 30.04.2003[5] und die

---

3 BT- Drucks. 14/4722.

4 BVerfGE 47, 182 (190 f.); 70, 180 (185 f.); 78, 58 (68 f.).

5 BVerfGE 107, 395 ff.; NJW 2004, 1924 ff.

Regierungsbegründung zum Anhörungsrügengesetz 2004. Denn die Kernaussage des Plenarbeschlusses, wonach gegen erstmalige Verletzungen des Anspruchs auf rechtliches Gehör eine mindestens einmalige Überprüfung durch die Fachgerichte im geschriebenen Recht vorgesehen sein müsse, steht im Widerspruch zu der Aussage des Gesetzgebers, der in der Begründung zum Anhörungsrügengesetz erklärte, er gehe davon aus, dass Verletzungen anderer Verfahrensgrundrechte auch weiterhin mit der außerordentlichen Beschwerde oder der Gegenvorstellung gerügt werden können[6].

Letztlich stellen sich daher folgende Kernfragen: Garantiert der Justizgewährungsanspruch Rechtsschutz tatsächlich nur bei Verletzungen des Anspruchs auf rechtliches Gehör durch ein Gericht oder gilt dieselbe Gewährleistung auch bei Verstößen gegen andere Verfahrensgrundrechte? Lassen sich Verstöße gegen andere Verfahrensgrundrechte innerhalb des gesetzlichen Rechtsbehelfssystems korrigieren, so dass dem Erfordernis der Rechtsmittelklarheit entsprochen wird? Oder müssen die Anforderungen an die Rechtsmittelklarheit aufgegeben werden, weil der Rechtsschutz gegen Verletzungen anderer Verfahrensgrundrechte tatsächlich nur durch außerordentliche Rechtsbehelfe gewährt werden kann?

II. Gang der Untersuchung

Ausgangspunkt der Untersuchung ist die Frage, unter welchen Voraussetzungen Verletzungen von Verfahrensgrundrechten mit den derzeit vorhandenen Rechtsbehelfen und Rechtsmitteln korrigiert werden können. Daraus ergibt sich gleichzeitig, in welchen Fällen das Gesetz der Überprüfung Grenzen setzt und wann weitergehender Bedarf nach (außerordentlichem) Rechtsschutz bei Verstößen gegen Verfahrensgrundrechte besteht (§ 2). Wie dieser Bedarf derzeit gedeckt werden kann, lässt sich nur mit Blick auf die Entwicklung der Gesetzes- und Rechtslage vor und seit Einführung des § 321 a ZPO und die Entwicklung des außerordentlichen Rechtsschutzes klären. Ausgehend von der Rechtslage vor Inkrafttreten des Zivilprozessreformgesetzes 2002 werden deshalb die Reaktionen der Rechtsprechung, der Literatur und auch des Gesetzgebers nachgezeichnet und bis zum heutigen Diskussionsstand nachvollzogen (§ 3). Auf der Grundlage des Plenarbeschlusses des BVerfG wird sodann herausgearbeitet, ob es heute noch außerordentliche Rechtsbehelfe gibt bzw. geben muss (§ 4). Außerdem wird der Standpunkt des Gesetzgebers anhand der Gesetzesbegründungen zum Zivilprozessreformgesetz und zum Anhörungsrügengesetz ermittelt. Damit wird der Grundstein für die Untersuchung der verschiedenen Lösungsansätze gelegt, die der Frage nachgeht, ob die verfassungsrechtlichen Vorgaben für den Rechtsschutz bei Verletzung von Verfahrensgrundrechten bereits im gesetzlichen Rechtsbehelfssystem umgesetzt sind (§ 5). Die

6 BT-Drucks. 15/3706, S. 14.

praktischen Konsequenzen der erarbeiteten Lösung werden in § 6 untersucht. Abschließend werden die im ersten Teil gewonnenen Erkenntnisse in § 7 zusammengefasst.

§ 2 Gesetzlicher Rechtsschutz bei Verletzung von Verfahrensgrundrechten

Fehlerhafte Entscheidungen der Zivilgerichte können von den Fachgerichten überprüft und gegebenenfalls korrigiert werden, wenn und soweit dazu gesetzliche Rechtsbehelfe zur Verfügung stehen. Dies gilt auch für Entscheidungen, die unter Verstoß gegen ein Verfahrensgrundrecht zustande gekommen sind. Liegen die Voraussetzungen für eine Anfechtung nicht vor, etwa weil die Statthaftigkeit des Rechtsbehelfs an das Erreichen einer bestimmten Beschwerdesumme geknüpft ist, ist der Zugang zur Rechtsbehelfsinstanz unabhängig davon versperrt, ob die Entscheidung fehlerfrei ist. In diesen Fällen müssen die Betroffenen eine fehlerhafte Entscheidung grundsätzlich hinnehmen. Welche gesetzlichen Rechtsbehelfe zur Überprüfung eines Verfahrensgrundrechtsverstoßes zur Verfügung stehen und wo die Grenzen der Überprüfung liegen, wird im Folgenden untersucht.

I. Allgemeine Rechtsbehelfe

1. Berufung

Die Berufung ist grundsätzlich statthaft gegen die im ersten Rechtszug ergangenen Endurteile. Die Statthaftigkeit hängt jedoch im Einzelnen von der wirtschaftlichen Bedeutung der Rechtssache oder von der Erheblichkeit der zu klärenden Rechtsfrage ab. Der Zugang zur Berufungsinstanz ist eröffnet, wenn der Wert des Beschwerdegegenstandes 600 Euro übersteigt (sog. Wertberufung). Unterhalb dieser sog. Erwachsenheitssumme ist entscheidend, ob das Gericht des ersten Rechtszuges die Berufung im Urteil zulässt (sog. Zulassungsberufung), entweder weil die Rechtssache grundsätzliche Bedeutung hat oder weil die Fortbildung des Rechts oder die Sicherung einer einheitlichen Rechtsprechung eine Entscheidung des Berufungsgerichts erfordert (§ 511 Abs. 4 ZPO).

a) Zulassung der Berufung bei Verletzung von Verfahrensgrundrechten

Der Zulassungsgrund der „Sicherung einer einheitlichen Rechtsprechung" nach § 511 Abs. 4 Nr. 1 Alt. 3 ZPO dient dazu, die Verlässlichkeit gerichtlicher Entscheidungen zu steigern und damit das Vertrauen des Bürgers in die Institution der Gerichtsbarkeit zu stärken[7]. Er entspricht inhaltlich dem

7 *Wenzel* NJW 2002, 3353 (3355).

Revisionszulassungsgrund des § 543 Abs. 2 Nr. 2 Alt. 2 ZPO, der nach inzwischen einheitlicher Rechtsprechung des BGH[8] auch dann einschlägig ist, wenn die angefochtene Entscheidung Verfahrensgrundrechte einer Partei verletzt und diese Entscheidung darauf beruht[9]. Das Vertrauen der Bürger in die Rechtsprechung wird nicht zuletzt dann erschüttert, wenn das Ausgangsgericht nicht einmal in der Lage gewesen ist, die fundamentalen Verfahrensgarantien einzuhalten[10]. Dies gilt auch im Fall der Berufung. Der Sache nach ist ihre Zulassung bei Verletzungen von Verfahrensgarantien ebenfalls geboten. Allerdings ist sie in der Praxis nicht zu erwarten. Erkennt der iudex a quo, dass er gegen eine verfassungsrechtliche Verfahrensgarantie verstoßen hat, wird er versuchen, den Fehler – notfalls durch Wiedereröffnung der mündlichen Verhandlung – selbst zu beheben[11]. Bemerkt er die Verletzung nicht, findet eine Zulassung mangels Kenntnis einer Zulassungsvoraussetzung erst Recht nicht statt. Weil sich die Zulassung der Berufung, anders als diejenige der Revision, nicht mit einer Nichtzulassungsbeschwerde erzwingen lässt, läuft der Zulassungsgrund hier regelmäßig ins Leere.

Der Zugang zur Berufungsinstanz ist also zur Rüge von Verstößen gegen Verfahrensgarantien in Verfahren erster Instanz – realistisch betrachtet – nur eröffnet, wenn die Voraussetzungen für die Wertberufung vorliegen.

b) Besonderheiten der Begründetheit bei Verletzung von Verfahrensgrundrechten

Die Berufung ist begründet, wenn das angefochtene Urteil auf einer Rechtsverletzung beruht, § 513 Abs. 1 Alt. 1 ZPO. In diesem Fall kontrolliert das Berufungsgericht auf der Basis der erstinstanzlichen Tatsachenfeststellungen, ob das Ausgangsgericht eine Rechtsnorm nicht oder nicht richtig angewendet hat, § 546 ZPO. Diese Überprüfung erstreckt sich auf die Verletzung von Rechtsvorschriften materiell- sowie verfahrensrechtlichen Inhalts[12]. Dementsprechend kann das Berufungsgericht die Entscheidung auch auf Verstöße gegen Verfahrensgrundrechte überprüfen.

Die Entscheidung beruht auf dem Rechtsfehler, wenn die richtige Anwendung des Rechts zu einem dem Berufungsführer günstigeren Ergebnis geführt hätte[13].

---

8 Noch in BGH NJW 2003, 65 (68) hatte der XI. Senat die Zulassung der Revision im Fall der Verletzung von Verfahrensgrundrechten mit der grundsätzlichen Bedeutung der Rechtssache begründet. Diese Auffassung hat der XI. Senat inzwischen ausdrücklich aufgegeben, BGH NJW 2004, 2222 (2223).

9 So BGH NJW 2004, 2222 (2223).

10 *Schwab*, Rn. 636.

11 MünchKommZPO/*Rimmelspacher*, § 511 ZPO Rn. 77.

12 MünchKommZPO/*Rimmelspacher*, § 513 ZPO Rn. 9.

13 *Schellhammer* MDR 2001, 1141 (1143).

Bei Rüge der Verletzung von Verfahrensgrundrechten ist die Kausalitätsprüfung erleichtert. Während die Kausalität bei der Verletzung materiellrechtlicher Normen positiv festzustellen ist, reicht es bei der Verletzung den Verfahrensablauf regelnder Normen bereits aus, dass die Entscheidung ohne den Verfahrensfehler möglicherweise anders ausgefallen wäre [14]. Allerdings ist das Berufungsgericht bei nur möglicher Kausalität nicht zur Abänderung der angefochtenen Entscheidung berechtigt. Das Berufungsgericht muss das Verfahren entweder selbst fehlerfrei wiederholen und auf diese Weise die Kausalität feststellen oder das Urteil aufheben und zur erneuten Verhandlung an das Ausgangsgericht zurückverweisen[15].

Neben Rechtsfehlern überprüft das Berufungsgericht das Urteil unter den Voraussetzungen des § 529 ZPO auch auf Fehler in der erstinstanzlichen Tatsachenfeststellung, § 513 Abs. 1 Alt. 2 ZPO. Anhaltspunkte für Zweifel an der Richtigkeit und Vollständigkeit der Tatsachenfeststellungen bieten unter anderem Verfahrensfehler, die dem erstinstanzlichen Gericht durch eine fehlerhafte Prozessleitung bei der Feststellung des Sachverhalts unterlaufen sind[16], aber auch die Verletzung von Verfahrensmaximen der Verfassung[17].

Die Berücksichtigung von Verfahrensmängeln im Berufungsverfahren setzt voraus, dass diese entweder von Amts wegen zu beachten oder gemäß § 520 Abs. 3 ZPO geltend gemacht worden sind. Dieses Rügeerfordernis gilt jedoch nach Ansicht des BGH[18] und eines Teils der Literatur[19] nicht für die Tatsachenfeststellung nach § 529 Abs. 1 Nr. 1 HS 2 ZPO. Nach der Systematik der Vorschrift diene § 529 Abs. 1 ZPO der Inhaltskontrolle, § 529 Abs. 2 ZPO der Rechtskontrolle. Dementsprechend sei zwischen Tatsachenfeststellungen betreffenden und sonstigen Verfahrensmängeln zu differenzieren. Davon sei auch dann keine Ausnahme zu machen, wenn sich die Zweifel an der Richtigkeit oder Vollständigkeit der entscheidungserheblichen Feststellungen aus einem Verstoß gegen Verfahrensvorschriften ergeben. Der Berufungsführer kann sich folglich die Rüge ersparen, wenn der Verstoß gegen das Verfahrensgrundrecht § 529 Abs. 1 ZPO unterfällt[20]. Die Zulässigkeit neuen Vorbringens nach § 529 Nr. 2 ZPO setzt dagegen voraus, dass der Verfahrensmangel gemäß § 529 Abs. 2 ZPO gerügt worden ist.

---

14 Zöller/*Heßler*, § 513 ZPO Rn. 5.

15 MünchKommZPO/*Rimmelspacher*, § 513 ZPO Rn. 12.

16 BT-Drucks. 14/4722, S. 100; BGH NJW 2004, 2152 (2153).

17 *Stackmann* NJW 2003, 169 (171).

18 BGH NJW 2004, 1876 (1878).

19 *Gaier* NJW 2004, 2041 (2043), a.A. MünchKommZPO/*Rimmelspacher*, § 529 ZPO Rn. 19.

20 So auch *Lüke*, Rn. 401.

Auf die zulässige und begründete Berufung entscheidet das Berufungsgericht nach Erhebung der erforderlichen Beweise in der Regel in der Sache selbst, § 538 Abs. 1 ZPO. Das Berufungsgericht darf die Sache jedoch unter Aufhebung des Urteils und des Verfahrens an das Gericht des ersten Rechtszuges zurückverweisen, wenn das Verfahren im ersten Rechtszug an einem wesentlichen Mangel leidet. Zu solchen wesentlichen Mängeln gehören Verstöße gegen Verfahrensgarantien, etwa gegen das Recht auf den gesetzlichen Richter, das Recht auf rechtliches Gehör oder die Öffentlichkeit des Verfahrens, jedenfalls dann, wenn der Fehler in der Berufungsinstanz fortwirkt[21].

2. Revision

Die Revision findet gegen Endurteile des Berufungsgerichts statt, unter den Voraussetzungen des § 566 ZPO als sog. Sprungrevision auch gegen erstinstanzliche Endurteile. Sie ist als reine Zulassungsrevision ausgestaltet und als solche an sich unabhängig von Wertgrenzen[22].

a) Zulassung der Revision bei Verletzung von Verfahrensgrundrechten

Die Gründe für die Zulassung der Revision decken sich mit den in § 511 Abs. 4 S. 2 ZPO genannten Berufungszulassungsgründen. Aus den bereits genannten Gründen ist die Zulassung der Revision bei Verletzung von Verfahrensgrundrechten zur Sicherung einer einheitlichen Rechtsprechung erforderlich[23]. Um nicht bei jeder fehlerhaften Gerichtsentscheidung die Revision zur Sicherung einer einheitlichen Rechtsprechung zulassen zu müssen, erfolgt die Zulassung grundsätzlich nur, wenn ein Rechtsanwendungsfehler über den Einzelfall hinaus Allgemeinbedeutung erlangt[24]. Davon abweichend wird die Revision bei Verfahrensgrundrechtsverstößen allerdings selbst dann zugelassen, wenn sich der Verstoß nur im Einzelfall ausgewirkt hat, da Sinn und Zweck gerade die Steigerung der Verlässlichkeit gerichtlicher Entscheidungen und die Stärkung des Vertrauens der Bürger in die Institution der Gerichtsbarkeit sind[25]. Aus dem verfassungsrechtlichen Gewicht des Fehlers folgt, dass die Missachtung eines

---

21 MünchKommZPO/*Rimmelspacher*, § 538 ZPO Rn. 28, 30; *Baumbach/Lauterbach/Albers/Hartmann*, § 538 ZPO Rn. 7.

22 Nach § 26 Nr. 8 EGZPO ist die Beschwerde gegen die Nichtzulassung der Revision durch das Berufungsgericht für einen Übergangszeitraum bis zum 31.12.2011 nur zulässig, wenn der Wert der mit der Revision geltend zu machenden Nichtzulassungsbeschwerde zwanzigtausend Euro übersteigt, es sei denn, das Beschwerdegericht hat die Berufung verworfen.

23 BGH NJW 2003, 1943 (1946); 2003, 3205 (3206); BVerfG NJW 2004, 3029; vgl. in diesem Abschnitt unter I. 1. a).

24 Zöller/*Heßler*, § 543 ZPO Rn. 13; Musielak/*Ball*, § 543 ZPO Rn. 8 b.

25 *Wenzel* NJW 2002, 3353 (3355).

Verfahrensgrundrechts dazu geeignet ist, das Vertrauen in die Rechtsprechung insgesamt zu gefährden[26].

Im Gegensatz zur Berufung erlangt der Zulassungsgrund im Rahmen der Revision auch praktische Bedeutung. Zwar ist auch hier nicht zu erwarten, dass das Prozessgericht selbst die Revision mit der Begründung zulässt, die Entscheidung sei unter Verstoß gegen Verfahrensgarantien ergangen. Die Nichtzulassung der Revision durch das Berufungsgericht kann aber auf die Beschwerde nach § 544 ZPO vom Revisionsgericht überprüft und gegebenenfalls korrigiert werden. Voraussetzung für die Nichtzulassungsbeschwerde ist nach § 26 Nr. 8 EGZPO, dass der Wert der mit der Revision geltend zu machenden Beschwer 20.000 Euro übersteigt, es sei denn, das Berufungsgericht hat die Berufung verworfen. Dies gilt nach Verlängerung der zunächst bis Ende des Jahres 2006 laufenden Übergangsfrist noch bis Ende 2011.

Auf die Nichtzulassungsbeschwerde prüft das Revisionsgericht auf der Grundlage des Beschwerdevorbringens von Amts wegen, ob die Voraussetzungen für die Zulassung der Revision nach § 543 Abs. 2 ZPO erfüllt sind[27]. Hat das Berufungsgericht ein Verfahrensgrundrecht in entscheidungserheblicher Weise verletzt, muss das Revisionsgericht die Revision zur Sicherung einer einheitlichen Rechtsprechung zulassen. Das Beschwerdeverfahren wird dann grundsätzlich nach § 544 Abs. 6 ZPO als Revisionsverfahren fortgesetzt. Bei Verletzung des Anspruchs auf rechtliches Gehör, greift die Sondervorschrift des § 544 Abs. 7 ZPO. Sie ermöglicht dem Revisionsgericht, das Berufungsurteil aufzuheben und den Rechtsstreit ohne vorherige Durchführung des gesamten Revisionsverfahrens, insbesondere einer mündlichen Verhandlung, an das Berufungsgericht zurückzuverweisen. Die Notwendigkeit der Aufhebung und Zurückverweisung besteht bereits in dem Moment, in dem feststeht, dass eine entscheidungserhebliche Gehörsverletzung vorliegt. Mit der Einführung dieser Sondervorschrift wollte der Gesetzgeber unnötigen Formalismus[28] vermeiden, das Verfahren beschleunigen und den BGH entlasten[29].

---

26 BGH NJW 2002, 2957.
27 Musielak/*Ball*, § 544 ZPO Rn. 22.
28 Zöller/*Heßler*, § 544 ZPO Rn. 19.
29 BT-Drucks. 15/3706, S. 17.

b) Besonderheiten der Begründetheit bei Verletzung von Verfahrensgrundrechten

Die Revision ist begründet, wenn das Berufungsgericht bei seiner Entscheidung eine Rechtsnorm nicht oder nicht richtig angewendet hat, §§ 545, 546 ZPO. Bei Feststellung einer urteilskausalen Verletzung verfassungsrechtlicher Verfahrensgarantien ist die Revision begründet[30]. Für einige besonders schwerwiegende Verfahrensverstöße hat der Gesetzgeber in § 547 ZPO eine unwiderlegliche Vermutung ihrer Ursächlichkeit für die Entscheidung aufgestellt. Die absoluten Revisionsgründe des § 547 Nr. 1 bis 3 ZPO betreffen Verletzungen des Rechts auf den gesetzlichen Richter durch unvorschriftsmäßige Besetzung des Gerichts, Mitwirkung eines kraft Gesetzes ausgeschlossenen sowie wegen Besorgnis der Befangenheit abgelehnten Richters. Ein weiterer absoluter Revisionsgrund ist nach § 547 Nr. 4 ZPO die mangelhafte gesetzliche Vertretung einer Partei. Dabei handelt es sich um einen Fall der Verletzung des Anspruchs auf rechtliches Gehör, weil eine nicht ordnungsgemäß vertretene Partei regelmäßig keine Gelegenheit hatte, ihren Rechtsstandpunkt darzulegen[31]. § 547 Nr. 6 ZPO betrifft ebenfalls Gehörsverletzungen, weil Entscheidung ohne Gründe nicht erkennen lässt, ob der Richter sich mit dem Parteivorbringen auseinander gesetzt hat. Der Katalog der absoluten Revisionsgründe ist abschließend[32], die Kausalität aller anderen Verfahrensgrundrechtsverstöße also im jeweiligen Einzelfall festzustellen.

Mit der Revision wird das Urteil auf der Grundlage des aus dem Berufungsurteil oder dem Sitzungsprotokoll ersichtlichen Parteivorbringens auf seine rechtliche Richtigkeit überprüft, § 559 Abs. 1 ZPO. Neuer Tatsachenvortrag ist nur beachtlich, wenn er zur Begründung einer Verfahrensrüge vorgebracht wird, § 559 Abs. 1 S. 2 i.V.m. § 551 Abs. 3 S. 1 Nr. 2 b) ZPO. Da sich Verfahrensrügen in der Regel nicht aus dem Tatbestand oder Sitzungsprotokoll ergeben, ist das Revisionsgericht zu ihrer Feststellung auf neues Vorbringen angewiesen[33]. Zur Rüge von Verfahrensgrundrechtsverletzungen können daher stets neue Tatsachen in die Revisionsinstanz eingeführt werden.

3. Beschwerde

Das Rechtsmittel der Beschwerde dient der Fehlerkontrolle von Beschlüssen und Verfügungen. Mit dem Zivilprozessreformgesetz hat der Gesetzgeber die Unterscheidung zwischen einfacher und sofortiger sowie zwischen erster und

30 Insoweit gelten die Ausführungen zur Berufung entsprechend, vgl. § 2 I. 1. b).
31 *Schwab*, Rn. 743.
32 Hk-ZPO/*Saenger*, § 547 ZPO Rn. 1.
33 MünchKommZPO/*Wenzel*, § 559 ZPO Rn. 7.

weiterer Beschwerde aufgegeben und das Beschwerderecht nunmehr auf die sofortige Beschwerde nach §§ 567 ff. ZPO und die Rechtsbeschwerde gemäß §§ 574 ff. ZPO beschränkt.

a) Sofortige Beschwerde

Die sofortige Beschwerde findet ausschließlich gegen im ersten Rechtszug ergangene Entscheidungen der Amts- und Landgerichte statt. Im Einzelnen hängt ihre Statthaftigkeit davon ab, dass die sofortige Beschwerde vom Gesetz ausdrücklich zugelassen ist oder sich gegen eine Entscheidung richtet, die eine mündliche Verhandlung nicht erfordert und durch die ein das Verfahren betreffendes Gesuch zurückgewiesen ist, § 567 Abs. 1 Nr. 1 und 2 ZPO. Bei sofortigen Beschwerden gegen Kostenentscheidungen ist zusätzliche Voraussetzung, dass der Wert des Beschwerdegegenstandes 200 Euro überschreitet. Im Umkehrschluss folgt daraus, dass Entscheidungen der Landgerichte in Berufungs- und Beschwerdeverfahren sowie Entscheidungen der Oberlandesgerichte generell nicht der sofortigen Beschwerde unterliegen, Kostenentscheidungen, sofern der Beschwerdewert unterhalb der Wertgrenze bleibt. Daneben findet die sofortige Beschwerde auch dann nicht statt, wenn die Anfechtung einer Entscheidung qua Gesetz ausdrücklich ausgeschlossen ist[34].

Über die sofortige Beschwerde entscheidet nach § 572 Abs. 1 ZPO zunächst der iudex a quo. Voraussetzung für die Abhilfe ist nach Satz 1 der Vorschrift lediglich, dass die Beschwerde begründet, nicht aber, dass sie zulässig ist[35]. § 572 Abs. 1 S. 1 ZPO setzt die Abhilfebefugnis des iudex a quo voraus, begründet sie aber nicht[36]. Der Verweis in Satz 2 spricht dafür, dass es darauf ankommt, ob der angegriffene Beschluss nach §§ 318, 322 ZPO bindend ist. Entfaltet ein Beschluss keine Bindungswirkung, darf das Gericht ihn von Amts wegen abändern. Eine unzulässige Beschwerde kann dann der Anlass für das Gericht sein, von dieser Abänderungsbefugnis Gebrauch zu machen. Sie übernimmt in diesem Fall die Funktion einer Gegenvorstellung[37]. Eine unzulässige Beschwerde löst jedoch immer nur eine bloße Amtspflicht zur Überprüfung des Vorbringens aus. Eine prozessuale Pflicht zur sachlichen Prüfung besteht nur bei zulässigen Beschwerden, da anderenfalls die Zulässig-

---

34 So z.B. in §§ 37 Abs. 2, 46 Abs. 2, 99 Abs. 1, 238 Abs. 3, 281 Abs. 2 S. 2, 348 Abs. 2, 707 Abs. 2 S. 2 ZPO.

35 Teilweise wird aber zumindest die Statthaftigkeit der Beschwerde als Abhilfevoraussetzung gefordert. So z.B. Thomas/Putzo/*Reichold*, § 572 ZPO Rn. 2, 7.

36 Wieczorek/Schütze/*Jänich*, § 572 ZPO Rn. 3.

37 MünchKommZPO/*Lipp*, § 572 ZPO Rn. 6; Wieczorek/Schütze/*Jänich*, § 572 ZPO Rn. 3; Musielak/*Ball*, § 572 ZPO Rn. 4;.

keitsvoraussetzungen des Rechtsbehelfs umgangen werden könnten[38]. Hält der iudex a quo die Beschwerde für unbegründet, legt er sie dem Beschwerdegericht vor. Für dieses entfällt die Zulässigkeitsprüfung nicht; es entscheidet nur über eine zulässige Beschwerde, § 572 Abs. 2 S. 1 ZPO.

Die Beschwerdeinstanz ist grundsätzlich eine volle zweite Tatsacheninstanz[39]. Das Beschwerdegericht verfügt über die volle Prüfungskompetenz sowohl in rechtlicher als auch tatsächlicher Hinsicht. Dementsprechend kann es auch überprüfen, ob das Ausgangsgericht ein Verfahrensgrundrecht verletzt hat und diesen Fehler gegebenenfalls korrigieren.

b) Rechtsbeschwerde

Die Rechtsbeschwerde ist statthaft, wenn sie entweder ausdrücklich durch das Gesetz zugelassen ist – so z.B. nach § 522 Abs. 1 S. 4 und § 1065 Abs. 1 S. 1 ZPO – oder durch Beschluss des Beschwerdegerichts, des Berufungsgerichts oder des OLG im ersten Rechtszug zugelassen wird. Soweit die Statthaftigkeit der Rechtsbeschwerde gesetzlich bestimmt ist, hängt ihre weitere Zulässigkeit vom Vorliegen der in § 574 Abs. 2 ZPO genannten Voraussetzungen ab. Dabei handelt es sich auch um die für die Zulassung der Rechtsbeschwerde durch das Untergericht maßgeblichen Kriterien. Sie entsprechen den Gründen für die Zulassung der Berufung und der Revision. Die Rechtsbeschwerde ist demnach zulässig, wenn Verfahrensgrundrechte verletzt sind, weil in diesen Fällen die Entscheidung des Beschwerdegerichts zur Sicherung einer einheitlichen Rechtsprechung erforderlich ist[40]. Allerdings ist die Zulassung des Rechtsmittels durch das Untergericht auch hier nur eine theoretische Möglichkeit, weil das Gesetz für den Fall der Nichtzulassung der Rechtsbeschwerde eine Nichtzulassungsbeschwerde ebenso wenig vorsieht, wie für die Nichtzulassung der Berufung[41]. Praktisch wird eine Rechtsbeschwerde bei Verstößen gegen verfassungsrechtliche Verfahrensgarantien also nur in Betracht kommen, wenn ihre Zulässigkeit gesetzlich bestimmt ist.

Die Rechtsbeschwerde ist eine reine Rechtsinstanz. Im Rechtsbeschwerdeverfahren ist daher grundsätzlich von dem im Verfahren über die sofortige Beschwerde festgestellten Sachverhalt auszugehen, vgl. § 576 ZPO. Durch Verweis auf einzelne Vorschriften des Revisionsrechts in § 576 Abs. 3 ZPO,

---

38 MünchKommZPO/*Lipp*, § 572 ZPO Rn. 6.

39 Musielak/*Ball*, § 572 ZPO Rn. 1.

40 Wieczorek/Schütze/*Jänich*, § 574 ZPO Rn. 36; vgl. im Übrigen die Ausführungen zur Berufung unter I. 1. a) und zur Revision unter I. 2. a).

41 Vgl. oben unter § 2 I. 1. a).

insbesondere auf die Definition der Rechtsverletzung nach § 546 ZPO und die absoluten Revisionsgründe in § 547 ZPO, ist die Rechtsbeschwerde revisionsähnlich ausgestaltet; es gelten auch die für die Revision maßgeblichen Prüfungsmaßstäbe[42]. Die Feststellung einer Verletzung von Verfahrensgrundrechten führt daher zum Erfolg der Rechtsbeschwerde, wenn der angefochtene Beschluss auf dieser Verletzung beruht. Erfüllt die Verletzung einen absoluten Revisionsgrund, begründet dies auch für die Rechtsbeschwerde eine unwiderlegbare Vermutung der Kausalität der Verletzung für die erlassene Entscheidung.

4. Erinnerung

Mit der Erinnerung nach § 573 ZPO gewährt die Zivilprozessordnung einen Rechtsbehelf gegen Entscheidungen des beauftragten oder ersuchten Richters (oder des Urkundsbeamten der Geschäftsstelle). Die Erinnerung ist der Beschwerde zwar ähnlich, führt als sonstiger Rechtsbehelf aber nicht zur Überprüfung der angegriffenen Entscheidung durch das Rechtsmittelgericht, sondern durch das Gericht der befassten Instanz selbst[43]. Zur Entlastung der Beschwerdegerichte schließt die Erinnerung die sofortige Beschwerde gegen Beschlüsse des beauftragten oder ersuchten Richters zunächst zugunsten einer Überprüfung durch das mit dem Verfahren selbst befasste Gericht aus und lässt sie erst gegen die Entscheidung über die Erinnerung zu, § 573 Abs. 2 ZPO.

Das Gericht, von dem der Auftrag oder das Ersuchen ausgegangen ist, prüft die Erinnerung nach denselben Maßstäben wie die sofortige Beschwerde, § 573 Abs. 1 S. 3 ZPO i.V.m. § 572 ZPO. Es kontrolliert die angefochtene Entscheidung somit zulässigkeitsunabhängig in tatsächlicher und rechtlicher Hinsicht, prüft also auch die Vereinbarkeit mit Verfahrensgrundrechten.

5. Wiedereinsetzung in den vorigen Stand

Die Wiedereinsetzung ist statthaft bei Versäumung von Notfristen sowie der weiteren in § 233 ZPO genannten Fristen. Sie erfolgt auf fristgemäßen Antrag des Betroffenen durch das Gericht, welches zur Entscheidung über die nachgeholte Handlung berufen ist, § 237 ZPO. Der Antrag ist begründet, wenn ein Wiedereinsetzungsgrund vorliegt, d.h. eine Partei die Frist unverschuldet (weder vorsätzlich noch fahrlässig) versäumt hat. In diesem Fall hat das Gericht die Wiedereinsetzung in den vorigen Stand zu gewähren. Diese beseitigt die Rechtskraft der verwerfenden Entscheidung und eröffnet dem Antragsteller die Möglichkeit, das versäumte Rechtsmittel nachzuholen. Die Wiedereinsetzung richtet sich also nicht gegen das Urteil, sondern dient dazu, ein ansonsten

42 Musielak/*Ball*, § 576 ZPO Rn. 1.
43 Zöller/*Heßler*, § 573 ZPO Rn. 3.

verfristetes Rechtsmittel gegen das Urteil noch geltend machen zu können. Verfahrensrechtlich kann durch die Gewährung der Wiedereinsetzung und unter den Voraussetzungen des jeweils nachgeholten Rechtsmittels ein etwaiger Verstoß gegen Verfahrensgrundrechte beseitigt werden[44].

II. Spezielle Rechtsbehelfe

Neben den allgemeinen Rechtsmitteln stehen den Parteien mit der Wiederaufnahme des Verfahrens nach §§ 579 ff. ZPO sowie der Anhörungsrüge nach § 321 a ZPO auch spezielle Rechtsschutzmöglichkeiten bei Verstößen gegen Verfahrensgrundrechte zur Verfügung.

1. Wiederaufnahme des Verfahrens

Die Nichtigkeitsklage (§ 579 ZPO) und die Restitutionsklage (§ 580 ZPO) ermöglichen ausnahmsweise und in engen Grenzen die Wiederaufnahme eines bereits durch rechtskräftiges End*urteil* abgeschlossenen Verfahrens vor demselben Gericht und rechtfertigen damit die Durchbrechung der Rechtskraft. Rechtsprechung[45] und herrschende Meinung[46] lassen das Wiederaufnahmeverfahren in analoger Anwendung der §§ 578 ff. ZPO auch gegen unanfechtbare, das Verfahren beendende Beschlüsse zu, z.B. solche nach §§ 522 Abs. 2 S. 1, 552 Abs. 2, 91 a ZPO. Die Wiederaufnahmeklagen sind rechtsmittelähnlich, mangels Suspensiv- und Devolutiveffekts handelt es sich aber um Rechtsbehelfe[47].

a) Nichtigkeitsklage, § 579 ZPO

Die Wiederaufnahme des Verfahrens gründet sich im Fall der Nichtigkeitsklage auf schwerwiegende Mängel eines bereits abgeschlossenen Verfahrens[48]. Gegenstand der in § 579 Abs. 1 Nr. 1 bis 4 ZPO abschließend genannten Nichtigkeitsgründe sind Verletzungen des Rechts auf den gesetzlichen Richter oder des Anspruchs auf rechtliches Gehör. Damit wird der Verstoß gegen eines der dort aufgeführten Verfahrensgrundrechte zur Zulässigkeitsvoraussetzung für die Nichtigkeitsklage und zur unmittelbaren Legitimationsgrundlage für die Durchbrechung der Rechtskraft der angefochtenen Entscheidung.

---

44 Vgl. *Gaul*, FS für Schumann, S. 107.
45 BGH NJW 1992, 1062 (1063); NJW 1993 3256 (3257).
46 Zöller/*Heßler/Greger*, vor § 578 ZPO Rn. 14; Musielak/*Musielak*, § 578 ZPO Rn. 13.
47 Zöller/*Heßler/Greger*, vor § 578 ZPO Rn. 1.
48 Thomas/Putzo/*Reichold*, vor § 578 ZPO Rn. 1.

Inhaltlich entsprechen die Nichtigkeitsgründe im Wesentlichen den absoluten Revisionsgründen in § 547 Nr. 1 bis 4 ZPO. So wird in § 579 Abs. 1 Nr. 1 ZPO die unvorschriftsmäßige Besetzung des erkennenden Gerichts, und damit die Verletzung des Verfahrensgrundrechts auf den gesetzlichen Richter aus Art. 101 Abs. 1 S. 2 GG[49], als Nichtigkeitsgrund genannt. Allerdings ist die fehlerhafte Besetzung nur notwendige, nicht aber hinreichende Bedingung, weil nicht jeder Fehler eine Nichtigkeitsklage nach sich ziehen soll. Nach der Rechtsprechung des BGH[50] ist daher erforderlich, dass es sich um eine offensichtlich klar zutage liegende Gesetzesverletzung handelt, die auf einer nicht vertretbaren Rechtsansicht beruht, so dass von objektiver Willkür gesprochen werden kann. Weitere Fälle der Verletzung des Rechts auf den gesetzlichen Richter regeln § 579 Abs. 1 Nr. 2 und 3 ZPO. Danach findet die Wiederaufnahme des Verfahrens statt, wenn ein kraft Gesetzes ausgeschlossener Richter bei der Entscheidung mitgewirkt hat, sofern der Verstoß nicht bereits erfolglos durch ein Ablehnungsgesuch nach § 41 ZPO oder durch ein Rechtsmittel gerügt wurde (Nr. 2), außerdem, wenn ein Richter bei der Entscheidung mitgewirkt hat, der erfolgreich wegen Besorgnis der Befangenheit abgelehnt wurde (Nr. 3). Ein Grund für die Nichtigkeit einer Entscheidung ist ferner die nicht ordnungsgemäße Vertretung einer Partei im Verfahren nach § 579 Abs. 1 Nr. 4 ZPO. Er ist beispielsweise einschlägig, wenn der Prozess von einer prozessunfähigen Partei selbst geführt wird[51], wenn ein Prozessunfähiger überhaupt nicht bzw. nicht durch seinen gesetzlichen Vertreter vertreten wird[52] oder wenn der für die Partei auftretenden Person die Prozessvollmacht oder die Prozessführungsbefugnis fehlt[53]. Die Regeln über die ordnungsgemäße Vertretung ermöglichen der Partei eine sachgemäße Rechtsverteidigung im Verfahren und schützen sie vor einer unzureichenden Wahrnehmung ihres Anspruchs auf rechtliches Gehör im Verfahren[54]. Der Grund für die Nichtigkeit der Entscheidung liegt also hier in der Versagung des rechtlichen Gehörs[55]. Folglich ist § 579 Abs. 1 Nr. 4 ZPO eine konkrete Ausformung des Rechts aus Art. 103 Abs. 1 GG[56].

Seit jeher wird die analoge Anwendung des § 579 Abs. 1 Nr. 4 ZPO auf andere Gehörsverletzungen diskutiert[57]. Dabei geht es insbesondere um Fälle, in denen

49 Hk-ZPO/*Saenger*, § 579 ZPO Rn. 2.
50 BGH NJW 1995, 332 (335); NJW 1999, 796 (797).
51 MünchKommZPO/*Braun*, § 579 ZPO Rn. 10.
52 Musielak/*Musielak*, § 579 ZPO Rn. 5.
53 Wieczorek/Schütze/*Borck*, § 579 ZPO Rn. 27.
54 *Abel*, S. 8, 9.
55 Wieczorek/Schütze/*Borck*, § 579 ZPO Rn. 26, 27.
56 *Gaul*, FS für Schumann, S. 127.
57 *Braun* NJW 1981, 425 (428); *ders.* NJW 1983, 1403 ff.; MünchKommZPO/*Braun*, 2. Auflage 2000, § 579 ZPO Rn. 15 ff.

eine Partei wegen öffentlicher Zustellung von dem gegen sie gerichteten Verfahren gar keine Kenntnis erlangt, sowie um Urteile gegen eine nicht parteifähige oder nicht existente Partei. Die Anerkennung der einfachen Gehörsverletzung als Nichtigkeitsgrund analog § 579 Abs. 1 Nr. 4 ZPO wird jedoch zutreffend überwiegend abgelehnt[58]. Der Gesetzgeber hat § 579 Abs. 1 Nr. 4 ZPO offensichtlich bewusst auf den dort genannten Fall der Gehörsverletzung beschränkt. Durch die Vereinfachungsnovelle vom 02.12.1976 hat er den Nichtigkeitsgrund der Nichtgewährung rechtlichen Gehörs in den Fällen des § 510 c ZPO a.F. ersatzlos abgeschafft und sich damit gegen eine gesetzliche Verankerung eines allgemeinen Nichtigkeitsgrundes wegen Gehörsverletzungen entschieden[59]. Dies gilt erst Recht, nachdem er die Anhörungsrüge umfassend in § 321 a ZPO geregelt hat[60]. Die Nichtigkeitsklage ist daher nur in den von § 579 ZPO ausdrücklich bezeichneten Fällen statthaft.

Nach dem Gesetzeswortlaut ist die Nichtigkeitsklage nach § 579 Abs. 1 Nr. 1 und 3 ZPO subsidiär gegenüber Rechts*mitteln*, mit denen der Kläger den Mangel hätte geltend machen können, § 579 Abs. 2 ZPO. Dies gilt nach allgemeiner Ansicht aber auch für den Rechts*behelf* der Anhörungsrüge nach § 321 a ZPO[61]. Für die Nichtigkeitsgründe der Ziffern 2 und 4 ist die Subsidiarität weder ausdrücklich angeordnet, noch lässt sie sich analog § 579 Abs. 2 ZPO begründen. Der Betroffene kann in diesen Fällen zwischen dem statthaften Rechtsmittel und der Nichtigkeitsklage wählen[62]. In allen vier Fällen des § 579 ZPO gilt jedoch, dass die ablehnende Entscheidung nicht mehr mit der Nichtigkeitsklage korrigiert werden kann, wenn ein anderes Rechtsmittel erfolglos geblieben ist[63]. Ist der Nichtigkeitsgrund einmal geprüft worden, besteht für eine erneute Überprüfung kein Bedürfnis mehr[64].

Kann der geltend gemachte Nichtigkeitsgrund zur Überzeugung des Gerichts festgestellt werden, wird das Urteil aufgehoben und über den Rechtsstreit neu befunden, soweit er von dem Anfechtungsgrund betroffen ist (§ 590 Abs. 1 ZPO). Bleibt die Klage erfolglos, wird sie als unbegründet abgewiesen.

---

58 BGHZ 153, 189 (192 ff.); *Gaul*, FS für Schumann, S. 130 f.; *Deppert*, FS für Geiss, S. 92 f.; a.A: MünchKommZPO/*Braun*, § 579 ZPO Rn. 17 ff, insbesondere für die Gehörsverletzung infolge öffentlicher Zustellung von Klage und Ladung sowie infolge gerichtlicher Versehen im Rahmen des laufenden Verfahrens.

59 So auch *Deppert*, FS für Geiss, S. 93.

60 So auch *Gaul*, FS für Schumann, S. 130.

61 Hk-ZPO/*Saenger*, § 579 ZPO Rn. 6; Musielak/*Musielak*, § 579 ZPO Rn. 11.

62 Hk-ZPO/*Saenger*, § 579 ZPO Rn. 7.

63 Musielak/*Musielak*, § 579 ZPO Rn. 11.

64 Zöller/*Greger*, § 579 ZPO Rn. 11.

b) Restitutionsklage, § 580 ZPO

Während die Wiederaufnahme des Verfahrens und die Durchbrechung der Rechtskraft im Fall der Nichtigkeitsklage durch Mängel des Verfahrens bedingt sind, liegen die Gründe für die Restitutionsklage darin, dass das Urteil auf einer unrichtigen, insbesondere verfälschten Tatsachengrundlage beruht [65]. Die Restitutionsgründe des § 580 Nr. 1 bis 5 ZPO bezwecken den Ausgleich eines aufgrund strafbarer Handlungen verfehlten Prozessausgangs[66]. § 580 Nr. 6 ZPO sichert der in einem anderen Verfahren erfolgten Wiederaufnahme ihre Wirkung für den Zivilprozess[67]. Nummern 7.a) und b) regeln Fälle, in denen Urkunden oder Urteile eine der Partei günstigere Entscheidung herbeigeführt hätten. In diesen Fällen gründet sich die Restitution nicht auf einen Verstoß gegen Verfahrensgrundrechte.

Der Restitutionsgrund des § 580 Nr. 8 ZPO wurde mit Wirkung zum 31.12.2006 in die ZPO eingeführt und erlaubt die Wiederaufnahme des Verfahrens bei Urteilen, die auf einer durch den EGMR festgestellten Verletzung der EMRK oder ihrer Protokolle beruht. Dies gilt vor allem bei einer Verletzung des Rechts auf ein faires Verfahren nach Art. 6 Abs. 1 EMRK. Dieses Recht enthält eine Vielzahl von Teilgarantien, deren Ziel ein Verfahrensablauf ist, in dem die Parteien unter im Wesentlichen gleichartigen Bedingungen ihre Rechtsposition in effektiver Weise vertreten können. Dazu zählen der Anspruch auf rechtliches Gehör einer Partei[68], das Recht auf den gesetzlichen Richter, der Grundsatz der Waffengleichheit der Parteien[69] und das Willkürverbot[70]. Damit kommt eine Restitution insbesondere in den bereits von § 579 Abs. 1 Nr. 1 bis 4 ZPO erfassten Fällen in Betracht, d.h. bei unvorschriftsmäßiger Besetzung des Gerichts, bei Mitwirkung eines gesetzlich ausgeschlossenen oder wegen Besorgnis der Befangenheit abgelehnten Richters oder bei unvorschriftsmäßiger Vertretung der beschwerdeführenden Partei[71].

2. Anhörungsrüge, § 321 a ZPO

Zu den speziell auf die Abwehr von Verstößen gegen Verfahrensgrundrechte zugeschnittenen Rechtsbehelfen gehört die Anhörungsrüge nach § 321 a ZPO.

---

65 Thomas/Putzo/*Reichold*, vor § 578 ZPO Rn. 1.

66 *Barnert* ZZP 116 (2003), 447 (455).

67 MünchKommZPO/*Braun*, § 580 ZPO Rn. 36.

68 *Braun* NJW 2007, 1620 (1621).

69 Grote/Marauhn/*Grabenwarter/Pabel*, Kap. 14, Rn. 87, 99.

70 *Meyer-Ladewig*, Art. 6 EMRK Rn. 91.

71 BT-Drucks. 16/3038, S. 39; *Braun* NJW 2007, 1620 (1621); MünchKommZPO/*Braun*, § 580 ZPO Rn. 74.

a) *Anwendungsbereich der Anhörungsrüge*

Seiner Bezeichnung entsprechend[72] dient der Rechtsbehelf der Korrektur von Verletzungen des Anspruchs auf rechtliches Gehör. Er bietet dem iudex a quo die Möglichkeit, auf Rüge der beschwerten Partei das ursprünglich durch die Entscheidung beendete Verfahren ungeachtet der grundsätzlichen Bindungswirkung des § 318 ZPO fortzuführen, um auf diese Weise Verletzungen des rechtlichen Gehörs selbst zu korrigieren. Während die Anhörungsrüge in ihrer am 01.01.2002 in Kraft getretenen Erstfassung noch auf Entscheidungen „vor dem Gericht des ersten Rechtszugs" beschränkt war, ist sie in der neuen Fassung vom 01.01.2005 gegen alle unanfechtbaren, instanzbeendenden Entscheidungen statthaft. Obwohl daran aufgrund ihrer Stellung im 2. Buch der ZPO „Verfahren im ersten Rechtszug" vereinzelt systematische Bedenken geäußert werden[73], ist sie nach dem ausdrücklichen Willen des Gesetzgebers[74] und entsprechender Handhabung durch den BGH[75] auf Entscheidungen aller Instanzen anwendbar. Sie gilt somit sowohl für die Anfechtung von Endurteilen (erstinstanzliche, sowie Berufungs- und Revisionsurteile) als auch von Beschlüssen, namentlich Nichtzulassungsbeschlüssen, Rechtsbeschwerdebeschlüssen und sonstigen Beschlüssen. Schließlich greift sie auch bei Endentscheidungen im einstweiligen Rechtsschutz ein. Ausdrücklich vom Anwendungsbereich ausgenommen sind der Endentscheidung lediglich vorausgehende Entscheidungen, weil sich hier noch keine endgültige Beschwer durch die Gehörsverletzung feststellen lässt[76]. Beweisbeschlüsse und Zwischenurteile sind daher nur zusammen mit der Endentscheidung anfechtbar[77].

b) *Subsidiarität der Anhörungsrüge*

Die Anhörungsrüge ist nach § 321 a Abs. 1 Nr. 1 ZPO subsidiär. Sie ist nach dem ausdrücklichen Willen des Gesetzgebers nur gegen unanfechtbare Entscheidungen statthaft und soll „zum Zuge kommen, wenn der Anhörungsverstoß nicht im Rahmen anderer zur Überprüfung der Entscheidung gegebener Rechtsbehelfe oder Rechtsmittel behoben werden kann" [78]. Anderenfalls unvermeidbare Konkurrenzen zwischen der Anhörungsrüge und anderen Rechtsbehelfen und Rechtsmitteln sollen so verhindert werden. Die Bestimmung des Subsidiaritätsverhältnisses scheint auf den ersten Blick unproblematisch. Rechtsmittel im Sinne der ZPO sind die Berufung, die Revision, die sofortige

---

72 Teilweise wird der Rechtsbehelf nach § 321 a ZPO auch als Gehörsrüge bezeichnet.

73 *Baumbach/Lauterbach/Albers/Hartmann*, § 321 a ZPO Rn. 4.

74 BT-Drucks. 14/4722, S. 67.

75 Vgl. dazu die Angaben bei *Seiler* AnwBl. 2006, 378, Fn. 4 bis 7.

76 *Lüke*, Rn. 35 a.

77 *Musielak*, GK ZPO, Rn. 572.

78 BT-Drucks. 15/3706, S. 14.

Beschwerde und die Rechtsbeschwerde. Rechtsbehelfe sind die Erinnerung, die Wiedereinsetzung sowie die Wiederaufnahmeklagen. Unanfechtbar im Sinne des § 321 a ZPO sind jedenfalls letztinstanzliche Urteile und Beschlüsse. Gleiches gilt für rechtskräftige Entscheidungen, da nach der Neufassung der Vorschrift die Rügefrist nicht mehr mit der Zustellung der anzufechtenden Entscheidung, sondern erst mit Kenntnis des Rügeführers von der Gehörsverletzung zu laufen beginnt[79]. Damit erlaubt die Anhörungsrüge ebenso wie die Wiederaufnahmeklagen nach §§ 578 ff. ZPO unter engen Voraussetzungen eine Durchbrechung der Rechtskraft. Bei näherer Betrachtung erweist sich das Verhältnis zwischen Anhörungsrüge und den sonstigen Rechtsschutzmöglichkeiten aber als äußerst unübersichtlich. Daher rührt wohl auch, dass in der Kommentarliteratur das Verhältnis zwischen Anhörungsrüge und den sonstigen Rechtsbehelfen und Rechtsmitteln selten eingehend bestimmt wird[80]. Dieser Versuch soll im Folgenden unternommen werden:

aa) Berufung

Eine erstinstanzliche Entscheidung kann nicht mit der Berufung angefochten werden, wenn diese von vornherein unstatthaft ist, weil die Beschwer die Erwachsenheitssumme von 600 Euro nicht überschreitet und das Ausgangsgericht die Berufung auch nicht zugelassen hat. In diesen Fällen ist die Anhörungsrüge statthaft. Dies gilt sogar, wenn der Streitgegenstand insgesamt die Wertgrenze überschreitet, der Betroffene sie aber auf einen unterhalb der Grenze liegenden Teil begrenzen will[81]. Denn dem Rügeführer ist es grundsätzlich unbenommen, seine Rüge auf einen abgrenzbaren Teil des Streitgegenstandes zu beschränken.

Daneben kann die Anhörungsrüge statthaft sein, wenn das Berufungsgericht von den in § 522 ZPO genannten Möglichkeiten Gebrauch gemacht hat. Hat das Berufungsgericht die Berufung nach § 522 Abs. 1 ZPO verworfen, weil die Berufung unstatthaft oder nicht in der gesetzlichen Form und Frist eingelegt und begründet ist, ist für die Anfechtung der Entscheidung nach der Art der ergangenen Entscheidung zu differenzieren. Gegen die Verwerfung durch (End-) Urteil kann der Betroffene mit der Revision bzw. bei Nichtzulassung der Revision mit der Nichtzulassungsbeschwerde vorgehen. Gegen die Verwerfung durch Beschluss findet aufgrund ausdrücklicher Bestimmung in § 522 Abs. 1 S. 4 ZPO die Rechtsbeschwerde statt. In beiden Fällen ist für die Anhörungsrüge neben diesen vorrangigen Rechtsmitteln kein Raum mehr. Die Zurückweisung

79 Zöller/*Vollkommer*, § 321 a ZPO Rn. 3; Hk-ZPO/*Saenger*, § 321 a ZPO Rn. 4.

80 Meist wird nur das Verhältnis zur Berufung und zur Nichtzulassungsbeschwerde erörtert, ausführlicher: Zöller/*Vollkommer*, § 321 a ZPO Rn. 5.

81 Musielak/*Musielak*, § 321 a ZPO Rn. 4; Zöller/*Vollkommer*, § 321 a ZPO Rn. 15.

der Berufung kann nach § 522 Abs. 2 S. 1 ZPO ausschließlich in Beschlussform ergehen. Im Gegensatz zur Verwerfungsentscheidung ist die Anfechtung des Zurückweisungsbeschlusses nach § 522 Abs. 3 ZPO ausgeschlossen und unterliegt daher nach heute allgemeiner Meinung[82] von Anfang an der Anfechtung mit der Anhörungsrüge[83].

bb) Revision und Nichtzulassungsbeschwerde

Gegen ein Berufungsurteil ist die Revision statthaft, wenn das Berufungsgericht sie in dem Urteil zugelassen hat. Ist dies nicht der Fall, kann der Betroffene die Zulassung der Revision mit der Nichtzulassungsbeschwerde nach § 544 ZPO erwirken. Die Gesetzesbegründung zu § 321 a ZPO stellt ausdrücklich klar, dass auch die Nichtzulassungsbeschwerde der Anhörungsrüge vorgeht[84], so dass auf den ersten Blick kein Anwendungsbereich mehr für die Anhörungsrüge zu verbleiben scheint. Die Nichtzulassungsbeschwerde ist jedoch für einen Übergangszeitraum nur eingeschränkt statthaft. Bis zum 31.12.2011 ist sie nur zulässig, wenn der Wert der Beschwer 20.000 Euro überschreitet, es sei denn die Berufung wurde verworfen, § 26 Nr. 8 EGZPO. Die Anhörungsrüge ist demnach statthaft gegen Berufungsurteile, wenn die Beschwer unterhalb der vorgenannten Wertgrenze liegt. Ferner ist die Nichtzulassungsbeschwerde bei Arrest- und Verfügungsverfahren sowie Besitzeinweisungen unanwendbar, weil die Revision in diesen Verfahrensarten nach § 542 Abs. 2 ZPO generell, also auch gegen die Verwerfung der Berufung, unzulässig ist[85].

Die Entscheidung des Revisionsgerichts über die Nichtzulassungsbeschwerde ist unanfechtbar. Verwirft es sie oder weist es sie zurück, unterliegt die Entscheidung des Berufungsgerichts der Anhörungsrüge[86]. Gleiches gilt für die Verwerfung oder die Zurückweisung der Revision. Auch sie führen dazu, dass das Berufungsurteil rechtskräftig wird und nun mit der Anhörungsrüge angegriffen werden kann.

---

82 Dies war während der Geltung der Anhörungsrüge in ihrer alten Fassung umstritten, vgl. dazu die Nachweise bei *Schwab*, Rn. 765, Fn. 235.

83 *Huber* JuS 2005, 109 (111); Zöller/*Vollkommer*, § 321 a ZPO Rn. 5; *Rensen* MDR 2005, 181 (182).

84 BT-Drucks. 15/3706, S. 15, 17.

85 Musielak/*Ball*, § 542 ZPO Rn. 5.

86 Hk-ZPO/*Saenger*, § 544 ZPO Rn. 32.

cc) Sofortige Beschwerde und Rechtsbeschwerde

Mit der Anhörungsrüge können nicht nur Urteile, sondern auch Beschlüsse angefochten werden. Sie steht daher auch in Konkurrenz zur sofortigen Beschwerde und zur Rechtsbeschwerde.

Die sofortige Beschwerde ist nach § 567 Abs. 1 Nr. 1 und 2 ZPO nur statthaft, wenn das Gesetz sie ausdrücklich vorsieht oder bei Zurückweisung eines das Verfahren betreffenden Gesuchs, wenn die Entscheidung keine mündliche Verhandlung voraussetzt. Der Beschluss ist im Sinne des § 321 a ZPO unanfechtbar, wenn keiner dieser Fälle einschlägig ist. Die Rechtsbeschwerde geht der Anhörungsrüge vor, wenn ihre Statthaftigkeit entweder durch Gesetz oder in dem Beschluss über die sofortige Beschwerde ausdrücklich bestimmt worden ist und – im Fall der qua Gesetz statthaften Rechtsbeschwerden – die Zulässigkeitsvoraussetzungen des § 574 Abs. 2 ZPO vorliegen. Ist die Rechtsbeschwerde weder gesetzlich vorgesehen noch im Einzelfall zugelassen, ist die Entscheidung des Beschwerdegerichts nicht anfechtbar und unterliegt somit der Anhörungsrüge[87]. Dies gilt auch für die Nichtzulassungsentscheidung als solche, da gegen diese keine Nichtzulassungsbeschwerde stattfindet. Darüber hinaus ist die Anhörungsrüge statthaft in Arrest- und Verfügungsverfahren sowie bei Besitzeinweisungen. Der Verweis in § 574 Abs. 1 S. 2 ZPO auf § 542 Abs. 2 ZPO schließt die Rechtsbeschwerde in diesen Verfahrensarten generell aus. Gegen Beschlüsse des BGH, die auf Rechtsbeschwerden hin ergehen, finden keine weiteren Rechtsmittel oder Rechtsbehelfe statt, so dass auch diese mit der Anhörungsrüge angefochten werden können[88].

dd) Erinnerung

Entscheidungen des beauftragten oder ersuchten Richters unterliegen generell der Erinnerung nach § 573 Abs. 1 ZPO. In diesen Fällen geht die Erinnerung der Anhörungsrüge stets vor. Ein Subsidiaritätsverhältnis kann sich erst im Verhältnis zum Rechtsbehelf gegen die Erinnerungsentscheidung ergeben.

ee) Wiedereinsetzung in den vorigen Stand

Die Wiedereinsetzung führt nie selbständig zur Aufhebung eines Urteils, sondern immer nur dazu, dass ein ursprünglich versäumtes Rechtsmittel oder ein verfristeter Rechtsbehelf noch geltend gemacht werden kann. Zwischen Anhörungsrüge und Wiedereinsetzung in den vorigen Stand ergibt sich daher keine unmittelbares Konkurrenzverhältnis. Weil es sich bei der Rügefrist des

---

87 Zöller/*Heßler*, § 574 ZPO Rn. 17.

88 Zöller/*Vollkommer*, § 321 a ZPO Rn. 5.

§ 321 a Abs. 2 ZPO um eine Notfrist handelt, kann die Wiedereinsetzung in den vorigen Stand aber bei schuldloser Fristversäumung dazu führen, dass die Anhörungsrüge selbst nachgeholt werden kann.

ff) Wiederaufnahme des Verfahrens

Ebenso wie die Anhörungsrüge wirkt die Wiederaufnahme des Verfahrens nach den §§ 578 ff. ZPO rechtskraftdurchbrechend. Dementsprechend können diese Rechtsbehelfe in Konkurrenz zueinander stehen. Die Frage des Verhältnisses von Anhörungsrüge und Wiederaufnahme des Verfahrens stellt sich, wenn die Wiederaufnahme in der Form der Nichtigkeitsklage auf den Nichtigkeitsgrund des § 579 Abs. 1 Nr. 4 ZPO gestützt wird, also eine Partei nicht ordnungsgemäß vertreten war. Ratio legis dieses Nichtigkeitsgrundes ist gerade der Schutz des Anspruchs auf rechtliches Gehör[89]. Soweit dieser Nichtigkeitsgrund einschlägig ist – in direkter Anwendung des § 579 ZPO auf Urteile, in analoger Anwendung auf Beschlüsse – ist die Anhörungsrüge subsidiär.

gg) Zulässigkeit eines Anschlussrechtsmittels

Ist eine Entscheidung nicht durch die rügewillige Partei selbst, wohl aber durch ihren Gegner anfechtbar, steht ihr unter bestimmten Voraussetzungen die Möglichkeit zur Verfügung, sich dem Rechtsbehelf des anderen anzuschließen. Umstritten ist, ob die Subsidiarität der Anhörungsrüge die Partei dazu zwingt, anstelle der Erhebung der Anhörungsrüge von der Anschließungsmöglichkeit Gebrauch zu machen. Dies wird teilweise bejaht[90]. Unter den Vertretern dieser Ansicht ist jedoch umstritten, wie bei Rücknahme des Hauptrechtsmittels vorzugehen ist. Einige gehen davon aus, die Rüge der Verletzung des Gehörs sei im Wege der Anschließung zu erheben, bewahre aber durch Ersetzung der Form- und Fristerfordernisse des Hauptrechtsmittels durch § 321 a Abs. 1 bis 5 ZPO ihren eigenständigen Charakter[91]. Bei Rücknahme des Hauptrechtsmittels behalte die Anschließung ihre Wirkung, so dass weiterhin das Rechtsmittelgericht für die Entscheidung zuständig sei. Andere vertreten, dass das Verfahren nach Rücknahme des Hauptrechtsmittels entsprechend den § 321 a Abs. 4 und 5 ZPO vor dem Ausgangsgericht fortzusetzen sei[92].

---

89 *Barnert* ZZP 116 (2003), 447 (455).

90 Dafür: Thomas/Putzo/*Reichold*, § 321 a ZPO Rn. 2 a; a.A.: Zöller/*Vollkommer*, § 321 a ZPO Rn. 4.

91 Zöller/*Vollkommer*, § 321 a ZPO Rn. 4.

92 Thomas/Putzo/*Reichold*, § 321 a ZPO Rn. 2 a.

Die Gegenansicht lehnt einen Zwang, anstelle der Rüge nach § 321 a ZPO ein Anschlussrechtsmittel einzulegen, ab[93]. Der Betroffene dürfe auf das Anschlussrechtsmittel nicht verwiesen werden, weil es aufgrund seiner Abhängigkeit vom Hauptrechtsmittel der Anhörungsrüge nicht gleichwertig sei. Außerdem dürfe die Gewährung rechtlichen Gehörs nicht vom Verhalten des Gegners abhängig gemacht werden[94]. Der Betroffene habe deshalb die Wahl, entweder beim Rechtsmittelgericht das Anschlussrechtsmittel einzulegen oder beim Ausgangsgericht die Anhörungsrüge zu erheben. Etwaige Kollisionen zwischen Anhörungsrüge und gleichzeitig eingelegtem Rechtsmittel des Gegners sollen durch Aussetzung des Rügeverfahrens entsprechend § 148 ZPO bis zum Abschluss des Rechtsmittelverfahrens gelöst werden[95].

Die Anhörungsrüge ist unter Wahrung besonderer Frist- und Formerfordernisse beim iudex a quo zu erheben. Die Anschließung hat ebenso wie das Rechtsmittel in der Hauptsache Devolutiveffekt. Für sie gelten ebenfalls bestimmte Frist und Formvorschriften[96]. Nach den gesetzlichen Bestimmungen verlieren alle Anschlussrechtsmittel ihre Wirkung, wenn das Hauptrechtsmittel zurückgenommen wird, z.B. §§ 524 Abs. 4, 554 Abs. 4 ZPO. Dieser Konzeption liefe es zuwider, wenn trotz Rücknahme des Hauptrechtsmittels das Rechtsmittelgericht über das Anschlussrechtsmittel zu entscheiden hätte. Damit unvereinbar ist auch, die Anschließung zu verlangen, aber anstelle der dafür geltenden Sondervorschriften für Frist und Form des jeweiligen Anschlussrechtsmittels die für die Anhörungsrüge geltenden Vorschriften heranzuziehen. Die Subsidiarität zwingt folglich nicht zur Anschließung. Vielmehr hat der Betroffene eine Wahlmöglichkeit zwischen dem Anschlussrechtsmittel und der Anhörungsrüge.

c) Gegenstand der Anhörungsrüge: § 321 a Abs. 1 Nr. 2 ZPO

Gegenstand der Anhörungsrüge ist jede entscheidungserhebliche Verletzung des Anspruchs auf rechtliches Gehör durch das Gericht, § 321 a Abs. 1 S. 1 Nr. 2 ZPO. Der Anspruch auf rechtliches Gehör wird verfassungsrechtlich durch Art. 103 Abs. 1 GG gewährleistet. Nach ständiger Rechtsprechung des BVerfG verpflichtet er das Gericht, den Parteien Gelegenheit zu geben, sich zu dem einer gerichtlichen Entscheidung zugrunde liegenden Sachverhalt und zur Rechtslage vor der Entscheidung zu äußern[97]. Die Parteien haben das Recht, vor Gericht Anträge zu stellen, Ausführungen zu machen und Stellungnahmen abzugeben.

---

93 So Musielak/*Musielak*, § 321 a ZPO Rn. 5; *Müller* NJW 2002, 2743 (2744); *Schmidt* MDR 2002, 915 (916).

94 *Müller* NJW 2002, 2743 (2744).

95 *Müller* NJW 2002, 2743 (2744); *Schmidt* MDR 2002, 915 (916).

96 Vgl. §§ 524 Abs. 2, Abs. 3, 554 Abs. 2, Abs. 3, 567 Abs. 3, 574 Abs. 4 ZPO

97 u.a. BVerfG 1, 418 (429); 86, 133 (144).

Anhörungspflichten ergeben sich aber nicht nur aus der Verfassung selbst, sondern vielmehr aus zahlreichen Vorschriften der Zivilprozessordnung, die der effektiven Ausübung des rechtlichen Gehörs dienen[98]. Die ZPO statuiert umfangreiche zivilprozessuale Aufklärungs- und Hinweispflichten, deren Umfang deutlich über die nur in engen Grenzen aus Art. 103 Abs. 1 GG ableitbaren Hinweispflichten hinausgeht[99]. Nach ständiger Rechtsprechung des BVerfG[100] sowie nach allgemeiner Ansicht im Schrifttum[101] kommt dem verfassungsrechtlichen Anspruch daher lediglich der Charakter einer „Mindestgarantie" zu, die nicht unterschritten werden darf.

Umstritten ist, ob der Anwendungsbereich des § 321 a ZPO auf die verfassungsrechtliche Mindestgarantie beschränkt ist oder auch Verletzungen von Vorschriften erfasst, die das rechtliche Gehör über Art. 103 Abs. 1 GG hinausgehend gewährleisten. Im Interesse der Rechtssicherheit wird teilweise vertreten, es komme nicht darauf an, ob die Verweigerung eines Anhörungsrechts zugleich gegen Art. 103 Abs. 1 GG verstoße[102]. Nach zutreffender Ansicht[103] begründet die Verletzung eines zivilprozessualen Verfahrensrechts die Rüge nach § 321 a ZPO indes nur, wenn sie gleichzeitig die verfassungsrechtliche Garantie verletzt. Maßgeblich für die Auslegung des Begriffs ist der Wille des Gesetzgebers. Insofern kann allein das systematische Argument, der Begriff des rechtlichen Gehörs müsse innerhalb eines Gesetzes einheitlich ausgelegt werden, die Gegenansicht nicht stützen. Der Gesetzgeber hat zwar darauf verzichtet, im Wortlaut der Vorschrift explizit auf das Verfassungsrecht Bezug zu nehmen. Die Begründung zum Gesetzesentwurf der Bundesregierung zeigt jedoch, dass es ihm darauf ankam, zur Entlastung des BVerfG einen fachgerichtlichen Rechtsbehelf für Verletzungen des Art. 103 Abs. 1 GG einzuführen[104]. Diesen Sinn und Zweck erfüllt die Anwendung der Vorschrift auf Verstöße gegen einfaches Verfahrensrecht nicht[105].

98 *Vollkommer*, FS für Schumann, 507 (517 ff.).

99 BVerfG NJW 1994, 848 (849).

100 BVerfGE 60, 310; NJW 2001, 2531.

101 Wieczorek/Schütze/*Rensen*, § 321 a ZPO Rn. 49; *Vollkommer*, FS für Schumann, 507, (517), mit weiteren Nachweisen.

102 MünchKommZPO/*Musielak*, § 321 a ZPO Rn. 12; Zöller/*Vollkommer*, § 321 a ZPO Rn. 3 a, 8; *Kettinger*, S. 127 ff; *Poelzig*, ZZP 121 (2008), 235.

103 *Polep/Rensen*, S. 44; *Günter*, S. 143, 149; Wieczorek/Schütze/*Rensen*, § 321 a ZPO Rn. 60; Hk-ZPO/*Saenger*, § 321 a ZPO Rn. 5 (anders noch in der Vorauflage); *Zuck* NJW 2005, 1226 (1228); *ders.*, Anhörungsrüge, Rn. 52.

104 BT-Drucks. 14/4722, S. 85.

105 Wieczorek/Schütze/*Rensen*, § 321 a ZPO Rn. 60.

Ob eine Gehörsverletzung im Sinne des § 321 a ZPO vorliegt, ist im Hinblick auf den Zweck der Vorschrift, Verfassungsbeschwerden zu vermeiden, durch Auslegung zu bestimmen [106]. Zur Strukturierung der Vielzahl in Betracht kommender Verletzungsarten werden Verstöße regelmäßig vier Fallgruppen typischer Gehörsverletzungen zugeordnet. Dazu zählen zunächst die sog. „*Pannenfälle*“, in denen das Gericht unbeabsichtigt das rechtliche Gehör einer der Parteien verletzt, etwa weil eine Frist übersehen wird, ein Schriftsatz nach Änderung des Aktenzeichens in eine falsche Akte gerät [107] oder weil sog. „Betriebsstörungen“ auftreten, beispielsweise ein defektes Telefaxgerät verhindert, dass ein Schriftsatz (rechtzeitig) in den Geschäftsgang gelangt[108]. Dagegen bezeichnen die sog. „*Präklusionsfälle*“, in denen die Verletzung des rechtlichen Gehörs durch fehlerhafte Rechtsanwendung verursacht wird, bewusste Verstöße gegen das Äußerungsrecht [109]. Das Unterlassen eines rechtlich gebotenen Hinweises verletzt das Gehör in den sog. „*Hinweisfällen*“[110]. In den sog. „*Unrichtigkeitsfällen*“ oder „*Nichtberücksichtigungsfällen*“ erfolgt die Verletzung dadurch, dass das Vorbringen einer Partei vom Gericht nicht erfasst oder grob missverstanden wird, und es dadurch zu Unrichtigkeiten im Urteil kommt[111].

Die Verletzung des Anspruchs auf rechtliches Gehör muss entscheidungserheblich gewesen sein. Davon ist auszugehen, wenn nicht ausgeschlossen werden kann, dass das Gericht ohne die Verletzung des Anspruchs auf rechtliches Gehör zu einer anderen Entscheidung gekommen wäre[112]. In diesem Fall setzt das Ausgangsgericht das ursprüngliche Verfahren fort, soweit dies aufgrund der Rüge geboten ist, § 321 a Abs. 5 S. 1 ZPO. Das rechtliche Gehör ist nun zu gewähren und unter dessen Beachtung neu zu entscheiden[113].

III. Verfassungsbeschwerde

Die Verfassungsbeschwerde ist ein spezifischer Rechtsbehelf des Bürgers gegen den Staat zur prozessualen Durchsetzung von Grundrechten und grundrechtsgleichen Rechten, vgl. Art. 93 Abs. 1 Nr. 4 a GG, § 90 Abs. 2 S. 1 BVerfGG. In Form der Urteilsverfassungsbeschwerde steht sie grundsätzlich zur Überprüfung der Verfassungsmäßigkeit rechtskräftiger, letztinstanzlicher Entscheidungen der

106 Musielak/*Musielak*, § 321 a ZPO Rn. 6 a.
107 *Vollkommer*, FS für Schumann, 507 (520 f.).
108 *Schneider*, FS für Madert, S. 190.
109 Zöller/*Vollkommer*, § 321 a ZPO Rn. 9 a.
110 *Vollkommer*, FS für Schumann, 507 (525).
111 Zöller/*Vollkommer*, § 321 a ZPO Rn. 11.
112 BT-Drucks. 14/4722, S. 85.
113 Hk-ZPO/*Saenger*, § 321 a ZPO Rn. 13.

Fachgerichtsbarkeit zur Verfügung[114]. Das BVerfG ist somit in besonderem Maße zur Korrektur der Verletzungen von (Verfahrens-)Grundrechten berufen. Häufig wird die Verfassungsbeschwerde als außerordentlicher Rechtsbehelf bezeichnet. Gemeint ist in diesem Zusammenhang, dass es sich nicht um einen zusätzlichen Rechtsbehelf zum fachgerichtlichen Verfahren handelt, der sich diesem in gleicher Funktion unmittelbar anschließt[115]. Die Außerordentlichkeit ist bei der Verfassungsbeschwerde also nicht etwa im Sinne einer Außergesetzlichkeit zu verstehen. Dies unterscheidet sie von den „außerordentlichen Rechtsbehelfen des Instanzrechts“[116].

Es hat sich bereits gezeigt, dass auch die Fachgerichte Verfahrensgrundrechtsverstößen abhelfen können. Nach Art. 1 Abs. 3 GG sind sie zur Anwendung der Grundrechte sogar verfassungsrechtlich berufen. Die Abgrenzung der Kompetenzen zwischen Verfassungsgericht und Fachgerichten ist daher nicht immer eindeutig. Dazu hat insbesondere die Rechtsprechung des BVerfG beigetragen, das seine Prüfungskompetenzen immer weiter in den Bereich des einfachen Rechts ausgedehnt und damit für Überschneidungen der Aufgabenbereiche gesorgt hat. Vor allem das weite Verständnis des Anwendungsbereichs von Art. 2 Abs. 1 GG hat eine umfassende Prüfungskompetenz begründet: Jedes in fehlerhafter Anwendung des einfachen Rechts ergangene Urteil verstößt gegen die Bindung des Richters an Recht und Gesetz nach Art. 20 Abs. 3 GG. Damit ergeht es ohne gesetzliche Grundlage und greift in das Auffanggrundrecht des Art. 2 Abs. 1 GG ein[117]. Gleichzeitig ist jeder Fehler in der Rechtsanwendung eines Gerichts eine Verletzung von Art. 3 Abs. 1 GG in der Form der Rechtsanwendungsgleichheit[118]. Schließlich wird die Grenzziehung zwischen einfachem Recht und Verfassungsrecht dadurch erschwert, dass das BVerfG die Grundrechte als „objektive Werteordnung“ auslegt, die verlangt, dass einfachgesetzliche Normen stets im Lichte der Grundrechte zu interpretieren sind[119].

Als „Hüter der Verfassung“[120] steht das BVerfG sowohl institutionell als auch funktional außerhalb des Instanzenzugs. Weder kann, noch soll es das fachgerichtliche Verfahren fortführen. Um nicht zur Superrevisionsinstanz zu werden, versucht das BVerfG in ständiger Rechtsprechung, unter Anwendung der sog. „Heck´schen Formel“ seine Zuständigkeit von derjenigen der Fachgerichtsbar-

---

114 *Kenntner* DÖV 2005, 269 (271).
115 BVerfGE 107, 395 (413); *Meyer*, in: v. Münch/Kunig, Art. 93 GG Rn. 54.
116 *Zuck*, Verfassungsbeschwerde, Rn. 17.
117 BVerfGE 6, 32 (36 ff.) (*Elfes*); *Dreier*, in: Dreier, Art. 2 GG Rn. 29.
118 *Starck*, in: v. Mangoldt/Klein/Starck, Art. 3 GG Rn. 258; *Kenntner* NJW 2005, 785 f.
119 BVerfGE 7, 198 (204 ff.) (*Lüth*).
120 Zippelius/Würtenberger, § 48, Rn. 25.

keit abzugrenzen[121]. Seine Prüfungskompetenz sei auf die Verletzung „spezifischen Verfassungsrechts“ beschränkt. Dafür lässt das BVerfG nicht bereits ausreichen, dass überhaupt eine (einfachgesetzliche) Rechtsverletzung vorliegt, vielmehr muss der Fehler gerade in der Nichtbeachtung von Grundrechten liegen [122]. Die Korrektur einfachgesetzlicher Rechtsverletzungen gehöre hingegen primär zum Aufgabenbereich der Fachgerichtsbarkeit[123].

Die Formel von der Verletzung spezifischen Verfassungsrechts dient auch bei der Verletzung von Verfahrensgrundrechten als Maßstab. Allerdings wird die Abgrenzung der Aufgabenbereiche von Fachgerichten und BVerfG hier dadurch erschwert, dass die Verwirklichung von Verfahrensgrundrechten zumeist gerade durch ihre einfachgesetzliche Ausgestaltung erfolgt[124]. Weil die Umsetzung durch das einfache Verfahrensrecht über den verfassungsrechtlichen Gehalt der Verfahrensgrundrechte hinausgehen kann, beinhaltet zwar nicht jeder Verstoß auch eine Grundrechtsverletzung [125]. Dennoch beruht die Verletzung der Prozessgrundrechte regelmäßig auf einer fehlerhaften Anwendung des einfachen Rechts durch die Gerichte. Unter welchen Voraussetzungen von der Verletzung spezifischen Verfassungsrechts ausgegangen werden kann, lässt sich nicht allgemeingültig festlegen. Das BVerfG wendet in diesem Zusammenhang unterschiedliche Kriterien an. Eine Verletzung von Art. 103 Abs. 1 GG liegt beispielsweise vor, wenn die Gesetzesanwendung offensichtlich unrichtig[126], rechtsmissbräuchlich[127] oder willkürlich[128] war. Ein spezifisch verfassungsrechtlicher Verstoß gegen das Recht auf den gesetzlichen Richter ist nach ständiger Rechtsprechung des BVerfG[129] gegeben, wenn der Verstoß gegen die jeweilige Zuständigkeitsbestimmung nach den Umständen des Einzelfalls willkürlich war.

Nach § 90 Abs. 2 S. 1 BVerfGG, Art. 94 Abs. 2 S. 2 GG ist die Verfassungsbeschwerde erst nach Erschöpfung des Rechtswegs zulässig. Der Beschwerdeführer muss vor Erhebung der Verfassungsbeschwerde den gesamten Instanzenzug durchlaufen, d.h. alle zumutbaren fachgerichtlichen Möglichkeiten zur Beseitigung der behaupteten Grundrechtsverletzung in Anspruch genommen

---

121 BVerfGE 18, 85 (92 f.); 62, 338 (343); *Meyer*, in: v. Münch/Kunig, Art. 93 GG Rn. 61.
122 BVerfGE 75, 302 (314).
123 BVerfGE 63, 77 (79).
124 *Seidel,* S. 167, *Schulze-Fielitz*, in: Dreier, Art. 103 GG Rn. 29.
125 BVerfGE 75, 302 (312ff.); *Schulze-Fielitz*, in: Dreier, Art. 103 GG Rn. 29; *Jarass/Pieroth*, Art. 103 GG Rn. 10 a.
126 BVerfGE 69, 145 (149).
127 BVerfGE 69, 126 (139 ff.).
128 BVerfGE 74, 234 (288).
129 BVerfGE 9, 223 (230); 54, 100 (115 f.).

haben[130]. Darüber hinaus hat das BVerfG aus § 90 Abs. 2 BVerfGG im Wege richterlicher Rechtsfortbildung den Grundsatz der Subsidiarität der Verfassungsbeschwerde abgeleitet. Der Beschwerdeführer muss über das Gebot der Rechtswegerschöpfung im engeren Sinn hinaus alle ihm zur Verfügung stehenden und zumutbaren, d.h. auch außerprozessualen Möglichkeiten ergreifen, um eine Korrektur der geltend gemachten Verfassungsverletzung zu erwirken oder eine Grundrechtsverletzung zu verhindern[131]. Ziel ist es, das BVerfG zu entlasten und für seine eigentliche Aufgabe des Verfassungsschutzes freizumachen[132]. Die Verfassungsbeschwerde soll ein letzter, ausschließlich auf den Schutz der Grundrechte beschränkter Rechtsbehelf sein, der grundsätzlich nur dann gegeben ist, wenn alle sonstigen Möglichkeiten zu richterlicher Nachprüfung erschöpft sind. Dies entspricht der grundgesetzlichen Kompetenzverteilung, nach der vorrangig die Fachgerichte zur Korrektur von Verfassungsverletzungen berufen sind[133].

Ebenfalls der Entlastung des BVerfG dient das der Sachentscheidung notwendigerweise vorgeschaltete Verfahren über die Annahme der Verfassungsbeschwerde zur Entscheidung nach § 93 a Abs. 1 BVerfGG. Der mit diesem Zugangsverfahren sui generis[134] bezweckte Entlastungserfolg wird in erster Linie im Fall der Nichtannahme erreicht. Sie muss nicht begründet werden (§ 93 d Abs. 1 S. 2 BVerfGG) und beendet das Verfahren, ohne dass die Verfassungsbeschwerde dem Senat zur Prüfung vorgelegt wird. Etwa 97% aller Verfassungsbeschwerden werden auf diese Weise erledigt, nur jede 36. Verfassungsbeschwerde gelangt zur Sachentscheidung in den Senat[135]. Mit dem Annahmeverfahren stellt das Gesetz also eine hohe Zugangshürde für den Bürger auf. Es kann beispielsweise dazu kommen, dass eine Verfassungsbeschwerde trotz Begründetheit im Annahmeverfahren scheitert, weil es sich um eine Bagatellsache handelt, der keine Grundsatzbedeutung zukommt[136]. Der allgemeinen Möglichkeit, eine Verfassungsbeschwerde einzulegen, steht also eine vergleichbar geringe Chance gegenüber, dass über die Verfassungsbeschwerde überhaupt entschieden wird[137].

---

130 *Pieroth/Schlink*, Rn. 1152.
131 BVerfGE 77, 381 (401); 86, 15 (22).
132 BVerfGE 4, 193 (198).
133 BVerfGE 77, 381 (401); 96, 27 (40).
134 *Lechner/Zuck*, Vor § 93 a BVerfGG Rn. 5.
135 *Schlaich/Korioth*, Rn. 265.
136 *Pieroth/Schlink*, Rn. 1119.
137 *Wank* JuS 1980, 545 (549).

IV. Ergebnis zu § 2

Verletzungen von Verfahrensgrundrechten können unter den genannten Voraussetzungen innerhalb des fachgerichtlichen Rechtsbehelfssystems gerügt und korrigiert werden. Liegen diese Voraussetzungen nicht vor, ist eine Fehlerkorrektur auch dann unmöglich, wenn es sich dabei um einen Verstoß gegen ein Verfahrensgrundrecht handelt. Dies zeigt sich vor allem im Fall der Berufung, wenn die Zulassungsberufung wegen Unterschreitens der Erwachsenheitssumme von 600 Euro ausgeschlossen ist und die Zulassung des Rechtsmittels durch das Ausgangsgericht zur Sicherung einer einheitlichen Rechtsprechung zwar erforderlich, aber nicht zu erwarten ist. Dem Rechtsuchenden bleibt dann nur die Möglichkeit, die Verletzung mit der Verfassungsbeschwerde zu rügen und darauf zu hoffen, dass diese durch das Annahmeverfahren zur Entscheidung in den Senat gelangt.

§ 3 Entwicklung außerordentlicher Rechtsbehelfe

Die ZPO enthält einen „numerus clausus“[138] zivilprozessualer Rechtsbehelfe und Rechtsmittel. Dass der Rechtsuchende nicht alle potentiell fehlerhaften Entscheidungen einer weiteren gerichtlichen Kontrolle zuführen kann, sondern die Unanfechtbarkeit einiger Entscheidungen grundsätzlich hinnehmen muss, beruht auf den Gedanken der Rechtssicherheit und Bestandskraft. Mit dem Bedürfnis nach Rechtssicherheit konkurriert jedoch stets die Forderung nach materieller Gerechtigkeit einer Entscheidung[139]. Es können Situationen entstehen, in denen eine unanfechtbare Entscheidung aus Gründen der Einzelfallgerechtigkeit nicht (mehr) hinnehmbar erscheint. Dem liegt die Überlegung zugrunde, dass das gesetzliche Rechtsmittelsystem dann unzureichend ist, wenn es dazu führt, dass der Betroffene eine Entscheidung widerspruchslos hinnehmen muss, die ihrer Art oder ihrem Inhalt nach dem Gesetz fremd ist[140]. Dies gilt auch und in besonderem Maße bei Entscheidungen, die unter Verletzung von Verfahrensgrundrechten zustande gekommen sind. Dementsprechend wird sowohl in der Rechtsprechung als auch in der Literatur die lückenschließende Anwendung gesetzlicher Rechtsmittel über ihren Anwendungsbereich hinaus diskutiert. Diese Diskussion hat ihren Ursprung in der Rechtslage vor Einführung des Zivilprozessreformgesetzes zum 31.12.2001, insbesondere vor der damit verbundenen Einführung des § 321 a ZPO.

138 *Tappeiner*, S. 29.

139 Vgl. den Titel der Dissertation von *Günter*: „Rechtssicherheit vs. Materielle Gerechtigkeit“.

140 *Gottwald/Semmelmayer* JZ 1993, 415 (416).

I. Rechtslage vor dem Zivilprozessreformgesetz vom 27.07.2001

Vor der grundlegenden Reform im Jahr 2002 konnten Verletzungen von Verfahrensgrundrechten häufig nicht innerhalb des allgemeinen Rechtsbehelfssystems von den Fachgerichten korrigiert werden. Nach ständiger Rechtsprechung des BVerfG[141] begründete diese Rechtslage dennoch keinen Verfassungsverstoß, weil die Verfassung keinen Rechtsschutz gegen, sondern nur durch den Richter garantiere und den Gesetzgeber daher nicht zur Bereitstellung eines Instanzenzuges zwinge. Dies führte aber dazu, dass die Korrektur eines Verfahrensgrundrechtsverstoßes – insbesondere bei Grundrechtsverletzungen in Amtsgerichtsprozessen mit einem Streitwert unterhalb der damaligen Berufungssumme von 1.500 DM nach § 511 a ZPO a.F. oder in den Fällen eines Beschwerdeausschlusses – allein durch die Erhebung einer Verfassungsbeschwerde erreicht werden konnte. Die Unzulänglichkeit dieser Lage zeigte sich vor allem dann, wenn der Verstoß durch ein reines „Versehen" des Gerichts verursacht war. So gründete sich manche Verfassungsbeschwerde auf einen Verstoß gegen Art. 103 Abs. 1 GG durch das Übersehen einer Frist, durch fehlerhafte Zustellung oder durch Verlust eines Schriftsatzes. Mangels anderweitiger Rechtsschutzmöglichkeiten – insbesondere fehlte im Zivilverfahren eine §§ 33 a, 311 a StPO vergleichbare Korrekturmöglichkeit – kam der Betroffene nicht umhin, den im Verhältnis zu der nur geringen Bedeutung derartiger Verfahrensverstöße überdimensioniert erscheinenden Weg zum BVerfG einzuschlagen. Dies führte dazu, dass das BVerfG mit einer Vielzahl vergleichsweise unbedeutender Fälle belastet und zur bloßen *„Pannenhilfe"* benutzt wurde[142]. Dieser Effekt wurde durch die extensive Grundrechtsdogmatik[143] des BVerfG selbst jedenfalls verstärkt, wenn nicht sogar mitverursacht[144]. Das Ausmaß der Problematik zeigt *Schumanns*[145] statistische Auswertung der Sammlung der „Entscheidungen des Bundesverfassungsgerichts". Danach überprüfte das BVerfG über die Hälfte der Verfassungsbeschwerden, nämlich insgesamt 95 von 187 Fällen, auf Verletzungen des Anspruchs auf rechtliches Gehör[146]. Es folgten Art. 3 Abs. 1 GG mit 21 Fällen, Art. 30 GG mit 15 Fällen und Art. 2 Abs. 1 GG mit 13 Fällen. Damit stand die Rüge des Art. 103 Abs. 1 GG „einsam an der Spitze"[147]. Aus der Auswertung

---

141 BVerfGE 1, 433 (437 ff.); 11, 106 (110); 26, 243 (246); 49, 329 (340).

142 BVerfGE 42, 243 (248); *Schumann* NJW 1985, 1134.

143 Vgl. dazu die Ausführungen zur Verfassungsbeschwerde unter § 2 III.

144 *Polep/Rensen*, S. 1: Das BVerfG habe die Parteien zur Weiterverfolgung ihrer vermeintlichen Rechte im Weg der Verfassungsbeschwerde geradezu aufgefordert und so seine Überlastung mitverursacht.

145 *Schumann* NJW 1985, 1134 ff.

146 Vgl. *Schumann* NJW 1985, Fn. 2: Da das BVerfG in vielen Entscheidungen mehrere Prüfungsmaßstäbe anwendet, kommt es zu Mehrfachangaben.

147 *Schumann* NJW 1985, 1134.

ergibt sich zudem, dass die Anzahl der Entscheidungen zu Art. 103 Abs. 1 GG in den untersuchten Bänden kontinuierlich anstieg, nämlich von 8,41% in den Bänden 1 – 10 auf 15,92% in den Bänden 11 – 67.

Um der Beschwerdeflut zu entgehen, hielt das BVerfG die Fachgerichte in ständiger Rechtsprechung unter Hinweis auf die Subsidiarität der Verfassungsbeschwerde und der daraus folgenden grundgesetzlichen Kompetenzverteilung dazu an, Verstöße gegen Verfahrensgrundrechte vorrangig im Wege der Selbstkorrektur zu beheben, um die Funktionsfähigkeit des Systems zu erhalten[148]. Die Erhebung der Verfassungsbeschwerde sei ein vermeidbarer Umweg, da das BVerfG bei der Korrektur von Verfahrensgrundrechtsverstößen eine Aufgabe erfülle, die an sich zu den verfassungsrechtlichen Pflichten eines jeden Gerichtes gehöre[149]. Das BVerfG verwies dabei ausdrücklich auf die Möglichkeit der „unabhängig von den ordentlichen Rechtsmitteln durch die Prozessordnungen zur Verfügung gestellten außerordentlichen Rechtsbehelfe und ihre Auslegung und Anwendung“[150]. Diese Rechtsprechung führte dazu, dass die Fachgerichte zur Lösung der Problematik außerordentliche, d.h. gesetzlich nicht normierte Rechtsbehelfe entwickelten und verstärkt davon Gebrauch machten. Dazu gehörten vor allem die außerordentliche Beschwerde und die Gegenvorstellung, zum Teil wurden aber auch die Berufung und die Revision über ihren gesetzlichen Anwendungsbereich hinaus angewendet.

1. Außerordentliche Beschwerde

Dem Bedürfnis nach weitergehendem fachgerichtlichem Rechtsschutz begegneten Rechtsprechung und Literatur zunächst mit der Entwicklung einer außerordentlichen Beschwerde bei „greifbarer Gesetzwidrigkeit“ und bei Verletzungen von Verfahrensgrundrechten. Neben der Entlastungswirkung für das BVerfG wollte man auf diesem Wege die Belange der Bürger berücksichtigen, da ein Großteil der erhobenen Verfassungsbeschwerden bereits durch die restriktive Handhabung der Zulässigkeitsvoraussetzungen abgewiesen wurde[151]. Wie die ordentliche gesetzliche sollte auch die außerordentliche Beschwerde die Korrektur von Entscheidungen durch den iudex ad quem ermöglichen[152]. Für die außerordentliche Beschwerde galten alle Zulässigkeitsvoraussetzungen der ordentlichen Beschwerde, bis auf diejenige, welche die Überprüfung durch die

---

148 BVerfG NJW 1976, 1837 (1838); NJW 1979, 538; BVerfGE 47, 182 (190 f.); 70, 180 (185 f.); 78, 58 (68 f.).

149 BVerfG NJW 1979, 538 (539).

150 BVerfG NJW 1976, 1839.

151 *Voßkuhle*, in: v. Mangoldt/Klein/Starck, Art. 93, Fn. 307: Die Erfolgsquote der Verfassungsbeschwerden liegt nur zwischen 1,2 und 1,5%.

152 *Schilken*, ZPO, Rn. 991.

ordentliche Beschwerde konkret ausschloss[153]. Schließlich handelte es sich immer noch um eine Beschwerde, wenn auch in einem gesetzlich nicht vorgesehenen Fall[154]. Daraus folgte nach überwiegender Ansicht auch, dass die außerordentliche Beschwerde gleich den ordentlichen Beschwerden nur gegen Beschlüsse, nicht aber auch gegen Urteile statthaft war[155]. Insoweit verblieb den Betroffenen weiterhin nur der Rückgriff auf die Verfassungsbeschwerde.

a) „Greifbare Gesetzwidrigkeit" einer Entscheidung

In der Rechtsprechung des BGH[156] und im Anschluss daran auch in der Rechtsprechung der Oberlandesgerichte[157] wurde die Zulassung der außerordentlichen Beschwerde zunächst bei sog. „greifbarer Gesetzwidrigkeit" einer Entscheidung diskutiert. Die inhaltliche Bestimmung eines derart unbestimmten Begriffs bereitete erwartungsgemäß Schwierigkeiten. Als „gängig"[158] dürfte die Definition bezeichnet werden, nach der eine Entscheidung greifbar gesetzwidrig ist, wenn sie jeder gesetzlichen Grundlage entbehrt und inhaltlich dem Gesetz fremd bzw. mit der Rechtsordnung unvereinbar ist[159]. Um dem Spannungsverhältnis von Rechtssicherheit einerseits und der mit der außerordentlichen Beschwerde angestrebten Einzelfallgerechtigkeit andererseits Rechnung zu tragen, wurde dafür nicht bereits jeder eindeutige Verstoß des Gerichts gegen die von ihm anzuwendenden Vorschriften als ausreichend erachtet[160]. Stattdessen sollte der Charakter der außerordentlichen Beschwerde als Ausnahmerechtsbehelf durch Beschränkung der außerordentlichen Beschwerde auf diejenigen Fälle begrenzt bleiben, in denen Entscheidungen mit der Rechtsordnung schlechthin unvereinbar sind und in denen offensichtlich krasses Unrecht beseitigt werden muss[161]. Versuche, die „greifbare Gesetzwidrigkeit" zu definieren, kamen ihrerseits nicht ohne Rückgriff auf unbestimmte Begriffe aus, sondern endeten in weiteren Leerformeln. Es fehlte an objektiven Kriterien für die Zulässigkeit und folglich auch für die Erfolgsaussichten der außerordentlichen Beschwerde. Eine eindeutige Subsumtion des jeweiligen Falles unter den Begriff der „greifbaren Gesetzwidrigkeit" war und blieb daher unmöglich. Im Ergebnis herrschte große Rechtsunsicherheit.

---

153 Zöller/*Gummer*, 23. Auflage, § 567 ZPO Rn. 21.

154 *Seidel*, S. 82.

155 Vgl. BGH NJW 1997, 744; BGH NJW 1989, 2758.

156 BGH NJW 1992, 983 (984); NJW 1994, 2363 (2364); NJW 1990, 840; NJW 1990, 1794 (1795).

157 OLG Köln NJW-RR 1995, 894; OLG Schleswig NJW-RR 1996, 125.

158 So auch *Wax*, FS für Lüke, S. 941 (944).

159 BGH NJW 1992, 983 (984); NJW 1994, 2363 (2364); NJW 1990, 840; NJW 1990, 1794 (1795); OLG Köln NJW-RR 1995, 894; OLG Schleswig NJW-RR 1996, 125.

160 BGH NJW 1990, 840 (841); *Seidel*, S. 49; *Frehse* SGb 2005, 265 (266).

161 BGHZ 109, 41 (43).

Das Problem ließ sich auch nicht durch eine Orientierung an der Kasuistik der Rechtsprechung überwinden, weil eine einheitliche Linie des BGH und der Instanzgerichte nicht auszumachen war. Insgesamt verhielt sich der BGH mit der Zulassung einer außerordentlichen Beschwerde äußerst zurückhaltend. So hatte er in der Zeit von 1992 bis 2002 zwar über eine hohe Anzahl außerordentlicher Beschwerden zu entscheiden, bejahte aber lediglich in vier (veröffentlichten) Fällen[162] die „greifbare Gesetzwidrigkeit" einer Entscheidung. Im Unterschied zu der strikten Rechtsprechung des BGH verfuhren die Instanzgerichte mit der außerordentlichen Beschwerde weit großzügiger. Zwar verwendeten sie für die Konkretisierung der „greifbaren Gesetzwidrigkeit" die vom BGH begründete Formel, stellten jedoch an die „greifbare Gesetzwidrigkeit" ungleich geringere Anforderungen. Dementsprechend ließen sie die außerordentliche Beschwerde in weitaus mehr Fällen zu als der BGH[163]. Das OLG Köln[164] sah beispielsweise einen Beschluss als greifbar gesetzwidrig an, der unter Verletzung des § 308 Abs. 1 S. 1 ZPO erlassen wurde, weil dessen Tenor über den Antrag des Klägers hinausging. Das LG Stuttgart[165] hielt einen Beschluss für greifbar gesetzwidrig, der zur Zahlung einer Forderung verurteilte, die nicht Gegenstand des Verfahrens und zudem bereits entrichtet worden war. Damit geriet die außerordentliche Beschwerde wegen greifbarer Gesetzwidrigkeit zunehmend zu einer allgemeinen „Billigkeitskontrolle"[166]. Die Schwelle von der einfachen, unschädlichen, zur greifbaren Gesetzwidrigkeit, die eine außerordentliche Beschwerde eröffnete, war nicht auszumachen.

b) Verletzung von Verfahrensgrundrechten

Zum Teil als Unterfall der „greifbaren Gesetzwidrigkeit" angesehen[167], zum Teil als eigenständige Fallgruppe, wurde erwogen, die außerordentliche Beschwerde auch zur Korrektur von Verstößen gegen Verfahrensgrundrechte zuzulassen. Der BGH sah für eine generelle Ausdehnung der Beschwerde auf Verfahrensgrundrechtsverstöße, insbesondere gegen den Anspruch auf rechtliches Gehör, jedoch keine Veranlassung[168]. Jedenfalls der allgemeine Gesichtspunkt einer Verletzung des Anspruchs auf rechtliches Gehör bzw. ein Verstoß gegen die

---

162 BGHZ 119, 372; 121, 397; BGH NJW 2000, 960; NJW 2002, 754.

163 Exemplarisch: OLG Zweibrücken FamRZ 1986, 1229 (1230) (fehlerhafte Ablehnung des Rechtsschutzbedürfnisses durch das Ausgangsgericht); OLG Koblenz NJW-RR 1995, 1378 (Wortlaut und Zweck widersprechende Gesetzesauslegung); OLG Oldenburg NJW-RR 1995, 830; OLG Bamberg NJW-RR 1998, 363 (364) (fehlerhafte Ermessensausübung).

164 OLG Köln NJW-RR 1998, 363 (364).

165 LG Stuttgart NJW-RR 1998, 934.

166 *Günther*, S. 23.

167 So z.B. OLG Frankfurt a.M. NJW 1988, 79; OLG München NJW-RR 1995, 957.

168 BGHZ 34, 12 (19); BGH NJW-RR 1986, 738; NJW 1990, 838 (839).

Anhörungsgrundsätze für sich allein genommen sollte nicht ausreichen, um ein außerordentliches Rechtsmittel zu eröffnen. Unter welchen Umständen Verstöße gegen Verfahrensgrundrechte eine Intensität erreichten, welche die Zulassung einer außerordentlichen Beschwerde rechtfertigte, ließ der BGH jedoch offen. Die Betroffenen verwies er bei fehlender Rechtsmittelfähigkeit einer Entscheidung auf die Korrektur durch das BVerfG. Die damit verbundenen Einschränkungen aus §§ 93 b Abs. 1 S. 1 Nr. 3, 93 c BVerfGG befand er als „kein unzumutbares Opfer“[169].

Innerhalb der Instanzgerichtsbarkeit gingen die Ansichten über die Zulassung einer außerordentlichen Beschwerde bei der Verletzung von Verfahrensgrundrechten auseinander. Einige Oberlandesgerichte [170] vertraten die Auffassung, die Verletzung des rechtlichen Gehörs oder des Rechts auf den gesetzlichen Richters könne nicht generell, sondern nur in eng begrenzten Ausnahmefällen die Statthaftigkeit eines sonst nach der ZPO nicht vorgesehenen Rechtsmittels begründen. Die Entscheidung sei dann zwar unter Verletzung einer wesentlichen Verfahrensvorschrift zustande gekommen, aber dennoch nicht dem Gesetz fremd oder mit der Rechtsordnung schlechthin unvereinbar[171]. Eine restriktive Behandlung sei schon deshalb geboten, weil andernfalls das Rechtsmittelsystem insgesamt verwässert und die Rechtssicherheit in nicht hinnehmbarer Weise beeinträchtigt werde [172]. Allerdings ließen mehrere Oberlandesgerichte die außerordentliche Beschwerde jedenfalls bei Hinzutreten weiterer formeller oder materieller Fehler zu, beispielsweise beim Zusammentreffen der Verletzung des rechtlichen Gehörs mit einem Verstoß gegen das Willkürverbot [173], einer Gehörsverletzung mit der Verletzung des Anspruchs auf den gesetzlichen Richter[174] oder bei einer Entscheidung, die über den Verstoß gegen das Recht auf den gesetzlichen Richter hinaus willkürlich war[175]. Andere Oberlandesgerichte verfuhren großzügiger und gingen davon aus, die Nichtbeachtung wesentlicher Verfahrensvorschriften, wie des Anspruchs auf rechtliches Gehör[176] oder des Rechts auf den gesetzlichen Richter[177], begründe bereits für

169 BGH NJW 1990, 838 (839).

170 OLG Düsseldorf NJW-RR 1987, 1200; OLG Köln NJW-RR 1996, 1022; Thüringer OLG FGPrax 2000, 251; BayObLGZ 1995, 91; OLG Köln JurBüro 1992, 427.

171 BayObLG MDR 1988, 62 (63).

172 BayObLG MDR 1998, 1245 (1246).

173 OLG Schleswig NJW-RR 1996, 125; OLG Düsseldorf JurBüro 1994, 182.

174 OLG Frankfurt MDR 1979, 940.

175 Thüringer OLG FGPrax 2000, 251 (252).

176 OLG München NJW-RR 1995, 957; OLG München JurBüro 1994, 182; OLG Köln NJW-RR 1995, 894; OLG Köln MDR 1987, 853.

177 BayObLG MDR 1988, 63; OLG Frankfurt NJW 1988, 79; OLG Koblenz WM 1985, 829.

sich genommen die greifbare Gesetzwidrigkeit einer Entscheidung. Sie rechtfertige die Eröffnung einer außerordentlichen Beschwerde jedenfalls dann, wenn die Entscheidung ansonsten auf eine Verfassungsbeschwerde der betroffenen Prozesspartei aufgehoben werden müsste[178]. Das Subsidiaritätsgebot erfordere es, etwaige im Instanzenzug eingetretene Grundrechtsverstöße zwecks Vermeidung begründeter Verfassungsbeschwerden durch die Fachgerichte selbst zu beseitigen[179].

c) *Ansicht des Schrifttums*

Im Schrifttum[180] wurden gegen die Zulassung einer außerordentlichen Beschwerde überwiegend erhebliche Bedenken geäußert. Diese gründeten sich im Wesentlichen auf die fehlende sachgerechte Eingrenzung des Rechtsmittels und die daraus folgende Rechtsunsicherheit[181]. Ob eine einfache oder eine greifbare Gesetzwidrigkeit vorliege, sei nicht mit hinreichender Sicherheit festzustellen[182] und richte sich letztlich nach der „Feinfühligkeit der einzelnen Richter“[183]. Für den Rechtsuchenden sei nicht erkennbar, ob er den Rechtsweg bereits erschöpft habe oder noch eine außerordentliche Beschwerde in Betracht komme. Der beabsichtigte Gewinn an Einzelfallgerechtigkeit wiege den Verlust an Rechtssicherheit jedenfalls nicht auf[184]. Darüber hinaus wurde die Entscheidung durch eine gesetzlich nicht vorgesehene höhere Instanz der Fachgerichtsbarkeit auch im Hinblick auf die Garantie des gesetzlichen Richters als problematisch eingestuft, weil vor allem der Rechtsmittelgegner einen Anspruch darauf habe, dass der Rechtsstreit von seinem gesetzlichen Richter entschieden werde[185]. Außerdem sei nicht ersichtlich, dass bzw. warum die Korrektur greifbar gesetzwidriger Entscheidungen durch eine vom Gesetz nicht vorgesehene Rechtsmittelinstanz vorgenommen werden und nicht durch den iudex a quo.

---

178 Mit dieser Einschränkung OLG Koblenz MDR 1997, 976; OLG Oldenburg NJW-RR 1995, 829; OLG Frankfurt MDR 1979, 940; OLG München MDR 1995, 1264.

179 OLG München NJW-RR 1995, 957; OLG Schleswig NJW-RR 1996, 125 (126); OLG Koblenz MDR 1997, 976 (977).

180 *Chlosta* NJW 1993, 2160 f.; Stein/Jonas/*Grunsky*, 21. Auflage, § 567 ZPO Rn. 10; MünchKommZPO/*Braun,* 2. Auflage, § 567 ZPO Rn. 10; *Müller* NJW 2002, 2743 ff.; *Büttner* FamRZ 1989, 129 ff.; für den Verwaltungsprozess *Kraheberger* DÖV 2002, 19 ff.

181 Für die Zulassung einer außerordentlichen Beschwerde hingegen *Wax*, FS für Lüke, 957 ff.; *H.-M. Pawlowski*, FS für Schneider, S. 59, 61 (letzterer allerdings nur, soweit die außerordentliche Beschwerde auf einen Verstoß gegen Normen des Verfassungsrechts gestützt wird).

182 Stein/Jonas/*Grunsky*, 21. Auflage, § 567 ZPO Rn. 10.

183 *Büttner* FamRZ 1989, 129 (130).

184 *Müller* NJW 2002, 2743 (3747).

185 *Lotz* NJW 1996, 2130 (2132).

Daran zeige sich letztlich besonders deutlich, dass es einer gesetzlichen Ausgestaltung bedürfe; schließlich sei es Aufgabe des Gesetzgebers, die Einzelheiten einer Selbstkontrolle festzulegen[186].

2. Außerordentliche Berufung

Durch die Einführung der Berufungssumme in § 511 a Abs. 1 S. 1 ZPO a.F.[187] im Rahmen des Rechtspflegeentlastungsgesetzes vom 11.01.1993 kam es erstmals zu Diskussionen über die Möglichkeit einer außerordentlichen Berufung in Fällen, in denen die Berufungssumme nicht erreicht wurde, die Zulassung der Berufung aber dennoch erforderlich schien. Vor Inkrafttreten des § 321 a ZPO war die Durchbrechung der Wertgrenze des § 511 a Abs. 1 S. 1 a.F. in analoger Anwendung des § 513 Abs. 2 S. 2 ZPO a.F. [188] für zwei Fallgruppen weitgehend anerkannt. Nach dieser Vorschrift unterlag ein Versäumnisurteil, gegen das der Einspruch nicht statthaft war, unabhängig vom Wert der Beschwer der Berufung, wenn diese darauf gestützt wurde, es habe kein Fall der Säumnis vorgelegen. Sie sollte verhindern, dass eine rechtskräftige Entscheidung gegen eine säumige Partei ergeht, deren Vorbringen ohne ihr Verschulden zu keinem Zeitpunkt des Verfahrens berücksichtigt worden war.

Die ganz herrschende Meinung ließ die „Ausnahmeberufung" oder „außerordentliche Berufung" nach § 513 Abs. 2 S. 2 ZPO a.F. zunächst im schriftlichen Verfahren nach § 128 Abs. 2 und 3 ZPO a.F. zu und wenig später auch im Bagatellverfahren nach § 495 a ZPO a.F., jeweils vorausgesetzt, dass die Parteien schuldlos an einem fristgemäßen Vorbringen gehindert waren[189]. Als Begründung wurde angeführt, die Situationen, in denen der Beklagte im schriftlichen Verfahren nach § 128 Abs. 3 ZPO nicht wenigstens einmal angehört worden oder der Rechtsmittelführer im Verfahren nach § 495 a ZPO schuldlos an einem fristgemäßen Vorbringen gehindert gewesen sei, seien mit § 513 Abs. 2 ZPO a.F. prozessual vergleichbar. Wie im gesetzlich geregelten Fall sei der Partei auch in diesen Fällen das rechtliche Gehör versagt worden[190]. Diese Auffassung wurde durch das BVerfG bestätigt, welches die Zulassung der Berufung nach § 513 Abs. 2 ZPO a.F. analog unter dem Gesichtspunkt des

---

186 *Lotz* NJW 1996, 2130 (2133).

187 § 511 II Nr. ZPO n.F.

188 § 514 Abs. 2 S. 2 ZPO n.F.

189 *Schneider* MDR 2001, 845 (847); MüchKommZPO/*Rimmelspacher*, 2. Auflage, § 511 a ZPO Rn. 6, 7; *Niemann/Herr* ZRP 2000, 278 (279) *Kahlke* NJW 1985, 2231; dafür auch: BVerfG NJW 1999, 1176; BVerfGE 60, 96 (98 f.).

190 MünchKommZPO/*Rimmelspacher*, 2. Auflage, § 511 a ZPO Rn. 7.

wirksamen Grundrechtsschutzes verfassungsrechtlich für geboten hielt und aufgrund dessen den Landgerichten nahe legte[191].

Über diese beiden Fälle hinaus war die Möglichkeit der analogen Anwendung des § 513 Abs. 2 ZPO a.F. stark umstritten. Insbesondere wurde die Möglichkeit diskutiert, die außerordentliche Berufung zur Korrektur jeglicher Verletzungen des Anspruchs auf rechtliches Gehör zuzulassen. Dafür wurde hauptsächlich angeführt, bei den anerkannten Ausnahmen handele es sich lediglich um Spezialfälle eines verallgemeinerungsfähigen Rechtsgrundsatzes, nach dem auch bei Nichterreichen der Berufungssumme jede auf die Verletzung des Anspruchs auf rechtliches Gehör gestützte Berufung zulässig sei[192]. Die Analogie sei nicht nur geboten, wenn die Nichtberücksichtigung des Vortrags des Beklagten auf dessen entschuldbarer Säumnis beruhe, sondern erst Recht, wenn das rechtliche Gehör durch ein Verhalten des erstinstanzlichen Gerichts nicht beachtet worden sei. Der BGH[193] und das Schrifttum[194] lehnten eine generelle Analogie zu § 513 Abs. 2 S. 2 ZPO für Gehörsverletzungen ab. In der Instanzgerichtsbarkeit wurde die generelle Ausdehnung des als Ausnahmevorschrift geschaffenen § 513 Abs. 2 ZPO zwar teilweise zugelassen[195], aber mehrheitlich ebenfalls abgelehnt[196]. Aus der Funktion der Norm, das rechtliche Gehör in einem Teilbereich zu gewährleisten, könne nicht der allgemeine Grundsatz hergeleitet werden, dass sämtliche Formen der Nichtgewährung des rechtlichen Gehörs unabhängig vom Erreichen der Beschwerdesumme sein sollten. Außerdem fehle es an der Vergleichbarkeit der Sachverhalte. § 513 ZPO erfasse allein die Fälle, in denen die Partei dem Gericht gegenüber gar nicht in Erscheinung getreten bzw. ihr Vorbringen zu keinem Zeitpunkt berücksichtigt worden sei. Damit sei es nicht mehr vergleichbar, wenn die Partei jedenfalls an der mündlichen Verhandlung teilgenommen habe.

Neben der analogen Anwendung des § 513 Abs. 2 ZPO a.F. stellte sich zwangsläufig die Frage, ob die „greifbare Gesetzwidrigkeit" eines Urteils nicht nur die unzulässige Beschwerde, sondern auch den nach den gesetzlichen Bestimmungen verschlossenen Berufungsrechtszug eröffnen konnte. Dies galt vor allem,

---

191 BVerfG NJW 1999, 1176 (1177).

192 MünchKommZPO/*Rimmelspacher*, 2. Auflage, § 511 a Rn. 8.

193 BGH NJW 1990, 838 ff.

194 *Niemann/Herr* ZRP 2000, 278 (281); *Kunze* NJW 1997, 2154; *Baumbach/Lauterbach/Albers/Hartmann*, 57. Auflage, § 513 Rn. 9; Stein/Jonas/*Grunsky*, 21. Auflage, § 513 Rn. 20; Thomas/Putzo/*Reichold*, 22. Auflage, § 511 a Rn. 3; Zöller/*Gummer*, 21. Auflage, § 511 a Rn. 2 und § 513 Rn. 5.

195 LG Oldenburg NJW-RR 1999, 865; LG Bochum NJW-RR 1995, 1342 f.

196 LG München NJW-RR 1995, 1022 f.; LG Köln MDR 1987, 63; LG Duisburg NJW-RR 1997, 317 f.; LG Memmingen NJW-RR 1998, 1074.

wenn das Urteil nicht auf einer Verletzung des Anspruchs auf rechtliches Gehör beruhte, aber auch dann, wenn man die analoge Anwendung des § 513 Abs. 2 ZPO auf alle Gehörsverletzungen ablehnte[197]. Die Möglichkeit einer außerordentlichen Berufung wird jedoch nur in wenigen Entscheidungen angesprochen. Der BGH ließ in einem Fall die Zulassung der außerordentlichen Beschwerde offen, nachdem er zuvor die „greifbare Gesetzwidrigkeit" des jeweiligen Urteils geprüft, aber abgelehnt hatte[198]. Allerdings nahm er in einer weiteren Entscheidung darauf Bezug und stellte klar, dass sich den Ausführungen in eben diesem Urteil keine Entscheidung für die Zulassung der außerordentlichen Berufung wegen „greifbarer Gesetzwidrigkeit" entnehmen lasse[199]. In der Instanzgerichtsbarkeit wurde die außerordentliche Berufung teilweise zugelassen. So bejahte beispielsweise das LG Bochum explizit die Zulässigkeit der Berufung trotz Nichterreichen des Beschwerdewertes mit der Begründung, die teilweise Berücksichtigung eines wegen Verspätung nach § 296 Abs. 1 ZPO zurückgewiesenen Vorbringens begründe die „greifbare Gesetzwidrigkeit" des Urteils[200]. Von der Statthaftigkeit einer nach den gesetzlichen Vorschriften nicht gegebenen Berufung ging auch das OLG Oldenburg aus[201]. Die überwiegende Zahl der Instanzgerichte schloss sich jedoch der Rechtsprechung des BGH an und lehnte die Zulassung einer außerordentlichen Berufung ab[202].

In der Literatur sorgte die unterschiedliche Behandlung der Anfechtbarkeit von Beschlüssen und Urteilen wegen Verfahrensgrundrechtsverletzungen für Kritik[203]. Es sei nicht nachvollziehbar, warum bei an sich unanfechtbaren Beschlüssen die Selbstkontrolle in der Instanz auf Gegenvorstellung hin oder die Ausnahmeberufung wegen greifbarer Gesetzwidrigkeit zugelassen werde, nicht aber bei Urteilen, die auf einer greifbaren Gesetzwidrigkeit beruhen[204]. Es wurde die Frage gestellt, ob nicht jede falsche Entscheidung jeder gesetzlichen Grundlage entbehre und dementsprechend die Anwendung der außerordentlichen Berufung teilweise befürwortet[205].

---

197 Vgl. beispielsweise LG Bochum NJW-RR 1995, 1342, BGH NJW 1990, 838 (840).

198 BGH NJW 1990, 838 (840).

199 BGH NJW-RR 2002, 501; allerdings behandelt der BGH in dieser konkreten Entscheidung der Sache nach die Frage der Zulässigkeit der außerordentlichen Revision.

200 LG Bochum NJW-RR 1995, 1342.

201 OLG Oldenburg NJW-RR 1995, 829; allerdings ohne dabei die Begrifflichkeit „greifbare Gesetzwidrigkeit" zu benutzen.

202 OLG München NJW-RR 1995, 1023 f.; OLG Koblenz MDR 2002, 828.

203 *Chlosta* NJW 1993, 2160 (2161); *Voßkuhle* NJW 1995, 1377 (1380); *Schneider* MDR 2001, 846 (847).

204 *Schneider* MDR 2001, 846 (847).

205 *Büttner* FamRZ 1989, 127 (130).

3. Außerordentliche Revision

Das Bedürfnis nach einer außerordentlichen Revision bestand vor der Änderung des Rechtsmittelrechts durch das Zivilprozessreformgesetz 2001 insbesondere in Rechtsstreitigkeiten über vermögensrechtliche Ansprüche, deren Beschwerdewert 60.000 DM nicht überstieg, in Rechtsstreitigkeiten über nichtvermögensrechtliche Ansprüche dann, wenn eine Zulassung der Revision durch das Berufungsgericht nicht erfolgte, § 546 Abs. 1 ZPO a.F. Parallel zu den Diskussionen bei der außerordentlichen Beschwerde und der außerordentlichen Berufung wurde erörtert, ob die „greifbare Gesetzwidrigkeit" die gesetzlichen Zulassungsschranken des Rechtsmittels durchbrechen konnte. Allerdings bezeichnete der BGH das Rechtsmittel nicht durchgängig als außerordentliche Revision[206], sondern prüfte häufig systemwidrig die Zulassung einer außerordentlichen Beschwerde gegen (Berufungs-)Urteile[207]. Die Übertragung der für das Beschwerdeverfahren entwickelten Grundsätze auf das Urteilsverfahren lehnte er jedoch ab[208]. Diese Differenzierung begründete der BGH jedoch nicht, sondern beließ es bei der Feststellung, dies sei – soweit ersichtlich – auch bisher noch von keiner Seite vertreten worden[209].

Unter Hinweis auf die Rechtsprechung des BGH gingen Teile des Schrifttums – ebenfalls ohne weitere Begründung – davon aus, dass die Bindung des Revisionsgerichts an die Entscheidung des Berufungsgerichts nicht unter Berufung auf die Thesen der Zulässigkeit außerordentlicher Rechtsmittel aus den Angeln gehoben werden könne[210]. Andere wiederum übten aus denselben Gründen Kritik an der unterschiedlichen Behandlung von Urteilen und Beschlüssen und befürworteten dementsprechend die Zulassung der außerordentlichen Revision[211].

4. Gegenvorstellung

Mit der Neuregelung des Beschwerderechts durch das Zivilprozessreformgesetz 2002 hat die Gegenvorstellung in § 572 Abs. 1 S. 1 ZPO eine gesetzliche Grundlage erhalten, ist der Sache nach also von der sofortigen Beschwerde umfasst[212]. Die Gegenvorstellung ist auf Änderung einer Entscheidung innerhalb einer Instanz gerichtet und seit jeher in der Rechtsprechung und im Schrifttum

---

206 So soweit ersichtlich nur BGH NJW 1989, 2758; MDR 1999, 247 ff.

207 BGH NJW 1994, 2363 ff.; NJW-RR 1995, 1023 ff.; MDR 1998, 239 f.

208 BGH NJW 1989, 2758; MDR 1999, 247; NJW-RR 2002, 501.

209 BGH NJW 1989, 2758.

210 Zöller/*Gummer*, 21. Auflage, § 546 ZPO Rn. 27; *Schütt* MDR 1999, 248 (249).

211 *Chlosta* NJW 1993, 2160 (2161); *Schneider* MDR 2001, 845 (847).

212 MünchKommZPO/*Lipp*, § 572 ZPO Rn. 4 ff.; vgl. dazu auch unter § 2 I. 3. a).

anerkannt[213]. Sie geht auf das Petitionsrecht des Art. 17 GG zurück und ist ein von den Gerichten im Wege der Rechtsfortbildung entwickelter Rechtsbehelf[214], der das die Entscheidung erlassende Gericht dazu anregen soll, seine Entscheidung nochmals zu überdenken und gegebenenfalls von Amts wegen abzuändern[215]. Die Gegenvorstellung begründet jedoch keinen prozessualen Anspruch auf eine Entscheidung des Gerichts, sondern lediglich ein Recht des Rechtsbehelfsführers auf Kenntnisnahme seiner Gegenvorstellung und Mitteilung des Gerichts, wie mit diesem Rechtsbehelf verfahren wurde[216].

Vor Inkrafttreten des Zivilprozessreformgesetzes wurde die Gegenvorstellung im Besonderen zur Korrektur verfassungsrelevanter Verfahrensverstöße herangezogen[217]. Die betroffene Partei sollte die Gelegenheit erhalten, sich gegen eine Entscheidung zur Wehr zu setzen, die unter Verletzung eines Verfahrensgrundrechts zustande gekommen war, wenn ihr nach den gesetzlichen Vorgaben kein Rechtsmittel (mehr) zur Verfügung stand[218]. Hauptanwendungsfeld bildete die Abhilfe von Verletzungen des Anspruchs auf rechtliches Gehör[219]. Insoweit wurde die Gegenvorstellung häufig auf eine Analogie zu den im Strafprozess gegebenen Selbstkorrekturmöglichkeiten nach §§ 33 a, 311 a Abs. 1 StPO gestützt[220]. Darüber hinaus wurde die Gegenvorstellung zur Korrektur weiterer Verfahrensgrundrechtsverletzungen angewendet, so z.B. bei Verstößen gegen das Recht auf den gesetzlichen Richter[221] und gegen das Willkürverbot[222]. Dabei wurde für die Statthaftigkeit der Gegenvorstellung die Rüge eines Verfahrensverstoßes für sich genommen als ausreichend betrachtet. Die Greifbarkeit der Gesetzwidrigkeit wurde nicht als erforderlich angesehen[223].

Die Gegenvorstellung kann das Gericht nur dann zur Abänderung seiner Entscheidung veranlassen, wenn es überhaupt zu einer Abänderung befugt, d.h. nicht an seine Entscheidung gebunden ist[224]. Bei der Frage, wann eine Abänderungsbefugnis besteht, wird zwischen Urteilen einerseits und Beschlüssen und

213 MünchKommZPO/*Lipp*, Vor §§ 567 ZPO Rn. 7.
214 *Kummer*, FS für Krasney, S. 277.
215 *Baumbach/Lauterbach/Albers/Hartmann*, Grundz § 567 ZPO Rn. 6.
216 *Schenke* NVwZ 2005, 729 (733).
217 Stein/Jonas/*Grunsky*, 21. Auflage, § 567 ZPO Rn. 28.
218 *Musielak*, GK ZPO, Rn. 550.
219 BGH NJW 1995, 2497; NJW 1995, 403; NJW 1998, 82.
220 Stein/Jonas/*Grunsky*, 21. Auflage, § 567 ZPO Rn. 28; *Bauer* NJW 1991, 1711 (1714 ff.).
221 BVerfG NJW 1983, 1900.
222 BGH NJW 1998, 82.
223 *Schnabl*, S. 15.
224 Stein/Jonas/*Grunsky*, 21. Auflage, § 567 ZPO Rn. 26.

Verfügungen andererseits differenziert. Weil § 318 ZPO die Bindung des Gerichts an die von ihm in End- und Zwischenurteilen erlassenen Entscheidungen anordnet, besteht Einigkeit darüber, dass eine Gegenvorstellung gegen Urteile jedenfalls grundsätzlich ausscheidet[225]. Für Beschlüsse gilt § 318 ZPO weder direkt noch über § 329 Abs. 1 S. 2 ZPO, so dass diese prinzipiell abänderbar und damit der Gegenvorstellung zugänglich sind[226]. Dies zeigt sich unter anderem bei prozessleitenden und prozessvorbereitenden Beschlüssen, deren Abänderung durch das Gericht oftmals ausdrücklich gesetzlich zugelassen ist[227] und im Übrigen aufgrund einer Gesamtanalogie[228] zu diesen Vorschriften für zulässig gehalten wird. Es können aber auch Beschlüsse bindende Wirkung haben, beispielsweise dann, wenn sie durch das Rechtsmittelgericht bestätigt oder bereits ausgeführt sind[229].

Vor der Zivilprozessreform war in der Rechtsprechung und im Schrifttum stark umstritten, ob die Gegenvorstellung bei schwerwiegenden Verfahrensverstößen, zu denen insbesondere Verletzungen verfassungsrechtlicher Verfahrensgarantien gezählt wurden, ausnahmsweise auch zur Korrektur an sich bindender Entscheidungen herangezogen werden konnte. Dies wurde für bindende Beschlüsse überwiegend bejaht[230] und vereinzelt sogar bei Urteilen befürwortet[231]. Für die Durchbrechung der Rechtskraft wurde angeführt, eine solche Entscheidung sei ohnehin auf eine Verfassungsbeschwerde hin aufzuheben und könne keine Bestandskraft entfalten[232]. Diese Vorgehensweise sei einfach und prozessöko-

---

225 *Seidel*, S. 84; *Schumann*, FS für Baumgärtel, S. 491 (500); Stein/Jonas/*Grunsky*, 21. Auflage, § 567 ZPO Rn. 28; *Jauernig*, FS für Schumann, S. 241, 253.

226 Wieczorek/Schütze/*Peters/Jänich*, vor § 567 ZPO Rn. 43; MünchKommZPO/*Lipp*, Vor §§ 567 ZPO Rn. 8; *Seidel*, S. 85.

227 z.B. nach § 150 ZPO für Trennungs-, Verbindungs- und Aussetzungsbeschlüsse, nach § 155 ZPO für die Anordnung der Aussetzung des Verfahrens, nach § 227 ZPO für die Terminsverlegung, nach § 360 S. 2 ZPO für Beweisbeschlüsse und nach § 490 ZPO für die Anordnung eines selbständigen Beweisverfahrens.

228 Stein/Jonas/*Roth*, § 329 ZPO Rn. 19.

229 Zöller/*Vollkommer*, § 318 ZPO Rn. 8.

230 Dafür *Schumann*, FS für Baumgärtel, S. 502, jedenfalls für Verletzungen des Anspruchs auf rechtliches Gehör; trotz gewichtiger Bedenken *Kummer*, FS für Krasney, S. 285 f.; Stein/Jonas/*Grunsky*, 21. Auflage, § 567 ZPO Rn. 28; *Rosenberg/Schwab/Gottwald*, 16. Auflage, § 145, Rn. 30; BGH NJW 1995, 2497 (für Verletzungen des rechtlichen Gehörs); NJW 2001, 2262.

231 Dafür wohl *Rosenberg/Schwab/Gottwald*, 16. Auflage, § 145, Rn. 30; BFH NJW 1996, 1496; a.A.: *Schumann*, FS für Baumgärtel, S. 500, 502; a.A.: MünchKommZPO/*Braun*, 1. Auflage, Vor § 567 ZPO Rn. 8 (für eine Lösung dieser Fälle über eine entsprechende Anwendung des § 579 Abs. 1 Nr. 4 ZPO analog).

232 *Rosenberg/Schwab/Gottwald*, 16. Auflage, § 145, Rn. 30; BGH NJW 1995, 2497 (2498); NJW 2002, 1577.

nomisch, da sie dem Betroffenen den Umweg über das BVerfG erspare und gleichzeitig zur Entlastung des BVerfG beitrage.

Ab 1995 zeichnete sich in der Rechtsprechung erstmals eine Tendenz dazu ab, Verfahrensverstöße mit der Gegenvorstellung anstelle der außerordentlichen Beschwerde zu korrigieren, nachdem zunächst das OLG Köln[233] das zuständige Instanzgericht für berechtigt ansah, ungeachtet der Bindungswirkung des § 318 ZPO einen Verfahrensverstoß selbst zu korrigieren. Auch in der Rechtsprechung des BGH vollzog sich diese Wende. An sich unanfechtbare Beschlüsse sollten bei Gehörsverletzungen fortan auf Gegenvorstellung vom Instanzgericht aufgehoben werden, selbst dann, wenn sie nach dem jeweiligen Prozessrecht grundsätzlich unabänderlich waren[234].

5. Zwischenergebnis

In der Praxis wurde versucht, durch die Zulassung außerordentlicher Rechtsbehelfe die Lücken zu schließen, die durch die Beschränkungen des gesetzlichen Rechtsbehelfssystems entstanden. Die unklaren Voraussetzungen und vor allem die uneinheitliche Handhabung der außerordentlichen Rechtsbehelfe durch den BGH und die Instanzgerichte erzeugten jedoch eine unüberschaubare Rechtslage, die für den Rechtsuchenden mit großer Rechtsunsicherheit verbunden war. Teilweise war selbst für Experten nur noch schwer zu überblicken, ob ein außerordentlicher Rechtsbehelf erfolgversprechend sein würde[235]. Daher wurde im Fall eines Verfahrensgrundrechtsverstoßes im Zweifel zusätzlich zu dem außerordentlichen Rechtsbehelf die Verfassungsbeschwerde eingelegt, um alle erforderlichen Maßnahmen unternommen zu haben und sämtliche Rechtsbehelfsfristen zu wahren.

II. Rechtslage nach Inkrafttreten des Zivilprozessreformgesetzes vom 27.07.2001

Auf den Entlastungsbedarf des BVerfG reagierten nicht nur die Fachgerichte. Bereits Anfang der 1980er Jahre hatte das Bundesministerium der Justiz erstmals das Modell einer subsidiären Anhörungsrüge zum iudex a quo entwickelt[236]. Die Justizminister und –senatoren der Länder sprachen sich jedoch gegen dieses Modell aus, weil es als zusätzlicher Rechtsbehelf gegen rechtskräftige Entscheidungen nicht nur zu einer Mehrbelastung der Zivilgerich-

233 OLG Köln FamRZ 1995, 377 f.

234 BGH MDR 1996, 195; MDR 1997, 1147 f.

235 So auch BT-Drucks. 14/4722, S. 58.

236 Abdruck des Entwurfs bei BMJ, Entlastung des BVerfG, S. 176 f.

te führe, sondern möglicherweise anstelle der beabsichtigten Entlastung auch zu einer zusätzlichen Belastung des BVerfG[237]. Die Bundesregierung sah daher von der Umsetzung des Gesetzesentwurfs ab[238]. Alternativ dazu erarbeitete das Bundesministerium der Justiz im Jahr 1983 auf Vorschlag der Landesjustizverwaltungen eine sog. Auskunftslösung, die das BVerfG bei einer auf die Verletzung des Art. 103 Abs. 1 GG gestützten Verfassungsbeschwerde dazu berechtigen sollte, eine Stellungnahme des Gerichts einzuholen, dem die Gehörsverletzung vorgeworfen wurde[239]. Dieses Vorhaben wurde aufgegeben, nachdem sich das Plenum des BVerfG wegen Zweifeln an der Entlastungswirkung dagegen ausgesprochen hatte. Eine in der Kommission des BMJ erörterte modifizierte Anhörungsrüge fand ebenso wenig Zustimmung[240] wie der im Jahr 1996 von *Gottwald*[241] entwickelte Vorschlag zur Einführung einer Anhörungsbeschwerde mit Abhilfemöglichkeit des iudex a quo. Dieser wurde auf dem 61. Deutschen Juristentag mit großer Mehrheit abgelehnt[242]. Auch der Vorschlag *Graßhofs*, eine „Verfahrensgrundrechtsbeschwerde" einzuführen, fand schließlich keine Mehrheit in der Kommission „Entlastung des Bundesverfassungsgerichts"[243].

Nach den vorausgegangenen Unstimmigkeiten überrascht es, dass die Anhörungsrüge schließlich ohne eingehende Diskussionen[244] mit dem Zivilprozessreformgesetz vom 27. Juli 2001[245] in die Zivilprozessordnung eingeführt wurde. Die Einführung des Abhilfeverfahrens bei Verletzungen des Anspruchs auf rechtliches Gehör nach § 321 a ZPO war eines der Kernstücke dieser Reform. Den Forderungen des BVerfG nach einer fachgerichtlichen Kontrolle von Gehörsverletzungen entsprechend, konnte der iudex a quo das Verfahren auf Rüge der beschwerten Partei fortführen und auf diese Weise den Mangel beseitigen. Dieser Rechtsbehelf galt seinem Wortlaut nach ausschließlich für erstinstanzliche Urteile, gegen die eine Berufung nach § 511 Abs. 2 ZPO nicht

---

237 Mitteilungen zur Konferenz der Justizminister und Senatoren, in: DRiZ 1983, 444 (445); ebenso *Krämer* AnwBl 1998 (621); a.A. *Hübsch* DRiZ 19880, 140 (141).

238 BT-Drucks. 10/2951, S. 7 f.

239 BMJ, Entlastung des BVerfG, S. 71.

240 BMJ, Entlastung des BVerfG, S. 73 f.; dazu auch *Krämer* AnwBl 1998, 617 (620).

241 *Gottwald,* Gutachten für den 61. Deutschen Juristentag, NJW 1996, Beilage zu Heft 23, S. 10, 12.

242 Bericht NJW 1996, 2987 ff.; Abstimmungsergebnisse S. 1994 unter III. 8. a) bis d). Eine generelle befristete Gegenvorstellung mit Abhilfemöglichkeit gegen alle Urteile wurde mit 5:155:2 Stimmen abgelehnt, eine befristete Gegenvorstellung mit Abhilfemöglichkeit nur bei Verletzung des rechtlichen Gehörs immerhin nur mit 65:90:4 Stimmen.

243 Dies geht hervor aus *Kreft*, FS für Graßhof, S. 193.

244 Wieczorek/Schütze/*Rensen*, § 321 a ZPO Rn. 7.

245 BT-Drucks. 14/4722.

zulässig war. Die Anhörungsrüge eröffnete für die Gerichte erstmals qua Gesetz die Möglichkeit der Selbstkorrektur und kodifizierte die bis dahin vorherrschende Rechtsprechung[246]. Ziel dieser Regelung war es, vorwiegend unbeabsichtigte Gehörsverletzungen zu beseitigen und das BVerfG von der Korrektur objektiver Verfahrensfehler zu entlasten, „die instanzintern einfacher und ökonomischer behoben werden können“[247]. Damit entschied sich der Gesetzgeber gegen die im Schrifttum ebenfalls erörterte Option, die Lücke im Rahmen der Wiederaufnahmeklage durch die (erneute) Aufnahme der allgemeinen Gehörsverletzung in den Katalog der Nichtigkeitsgründe des § 579 ZPO zu schließen[248].

Ein weiteres wesentliches Element der Reform war die Neuregelung des Rechtsmittelrechts. Berufung und Rechtsbeschwerde können nun – ebenso wie schon nach alter Rechtslage die Revision – vom Gericht im Urteil zugelassen werden. Die Zulassungsgründe sind bei allen Rechtsmitteln identisch, vgl. §§ 511 Abs. 4, 543 Abs. 2 und 574 Abs. 2 ZPO. Beibehalten wurde der Zulassungsgrund der grundsätzlichen Bedeutung der Rechtssache. Neu eingeführt wurde die Zulassung für den Fall, dass die Fortbildung des Rechts oder die Sicherung einer einheitlichen Rechtsprechung diese erfordern. Dadurch sollte der Zulassungsgrund der Grundsatzbedeutung erweitert werden, um das jeweilige Rechtsmittel auch in den Fällen offen zu halten, denen eine Grundsatzbedeutung im engeren Sinne nicht zukommt, die aber dennoch eine Leitentscheidung des Gerichts erfordern[249]. Der Sache nach handelt es scih um eine dritte Gruppe von Zulassungsgründen. Nach dem ausdrücklichen Willen des Gesetzgebers sollen solche Entscheidungen erfasst sein, die eine Ergebniskorrektur wegen offensichtlicher Unrichtigkeit einer Entscheidung oder wegen der Verletzung eines Verfahrensgrundrechts geboten erscheinen lassen[250]. Zunächst bestand jedoch Uneinigkeit über die Intensität, die eine Verfahrensgrundrechtsverletzung erlangt haben muss. So forderte der V. Zivilsenat des BGH, dass der Verstoß „im Einzelfall klar zutage tritt, also offenkundig ist[251]“. Bloße Zweifel an einer vertretbaren Verfahrensgestaltung sollten nicht genügen. Der BGH gab diese Auffassung jedoch ausdrücklich auf und stellte klar, dass es allein darauf ankomme, ob die angegriffene Entscheidung auf Verfassungsbe-

246 *Bloching/Kettinger* NJW 2005, 860 (861).

247 BT-Drucks. 14/4722, S. 63.

248 Die allgemeine Gehörsverletzung als Wiederaufnahmegrund war durch die Vereinfachungsnovelle vom 03.12.1976 abgeschafft worden. Die erneute Aufnahme in den Katalog des § 579 ZPO hatte vor der ZPO-Reform insbesondere *Deppert*, FS für Geiss, S. 93 f., befürwortet.

249 BT-Drucks. 14/4722, S. 67.

250 BT-Drucks. 14/4722, S. 93, 104.

251 BGH NJW 2003, 831 (832).

schwerde hin vom BVerfG aufgehoben werden würde[252]. Prüfungsmaßstab ist daher, ob die Entscheidung wegen der Verletzung eines Verfahrensgrundrechts von Verfassungs wegen einer Korrektur bedarf und eine darauf gestützte Verfassungsbeschwerde begründet wäre. Damit soll auch sichergestellt werden, dass der Verfahrensverstoß bereits im Rahmen des Instanzenzugs behoben werden kann[253].

Die Zivilprozessreform entzog zumindest einen wesentlichen Teil der Entscheidungen dem Anwendungsbereich außerordentlicher Rechtsbehelfe. Nach überwiegender Ansicht im Schrifttum [254] haben mit der Einführung des § 321 a ZPO sowohl die analoge Anwendung des § 513 Abs. 2 ZPO a.F. als auch die Ausnahmeberufung wegen greifbarer Gesetzwidrigkeit ihre Bedeutung verloren. In der heutigen Diskussion spielt die Ausnahmeberufung jedenfalls keine Rolle mehr, seit es in der Regierungsbegründung zum Zivilprozessreformgesetz ausdrücklich hieß, dass der neu eingeführte § 321 a ZPO den Gerichten nunmehr für diese Verfahren eine gesetzlich vorgesehene Abhilfemöglichkeit biete und die bisherige Rechtsprechung zur ausdehnenden Auslegung des bisherigen § 513 Abs. 2 ZPO insoweit künftig entbehrlich mache [255].

Das Bedürfnis nach einer außerordentlichen Revision hat sich durch die Zivilprozessreform im Jahr 2002 erheblich reduziert. Die Einführung der Nichtzulassungsbeschwerde nach § 544 ZPO hat dazu geführt, dass die Zulassung der Revision nunmehr mit einem ordentlichen Rechtsmittel erzwungen werden kann, weil der Zulassungsgrund der Sicherung einer einheitlichen Rechtsprechung nach dem Willen des Gesetzgebers gerade auch die Verletzung von Verfahrensgrundrechten erfasst. Dies gilt zumindest, seitdem die Rechtsprechung nicht mehr fordert, dass die Verletzung die Interessen der Allgemeinheit beeinträchtigt oder offenkundig sein muss[256]. Auch die Gegenvorstellung wird in vielen Fällen durch gesetzliche Regelungen verdrängt. Sie ist der Sache nach von der sofortigen Beschwerde mit umfasst [257]. Der iudex a quo kann der Beschwerde nach § 572 Abs. 1 S. 2 ZPO abhelfen, wenn sie unzulässig ist.

---

252 BGH NJW 2003, 1943 (1946); NJW 2004, 2222 (2223).

253 BT-Drucks. 14/4722, 104; BGH NJW 2003, 1943 (1946).

254 Thomas/Putzo/*Reichold*, 24. Auflage, § 514 ZPO Rn. 7; Zöller/*Heßler*, 24. Auflage, § 514 ZPO Rn. 4; Musielak/*Ball*, 3. Auflage, § 514 ZPO Rn. 12; für eine Ausnahmeberufung auch nach der ZPO-Reform soweit ersichtlich nur *Schneider*, Praxis der neuen ZPO, Rn. 429; *ders*. MDR 2002, 1047 (1048).

255 BT-Drucks. 14/4722, S. 94.

256 BGHZ 151, 221 (226).

257 MünchKommZPO/Lipp, § 572 ZPO Rn. 4 ff.

Durch das Zivilprozessreformgesetz hatte der Gesetzgeber die Lücke im fachgerichtlichen Rechtsschutz jedoch nicht vollständig geschlossen. Das Bedürfnis für außerordentliche Rechtsbehelfe wurde nur teilweise beseitigt, nämlich für den Bereich der Gehörsverletzungen durch unanfechtbare Urteile der ersten Instanz. Damit blieb nicht nur die Frage nach der Vorgehensweise bei Gehörsverletzungen durch andere Entscheidungen, namentlich unanfechtbare Beschlüsse und Verfügungen sowie unanfechtbare Urteile höherer Instanzen, ungeklärt. Darüber hinaus verzichtete der Gesetzgeber unabhängig von der konkreten Entscheidungsform auf eine gesetzliche Regelung bei Verstößen gegen alle anderen Verfahrensgrundrechte. Damit überließ er die Lösung dieser Problematik weiterhin der Rechtsprechung. So wurde die analoge Anwendung des § 321 a ZPO zum einen auf alle anderen, bindenden und unanfechtbaren Entscheidungen diskutiert, zum anderen auf die Verletzungen anderer Verfahrensgrundrechte. Dabei ging man aus Gründen der Prozessökonomie und dem mit der Reform angestrebten Entlastungsbedürfnis des BVerfG überwiegend von der entsprechenden Anwendbarkeit der Anhörungsrüge auch auf Entscheidungen in der höheren Instanz und im Verfahren ohne mündliche Verhandlung aus[258]. Im Hinblick auf Beschlüsse bestehe außerdem kein Grund, die Bindung stärker auszugestalten als bei Urteilen[259]. Nur wenige lehnten diesen Ansatz ab und sprachen sich weiterhin für eine Lösung dieser Fälle über die Gegenvorstellung bzw. über die außerordentliche Beschwerde aus[260]. Darüber hinaus wurde die Anwendung des § 321 a ZPO auf Verstöße gegen andere Verfahrensgrundrechte entweder über § 525 S. 1 bzw. § 555 Abs. 1 S. 1 ZPO oder im Wege der Analogie mehrheitlich bejaht[261]. Die Analogievoraussetzungen seien gegeben, ferner seien alle Verfahrensgrundrechtsverletzungen einander rechtsähnlich und deshalb gleich zu behandeln[262]. Zudem trage die Analogie zu § 321 a ZPO den bislang gegen die Anwendung außerordentlicher Rechtsbehelfe geäußerten Bedenken Rechnung[263]. Allerdings gab es auch hier Gegenstimmen, die die Anwendung der außerordentlichen Rechtsbehelfe einer Analogie zu § 321 a ZPO vorzogen[264]. Der eindeutige Wortlaut der Norm lasse weder eine analoge Anwendung auf Beschlüsse noch auf Entscheidungen anderer Instanzen

---

258 *Lipp* NJW 2002, 1700 (1702); *Schneider*, Praxis der neuen ZPO, Rn. 432 f.; *Müller* NJW 2002, 2742 f.; Zöller/*Gummer*, 23. Auflage, § 67 ZPO Rn. 18 a; Thomas/Putzo/*Reichold*, 24. Auflage, § 321 a ZPO Rn. 18.

259 *Lipp* NJW 2002, 1700 (1701).

260 MünchKommZPO/Aktualisierungsbd./*Musielak*, § 321 a ZPO Rn. 1; *Jauernig*, Zivilprozessrecht, § 29 III.

261 *Schneider*, Praxis der neuen ZPO, Rn. 439 f.; *Lipp* NJW 202, 1700 (1702); *Stackmann* NJW 2002, 781 (784); *Müller* NJW 2002, 2743 (2747); *Schmidt* MDR 2002, 915 (918).

262 *Schneider*, Praxis der neuen ZPO, Rn. 439 f.

263 *Lipp* NJW 2002, 1700 (1702).

264 MünchKommZPO/Aktualisierungsbd./*Rimmelspacher*, Vor § 511 ZPO Rn. 84; *Hinz* WuM 2002, 3 (7); *Musielak* NJW 2002, 2103 (2104).

zu[265]. Außerdem lasse die Entstehungsgeschichte der Anhörungsrüge auf eine bewusste Teilregelung schließen, die auch nicht mit dem Ziel der Entlastung des BVerfG extensiv ausgelegt werden dürfe[266].

III. Die Entscheidung des BGH vom 07.03.2002[267]

Kurz nach Inkrafttreten des Zivilprozessreformgesetzes traf der IX. Zivilsenat des BGH eine Grundsatzentscheidung. Darin lehnte die Statthaftigkeit einer außerordentlichen Beschwerde wegen greifbarer Gesetzwidrigkeit oder Verletzung eines Verfahrensgrundrechts infolge der Gesetzesänderungen ab und verwies stattdessen auf die Möglichkeit der Gegenvorstellung zur Korrektur der Entscheidung.

1. Gegenstand und Gründe des Beschlusses

In der Sache hatte die Beschwerdeführerin zunächst einen gegen sie ergangenen Haftbefehl zur Erzwingung der eidesstattlichen Versicherung erfolglos mit einer Erinnerung nach § 766 ZPO angefochten, gegen den ablehnenden Beschluss sodann die sofortige Beschwerde erhoben und wegen Versäumung der Einlegungsfrist zugleich die Wiedereinsetzung in den vorigen Stand beantragt. Das Landgericht hatte die sofortige Beschwerde als verfristet verworfen und den Wiedereinsetzungsantrag wegen fehlender Glaubhaftmachung des Wiedereinsetzungsgrundes zurückgewiesen. Obwohl die Rechtsbeschwerde gegen diesen Beschluss nicht zugelassen wurde, erhob die Beschwerdeführerin ein als Beschwerde, hilfsweise als außerordentliche Beschwerde bezeichnetes Rechtsmittel. Sie behauptete eine Verletzung ihres Anspruchs auf rechtliches Gehör und trug vor, dass sie auf entsprechenden Hinweis des Gerichts die Glaubhaftmachung nachgeholt hätte.

Der IX. Zivilsenat des BGH verwarf die Beschwerde als unstatthaft, weil sie weder nach dem Gesetz allgemein eröffnet, noch vom Beschwerdegericht im Einzelfall zugelassen worden sei. Nach der Neuregelung des Beschwerderechts durch das Zivilprozessreformgesetz sei der Zugang zum Bundesgerichtshof ausschließlich in den in § 574 Abs. 1 ZPO geregelten Fällen statthaft. Die Zulassung einer außerordentlichen Beschwerde lehnte der Senat ausdrücklich auch für die Fälle greifbarer Gesetzwidrigkeit einer Entscheidung oder der Verletzung von Verfahrensgrundrechten ab[268]. Der Gesetzgeber habe eine

265 OLG Rostock NJW 2003, 2105 (2106).
266 OLG Dresden NJW 2003, 147 (148).
267 BGHZ 150, 133 ff. (= NJW 2002, 1577).
268 BGHZ 150, 133 (135).

Nichtzulassungsbeschwerde gegen die Entscheidung der Beschwerdegerichte nicht eröffnet. Eine außerordentliche Beschwerde in Analogie zur neu eingeführten Nichtzulassungsbeschwerde im Revisionsrecht (§ 544 ZPO) scheitere an einer planwidrigen Regelungslücke. Der Gesetzgeber des Zivilprozessreformgesetzes habe durch die Einführung der Abhilfemöglichkeit des § 321 a ZPO und des Revisionszulassungsgrundes in § 543 Abs. 2 Nr. 1 ZPO gezeigt, dass er die Problematik der Verletzung von Verfahrensgrundrechten gesehen habe. Demgegenüber habe er aufgrund der regelmäßig geringeren Bedeutung des Beschwerdeverfahrens für die Parteien sowie aus Gründen der Entlastung des BGH für das Verfahren der Rechtsbeschwerde bewusst auf die Einrichtung einer dem Revisionsrecht vergleichbaren Regelung verzichtet. Diese Grundentscheidung des Gesetzgebers sei zu beachten. Ihr begegneten auch keine verfassungsrechtlichen Bedenken. Zwar sei von Verfassungs wegen bei der Verletzung von Verfahrensgrundrechten eine Abhilfemöglichkeit innerhalb der angerufenen Gerichtsbarkeit vorzusehen. Dies eröffne aber nicht einen im Gesetz nicht vorgesehenen Instanzenzug. Vielmehr sei die Fehlerkorrektur durch den iudex a quo auf (fristgebundene) Gegenvorstellung hin vorzunehmen, im Fall der Erfolglosigkeit durch Verfassungsbeschwerde zum BVerfG[269]. Die damit verbundene Einschränkung der Bindung nach § 318 ZPO hielt der BGH dadurch für gerechtfertigt, dass Entscheidungen, die unter Verletzung eines Verfahrensgrundrechts ergangen seien, letztlich keine Bestandskraft entfalten könnten, weil sie auf Verfassungsbeschwerde hin aufzuheben wären. Diese Vorgehensweise sei vorzugswürdig, weil sie eine einfache und ökonomische Abhilfe ermögliche und zugleich das BVerfG entlaste. Aus Gründen der Rechtssicherheit müsse es jedoch für die Selbstkorrektur von Beschlüssen eine zeitliche Grenze geben. Insofern sei zu erwägen, die in § 321 a Abs. 2 S. 2 ZPO n.F. für Urteile vorgesehene Notfrist von zwei Wochen entsprechend heranzuziehen. Der BGH stellte ausdrücklich fest, dass er unter diesen Voraussetzungen keine Möglichkeit sehe, seine bisherige Rechtsprechung zur Statthaftigkeit einer außerordentlichen Beschwerde bei greifbarer Gesetzwidrigkeit, insbesondere der Verletzung von Verfahrensgrundrechten, aufrecht zu erhalten. Obwohl er damit zum Teil von den Entscheidungen anderer Senate des BGH abweiche, bedürfe es einer Anrufung des Großen Senats für Zivilsachen nicht. Eine Abweichung im Sinne des § 132 Abs. 2 GVG liege nicht vor, weil die Entscheidung anders als die abweichenden Entscheidungen der anderen Senate allein das neue Recht betreffe.

Während der BGH vor dem Inkrafttreten des Zivilprozessreformgesetzes die außerordentliche Beschwerde zur Korrektur von Verfahrensgrundrechtsverletzungen zumindest nicht generell abgelehnt hatte, hielt er diese Möglichkeit nach

269 BGHZ 150, 133 (136).

der Neuregelung des Beschwerderechts durch das Zivilprozessreformgesetz für unvereinbar mit der dadurch getroffenen Grundentscheidung des Gesetzgebers. An die Stelle der Fehlerkorrektur durch die nächsthöhere Instanz sollte nun die Abhilfe durch das entscheidende Gericht selbst (iudex a quo) treten. Obwohl sich der Tenor der Entscheidung auf die Statthaftigkeit einer außerordentlichen Beschwerde zum BGH bezieht, ergibt sich aus den Beschlussgründen, dass der BGH die Gesetzesreform als umfassende Grundentscheidung des Gesetzgebers weg von der außerordentlichen Beschwerde hin zur fristgebundenen Gegenvorstellung verstand[270].

2. Reaktionen

Die Bundes-[271] und die Instanzgerichte[272] schlossen sich der Auffassung des BGH ganz überwiegend an und verwarfen die außerordentliche Beschwerde fortan unter Hinweis auf die Entscheidung des IX. Zivilsenats. Das Bundesverwaltungsgericht begründete dies damit, dass der Gesetzgeber sich im Rahmen des Zivilprozessreformgesetzes der Frage der „Selbstkontrolle" der Gerichte für diejenigen Fälle angenommen habe, die im Wesentlichen Anlass zur Entwicklung der „außerordentlichen Beschwerde" gegeben haben. Dem Rügeverfahren des § 321 a ZPO sowie der Abhilfemöglichkeit des Erstgerichts im Beschwerdeverfahren nach § 572 Abs. 1 ZPO liege der Rechtsgedanke zugrunde, dass die Abhilfe gegebenenfalls demjenigen Gericht obliege, dem der Rechtsverstoß zur Last falle (iudex a quo)[273]. Auch der Bundesfinanzhof erklärte, § 321 a ZPO sei der allgemeine Rechtsgrundsatz zu entnehmen, dass die Beseitigung schweren Verfahrensunrechts durch das entscheidende Gericht selbst zu erfolgen habe[274]. Lediglich vereinzelt ließen die obersten Bundesgerichte auch noch nach Erlass des BGH-Urteils die außerordentliche Beschwerde wegen greifbarer Gesetzwidrigkeit[275] und die Gegenvorstellung[276] zu.

Im Schrifttum wurde die Entscheidung des IX. Zivilsenats des BGH unterschiedlich aufgenommen und beurteilt. Teilweise wurde sie als wegweisende Lösung und klare Antwort auf die umstrittene Frage der Zulässigkeit außerordentlicher Rechtsmittel wegen der Verletzung von Verfahrensgrundrechten begrüßt und die außerordentliche Beschwerde nach der Grundentscheidung des

---

270 Vgl. auch *Schneider*, Praxis der neuen ZPO, Rn. 411.

271 BVerwG NJW 2002, 2657; BFH NJW 2002, 919.

272 OLG Celle ZIP 2002, 2058; OLG Hamm MDR 2003, 296; OLG Naumburg MDR 2005, 229; KG MDR 2002, 1086.

273 BVerwG NJW 2002, 2657.

274 BFH NJW 2003, 919 (920).

275 BFH NJW 2004, 2855.

276 BGH NJW 2003, 3137.

Gesetzgebers nunmehr generell als unstatthaft angesehen[277]. Die Entscheidung des BGH habe „der außerordentlichen Beschwerde wegen greifbarer Gesetzwidrigkeit den Todesstoß versetzt“[278]. Andere wiederum hielten die außerordentliche Beschwerde nach der Gesetzesreform weiterhin für notwendig[279]. Sie wiesen darauf hin, dass angesichts der Schwächen der Abhilfe durch das Ausgangsgericht gegenüber der nächsthöheren Instanz damit zu rechnen sei, dass eine große Anzahl an das Ausgangsgericht herangetragener Gegenvorstellungen erfolglos und der Zustand greifbarer Gesetzwidrigkeit erhalten bleibe. Die Gründe für die Entwicklung der außerordentlichen Beschwerde wegen greifbarer Gesetzwidrigkeit bestünden somit fort und rechtfertigten deren weitere Anwendung. Gegen die Auffassung, der Gesetzgeber habe mit der Zivilprozessreform eine Grundentscheidung für die Abhilfe schweren Verfahrensunrechts innerhalb derselben Instanz getroffen, wurde eingewandt, dass der Gesetzgeber selbst bei der Einführung des Zivilprozessreformgesetzes vom Fortbestand der außerordentlichen Beschwerde wegen greifbarer Gesetzwidrigkeit ausgegangen sei[280].

IV. Der Plenarbeschluss des BVerfG vom 30.04.2003

Etwa ein Jahr nach der Entscheidung des BGH erging eine weitere Grundsatzentscheidung[281], in diesem Fall durch das Plenum des BVerfG. Eine ihm zur Entscheidung vorliegende Verfassungsbeschwerde hatte den Ersten Senat des BVerfG dazu veranlasst, die bis dahin einheitliche Rechtsprechung beider Senate zur Notwendigkeit fachgerichtlicher Abhilfe durch außerordentliche Rechtsbehelfe noch einmal zu überdenken.

1. Gegenstand und Gründe des Beschlusses

Die Verfassungsbeschwerde richtete sich gegen ein Berufungsurteil des OLG Jena sowie gegen den Beschluss, mit dem der BGH die dagegen eingelegte Revision verworfen hatte. In der Sache hatte das OLG Jena den Parteien erstmals in einem Hinweis- und Aufklärungsbeschluss, nach einer Änderung der Senatsbesetzung nochmals durch den Vorsitzenden ausdrücklich zugesichert, dass gegen die Entscheidung in jedem Fall die Revision zugelassen werde. Daraufhin verzichtete der Kläger darauf, seine Klage auf den für die Wertrevision erforderlichen Betrag zu erhöhen. Das OLG hielt sich jedoch nicht an seine

277 *Lipp* NJW 2002, 1700 f.; *Müller* NJW 2002, 2743 (2747); *Greger* NJW 2002, 3049 (3053).
278 *Kroppenberg* ZZP 116 (2003), 421 (422).
279 *Rößler* BB 2003, 1710 (1711); *Schneider* MDR 2002, 1047 (1049).
280 *Schneider*, Praxis der neuen ZPO, Rn. 413 f.; *Schneider* MDR 2006, 969 (975).
281 BVerfGE 107, 395 ff.; BVerfG NJW 2004, 1924 ff.

Zusage und ließ die Revision schließlich doch nicht zu. Dementsprechend verwarf der BGH die Revision des Klägers als unzulässig, weil die Revisionssumme nicht erreicht und die Revision nicht zugelassen worden sei[282]. Die Zulassung einer außerordentlichen Revision wegen greifbarer Gesetzwidrigkeit lehnte er ab, weil nach der Rechtsprechung des BGH außerordentliche Rechtsbehelfe nur gegen Beschlüsse, nicht aber gegen Urteile möglich seien, und im Übrigen der Rechtsverstoß keine greifbare Gesetzwidrigkeit begründe.

Der mit der Entscheidung befasste Erste Senat des BVerfG vertrat die Ansicht, beide Entscheidungen seien aufzuheben, weil dem Beschwerdeführer keine gesetzliche Möglichkeit zur Verfügung gestanden habe, um die von ihm behauptete Verletzung rechtlichen Gehörs vor den Fachgerichten geltend zu machen[283]. Darin sah er eine Verletzung des im Rechtsstaatsprinzip in Verbindung mit dem in den Grundrechten verankerten Justizgewährungsanspruchs. Der Senat beabsichtigte daher, von der bis dahin einheitlichen Rechtsprechung beider Senate des BGH, wonach das Grundgesetz keinen Rechtsschutz gegen den Richter gewährleiste, insoweit abzurücken, als es sich um entscheidungserhebliche Verstöße eines Richters gegen Art. 103 Abs. 1 GG handele. Um von der Rechtsauffassung des Zweiten Senats, „nach der das Fehlen einer fachgerichtlichen Abhilfemöglichkeit bei entscheidungserheblichen Verstößen gegen das Verfahrensgrundrecht des Art. 103 Absatz 1 des Grundgesetzes nicht das Grundgesetz verletzt“[284], abweichen zu können, rief der Erste Senat mit Beschluss vom 16.01.2002 nach § 16 Abs. 1 BVerfGG, § 48 Abs. 1 GOBVerfG schließlich das Plenum des BVerfG an. Dieses beriet über die Frage, „ob und in welchem Umfang es das Grundgesetz erfordert, dass Verstöße eines Richters gegen das grundrechtsgleiche Recht auf rechtliches Gehör (Art. 103 Abs. 1 GG) durch die Fachgerichte selbst behoben werden können“[285].

In seinem Beschluss vom 30. April 2003 vertrat das Plenum mit 10:6 Stimmen, dass es gegen das Rechtsstaatsprinzip in Verbindung mit Art. 103 Abs. 1 GG verstoße, wenn eine Verfahrensordnung keine fachgerichtliche Abhilfemöglichkeit für den Fall vorsehe, dass ein Gericht in entscheidungserheblicher Weise den Anspruch auf rechtliches Gehör verletze[286]. Der allgemeine Justizgewährungsanspruch eröffne den Rechtsweg (auch) zur Überprüfung erstmaliger Verletzungen des Anspruchs auf rechtliches Gehör durch ein Gericht in jeder

282 BGH NJW 1999, 290.
283 Vgl. dazu BVerfG NJW 2003, 1924.
284 BVerfGE 107, 395 (397).
285 So die Definition des Beratungsgegenstandes durch das BVerfG, BVerfGE 107, 395 f.; NJW 2003, 1924.
286 BVerfGE 107, 395.

gerichtlichen Instanz, also auch gegen erstmalige Verletzungen in einem Rechtsmittelverfahren[287]. Der Schutz vor Verletzungen des Art. 103 Abs. 1 GG sei ungeachtet der Möglichkeit der Einlegung einer Verfassungsbeschwerde jedoch in erster Linie durch die Fachgerichtsbarkeit zu gewähren[288]. Der Gesetzgeber könne die Prüfung einer behaupteten Verletzung des Art. 103 Abs. 1 GG im allgemeinen Rechtsmittelsystem oder im Rahmen eines Sonderrechtsbehelfs vorsehen. Dabei sei er nicht gehalten, die Anrufung einer weiteren Instanz zu ermöglichen. Ein Rechtsbehelf an den iudex a quo komme in Betracht, sofern auf diese Weise der Mangel effektiv beseitigt werden könne[289]. Ein erheblicher Teil möglicher Verstöße gegen Art. 103 Abs. 1 GG könne bereits jetzt im Rahmen des allgemeinen Rechtsmittelsystems geltend gemacht werden. Dazu seien zur Überprüfung geeignete Rechtsbehelfe geschaffen worden, etwa befristete Anhörungsrügen nach § 321 a ZPO, §§ 33 a, 311 a StPO. Die von der Rechtsprechung bislang außerhalb des geschriebenen Rechts angewendeten außerordentlichen Rechtsbehelfe genügten den verfassungsrechtlichen Anforderungen an die Rechtsmittelklarheit hingegen nicht, weil sie nicht in der geschriebenen Rechtsordnung geregelt und in ihren Voraussetzungen für den Bürger erkennbar seien[290].

Im Einzelnen begründete das Plenum seine Entscheidung wie folgt:

1. Ausgangspunkt der Ausführungen des BVerfG bildete das Rechtsstaatsprinzip bzw. die Garantie wirkungsvollen Rechtsschutzes vor den Gerichten als eines seiner wesentlichen Bestandteile. Das Plenum stellte fest, dass diese Garantie im Grundgesetz nicht nur durch Art. 19 Abs. 4 GG, sondern darüber hinaus durch das Rechtsstaatsprinzip in Verbindung mit Art. 2 Abs. 1 GG auch im Rahmen des allgemeinen Justizgewährungsanspruchs gewährleistet sei[291]. Sie garantiere das Offenstehen des Rechtswegs, nicht jedoch einen Instanzenzug, weil ein Rechtsstreit um der Rechtssicherheit und des Rechtsfriedens willen irgendwann ein Ende finden müsse. Dementsprechend hielt es das BVerfG für grundsätzlich ausreichend, aber auch für ein zu sicherndes Minimum, dass die Rechtsordnung eine einmalige Möglichkeit zur Einholung einer gerichtlichen Entscheidung eröffne[292]. Eine verfassungsrechtliche Notwendigkeit, auch den Akt der gerichtlichen Überprüfung auf die Verletzung der für den Ausgangsrechtsstreit anwendbaren Rechtsnormen prüfen zu können, bestehe nicht. Das

287 BVerfGE 107, 395 (410).
288 BVerfGE 107, 395 (411).
289 BVerfGE 107, 395 (412).
290 BVerfGE 107, 395 (416).
291 BVerfGE 107, 395 (401).
292 BVerfGE 107, 395 (402).

verfassungsrechtliche Rechtsschutzsystem nehme das verbleibende Risiko falscher Rechtsanwendung im Interesse der Rechtssicherheit und des Rechtsfriedens hin, weil es durch institutionelle Vorkehrungen und entsprechende Verfahrensvorgaben möglichst gering gehalten werde[293]. Zu diesen Vorgaben und Vorkehrungen zählte das Plenum zum einen die Ausrichtung der Entscheidung allein an Gesetz und Recht, die durch die Unabhängigkeit der Richter nach Art. 97 Abs. 1 GG gesichert werde. Zum anderen sollen die Verfahrensgrundrechte, insbesondere Art. 101 Abs. 1 S. 2 und Art. 103 Abs. 1 GG, gewährleisten, dass die richterliche Entscheidung willkürfrei durch eine nach objektiven Kriterien bestimmte Instanz auf einer hinreichend gesicherten Tatsachengrundlage und auf Grund einer unvoreingenommenen rechtlichen Würdigung unter Einbeziehung des Vortrags der Parteien ergeht. Das Fehlen einer weiteren Instanz sei vor diesem Hintergrund unbedenklich, wenn dem Gericht bei seiner Überprüfung kein neuer, eigenständiger Verstoß gegen die grundgesetzlichen Verfahrensgarantien unterlaufe[294].

2. Eingehend äußerte sich das Plenum zum Verhältnis des allgemeinen Justizgewährungsanspruchs zu Art. 19 Abs. 4 GG. Es hielt an der einengenden Auslegung des Begriffs der öffentlichen Gewalt durch Rechtsprechung und herrschende Lehre fest, die diesen ausschließlich auf die vollziehende Gewalt anwenden[295]. Die vom Ersten Senat angestrebte Aufgabe der bisherigen Rechtsauffassung sei nicht erforderlich, weil das insoweit verbleibende „Rechtsschutzdefizit" durch den allgemeinen Justizgewährungsanspruch ausgeglichen werde. Dieser sei zunächst als Grundlage des Rechtsschutzes in zivilrechtlichen Streitigkeiten anerkannt worden, auf die Art. 19 Abs. 4 GG nicht anwendbar sei. Er vermittle Rechtsschutz aber auch in weiteren Fällen, in denen dies rechtsstaatlich geboten sei[296]. Diese Gebotenheit sah das Plenum bei der erstmaligen Verletzung von Verfahrensgrundrechten gegeben, weil die Verfahrensgrundrechte, insbesondere die des Art. 101 Abs. 1 GG und des Art. 103 Abs. 1 GG, in Form eines grundrechtsgleichen Rechts die Einhaltung rechtsstaatlicher Mindeststandards sichern. Zu einer grundrechtlichen Garantie gehöre die Möglichkeit einer zumindest einmaligen gerichtlichen Kontrolle ihrer Einhaltung. Der Justizgewährungsanspruch ermögliche Rechtsschutz hinsichtlich der gerichtlichen Verfahrensdurchführung, soweit durch sie die Verfahrensgrundrechte verletzt sein können, weil es andernfalls bei einer Verletzung dieser Grundrechte keine verfassungsrechtlich gesicherte Möglichkeit fachgerichtlicher Abhilfe gebe[297]. Dieser Auslegung des allgemeinen

---

293 BVerfGE 107, 395 (402 f.).
294 BVerfGE 107, 395 (403).
295 BVerfGE 107, 395 (404).
296 BVerfGE 107, 395 (407).
297 BVerfGE 107, 395 (407).

Justizgewährungsanspruchs steht nach Ansicht des BVerfG weder der Wortlaut noch die Zielsetzung des Art. 19 Abs 4 GG, einen unendlichen Rechtsweg auszuschließen, entgegen. Die Vorschrift garantiere Rechtsschutz nicht „nur" in seinem Rahmen; ein endloser Rechtsweg drohe nicht, weil eben nur die Öffnung des Zugangs zum Gericht gewährleistet sei[298].

3. Dem Vorlagebeschluss des Ersten Senats entsprechend äußerte sich das Plenum anschließend zu den Besonderheiten des Art. 103 Abs. 1 GG und deren Auswirkungen auf die Rechtsschutzgarantie[299]. Das rechtliche Gehör sei als „prozessuales Urrecht" und als objektivrechtliches Verfahrensprinzip für ein rechtsstaatliches Verfahren im Sinne des Grundgesetzes schlechthin konstitutiv. Zudem sei seine rechtsstaatliche Bedeutung in Art. 6 Abs. 1 EMRK sowie in Art. 47 Abs. 2 EG-Charta anerkannt. Das rechtliche Gehör bewirke, dass der Einzelne nicht nur Objekt der richterlichen Entscheidung sei, sondern mit Ausführungen und Anträgen tatsächlich gehört werde und als Subjekt Einfluss auf das Verfahren und sein Ergebnis nehmen könne. Bei fehlerhafter Verweigerung des rechtlichen Gehörs eröffne erst die Möglichkeit der Korrektur das Gehörtwerden im Verfahren[300]. Sie schaffe einen wesentlichen Teil der Rechtfertigung dafür, dass die Verfassung keinen Instanzenzug garantiere und die Beteiligten die Entscheidung gegebenenfalls ohne weitere Korrekturmöglichkeit hinnehmen müssen. In diesem objektivrechtlichen Sinn sei die Garantie rechtlichen Gehörs eine wesentliche Grundlage der Funktionsfähigkeit des Rechtsstaats und der Erwartung an die Bürger, sich zur Streitbeilegung auf das Gerichtsverfahren einzulassen. Zwischen der Rechtsschutzgarantie und Art. 103 Abs. 1 GG bestehe ein funktionaler Zusammenhang dergestalt, dass Art. 103 Abs. 1 GG den angemessenen Ablauf eines Verfahrens sichere, dessen Zugang durch die Rechtsschutzgarantie gesichert werde. Die Möglichkeit, eine Rechtsverletzung vor Gericht effektiv geltend zu machen, werde durch einen Gehörsverstoß vereitelt. Insofern sichere der Justizgewährungsanspruch Rechtsschutz gegen Verletzungen des Anspruchs auf rechtliches Gehör in jeder Instanz, unabhängig von dem Anlass für die Einleitung des Gerichtsverfahrens. Die Beachtung des Art. 103 Abs. 1 GG bliebe ohne Kontrolle, wenn es nicht auch bei erstmaligen Verletzungen in einem Rechtsmittelverfahren Rechtsschutz gebe[301]. Es reiche aus, wenn die behauptete Verletzung des Verfahrensgrundrechts noch im Rahmen des Rechtsmittels gegen die gerichtliche Entscheidung geprüft werden könne. Gegen entscheidungserhebliche Verletzungen des Anspruchs auf rechtliches Gehör in der letzten Instanz müsse die Verfahrens-

298 BVerfGE 107, 395 (408).
299 BVerfGE 107, 395 (408 f.).
300 BVerfGE 107, 395 (409).
301 BVerfGE 107, 395 (410).

ordnung eine eigenständige Abhilfemöglichkeit vorsehen. Ein endloser Rechtsweg sei dennoch nicht zu erwarten, weil es aus Gründen der Rechtssicherheit stets ausreichend sei, eine behauptete Rechtsverletzung in einem gerichtlichen Verfahren einmal einer gerichtlichen Kontrolle zu unterziehen[302].

4. Für die Ausgestaltung des erforderlichen fachgerichtlichen Rechtsschutzes räumte das Plenum dem Gesetzgeber einen weitreichenden Spielraum ein[303], gab ihm dafür aber einige Kriterien an die Hand. In Übereinstimmung mit der früheren Rechtsprechung des BVerfG zur Möglichkeit einer Selbstkontrolle der Fachgerichtsbarkeit im Wege einer Gegenvorstellung betonte das Plenum, dass es nicht zwingend der Einschaltung eines anderen oder höheren Gerichts bedürfe, sofern der Mangel durch den iudex a quo effektiv beseitigt werden könne. Diesem sei es möglich, unmittelbar nach der Feststellung eines Fehlers das unterbliebene Gehör zu gewähren und das Verfahren auf dieser Grundlage fortzusetzen[304]. Die Einrichtung fachgerichtlichen Rechtsschutzes sei für alle entscheidungserheblichen Rechtsverletzungen unabhängig von der Möglichkeit der Erhebung der Verfassungsbeschwerde erforderlich. Die Verfassungsbeschwerde sei ein außerordentlicher Rechtsbehelf zur Durchsetzung von Grundrechten und grundrechtsgleichen Rechten, dessen Qualität sich vom fachgerichtlichen Rechtsschutz insbesondere durch die Annahmevoraussetzungen und die eingeschränkte Prüfungsintensität unterscheide[305]. Zudem ergebe sich aus dem Subsidiaritätsgrundsatz die grundsätzliche Aussage, dass nach der verfassungsrechtlichen Kompetenzverteilung die Aufgabe zur Wahrung und Durchsetzung der Grundrechte zunächst den Fachgerichten obliege.

Das Plenum des BVerfG erteilte dem Gesetzgeber daher den Auftrag, bis zum 31.12.2004 die Lücken im bisherigen Rechtsschutzsystem durch Erlass einer verfassungsgemäßen Neuregelung zu schließen, soweit dies nicht schon durch das Zivilprozessreformgesetz vom 27.07.2001 geschehen sei[306]. Für die Übergangszeit sei die gegenwärtige Rechtslage hinnehmbar. Für den Fall der verspäteten Umsetzung sei das Verfahren auf einen binnen einer Frist von 14 Tagen zu stellenden Antrag vor dem Gericht, dessen Entscheidung wegen der Gehörsverletzung angegriffen werde, fortzusetzen.

---

302 BVerfGE 107, 395 (411).
303 BVerfGE 107, 395 (411).
304 BVerfGE 107, 395 (412).
305 BVerfGE 107, 395 (413 f.).
306 BVerfGE 107, 395 (418).

2. Reaktionen

Nachdem die Gerichte bereits nach Erlass des BGH-Urteils am 22.03.2002 überwiegend von der Unzulässigkeit außerordentlicher Rechtsbehelfe ausgegangen waren, wurden nach dem Plenarbeschluss nur noch in einzelnen Entscheidungen die außerordentliche Beschwerde bzw. eine Gegenvorstellung zugelassen[307]. Außerordentliche Beschwerden wurden sogar trotz Billigung ihrer übergangsweisen Anwendung durch das BVerfG mit der Begründung, dass sie als nicht in der Verfahrensordnung geregelter Rechtsbehelf gegen das verfassungsrechtliche Gebot der Rechtsmittelklarheit verstoße, als unzulässig verworfen[308].

V. Rechtslage nach Erlass des Gesetzes über die Rechtsbehelfe bei Verletzung des Anspruchs auf rechtliches Gehör (sog. Anhörungsrügengesetz) vom 14.12.2004

Den Gesetzgebungsauftrag des Plenums setzte der Gesetzgeber mit dem sog. Anhörungsrügengesetz [309] vom 14.12.2004 um, das mit Wirkung vom 01.01.2005 rechtzeitig zum Ablauf der gesetzten Frist in Kraft trat.

1. Erweiterung der Anhörungsrüge gemäß § 321 a ZPO

Kernstück der Gesetzesreform war die Erweiterung des sachlichen Anwendungsbereichs des § 321 a ZPO a.F. Der ausdrücklichen Forderung des BVerfG entsprechend ist die Anhörungsrüge nicht mehr ausschließlich gegen erstinstanzliche Endurteile, sondern gegen alle unanfechtbaren Entscheidungen jeglicher Instanz statthaft. Damit gab der Gesetzgeber die Beschränkung des § 321 a ZPO auf erstinstanzliche Urteile ausdrücklich auf und entzog gleichzeitig den Diskussionen über eine analoge Anwendung des § 321 a ZPO den Boden, soweit sie sich auf alle anderen gerichtlichen Entscheidungen bezog. „Im Interesse der Rechtsklarheit"[310] nahm der Gesetzgeber die Anhörungsrüge nach dem Konzept des § 321 a ZPO zudem in die wichtigsten Prozessordnungen[311] auf. Mit der Begründung, dass dies nicht Gegenstand des ihm erteilten Gesetzgebungsauftrages sei, entschied er sich jedoch bewusst gegen die Ausdehnung des Anwendungsbereichs des § 321 a ZPO auf die Verletzung anderer Verfah-

---

307 BFH NJW 2004, 2855; BGH NJW 2003, 3137.

308 LAG Berlin, Beschluss v. 9.2.2004, 17 Ta 6004/04 (Juris), zuletzt abgerufen am 10.09.2010 und BGH NJW-RR 2005, 294.

309 Gesetz über die Rechtsbehelfe bei Verletzung des Anspruchs auf rechtliches Gehör, BT-Drucks. 15/3706.

310 BT-Drucks. 15/3706, S. 14.

311 So in §§ 29 a FGG, 78 a ArbGG, 152 a VwGO, 178 a SGG, 133 a FGO, 69 a GKG, 157 a KostO, 4 a JVEG, 71 a GWB, 12 a RVG.

rensgrundrechte[312]. Insoweit erklärte er, dass die bisher zur Anwendung gekommenen außerordentlichen Rechtsbehelfe wie die außerordentliche Beschwerde oder die Gegenvorstellung durch den Entwurf nicht ausgeschlossen werden sollen[313].

2. Reaktionen und Lösungsansätze des Schrifttums

Wer angenommen hatte, der Gesetzgeber werde die Gelegenheit nutzen, mit der geforderten Gesetzesänderung die Gesetzeslücke im Rechtsschutz bei Verletzung von Verfahrensgrundrechten in vollem Umfang zu schließen, wurde enttäuscht. Der Gesetzgeber beschränkte sich auch bei der Neufassung des § 321 a ZPO auf die Umsetzung des Gesetzgebungsauftrags des BVerfG, obwohl die Diskussion um die analoge Anwendbarkeit des § 321 a ZPO a.F. auf andere Verfahrensgrundrechte und insbesondere die Stellungnahmen der Bundesrechtsanwaltskammer und des Deutschen Anwaltvereins zum Entwurf des Anhörungsrügengesetzes zu einer umfassenden Regelung Anlass gegeben hätten. Die Bundesrechtsanwaltskammer hatte Zweifel daran geäußert, dass die Beschränkung des § 321 a ZPO allein auf die Anhörungsrüge den Postulaten der Rechtsmittelklarheit genüge und die Ausdehnung des § 321 a ZPO auch auf Verletzungen anderer Verfahrensgrundrechte vorgeschlagen, „anstatt gesetzlich nicht vorgesehene und in der Praxis umstrittene außerordentliche Rechtsbehelfe weiter bestehen zu lassen“[314]. Der Deutsche Anwaltverein äußerte sogar, es mache keinen Sinn, mit der Anhörungsrüge den iudex a quo und mit der Rüge eines anderen – die Entscheidung beeinflussenden – Verstoßes gegen Verfahrensgrundrechte, die zugleich verfassungsgeschützt sind, das BVerfG anrufen zu müssen[315]. Er hatte daher gefordert, „die Rüge auf alle Fälle von Verfahrensverstößen zu erstrecken“.

In der Literatur stieß die Beschränkung auf Verletzungen des rechtlichen Gehörs ebenfalls auf Kritik. Einige betitelten die Anhörungsrüge als „legislative Missgeburt“[316], andere schrieben, sie sei „das Papier nicht wert, auf dem sie im Bundesgesetzblatt ausgebreitet worden ist“[317] oder eine „Anleitung zum Unglücklichsein“[318]. Als Schwachstelle des § 321 a ZPO wurde vor allem die beibehaltene Beschränkung des Anwendungsbereichs auf Verletzungen des Anspruchs auf rechtliches Gehör bzw. die damit verbundene Ausklammerung

---

312 BT-Drucks. 15/3706, S. 14.
313 BT-Drucks. 15 /3706, S. 14.
314 BRAK-Stellungnahme, Nr. 21/2004, S. 2.
315 DAV, Stellungnahme Nr. 24/04, S. 3.
316 *Schneider*, FS für Madert, S. 187.
317 *Zuck* NVwZ 2005, 739.
318 *Zuck* NJW 2005, 1226 (1229).

von Verletzungen anderer Verfahrensgrundrechte hervorgehoben. Es sei schwer nachvollziehbar, warum nur bei Verletzungen des rechtlichen Gehörs eine Selbstkontrolle ermöglicht werde, obwohl die Prozessparteien durch Verletzungen anderer Verfahrensgrundrechte nicht minder beeinträchtigt werden[319]. Stattdessen verbleibe in diesen Fällen lediglich die mit einer konstanten Erfolgsquote von nur 2,5 Prozent nahezu aussichtslose Verfassungsbeschwerde[320]. Unverständnis hieran wird insbesondere unter Hinweis auf den Plenarbeschluss des BVerfG selbst geäußert. Das BVerfG selbst habe zu einer umfassenden Regelung Anlass gegeben, indem es betont habe, dass Verletzungen von Verfahrensgrundrechten im Wege der Selbstkorrektur von den Zivilgerichten zu beheben seien[321].

Darüber hinaus wurde die Ausgestaltung der Anhörungsrüge als Rechtsbehelf zum iudex a quo stark kritisiert. Die Bereitschaft zum Eingeständnis eigener Fehler sei nicht zu erwarten[322]. Bei realistischer Betrachtungsweise sei nicht davon auszugehen, dass der Richter innerhalb kürzester Zeit seine Entscheidung ändere[323]. Die Feststellung, man habe in eigener Verantwortung ein prozessuales Urrecht des Menschen verletzt, werde aus psychologischen Gründen so gut wie nie erfolgen[324]. Habe das Gericht seine Entscheidung einmal gefällt, sei es aller Erfahrung nach nicht bereit, sie selbst zu korrigieren und damit ihre Fehlerhaftigkeit einzuräumen[325]. In der Praxis werde wohl auch eher der „durchschnittliche, uneinsichtige Amtsrichter“ über eine gegen ihn gerichtete Rüge entscheiden[326]. Schließlich wird pauschal darauf verwiesen, dass der Grundsatz, niemand solle Richter in eigener Sache sein, schon seit der Antike bekannt sei[327]. Aus diesen Gründen hält das Schrifttum die Anhörungsrüge allenfalls in „Pannenfällen“, mithin bei versehentlichen Gehörsverletzungen, für effektiv, nicht aber bei bewussten Verfahrensfehlern, denen fehlerhafte rechtliche Erwägungen zugrunde liegen.

Es bleibt also nach der Erweiterung des § 321 a ZPO durch das Anhörungsrügengesetz die Frage offen, ob und wie die deutsche Rechtsordnung effektiven

---

319 *Schneider*, FS für Madert, S. 195.
320 *Schneider* MDR 2006, 969 (970).
321 *Treber* NJW 2005, 97 (100).
322 *Seer/Thulfaut* BB 2005, 1085 (1088); *Bloching/Kettinger* NJW 2005, 860 (863); *Schneider*, FS für Madert, S. 192; *Schneider* MDR 2006, 969 (970 f.); *Kettinger* JR 2006, 443 (444).
323 *Bloching/Kettinger* NJW 2005, 860 (863).
324 *Zuck* NJW 2005, 1226 (1229).
325 *Voßkuhle* NJW 2003, 2193 (2197).
326 *Sangmeister* NJW 2007, 2363 (2369).
327 *Seer/Thulfaut* BB 2005, 1085.

Rechtsschutz gegen Verfahrensgrundrechtsverletzungen gewährt, wenn kein gesetzlicher Rechtsbehelf eingreift. Als Lösungsansätze werden die außerordentliche Beschwerde, die Gegenvorstellung und die analoge Anwendung des § 321 a ZPO n.F diskutiert.

a) *Außerordentliche Beschwerde*

Unter Hinweis auf das verfassungsrechtliche Erfordernis des effektiven Rechtsschutzes will ein Teil des Schrifttums zur Korrektur anderer Verfahrensgrundrechtsverstöße als solcher gegen das rechtliche Gehör (wieder) die Rechtsfigur der außerordentlichen Beschwerde heranziehen [328]. Das Problem der fehlenden Rechtsmittelklarheit des gesetzlich nicht geregelten und damit in seinen Voraussetzungen vom Bürger nicht erkennbaren Rechtsbehelfs wird zwar erkannt. Allerdings wird dem Erfordernis der Effektivität des Rechtsbehelfs der Vorrang eingeräumt. Das BVerfG könne nicht einerseits einen Gesetzgebungsauftrag hinsichtlich anderer Verfahrensgrundrechte als dem Gebot des rechtlichen Gehörs unterlassen und andererseits die nicht kodifizierten Rechtsbehelfe wegen fehlender Rechtsmittelklarheit ablehnen. Anderenfalls würde es „den Teufel mit dem Beelzebub austreiben“[329]. Die Gegenvorstellung und die analoge Anwendung des § 321 a ZPO werden dagegen abgelehnt, weil die Bereitschaft zur effektiven Überprüfung eines gerügten Verfahrensfehlers durch den Richter, dem dieser Fehler vorgeworfen werde, nicht zu erwarten sei. Die Selbstkontrolle durch den iudex a quo sei allenfalls zur Korrektur „schlichter Pannen“[330] geeignet. In allen anderen Fällen sei der Rechtsbehelf zum iudex a quo nicht geeignet, eine Korrektur herbeizuführen.

b) *Gegenvorstellung*

Es besteht Einigkeit darüber, dass nach Inkrafttreten des Anhörungsrügengesetzes für die Gegenvorstellung kein Anwendungsbereich mehr besteht, soweit sie nach früherer Rechtslage zur Rüge der Verletzung des Anspruchs auf rechtliches Gehör dienen sollte[331]. Aus der Beschränkung der Anhörungsrüge auf Verletzungen des rechtlichen Gehörs schließen jedoch einige Vertreter des Schrifttums, dass die Gegenvorstellung als außerordentlicher Rechtsbehelf ihre sachliche Berechtigung zur Korrektur der Verletzungen anderer Verfahrensgrundrechte auch nach heutiger Rechtslage behalte[332]. § 321 a ZPO sei die grundsätzliche

---

328 *Bloching/Kettinger* NJW 2005, 860; *Seer/Thulfaut* BB 2005, 1085 (1086); *Schneider*, FS Madert 2006, 187, (204); offen gelassen: Zöller/*Vollkommer*, § 321 a Rn. 4.

329 *Kettinger* DVBl 2006, 1151 (1154).

330 *Seer/Thulfaut* BB 2005, 1085.

331 *Schenke* NVwZ 2005, 729 (733).

332 *Schoenfeld* DB 2005, 850 (854); *Huber* JuS 2005, 109 (113).

Wertung zu entnehmen, dass nicht das nächsthöhere Gericht, sondern das Ausgangsgericht mit der Korrektur solcher Fehler befasst sein solle. Insofern könne eine greifbare Gesetzwidrigkeit, die nicht zugleich eine Gehörsverletzung darstelle, nur mit der Gegenvorstellung geltend gemacht werden.

c) § 321 a ZPO analog

Ebenso wie bereits für § 321 a ZPO in seiner alten Fassung[333] wird auch nach Inkrafttreten des Anhörungsrügengesetzes teilweise vertreten, die Problematik sei durch analoge Anwendung der Norm auf andere Verfahrensgrundrechtsverletzungen zu lösen[334]. Die Vertreter dieser Ansicht sehen sowohl die Voraussetzungen für eine Rechtsfortbildung des § 321 a ZPO im Wege der Analogie als auch die sich aus dem Justizgewährungsanspruch ergebenden verfassungsrechtlichen Anforderungen als erfüllt an. Damit werde nicht nur der Grundgedanke des Anhörungsrügengesetzes „zu Ende gedacht" und in die Fachgerichtsbarkeiten gewissermaßen eine „kleine Verfassungsbeschwerde" eingefügt, es erübrige sich auch „der bisherige Wildwuchs der praeter legem entwickelten außerordentlichen Rechtsbehelfe"[335].

d) Verfassungsbeschwerde

Vereinzelt werden alle vorgenannten Rechtsschutzmöglichkeiten abgelehnt und daraus konsequent der Rückschluss gezogen, die Korrektur einer Verletzung anderer Verfahrensgrundrechte als des Art. 103 Abs. 1 GG sei derzeit nur mit der Verfassungsbeschwerde möglich[336]. Eine analoge Anwendung des § 321 a ZPO scheitere am Fehlen ihrer Grundvoraussetzung, der planwidrigen Regelungslücke. Im Übrigen erforderten das Gewaltenteilungsprinzip und der Grundsatz der Rechtsmittelklarheit eine Entscheidung des Bundesgesetzgebers. Diese Aufgabe dürfe nicht auf die Rechtsprechung verlagert werden, so dass eine außerordentliche Beschwerde ebenso wie die Gegenvorstellung ausscheide. Die Statthaftigkeit der außerordentlichen Beschwerde habe der BGH zudem schon nach Inkrafttreten des Zivilprozessreformgesetzes abgelehnt. Die

---

333 *Lipp* NJW 2002, 1700 ff.; *Pape* NZI 2003, 12 ff.; *Müller* NJW 2002, 1743 ff.; *Schuschke* NZM 2003, 463 (464 f.); *Scheuch/Lindner* ZIP 2004, 973 (979).

334 MünchKommZPO/*Lipp*, vor § 567 ZPO Rn. 14 ff.; *Gravenhorst* NZA 2005, 24; *Günter*, S. 187; *Bloching/Kettinger* JR 2005, 443 (445); *Schnabl*, S. 93 ff; *Rüsken* NJW 2008, 479 (483) im Ergebnis für die Orientierung an dem der Anhörungsrüge zugrunde liegenden Rechtsgedanken; *Schenke* NVwZ 2005, 729 ff. und *Kettinger* BayVBl. 2007, 489 ff. für die analoge Anwendung der verwaltungsprozessualen Parallelvorschrift § 152 a VwGO.

335 *Gravenhost* NZA 2005, 24 (27).

336 *Rensen* MDR 2005, 181 (183); Wieczorek/Schütze/*Rensen*, § 321 a ZPO Rn. 85; *Desens* NJW 2006, 1243 ff.; für § 178 a SGG: *Berchthold* NZS 2006, 12 (16).

Gegenvorstellung vermittele keinen ausreichenden Rechtsschutz, weil sie nur Beschlüsse betreffe und keinen Anspruch auf Bescheidung gewähre. Die Vertreter dieser Ansicht sind sich jedoch durchaus bewusst, dass diese Lösung das Risiko birgt, mangels Rechtswegerschöpfung und aufgrund der Subsidiarität des Rechtsbehelfs mit der Verfassungsbeschwerde abgewiesen zu werden. Deshalb werden die dogmatischen Argumente im Ergebnis doch beiseite geschoben und „mit Rücksicht auf die insofern schwankende Rechtsprechung und Literatur" der Rat erteilt, jedenfalls vorsorglich auch den in Betracht kommenden außerordentlichen Rechtsbehelf einzulegen[337].

3. Reaktionen und Lösungsansätze der Rechtsprechung

Die in der Literatur erörterten Lösungsansätze finden sich auch in der Rechtsprechung wieder.

a) *Rechtsprechung des BGH*

In konsequenter Fortführung der Entscheidung des IX. Zivilsenats des BGH vom 07.03.2003 [338] vertreten die Senate des BGH ganz überwiegend die Auffassung, die außerordentliche Beschwerde sei seit der Neuregelung des Beschwerderechts durch das Gesetz zur Reform des Zivilprozesses vom 27.07.2001 nicht mehr statthaft, sondern die Gegenvorstellung zur Korrektur anderer Verfahrensgrundrechtsverletzungen anzuwenden [339]. Die Zulassung außerordentlicher Rechtsbehelfe verstoße gegen das aus dem Rechtsstaatsprinzip folgende verfassungsrechtliche Gebot der Rechtsmittelklarheit[340]. Außerdem seien die zum Beschlussverfahren entwickelten Grundsätze der außerordentlichen Beschwerde auf das Urteilsverfahren nicht übertragbar. Davon abweichend sprach sich der I. Zivilsenat des BGH in einem Beschluss vom 28.05.2008[341] für die Statthaftigkeit einer außerordentlichen Beschwerde aus. Darin führte er aus, dass ein grundsätzlich erst im Rahmen des Rechtsmittels gegen die Endent-

---

337 *Rensen* MDR 2005, 181 (183); Wieczorek/Schütze/*Rensen*, § 321 a ZPO Rn. 85.

338 BGHZ 150, 133.

339 BGH, Beschluss v. 28.03.2007, IV AR (VZ) 2/07, BeckRS 2007 06236; Beschluss v. 31.07.2006, II ZB 17/06, BeckRS 2006 09923; Beschluss v. 09.03.2006, VII ZB 8/06, BeckRS 2006 04038; Beschluss v. 13.03.2006, II ZA 15/05, BeckRS 2006 04213; Beschluss v. 21.09.2005, XII ZB 83/05, BeckRS 2005 11930, alle zuletzt abgerufen am 19.09.2010; BGH NJW-RR 2006, 1184 ff.; GRUR 2005, 614 f.; NJW-RR 2009, 995 f. (zu der Frage, ob die Zulassung der Rechtsbeschwerde durch das Beschwerdegericht unwirksam ist, wenn schon der Beschwerderechtszug nicht wirksam eröffnet gewesen ist).

340 BGH, Beschluss v. 31.07.2006, II ZB 17/06, BeckRS 2006 09923, zuletzt abgerufen am 19.09.2010.

341 BGH NJW-RR 2009, 1223.

scheidung überprüfbarer Beweisbeschluss nach § 355 Abs. 2 ZPO wegen einer Verletzung des Anspruchs auf rechtliches Gehör ungeachtet der in §§ 321 a Abs. 1 S. 2, 355 Abs. 2 ZPO enthaltenen Regelungen mit der sofortigen Beschwerde angefochten werden könne. Obwohl nicht explizit als solche bezeichnet[342], ließ der I. Zivilsenat des BGH mit der Zulassung der sofortigen Beschwerde gegen die an sich unanfechtbare Zwischenentscheidung eine außerordentliche Beschwerde zu. In der knapp gehaltenen Begründung führte der I. Zivilsenat des BGH lediglich aus, dass „die mit dem Gesetz vorgenommene Ausweitung des § 321 a ZPO ungeachtet des dort in Abs. 1 S. 2 bestimmten Ausschlusses der Rüge bei Zwischenentscheidungen zu keiner Verkürzung des Rechtsschutzes der Parteien führen" sollte, mit der Folge, dass „die Ausnahmen, die die Rechtsprechung in Fällen der Verletzung des rechtlichen Gehörs hinsichtlich der Bindungswirkung an sich unanfechtbarer Zwischenentscheidungen gemacht hat, auch [...] nach dem Inkrafttreten des Gesetzes über die Rechtsbehelfe bei Verletzung des Rechtlichen Gehörs am 1.1.2005 weiter fort(gelten)". Mit dem Plenarbeschluss des BVerfG vom 30.04.2003, insbesondere dem darin hervorgehobenen Grundsatz der Rechtsmittelklarheit, setzte sich der I. Zivilsenat des BGH in dieser Entscheidung jedoch ebenso wenig auseinander, wie mit der abweichenden Rechtsprechung der übrigen Senate.

Keine einheitliche Auffassung vertreten die Senate des BGH zu der Frage, ob eine entsprechende Anwendung von § 321 a ZPO auf andere Verfahrensgrundrechtsverletzungen möglich ist. In einem Beschluss vom 19.01.2006 ließ der 1. Zivilsenat des BGH [343] die Zulässigkeit der analogen Anwendung auf Verletzungen des Anspruchs auf den gesetzlichen Richter gem. Art. 101 Abs. 1 S. 2 GG mit der Begründung offen, dass gegen dieses Grundrecht nicht verstoßen worden sei. Allerdings führte er auch aus, dass für eine Analogie die Rechtsprechung des BVerfG spreche, wonach Verstöße gegen Verfahrensgrundrechte – zu denen auch Art. 101 Abs. 1 S. 2 GG gehöre – grundsätzlich durch Selbstkontrolle der Fachgerichte im Instanzenzug oder eine analoge Anwendung von Prozessrechtsnormen behoben werden sollen. Mit eben dieser Begründung akzeptierte der 7. Zivilsenat des BGH[344] in einem Beschluss vom 04.07.2007, dass das Beschwerdegericht auf die Rüge nach § 321 a ZPO wegen eines Verstoßes gegen den gesetzlichen Richter die Rechtsbeschwerde nachträglich zugelassen hatte. Der Gesetzgeber habe mit dem Anhörungsrügengesetz der Vorgabe des BVerfG entsprechend den Rechtsschutz gegen den Verstoß gegen den Anspruch auf rechtliches Gehör beschränkt. Damit sollte aber keine

---

342 Vgl. *Sangmeister*, Anm. zu BFH, Beschl. v. 01.07.2009 – V S 10/07, NJW 2009, 3053 (3054): „Ohne das „Kind beim Namen zu nennen".

343 BGH NJW 2006, 1978.

344 BGH NJW-RR 2007, 1654.

Aussage zu der Frage getroffen werden, wie die Gerichte künftig mit Verletzungen anderer Verfahrensgrundrechte umgehen sollen. Deshalb könne eine Partei den Verstoß gegen den gesetzlichen Richter analog § 321 a ZPO rügen. Im Gegensatz dazu steht ein Beschluss des 5. Zivilsenats des BGH vom 17.07.2008[345]. Dieser lehnte die Ausdehnung des Anwendungsbereichs des § 321 a ZPO ab. Der Anwendungsbereich des § 321 a ZPO sei auf die Rüge der Verletzung des Anspruchs auf rechtliches Gehör beschränkt. Die Rüge von Verletzungen materieller Verfahrensgrundrechte, namentlich der Eigentumsgarantie nach Art. 14 GG und des Gleichbehandlungsgrundsatzes nach Art. 3 Abs. 1 GG sei unzulässig. Außerdem schließt der Senat ausdrücklich eine entsprechende Anwendung auf die Verletzung anderer *Verfahrens*grundrechte aus.

b) Rechtsprechung der Instanzgerichte

Die Instanzgerichte äußern ebenfalls zunehmend Kritik an der außerordentlichen Beschwerde. Beispielsweise hatte der 33. Zivilsenat des OLG München noch in seinem Beschluss vom 25.07.2005[346] die außerordentliche Beschwerde zumindest in solchen Fällen für statthaft gehalten, „in denen die greifbare Gesetzwidrigkeit einer Beschwerdeentscheidung geltend gemacht wird, weil in dieser ohne eingehende materiellrechtliche Prüfung dem Beschwerdeführer das Rechtsschutzbedürfnis abgesprochen und ihm dadurch der Weg zu einer erstmaligen richterlichen Prüfung seines Anliegens genommen wird". Davon abweichend vertrat der 32. Zivilsenat des OLG München mit Beschluss vom 21.06.2006 die Auffassung, seit Inkrafttreten des Zivilprozessreformgesetzes finde eine außerordentliche Beschwerde wegen greifbarer Gesetzwidrigkeit nicht mehr statt[347].

Diese Auffassung teilen zahlreiche weitere Instanzgerichte. Sie lehnen die außerordentliche Beschwerde unter Hinweis auf die fehlende Rechtsmittelklarheit ab[348]. Dies begründen sie auch damit, dass nach der Einführung des § 321 a ZPO im Rahmen des Zivilprozessreformgesetzes und der Bestätigung der Selbstabhilfe durch den iudex a quo durch das Anhörungsrügengesetz die Überprüfung einer mit ordentlichen Rechtsmitteln nicht mehr angreifbaren Entscheidung dem Gericht vorbehalten sei, welches die Entscheidung getroffen

345 BGH NJW-RR 2009, 144.
346 OLG München FGPrax 2005, 278 ff.
347 OLG München FGPrax 2006, 109.
348 OLG Jena FGPrax 2006, 115 f.; LAG Köln NZA-RR 2006, 434 ff.; OLG Zweibrücken FGPrax 2005, 233 f.; OLG Naumburg, Beschluss v. 26.05.2005, 14 WF 6/05, BeckRS 2005 10050; OLG Celle, Beschluss v. 18.10.2005, 16 W 90/05, BeckRS 2005 12505; LAG Rheinland-Pfalz, Beschluss v. 25.7.2006, 2 Ta 111/06, BeckRS 2006 45101, alle zuletzt abgerufen am 07.09.2010.

habe. Zu möglichen Alternativen der außerordentlichen Beschwerde äußern sich die meisten Instanzgerichte jedoch entweder gar nicht oder werfen die Frage zwar auf, lassen sie aber offen[349].

Einige Instanzgerichte lassen gegen unanfechtbare Entscheidungen die Gegenvorstellung zu[350]. Sie gehen davon aus, dass formell bestandskräftige Entscheidungen abänderbar sind – allerdings unter Hinweis auf den Beschluss des BGH vom 07.03.2002 in Analogie zu § 321 a ZPO innerhalb einer Frist von zwei Wochen ab Kenntnis der angegriffenen Entscheidung.

Nur vereinzelt finden sich Entscheidungen, in denen Gerichte die eingelegte außerordentliche Beschwerde als Rechtsbehelf analog § 321 a ZPO qualifizieren und als solchen für statthaft halten[351].

c) Rechtsprechung des BSG

Auch die Senate des Bundessozialgerichts[352] halten außerhalb des geschriebenen Rechts geschaffene Rechtsbehelfe wegen eines Verstoßes gegen den verfassungsrechtlichen Grundsatz der Rechtsmittelklarheit für unstatthaft. Diejenigen Fälle, „die im Wesentlichen Anlass zur Entwicklung der außerordentlichen Beschwerde gegeben haben", sollen stattdessen über die Gegenvorstellung gelöst werden[353]. Die Änderung eines an sich unanfechtbaren Beschlusses auf Gegenvorstellung hin ist vor allem möglich, wenn die getroffene Entscheidung in offensichtlichem Widerspruch zum Gesetz steht und insbesondere unter Verletzung von Grundrechten ergangen ist, so dass sie sonst nur im Wege der Verfassungsbeschwerde angegriffen werden könnte, oder wenn die Entscheidung zu einem groben prozessualen oder sozialen Unrecht führen würde. Sowohl § 321 a ZPO als auch seinem Pendant im SGG könne entnommen werden, dass das Gericht für Abhilfe zu sorgen habe, dem der Fehler unterlaufen sei. Diesem Erfordernis der Selbstkontrolle werde durch die Gegenvorstellung ausreichend Rechung getragen.

349 So z.B. das OLG Zweibrücken FGPrax 2005, 233 f.; OLG Frankfurt a.M., Beschluss v. 14.03.2006, 2 WF 35/06, BeckRS 2007 01604.
350 OLG Dresden, Beschluss v. 17.10.2005, 21 UF 0527/04, BeckRS 2005 13638.
351 OLG Köln NZM 2005, 313.
352 BSG NZS 2005, 616 ff.; NJW 2006, 860, NZS 2006, 276 f.
353 BSG NZS 2005, 616.

d) *Rechtsprechung des BFH*

Der Bundesfinanzhof war seit Inkrafttreten des Anhörungsrügengesetzes und der Einführung des § 133 a in die Finanzgerichtsordnung häufig mit der Frage nach Rechtsschutz bei Verletzung anderer Verfahrensgrundrechte befasst.

aa) Die Entwicklung der Rechtsprechung bis zur Anrufung des Gemeinsamen Senats

Der IV. Senat hatte zunächst keine Bedenken, zur Rüge einer „bewussten und objektiv greifbar gesetzwidrigen Anwendung von Prozessrecht durch das Finanzgericht“ die außerordentliche Beschwerde zuzulassen[354]. Er sah den Bedarf für außerordentliche Rechtsbehelfe durch die Einführung des § 133 a FGO bestätigt, welcher nach dem ausdrücklichen Willen des Gesetzgebers die außerordentlichen Rechtsbehelfe außerhalb der Verletzung des Anspruchs auf rechtliches Gehör weiterhin zulasse. Im November 2005 brachte ein Beschluss des VIII. Senats des BFH[355] die Kehrtwende. Darin erklärte er, dass eine außerordentliche Beschwerde nach Inkrafttreten des Anhörungsrügengesetzes generell unstatthaft sei. Dabei berief sich der VIII. Senat zum einen auf die Rechtsprechung des BGH, wonach in der Einführung des § 321 a ZPO a.F. die gesetzgeberische Entscheidung für eine Selbstkorrektur durch das die Entscheidung erlassende Gericht liege. Außerdem ergebe sich aus den Ausführungen des Plenums des BVerfG, dass die außerordentliche Beschwerde den verfassungsrechtlichen Anforderungen an die Rechtsmittelklarheit nicht genüge. Der BFH ging deshalb zunächst von der Statthaftigkeit der – ebenfalls nicht gesetzlich geregelten – Gegenvorstellung aus, da diese zumindest dem Aspekt der Selbstkontrolle systemkonform Rechnung trage[356]. In Übereinstimmung mit und unter Verweis auf diesen Beschluss des VIII. Senats sprachen sich auch die anderen Senate des Finanzgerichtshofs gegen die außerordentliche Beschwerde und für die Gegenvorstellung aus[357].

Nachdem die Statthaftigkeit der Gegenvorstellung im Hinblick auf die verfassungsrechtlich erforderliche Bestimmtheit von Rechtsbehelfen zwischen-

354 BFH NJW 2005, 3374 f.

355 BFH NJW 2006, 861 ff.

356 BFH NJW 2006, 861 (863).

357 BFH, Beschluss vom 07.12.2005, VIII B 197/05, BeckRS 2005 25009462; Beschluss v. 10.12.2005, X B 144/05, BeckRS 2005 25009266; Beschluss v. 01.03.2006, VIII B 1/06, BeckRS 2006 25009801; Beschluss v. 21.06.2006, X B 101/06, BeckRS 2006 25010159; Beschluss v. 24.07.2006, III B 77/06, BeckRS 2006 25010291; Beschluss v. 13.09.2006, VII B 150/06, BeckRS 25010732; Beschluss v. 14.11.2006, IX B 156/06, BeckRS 2006 25010877; Beschluss v. 26.04.2007, VII S 21/07, BeckRS 2007 25011637, alle zuletzt abgerufen am 07.09.2010.

zeitlich wenn nicht konsequent abgelehnt, so doch zumindest bezweifelt worden war[358], sorgte ein Beschluss des V. Senats des Bundesfinanzhofs[359] vom 26.09.2007 für einen erneuten Richtungswechsel. Darin vertrat der Senat unter Bezugnahme auf das vom Plenum des BVerfG hervorgehobene Erfordernis der Rechtsmittelklarheit die Auffassung, die Gegenvorstellung gegen einen Prozesskostenhilfebeschluss sei generell unstatthaft. Auf die Anfrage nach § 11 Abs. 3 und Abs. 4 FGO hatten sich zwar die anderen Senate des BFH dem V. Senat insoweit angeschlossen, als eine Gegenvorstellung gegen einen Beschluss über einen Antrag auf Prozesskostenhilfe unstatthaft sei[360]. Verschiedene Senate der anderen obersten Bundesgerichte hingegen hielten jedoch an ihrer Auffassung fest, dass die Gegenvorstellung statthaft sei. Der V. Senat des BFH rief daher gemäß § 2 Abs. 1 RSprEinhG mit Beschluss vom 26.09.2007 den Gemeinsamen Senat der obersten Gerichtshöfe des Bundes (GmS-OGB) an und legte diesem die Frage zur Entscheidung vor, ob eine Gegenvorstellung gegen einen Beschluss über einen Antrag auf Prozesskostenhilfe statthaft sei.

bb) Die Entscheidung des BFH vom 01.07.2009

Über die Frage des V. Senats des BFH wird der Gemeinsame Senat jedoch nicht mehr entscheiden. Denn der BFH hat in einem Beschluss vom 01.07.2008[361] seinen Vorlagebeschluss zurückgenommen. Anlass dafür war ein Beschluss des BVerfG vom 28.11.2008[362], in dem dieser seinen Plenarbeschluss hinsichtlich der Frage der Statthaftigkeit der Gegenvorstellung konkretisierte und zudem explizit auch zu der Vorlagefrage des V. Senats des BFH Stellung nahm.

In der Sache hatte das BVerfG über die Verfassungsbeschwerde eines Rechtsanwalts gegen eine die Gegenvorstellung zurückweisende Entscheidung des Anwaltsgerichts zu befinden und dabei die Frage zu klären, ob die Gegenvorstellung die Monatsfrist des § 93 Abs. 2 BVerfGG in Gang setze. Diese Frage beantwortete das BVerfG mit einem klaren Nein und bereitete damit jedenfalls der in der Praxis zur Vermeidung von Rechtsverlusten üblichen parallelen Einlegung beider Rechtsbehelfe ein Ende. Das BVerfG stellte klar, dass die Gegenvorstellung gegen gerichtliche Entscheidungen nicht von Verfassungs wegen unzulässig sei, sie als ungeschriebener Rechtsbehelf aber nicht zu dem nach § 90 Abs. 2 BVerfGG zu erschöpfenden Rechtsweg gehöre. Dies zwinge

---

358 BFH vom 26.04.2007, VII S. 21/07, BeckRS 25011637, zuletzt abgerufen am 07.09.2010.

359 BFH NJW 2008, 543 f.

360 BFH, Vorlagebeschluss v. 26.09.2007 – V S 10/07, NJW 2008, 543 (544); deutlicher: *Rüsken* NJW 2008, 481 (484).

361 BFH NJW 2009, 3053.

362 BVerfG NJW 2009, 829.

jedoch nicht dazu, die Zulässigkeit der Gegenvorstellung als Abhilfemöglichkeit abzulehnen. Soweit die Fachgerichte die Gegenvorstellung für statthaft hielten, führe dies nicht zu einer Beeinträchtigung der Interessen der Rechtsuchenden, vielmehr werde der Schutz ihrer Rechte erweitert, wenn das Fachgericht nach der maßgebenden gesetzlichen Regelung zu einer Abänderung seiner vorangegangenen Entscheidung befugt sei und ihm die Gegenvorstellung Anlass zu einer dahingehenden Prüfung gebe[363].

Der BFH erläuterte in seinem Beschluss vom 01.07.2009, dass er die Ausführungen des BVerfG dahingehend verstehe, dass es ausgeschlossen sei, gesetzliche Bindungen des Gerichts an seine eigenen Entscheidungen, wie sie sich insbesondere aus der Rechtskraft der Entscheidung auch zu Gunsten des anderen Verfahrensbeteiligten ergeben, ohne gegenläufige gesetzliche Grundlage mit Hilfe einer Gegenvorstellung zu übergehen. Anderes dürfe jedoch gelten, wenn das Fachgericht qua Gesetz zur Abänderung seiner Entscheidung befugt sei und durch die Gegenvorstellung zu einer dahingehenden Prüfung veranlasst werde. Der V. Senat des BFH gab daher[364] seine im Vorlagebeschluss vertretene Ansicht, die Frage der Statthaftigkeit einer Gegenvorstellung dürfe nicht davon abhängen, ob die angegriffene Entscheidung in materielle Rechtskraft erwachse oder nicht, auf, und zog dementsprechend auch seinen Vorlagebeschluss zurück.

4. Zwischenergebnis

Nach der Auswertung der Beiträge im Schrifttum und der Rechtsprechung ergibt sich folgendes Bild: Während auch nach der Grundsatzentscheidung des BGH vom 27.03.2003, dem Plenarbeschluss des BVerfG und Inkrafttreten des Anhörungsrügengesetzes zumindest Teile des Schrifttums die außerordentliche Beschwerde zur Rüge anderer Verfahrensgrundrechtsverletzungen als derjenigen des Anspruchs auf rechtliches Gehör weiterhin zulassen wollen, wird deren Statthaftigkeit in der Rechtsprechung sowohl der Zivil- als auch der Verwaltungsgerichtsbarkeit ganz überwiegend abgelehnt. Begründet wird dies einerseits mit der fehlenden Rechtsmittelklarheit der außerordentlichen Beschwerde, andererseits damit, dass sich der Gesetzgeber mit dem Zivilprozessreformgesetz und dem Anhörungsrügengesetz für die Abhilfe einer Verletzung von Verfahrensgrundrechten durch den iudex a quo ausgesprochen habe. Zur Korrektur von Verfahrensgrundrechtsverletzungen wenden die Gerichte (noch) die (fristgebundene) Gegenvorstellung an. Dabei blenden sie entweder vollkommen aus, dass auch sie, soweit sie nicht auf § 572 Abs. 1 ZPO

363 BVerfG NJW 2009, 829 (830), Rz. 36.

364 Zur Abänderung eines nicht in materielle Rechtskraft erwachsenden Beschlusses ist das Fachgericht jederzeit – dementsprechend auch auf entsprechende Anregung der Verfahrensbeteiligten mittels Gegenvorstellung – berechtigt.

gestützt werden kann, als außerordentlicher Rechtsbehelf der Kritik fehlender Rechtsmittelklarheit ausgesetzt ist, oder nehmen dieses Manko zugunsten einer jedenfalls systemkonformen Lösung hin.

Die Anwendung von § 321 a ZPO analog auf andere Verfahrensgrundrechtsverletzungen wird nur vereinzelt in Betracht gezogen und als Lösungsmöglichkeit wegen des entgegenstehenden ausdrücklichen Willens des Gesetzgebers bzw. mangels planwidriger Regelungslücke überwiegend abgelehnt. Der VGH Mannheim beispielsweise erwägt eine Analogie zur verwaltungsprozessualen Vorschrift des § 152 a VwGO für vergleichbare Verstöße gegen Verfahrensgrundrechte, namentlich für Verstöße gegen Art. 101 Abs. 1 S. 2 GG[365]. Einer über den klaren Regelungsgehalt der Norm wesentlich hinausgehenden Ausdehnung stehe jedoch die bewusste gesetzgeberische Entscheidung, den Rechtsbehelf nur für Verstöße gegen den Anspruch auf rechtliches Gehör einzurichten, und somit das Fehlen einer planwidrigen Regelungslücke entgegen. Ausdrücklich für eine analoge Anwendung des § 321 a ZPO spricht sich hingegen das OVG Lüneburg[366] aus. Die Gegenvorstellung sei als außerordentlicher Rechtsbehelf unvereinbar mit den verfassungsrechtlichen Anforderungen an die Rechtsmittelklarheit[367]. Aus den Gründen des Plenarbeschlusses des BVerfG lasse sich entnehmen, dass auch die Verletzung anderer Prozessgrundrechte, die sonst nur im Wege der Verfassungsbeschwerde angegriffen werden könnte, mit der Rüge nach § 321 a ZPO geltend gemacht werden könne. Eine ergänzende oder alternative Zulassung der Gegenvorstellung komme nicht mehr in Betracht. Der BGH hat die Frage nicht einheitlich geklärt[368]. Seine Senate vertreten unterschiedliche Auffassungen zur Statthaftigkeit der Beschwerde analog § 321 a ZPO.

VI. Ergebnis zu § 3

Vor der ZPO-Reform 2002 versuchte die Rechtsprechung, die Rechtsschutzlücken bei Verletzung von Verfahrensgrundrechten durch Entwicklung und Anwendung außerordentlicher Rechtsbehelfe, vor allem der außerordentlichen Beschwerde bei greifbarer Gesetzwidrigkeit sowie der Gegenvorstellung, zu schließen. Dahinter stand neben der Forderung nach materieller Gerechtigkeit insbesondere die Forderung des BVerfG, Verstöße gegen Verfahrensgrundrechte innerhalb der Fachgerichtsbarkeit zu beheben, um die Flut der darauf gegründeten Verfassungsbeschwerden einzudämmen. Diese außerordentlichen bzw.

365 VGH Mannheim NJW 2005, 920.
366 OVG Lüneburg NJW 2006, 2506 ff.
367 Insoweit auch BVerwG NVwZ-RR 2007, 113.
368 Vgl. Teil I. § 3 V. a).

außergesetzlichen Rechtsbehelfe waren jedoch weder in ihren Voraussetzungen noch in ihren Grenzen hinreichend bestimmt. Sie ließen daher keine eindeutige Subsumtion des jeweiligen Sachverhalts, geschweige denn eine Beurteilung der Erfolgsaussichten zu, mit der Folge erheblicher Rechtsunsicherheit für den Rechtsuchenden.

Durch die Einführung des § 321 a ZPO mit dem ZPO-Reformgesetz 2002 hat der Gesetzgeber diese Rechtsunsicherheit zumindest teilweise beseitigt. Die sog. Anhörungsrüge gewährte fachgerichtlichen Rechtsschutz gegen Verletzungen des Anspruchs auf rechtliches Gehör, zunächst allerdings beschränkt auf unanfechtbare Urteile erster Instanz. Ungeklärt blieb damit die Frage des Rechtsschutzes bei Gehörsverletzungen durch unanfechtbare Beschlüsse und Verfügungen sowie Entscheidungen höherer Instanzen, außerdem diejenige des Rechtsschutzes gegen Verletzungen anderer Verfahrensgrundrechte durch ein Gericht. Diese Lücke schlossen die Gerichte überwiegend durch analoge Anwendung von § 321 a ZPO. Andere Gerichte sprachen sich hingegen weiterhin für eine Lückenschließung durch die außerordentliche Beschwerde oder die Gegenvorstellung aus.

Der BGH positionierte sich dazu bereits kurz nach Einführung der Anhörungsrüge. In seiner Grundsatzentscheidung vom 07.03.2002 [369] lehnte er die außerordentliche Beschwerde wegen greifbarer Gesetzwidrigkeit oder Verletzung eines Verfahrensgrundrechts ab. Der Gesetzgeber habe mit dem Zivilprozessreformgesetz eine Grundentscheidung für die Abhilfe durch das entscheidende Gericht getroffen. Solche Fehler seien daher auf die Gegenvorstellung durch den iudex a quo zu korrigieren.

Knapp ein Jahr später bezog auch das Plenum des BVerfG Stellung zur Zulässigkeit außerordentlicher Rechtsbehelfe. In seinem Beschluss vom 30.04.2003[370] vertrat die Mehrheit des Plenums, dass der allgemeine Justizgewährungsanspruch einen Anspruch auf Überprüfung erstmaliger Verletzungen des Anspruchs auf rechtliches Gehör in jeder Instanz eröffne. Dieser werde durch die Anwendung außerordentlicher Rechtsbehelfe aber nicht in verfassungsgemäßer Weise gewährt. Diese genügten den Anforderungen an die Rechtsmittelklarheit nicht, weil sie nicht in der geschriebenen Rechtsordnung geregelt und in ihren Voraussetzungen für die Bürger erkennbar seien. Es sei jedoch nicht erforderlich, dass der Rechtsschutz durch eine höhere Instanz gewährt werde, sofern der iudex a quo den Mangel effektiv beseitigen könne.

---

369 BGH NJW 2002, 1577 ff.
370 BVerfGE 107, 395 ff.

Die Lücken im Rechtsschutzsystem seien vom Gesetzgeber bis zum 31.12.2004 entsprechend zu schließen.

Diesem Auftrag kam der Gesetzgeber mit dem sog. Anhörungsrügengesetz vom 14.12.2004 nach. Mit der Ausdehnung des Anwendungsbereichs des § 321 a ZPO auf unanfechtbare Entscheidungen jeglicher Instanz wurden jedenfalls insoweit die Diskussionen über die Lückenschließung durch analoge Anwendung der Anhörungsrüge oder durch außerordentlichen Rechtsschutz beendet. Der Frage nach dem Rechtsschutz bei Verletzungen anderer Verfahrensgrundrechte nahm sich der Gesetzgeber indes nicht an, sondern beließ es bei der Erklärung, dies sei nicht Gegenstand des vom Plenum erteilten Auftrags gewesen.

Nachdem die Einführung der Anhörungsrüge die Diskussion um den Rechtsschutz bei Verletzung anderer Verfahrensgrundrechte als des rechtlichen Gehörs zunächst im Wesentlichen auf die analoge Anwendung von § 321 a ZPO und die Gegenvorstellung beschränkt hatte, ließen die Grundsatzentscheidungen des BGH und des Plenums des BVerfG sowie die Einführung des Anhörungsrügengesetzes den Streit wieder in voller Bandbreite aufleben. Der Hinweis des BGH auf das Erfordernis der Effektivität des Rechtsschutzes wurde teilweise zum Anlass genommen, die außerordentliche Beschwerde als Weg in die nächste Instanz zu „reaktivieren". Die fehlende Rechtsmittelklarheit wurde hinter die erheblichen Bedenken gegen die effektive Abhilfe der „eigenen" Fehler durch den iudex a quo zurückgestellt. Soweit der Rechtsmittelklarheit jedenfalls ein „größeres Gewicht" beigemessen wurde, gab vor allem die Literatur der analogen Anwendung des § 321 a ZPO den Vorzug. Andere sprachen sich mit der Begründung, dass der Gesetzgeber § 321 a ZPO gerade nicht auf andere Verfahrensgrundrechte erweitert habe, für die Anwendung der Gegenvorstellung aus.

Im Ergebnis ist festzuhalten, dass die Rechtslage nach den ZPO-Reformen 2002 und 2004 darunter leidet, dass der Gesetzgeber den Rechtsschutz bei der Verletzung von Verfahrensgrundrechten nicht umfassend geregelt hat. Konsequenz daraus ist eine erhebliche Unsicherheit in Rechtsprechung und Literatur, wie Rechtsschutz bei anderen Verfahrensgrundrechtsverletzungen als solchen des Anspruchs auf rechtliches Gehör gewährt werden kann.

§ 4 Verfassungsrechtliche Notwendigkeit und Legitimation eines Rechtsschutzes gegen Verletzungen von anderen Verfahrensgrundrechten

Für die Frage, ob es auch aktuell Bedarf und Raum für außerordentlichen Rechtsschutz gibt, ist zunächst entscheidend, ob die Verfassung auch bei Verletzung anderer Verfahrensgrundrechte Rechtsschutzmöglichkeiten fordert. Denn die einfachgesetzlichen Anfechtungsbeschränkungen bzw. die daraus folgende Unanfechtbarkeit einer Entscheidung beruhen darauf, dass der Gesetzgeber dem verfassungsrechtlichen Erfordernis der Rechtssicherheit Vorrang vor der Gerechtigkeit im Einzelfall eingeräumt hat. Diese gesetzgeberische Entscheidung kann durch (einfachgesetzliche) prozessuale Überlegungen nicht durchbrochen werden. Denn der Ausschluss der Anfechtbarkeit durch das Prozessrecht ist ein Widerspruch, wenn gleichzeitig aus demselben Recht abgeleitet wird, die Anfechtung sei doch zulässig[371]. Etwa erforderliche Korrekturen rechtskräftiger Entscheidungen sollen in solchen Fällen ausschließlich durch die Regelungen über die Wiederaufnahme erfolgen können[372]. Anderenfalls müsste man innerhalb des einfachen Rechts eine Rangfolge bzw. eine Wertigkeit bestimmen[373]. Noch weniger spielen Forderungen eine Rolle, die sich nicht aus dem Rechtssystem ableiten lassen, sondern rein (rechts-)politischer Natur sind. Derartige einfachrechtliche und rechtspolitische Überlegungen können allenfalls zur Zulassung weiterer ordentlicher Rechtsmittel führen. Die Zulassung außerordentlicher Rechtsbehelfe legitimieren sie nicht[374]. Die Rechtssicherheit ist jedoch nur eine der verfassungsrechtlichen Anforderungen, die der Gesetzgeber bei der Ausgestaltung des Rechtsbehelfssystems zu beachten hat. Die Durchbrechung der Unanfechtbarkeit kann allein durch Verfassungsrecht – und damit gegenüber der einfachrechtlich angeordneten Rechtskraft höherrangiges Recht – geboten und gerechtfertigt sein[375]. Dies zeigt sich bereits darin, dass die Unanfechtbarkeit regelmäßig im Wege der Verfassungsbeschwerde überwunden werden kann. Das Plenum des BVerfG hat den Anspruch auf Rechtsschutz bei erstmaligen Verletzungen des rechtlichen Gehörs aus dem allgemeinen Justizgewährungsanspruch in Verbindung mit Art. 103 Abs. 1 GG abgeleitet. Dem Vorlagegegenstand entsprechend beschränkten sich sowohl der Tenor als auch der Gesetzgebungsauftrag des BVerfG an den Gesetzgeber auf Verletzungen dieses Verfahrensgrundrechts. Damit ist noch keine Aussage darüber getroffen, ob der Justizgewährungsan-

371 *Schneider* MDR 1997, 991 (993).
372 *H.-M. Pawlowski*, FS für Schneider, S. 59.
373 *Seidel*, S. 182, 184.
374 *H.-M. Pawlowski*, FS für Schneider, S. 58 f.
375 *Schneider* MDR 1997, 991 (993); *S. Pawlowski*, S. 121 ff.

spruch fachgerichtlichen Rechtsschutz auch bei der Verletzung anderer Verfahrensgrundrechte fordert, die Beschlussgrundsätze also auf andere Grundrechte übertragbar sind.

I. Der Plenarbeschluss des BVerfG vom 30.04.2003

Bevor der Frage nachgegangen werden kann, ob der Justizgewährungsanspruch eine einmalige Kontrollmöglichkeit auch für Verletzungen anderer Verfahrensgrundrechte fordert, soll zunächst der Plenarbeschluss des BVerfG einer kritischen Würdigung unterzogen und untersucht werden, ob seine Argumentation von den verfassungsrechtlichen Prinzipien gestützt wird.

1. Garantie einer mindestens einmaligen Kontrolle der Einhaltung der Grundrechte

Überprüft werden soll zunächst die Kernaussage des Plenarbeschlusses, wonach der allgemeine Justizgewährungsanspruch die mindestens einmalige Kontrolle der Einhaltung des Anspruchs auf rechtliches Gehör in jeder gerichtlichen Instanz garantiere.

a) Das Rechtsstaatsprinzip und die Rechtsweggarantien

Obwohl das Rechtsstaatsprinzip im Grundgesetz nicht unmittelbar normiert ist, zählt es zu den tragenden Verfassungsprinzipien in Deutschland[376]. Häufig wird es auf Art. 20 Abs. 3 GG gestützt[377], teilweise aus einer Gesamtschau der im Grundgesetz normierten Einzelgarantien abgeleitet[378]. Dahinter steht das Bestreben, die Beziehungen sowohl zwischen Staat und Bürgern, als auch zwischen den Bürgern untereinander ausschließlich durch Recht zu regeln. Ein Rechtsstaat orientiert sich demzufolge am Recht als oberstem Ordnungsprinzip[379]. Das Gesetz setzt der Freiheit des Einzelnen gegenüber dem Staat und der Gesellschaft Grenzen, gewährt sie ihm aber gleichzeitig innerhalb dieser Grenzen. Die Ausübung staatlicher Macht muss durch die Verfassung und formell und materiell verfassungsmäßig erlassene Gesetze legitimiert sein[380]. Der Staat als Rechtsstaat und als Staat des Rechts ist also Gesetzesstaat[381].

---

376 *Maurer*, Staatsrecht, § 8, Rn. 1.

377 BVerfGE 103, 271 (278); 109, 133 (180); *Herzog/Grzeszick*, in: Maunz/Dürig, Art. 20 GG Rn. 2.

378 *Jarass/Pieroth*, Art. 20 GG Rn. 28.

379 *Schmidt-Jorzig* NJW 1994, 2569 (2570).

380 *Stern*, Bd. I, § 20 III 1, S. 781.

381 *Schachtschneider* JA 1978, 237.

Die Einhaltung und Befolgung des Rechts ist nicht bereits dadurch sichergestellt, dass es in einem Gesetz geregelt und positiviert ist[382]. Der Bürger akzeptiert die ihm vom Staat auferlegte Bindung an das Recht nur, wenn er sich darauf verlassen kann, dass der Staat die Einhaltung seiner Rechte kontrolliert und gegebenenfalls zwangsweise durchsetzt. Rechte sind erst dann effektiv, wenn sie im Konfliktfall auch durchgesetzt werden können[383]. Andernfalls wären sie wertlos bzw. blieben rein theoretischer Natur[384].

Weil sich in einem Rechtsstaat die Selbsthilfe zur Durchsetzung von Rechtsansprüchen verbietet und dem Staat kein einseitiger Machtanspruch zustehen soll, wird die Klärung von Streitigkeiten umfassend den (unabhängigen) Gerichten zugewiesen[385]. Das Rechtsstaatsprinzip umfasst also sowohl das Gebot materieller Rechtsbindung als auch dessen formelle Gewährleistung[386]. Soweit das Verhältnis zwischen Bürger und „öffentlicher Gewalt" betroffen ist, beschränkt sich die Bedeutung des Rechtsstaatsprinzips auf das materielle Gebot, während sich die formelle Gewährleistung des Rechtsschutzanspruches in Art. 19 Abs. 4 GG findet. Für den privatrechtlichen Bereich fehlt eine spezielle Ausgestaltung im Grundgesetz. Indem der Staat den Bürgern die Selbsthilfe in umfassender Weise verbietet, ihnen also gleichzeitig mit der Bindung an das Recht eine Friedenspflicht auferlegt, erkennt er es jedoch als seine Pflicht an, im Falle von Rechtsstreitigkeiten das Rechtsschutzbedürfnis der Privaten zu erfüllen[387]. Insofern folgt auch für den privatrechtlichen Bereich aus dem Rechtsstaatsprinzip eine Pflicht des Staates zur umfassenden Rechtsschutz- bzw. Justizgewährung, die über Art. 2 Abs. 1 GG für den einzelnen Bürger zu einem Justizgewährungsanspruch führt[388].

Das Grundgesetz gewährleistet also gleichsam spiegelbildlich zur umfassenden Rechtsbindung und Friedenspflicht des Bürgers einen umfassenden Rechtsschutz gegenüber staatlichen und privaten Eingriffen[389], nämlich entweder durch den allgemeinen Justizgewährungsanspruch oder, soweit es um Rechtsverletzungen durch Akte der öffentlichen Gewalt geht, durch Art. 19 Abs. 4 GG als lex specialis[390]. Die Forderung nach einer Herrschaft des Rechts bedingt einen umfassenden Rechtsschutz, der die Rechtsverhältnisse in allen ihren Arten und

---

382 *Bruns*, S. 1.
383 *Huber*, in: v. Mangoldt/Klein/Starck, Art. 19 GG Rn. 336.
384 *Dorn*, S. 15 f.
385 *Sachs*, in: Sachs, Art. 19 GG Rn. 11.
386 *Stern*, Bd. I, § 20 IV 5, S. 841.
387 *Dorn*, S. 16 f.
388 *Maurer*, Staatsrecht, § 8, Rn. 35.
389 *Dorn*, S. 94.
390 BVerfGE 83, 182 (194).

ihrem vollständigen Umfang erfasst[391]. Gewährleistet ist ein Anspruch gegen die vorhandene staatliche Gerichtsbarkeit auf gerichtliches Tätigwerden. Um ein Leerlaufen dieses Anspruchs zu verhindern ist der Staat verpflichtet, in sämtlichen Rechtsbereichen ein qualifiziertes Verfahren zur verbindlichen Streitentscheidung bereitzustellen[392]. Daraus folgt, dass jedes subjektive Recht eines Bürgers einer mindestens einmaligen Überprüfung unterliegen muss.

b) Die Bedeutung der Verfahrensgrundrechte

Der Bürger muss nicht nur die Rechtsbindungen dulden, sondern aus Gründen der Rechtssicherheit auch die Endlichkeit gerichtlicher Konfliktlösung hinnehmen. Die Bereitschaft dazu ist regelmäßig gegeben, wenn eine offensichtlich „richtige“ Entscheidung ergeht, selbst dann, wenn diese in einem fehlerhaften Verfahren zustande gekommen ist[393]. Die besondere Bedeutung der Verfahrensgrundrechte zeigt sich im umgekehrten Fall. Die strukturelle Unbestimmtheit aller Rechtsregeln begründet das Risiko einer fehlerhaften gerichtlichen Entscheidung. Aus diesem Grund gewährleisten der allgemeine Justizgewährungsanspruch und Art. 19 Abs. 4 GG nicht bloß das Offenstehen (irgend-)eines Rechtswegs, sondern eine tatsächlich wirksame gerichtliche Kontrolle[394]. Die Verfahrensgrundrechte realisieren als speziell geregelte Elemente des Rechtsstaatsprinzips die Effektivität des Rechtsschutzes. Während der allgemeine Justizgewährungsanspruch und Art. 19 Abs. 4 GG den Zugang zum Verfahren und ein Recht auf ein geordnetes Verfahren sichern, gestalten die Verfahrensgrundrechte, vor allem die richterliche Unabhängigkeit (Art. 97 Abs. 1 GG), das rechtliche Gehör (Art. 103 Abs. 1 GG) und das Recht auf den gesetzlichen Richter (Art. 101 Abs. 1 S. 2 GG), aber auch das Fairnessgebot, die Waffengleichheit der Parteien und der Grundsatz des Vertrauensschutzes, den ordnungsgemäßen Ablauf des Prozesses und bestimmen dessen Qualität[395]. Die Prozessgrundrechte leisten einen unverzichtbaren Beitrag dazu, das Risiko fehlerhafter Entscheidungen weitgehend auszuschalten und erhöhen die Wahrscheinlichkeit einer richtigen materiellen Entscheidung[396]. Dabei sind sie nicht bloßes Instrumentarium, sondern haben ihren Selbstwert[397]. Dies gilt insbesondere für den Anspruch auf rechtliches Gehör nach Art. 103 Abs. 1 GG. Erst wenn der an einem gerichtlichen Verfahren Beteiligte Gelegenheit erhält,

---

391 *Dütz*, S. 104.

392 *Detterbeck* AcP 192. Band (1992), 325 (327).

393 *Voßkuhle*, S. 240.

394 *Sachs*, in: Sachs, Art. 19 GG Rn. 143.

395 *Detterbeck*, in: Sachs, Art. 97 GG Rn. 1 für die richterliche Unabhängigkeit, Art. 103GG Rn. 2 f. für das rechtliche Gehör.

396 *Bruns*, S. 2; ähnlich BVerfGE 42, 64 (73); 55, 72 (94).

397 HbVerfR/*Heyde*, § 33, Rn. 45.

im Verfahren zu Wort zu kommen, sich zu dem einer gerichtlichen Entscheidung zugrunde liegenden Sachverhalt und zur Rechtslage zu äußern, Anträge zu stellen und Ausführungen zu machen, wird eine vernünftige Beurteilungsgrundlage als wesentliche Voraussetzung für eine „richtige“ gerichtliche Entscheidung geschaffen[398]. Ein korrekt durchgeführtes Verfahren fördert die Akzeptanz der ergangenen Entscheidung und legitimiert diese insbesondere in den Fällen, in denen ihre materielle Rechtmäßigkeit sich nicht genau feststellen lässt[399].

Die Richtigkeitsvermutung wird stark eingeschränkt, wenn der Richter die Verfahrensgrundrechte folgenlos vernachlässigen kann. Wie bei allen subjektiven Rechten gilt, dass ihre Normierung allein nicht ihre Einhaltung garantiert. Die Praxis zeigt, dass die richterliche Tätigkeit den Bürger ebenso in seinen subjektiven Rechten verletzen kann wie Akte öffentlicher Gewalt im Übrigen. Insofern zutreffend ist die Feststellung von *Lorenz*[400], es bestehe lediglich ein struktureller Unterschied zu sonstigen Rechtsverletzungen durch den Staat, weil nicht der Urteils-, sondern der Handlungsmaßstab des Richters außer Acht gelassen worden sei. Dies zeige sich insbesondere bei einer Verletzung der formalen Verfahrensgarantien, die gerade nur an den Richter adressiert seien und folglich auch nur von diesem verletzt werden können. Ergeht eine Entscheidung unter Verletzung eines Verfahrensgrundrechts, wird also nicht nur kein effektiver Rechtsschutz geleistet, sondern ist das richterliche Handeln gar kein Rechtsweg[401].

Es gibt keinen rechtfertigenden Grund, die verfassungsrechtliche Notwendigkeit einer Nachprüfungsmöglichkeit für Verletzungen des Anspruchs auf rechtliches Gehör anders zu beurteilen als für Verletzungen anderer subjektiver Rechte. Insbesondere spielt es für den Betroffenen keine Rolle, durch welche staatliche Stelle eines seiner subjektiven Rechte verletzt wird. Ohne gerichtlichen Rechtsschutz würden die Verfahrensgrundrechte ihren subjektivrechtlichen Charakter einbüßen[402]. Der Richter könnte das rechtliche Gehör versagen, ohne dass dies irgendwelche relevanten Folgen hätte[403]. Nur eine verfassungsrechtliche Durchsetzungsgarantie stellt sicher, dass ein verletztes Verfahrensgrundrecht nicht um seine Beachtung gebracht wird. Die kategorische Ablehnung einer verfassungsrechtlichen Gewährleistung des Rechtsschutzes gegen den Richter widerspricht also der rechtsstaatlichen Grundkonzeption eines umfassend angelegten subjektiven (Grund-) Rechtsschutzes als Ausgleich zum

398 *Nolte*, in: v. Mangoldt/Klein/Starck, Art. 103 GG Rn. 5.
399 *Voßkuhle*, S. 240.
400 *Lorenz,* S. 83ff.
401 *Schenke* JZ 2005, 116 (120).
402 *Schenke* JZ 2005, 116 (125).
403 *Voßkuhle*, S. 188 f.

ebenfalls umfassenden staatlichen Machtmonopol. Dieser Rechtsschutz darf nicht nur in bestimmten Grenzen gewährt werden, sondern ist von Verfassungs wegen uneingeschränkt gewährleistet[404]. Daraus ergibt sich, dass das Rechtsstaatsprinzip Rechtsschutz grundsätzlich auch gegen den Richter gebietet[405].

Der Gesetzgeber hat sich bei der gesetzlichen Ausgestaltung des Rechtsschutzanspruchs aber nicht nur am Ziel eines effektiven Rechtsschutzes zu orientieren. Kollidierende Verfassungsgüter, beispielsweise die ebenfalls rechtsstaatlich geforderte Rechtssicherheit, können eine Einschränkung der Rechtsschutzgarantie gebieten[406]. Daraus wird in ständiger Rechtsprechung die Schlussfolgerung gezogen, dass das Verfassungsrecht keinen Instanzenzug garantiere, weil sowohl der obsiegende Teil als auch der zu Unrecht Beklagte das Bedürfnis nach einer Beendigung des Streits hätten[407]. Die Rechtsweggarantie soll nicht einen sich immer wieder erneuernden Anspruch auf Rechtsschutz gegen Rechtsprechungsentscheidungen gewährleisten. Die Erfordernisse der Zugänglichkeit des Rechtsweges und der Wirksamkeit des Rechtsschutzes verbieten zwar einen vollständigen Rechtswegausschluss[408]. Um zu verhindern, dass der Konfliktherd stetig weiter schwelt, muss sich aber auch die verfassungsrechtliche Garantie des Rechtsschutzes gegen Verfahrensgrundrechtsverletzungen durch den Richter auf eine einmalige gerichtliche Kontrolle ihrer Einhaltung beschränken. Diese Beschränkung begegnet keinerlei rechtlicher Bedenken, solange das Gericht die Verfahrensgrundrechte beachtet und damit der Garantie effektiven Rechtsschutzes gerecht wird. Die Einhaltung der Verfahrensgrundrechte legitimiert die Beschränkung der Garantie auf die nur einmalige Überprüfung von Rechtsverletzungen.

c) *Justizgewährleistungsanspruch und Art. 19 Abs. 4 GG*

Vor diesem Hintergrund stellt *Voßkuhle*[409] zutreffend die Frage, ob es der kontrollstarken Gesamtkonzeption der Verfassung und der rechtsschutzbejahenden Grundtendenz des Art. 19 Abs. 4 GG wirklich entsprechen könne, die dort im Hinblick auf den Zugang zu Gericht abschließend geregelte Konfliktlage zwischen Bürger und Staat völlig einseitig zu Lasten des Bürgers aufzulösen. Er sieht unverkennbare Defizite in den Einwirkungsmöglichkeiten auf die Rechtsprechung, die aus der Sicht einer effektiven, freiheitsfördernden Staatsorganisation von Verfassungs wegen kaum gewollt sein können.

---

404 *Kettinger* BayVBl. 2007, 489 (491).
405 *Dörr* Jura 2004, 334 (337).
406 *Sachs*, in: Sachs, Art. 19 GG Rn. 139.
407 BVerfGE 92, 158 (185); 104, 220 (231 f.); 112, 185 (207).
408 *Schmidt-Aßmann*, in: Maunz/Dürig, Art. 19 GG Rn. 233.
409 *Voßkuhle*, S. 156 f.

Tatsächlich legen Wortlaut, Systematik und Zielsetzung die Ausdehnung des Anwendungsbereichs des Art. 19 Abs. 4 GG auf Akte richterlicher Gewalt nahe[410]. Der Begriff der öffentlichen Gewalt findet sich auch in anderen Vorschriften des Grundgesetzes, etwa in Art. 1 Abs. 1 und 3, Art. 20 Abs. 3 und Art. 93 Abs. 1 Nr. 1 a, und wird dort dem allgemeinen Sprachgebrauch entsprechend als „staatliche Gewalt“ in einem neben Legislative und Exekutive auch die Judikative umfassenden Sinn verstanden[411]. Zudem übt der Richter Hoheitsgewalt aus, indem er aus einer verfassungsrechtlich vorgesehenen Stellung heraus verbindlich entscheidet[412]. Die einschränkende Auslegung des Begriffs der öffentlichen Gewalt lässt sich daher regelmäßig erst im Wege teleologischer Reduktion erreichen[413]. Diese unterliegt jedoch nur so lange keinen verfassungsrechtlichen Bedenken, wie die Wesensmerkmale richterlicher Entscheidungsfindung, namentlich die Unabhängigkeit des Richters, die Neutralität und Rechtsförmlichkeit eingehalten werden, also eine hinreichende Gewähr dafür bieten, dass der Richter die Rechtssphäre des Bürgers nicht bedroht. Dafür gibt es aber gerade keine Garantie.

Dass das BVerfG den Anspruch auf eine einmalige Kontrolle der Einhaltung der Verfahrensgrundrechte dennoch nicht aus Art. 19 Abs. 4 GG, sondern aus dem allgemeinen Justizgewährungsanspruch ableitet, wird auf die Furcht vor den Konsequenzen einer Ausdehnung des Art. 19 Abs. 4 GG zurückgeführt[414]. Offenbar geht das BVerfG davon aus, dass mit einer Ausdehnung des Begriffs der öffentlichen Gewalt zwangsläufig das gesamte richterliche Handeln zum Gegenstand einer erneuten Überprüfung würde und einen Rechtsschutz ad infinitum nach sich zöge. Der Weg über den allgemeinen Justizgewährungsanspruch bietet dagegen den „Vorteil“, nur bestimmte Verletzungssituationen einer erneuten richterlichen Überprüfung zuzuführen[415]. Dementsprechend ist die Erklärung des Plenums zu verstehen, der Justizgewährungsanspruch ermögliche Rechtsschutz in den Fällen, in denen dies rechtsstaatlich geboten sei[416]. Indes greift dieses Argument nur auf den ersten Blick. So hat das Plenum selbst festgestellt, dass sich der allgemeine Justizgewährungsanspruch und als dessen Spezialregelung die Rechtsweggarantie des Art. 19 Abs. 4 GG in ihrem

---

410 *Voßkuhle* NJW 2003, 2193 (2196); *ders.*, S. 147; *Krebs*, in: v. Münch/Kunig, Art. 19 GG Rn. 57.

411 *Dorn*, S. 74.

412 *Pache/Knauff* BayVBl. 2004, 385 (387).

413 *Huber*, in: v. Mangoldt/Klein/Starck, Art. 19 GG Rn. 435; *Schenke* JZ 2005, 116 (117).

414 *Voßkuhle* NJW 2003, 2193 (2196); *Schmidt-Aßmann*, in: Maunz/Dürig, 57. Ergänzungslieferung 2010, Art. 19 GG, Rn. 17, 98.

415 *Schmidt-Aßmann*, in: Maunz/Dürig, 57. Ergänzungslieferung 2010, Art. 19 GG Rn. 17, 98.

416 BVerfGE 107, 395 (407).

rechtsstaatlichen Kerngehalt gar nicht unterscheiden[417]. Dies vorausgeschickt kann die Zuordnung von Akten richterlicher Gewalt zu Art. 19 Abs. 4 GG oder zum allgemeinen Justizgewährungsanspruch dann aber nicht den Gewährleistungsumfang bestimmen. Aus einer Erweiterung des Anwendungsbereichs des Art. 19 Abs. 4 GG folgt jedoch nicht automatisch die Garantie eines Instanzenzuges[418]. Vielmehr kann der endlose Rechtsweg auch bei Anwendung des Art. 19 Abs. 4 GG verhindert werden[419].

Die Beibehaltung der einschränkenden Auslegung des Art. 19 Abs. 4 GG ist also nicht nur in dogmatischer Hinsicht fraglich, sondern wird durch den vermuteten strategischen Zweck nicht gerechtfertigt. Es hätte nahe gelegen, wenn das BVerfG den Plenarbeschluss zum Anlass genommen hätte, seine ständige Rechtsprechung zu durchbrechen und den Begriff der öffentlichen Gewalt auch auf Akte der Judikative auszudehnen. Der Weg des BVerfG ist daher zumindest ohne weitere Begründung nicht überzeugend. Im Ergebnis ist jedoch allein entscheidend, dass die Konfliktlage zwischen Bürger und Staat auch dann nicht einseitig aufgelöst wird, wenn die verfassungsrechtliche Notwendigkeit nach Rechtsschutz gegen den Richter aus dem allgemeinen Justizgewährungsanspruch abgeleitet wird. Die dogmatische Grundlage für die verfassungsrechtlich gebotene Kontrolle kann daher letztlich im Rahmen dieser zivilprozessualen Untersuchung offen bleiben.

2. Fachgerichtliche Kontrolle qua Gesetz

Im Anschluss daran stellt sich die Frage, welche Gerichte den verfassungsrechtlich erforderlichen Rechtsschutz leisten müssen. Konkret ist zu überprüfen, ob das Subsidiaritätsprinzip eine Überprüfung durch die Fachgerichte verlangt. Anschließend ist zu untersuchen, ob sich aus dem Gebot der Rechtsmittelklarheit ein Gesetzgebungsauftrag ergibt.

a) Subsidiaritätsprinzip

Das BVerfG ist zum Schutz der Grundrechte in besonderem Maße berufen. Die Bindung aller Gerichte an Recht und Gesetz nach Art. 20 Abs. 3 GG begründet aber grundsätzlich die Verantwortlichkeit sämtlicher Gerichte für den Schutz der Grundrechte. Das BVerfG steht danach selbständig – und nicht subsidiär – neben der Fachgerichtsbarkeit[420]. Den Ausgangspunkt für die Subsidiarität der Verfassungsbeschwerde sieht das BVerfG in § 90 Abs. 2 BVerfGG. Verfas-

417 BVerfGE 107, 395 (403).
418 Ähnlich *Huber*, in: v. Mangoldt/Klein/Starck, Art. 19 GG Rn. 439.
419 *Pache/Knauff* BayVBl. 2004, 385 (387).
420 *Benda/Klein*, § 19, Rn. 537.

sungsrechtlich legitimiert durch Art. 94 Abs. 2 GG bringt diese Vorschrift das Prinzip der Nachrangigkeit der Verfassungsbeschwerde zum Ausdruck[421], indem sie die Erhebung der Verfassungsbeschwerde von der vorherigen Erschöpfung des Rechtswegs abhängig macht. Über diesen ausdrücklich geregelten Anwendungsfall [422] hinaus hat das BVerfG einen allgemeinen Grundsatz der Subsidiarität der Verfassungsbeschwerde entwickelt, der von den Betroffenen verlangt, neben den Mitteln des Rechtswegs auch alle weiteren zur Verfügung stehenden verfahrensrechtlichen Möglichkeiten zu ergreifen, um eine Korrektur der geltend gemachten Verfassungsverletzung zu erwirken oder den Grundrechtsverstoß zu verhindern[423]. Damit hat das BVerfG den Zugang zum verfassungsgerichtlichen Verfahren beschränkt und dem durch die Fachgerichte zu leistenden Grundrechtsschutz Priorität zugewiesen. Auf diese Weise erhält der Grundsatz der Subsidiarität der Verfassungsbeschwerde über die Erschöpfung des Rechtswegs hinaus eine Bedeutung als allgemeines Prinzip der Subsidiarität des Verfassungsrechtswegs bzw. der Verfassungsgerichtsbarkeit gegenüber anderweitigem vor den Fachgerichten zu erlangenden Rechtsschutz[424]. Im Ergebnis durchbricht dieses Prinzip die Aufgabenparallelität der Fachgerichte und des BVerfG im Bereich des Grundrechtsschutzes[425].

Ob sich aus § 90 Abs. 2 BVerfGG tatsächlich ein allgemeines Prinzip der Subsidiarität der Verfassungsbeschwerde ableiten lässt, kann dahinstehen, wenn sich ein Vorrang der Fachgerichtsbarkeit gegenüber der Verfassungsgerichtsbarkeit für den Grundrechtsschutz zumindest aus anderen Erwägungen ergibt. Für eine derartige Kompetenzverteilung spricht die Aufgabe des BVerfG, als „Hüter der Verfassung" die Rechtseinheit auf dem Gebiet des Verfassungsrechts zu wahren[426]. Dazu gehört unter anderem die einheitliche Auslegung der Grundrechte. Weil das Grundgesetz in Art. 93 Abs. 1 Nr. 4 a GG einen umfassenden subjektiven Grundrechtsschutz mit der Verfassungsbeschwerde zur Verfügung stellt, kann das BVerfG diese Aufgabe allein nicht erfüllen, ohne dass zugleich seine Funktionsfähigkeit gefährdet würde. Diese ist nur gewährleistet, wenn sich Kapazität und tatsächliche Belastung des BVerfG die Waage

421 *Sodan* DÖV 2002, 925 (927).

422 *Klein,* FS für Zeidler, S. 1317, 1323,

423 BVerfGE 79, 275 (278); *S. Pawlowski*, S. 144.

424 *Klein,* FS für Zeidler, S. 1305, 1315; *Benda/Klein,* § 19 Rn. 539; *Jarass/Pieroth,* Art. 93 GG Rn. 57; *Sturm*, in: Sachs, Art. 94 GG Rn. 21; *Zuck*, FS für Redeker, S. 221.

425 In der Literatur wird der Grundsatz der Subsidiarität in seiner Ausformung durch das BVerfG zwar nicht prinzipiell in Zweifel gezogen. Ganz überwiegend wird jedoch seine verfassungsrechtliche Legitimation bestritten, vgl. *Klein*, FS für Zeidler, S. 1323; *Benda/Klein*, § 19, Rn. 544; *Posser*, S. 385; *Spranger*, S. 60; *Zuck*, FS für Redeker, S. 223; zusammenfassend zur Kritik auch *Zuck*, Verfassungsbeschwerde, Rn. 68.

426 Sehr anschaulich *Kettinger* BayVBl. 2007, 489 (491).

halten[427]. Dies wiederum setzt voraus, dass primär die Fachgerichte zur Durchsetzung und Wahrung der Grundrechte des Beschwerdeführers berufen sind[428]. Die Verfassungsbeschwerde ist nur zulässig, soweit sie erforderlich ist, also anderenfalls eine Grundrechtsverletzung ohne Sanktion bliebe. Die Entlastung durch die Fachgerichte ist notwendige Voraussetzung dafür, dass das BVerfG seine Aufgaben erfüllen kann[429]. Sie wird auch dann erreicht, wenn die Fachgerichte der Grundrechtsverletzung nicht abhelfen können, weil die Fachgerichte zumindest eine sachlich und rechtlich umfassende Vorprüfung des Falls vornehmen[430]. Dementsprechend ist die Subsidiarität des Verfassungsgerichtswegs jedenfalls Folge der verfahrensrechtlichen Kompetenzordnung zwischen Fachgerichten und BVerfG. Grundrechtsverstöße sind daher umfassend innerhalb der Fachgerichtsbarkeit zu beseitigen[431].

b) Rechtssicherheit und Rechtsmittelklarheit

Bis hierhin ist die Argumentation des BVerfG nicht neu. So geht die Entwicklung des außerordentlichen Rechtsschutzes unter anderem darauf zurück, dass das BVerfG fachgerichtlichen Rechtsschutz bei Verletzungen des Anspruchs auf rechtliches Gehör und des Rechts auf den gesetzlichen Richter ausdrücklich gefordert hatte. Entscheidend ist, dass das BVerfG nun nicht mehr die Fachgerichte selbst in der Verpflichtung sieht, die Rechtsschutzlücken zu schließen, sondern unter Hinweis auf den Grundsatz der Rechtssicherheit bzw. das Erfordernis der Rechtsmittelklarheit eine Handlungspflicht des Gesetzgebers begründet.

Die Regelung der Beziehungen zwischen Staat und Bürger sowie Bürgern untereinander ausschließlich durch das Recht „funktioniert" nur, wenn die Beteiligten sich am Recht orientieren und ihr Verhalten danach ausrichten können (Orientierungsgewissheit). Der Einzelne muss erkennen können, wie das Gericht prozessual zu seiner Entscheidung kommt[432]. Er muss erfassen können, was das Recht von ihm fordert und welches Verhalten er von anderen zu erwarten hat. Nur ein verständlicher Rechtsbefehl kann die Bindungswirkung nach Art. 20 Abs. 3 GG begründen[433]. Es besteht ein Bedürfnis nach Rechtssi-

427 S. Pawlowski, S. 143.

428 *Zuck*, Verfassungsbeschwerde, Rn. 64.

429 S. Pawlowski, S. 146.

430 *Klein*, FS für Zeidler, S. 1318; *S. Pawlowski*, S. 147.

431 Dieses Ergebnis entspricht den Feststellungen des BGH, der in seinem Beschluss vom 07.03.2002, wenn auch ohne Begründung, erklärte, bei der Verletzung von Verfahrensgrundrechten sei von Verfassungs wegen die Möglichkeit einer Abhilfe innerhalb der angerufenen Gerichtsbarkeit vorzusehen, vgl. NJW 2002, 1577.

432 *Bauer*, S. 87.

433 *Kunig* Jura 1990, 495 (496).

cherheit im Sinne eines Bedarfs an verlässlichen, normativ bestimmten Verhaltensstrukturen[434]. Präzise Orientierungsgewissheit wird nur gewährleistet, wenn der Gesetzgeber klare, eindeutige und bestimmte Normbefehle schafft[435]. Diese müssen inhaltlich so genau sein, dass die Normunterworfenen die Rechtslage erkennen und ihr Verhalten danach ausrichten können. Dabei ist jedoch eine vollkommene Inhaltsbestimmung weder angestrebtes, noch erreichbares Ziel, weil Einzelfallgerechtigkeit und legislatorische Ziele gelegentlich gerade die Offenheit und Flexibilität einer Norm erfordern[436]. Zudem erlaubt es die Vielgestaltigkeit der Sachverhalte nicht, eine abstrakte, eindeutige und zugleich billige Regelung für alle Einzelfälle zu schaffen[437]. Vor diesem Hintergrund genügt es, dass der Gesetzgeber wenigstens seinen Grundgedanken, das Ziel seines gesetzgeberischen Wollens, vollkommen deutlich macht[438].

Der Grundsatz der Rechtssicherheit wirkt sich aber nicht nur auf das materielle Recht aus. Der Bestand von Normen schafft für sich genommen noch keine Orientierungsgewissheit. Diese ist erst gewährleistet, wenn die Normen im Fall ihrer Nichteinhaltung gerichtlich durchgesetzt und die ergangenen Urteile vollstreckt werden können. In diesem Zusammenhang verlangt die Rechtssicherheit, dass die Rechtsfindungsverfahren einen geregelten und zügigen Verlauf nehmen und einen Abschluss finden, dessen Rechtsbeständigkeit und Durchsetzung gesichert ist (Realisierungsgewissheit)[439]. Die Verfahren sind so zu gestalten, dass sie sachgerecht zum typischen Verfahrensergebnis führen. Hinreichend normierte Verfahrensgesetze sind ein Gebot des Rechtsstaats[440]. Wenn dem Bürger die Selbsthilfe verwehrt ist und er stattdessen zur Durchsetzung seiner Rechte auf die staatlichen Stellen verwiesen wird, muss ihm auch in messbarer und vorhersehbarer Weise vorgegeben werden, wie er unter Inanspruchnahme der Gerichte seine Rechte durchsetzen kann[441]. Zuständigkeit und Verfahrensgang haben Einfluss auf das Verfahrensergebnis und müssen daher – ebenso wie das materielle Recht – eindeutig festgelegt bzw. geordnet und einer Kontrolle zugänglich sein[442]. Diesen verfassungsrechtlichen Erfordernissen entspricht nur ein Rechtsbehelf, der in der geschriebenen Rechtsordnung klar vorgezeichnet ist und somit dem Rechtsuchenden die Möglichkeit eröffnet, selbst zu prüfen, ob und unter welchen Voraussetzungen dieser zulässig ist.

---

434 *Zippelius*, Rechtsphilosophie, S. 123.
435 *Stern*, Bd. I, § 20, S. 829; HStR/*Schmidt-Aßmann*, § 26, Rn. 85.
436 *Stern*, Bd. I, § 20, S. 830.
437 *Zippelius,* Rechtsphilosophie, S. 124.
438 *Stern*, Bd. I, § 20, S. 829.
439 *Zippelius*, Rechtsphilosophie, S. 123 f.; *Henkel*, S. 441.
440 *Schachtschneider* JA 1978, 237 (243).
441 BVerfGE 49, 148 (164); 87, 50 (65).
442 *Schachtschneider* JA 1978, 237 (243).

Die Aufgabe, eine hinreichend normierte Verfahrensordnung zu schaffen, ist allein dem Gesetzgeber vorbehalten[443]. Die Gerichte müssen die Verfahren dieser Ordnung entsprechend ausführen. Nach Art. 20 Abs. 3 GG sind Richter jedoch nicht nur an Gesetz, sondern auch an Recht gebunden. Bereits aus der Verwendung dieses Begriffspaars ergibt sich, dass Recht und Gesetz keinesfalls immer deckungsgleich sind. Vielmehr kann gegenüber dem Gesetz ein Mehr an Recht bestehen, „*das seine Quelle in der verfassungsmäßigen Ordnung als einem Sinnganzen besitzt und dem geschriebenen Gesetz gegenüber als Korrektiv zu wirken vermag.* […] *Der Richter ist nach dem Grundgesetz nicht darauf verwiesen, gesetzgeberische Weisungen in den Grenzen des möglichen Wortsinns auf den Einzelfall anzuwenden. Eine solche Auffassung würde die grundsätzliche Lückenlosigkeit der positiven staatlichen Rechtsordnung voraussetzen, ein Zustand, der als prinzipielles Postulat der Rechtssicherheit vertretbar, aber praktisch unerreichbar ist*“[444]. Lückenlos wäre die geschriebene Rechtsordnung nur, wenn der Gesetzgeber alle in Betracht kommenden Sachverhalte gesetzlich geregelt hätte. Unabhängig davon, dass der stete Wandel der Rechtslage dies nicht zuließe, würde die daraus resultierende unüberschaubare Normenflut eine weit größere Rechtsunsicherheit mit sich bringen als die Lückenhaftigkeit des Gesetzes. Die Umstände, unter denen der Gesetzgeber tätig wird, erfordern daher generalisierende Regelungen. Aufgabe der Rechtsprechung ist es, den generalisierenden Maßstab auf den einzelnen Sachverhalt zu übertragen. Wenn aber die Lückenhaftigkeit des Gesetzes ein verfassungsgemäßer Zustand ist, und die Bindung des Richters an Recht und Gesetz eine Legitimation, diese Lücke zu schließen, folgt daraus auch, dass der Grundsatz der Rechtsklarheit – im Rechtsmittelrecht der Grundsatz der Rechtsmittelklarheit – dieser Legitimation nicht per se entgegenstehen kann. Anderenfalls widerspräche ein Verfassungsgrundsatz der praktischen Umsetzung eines anderen Verfassungsgrundsatzes. Zutreffend ist daher die Annahme, das BVerfG habe mit der Forderung nach Rechtsmittelklarheit sicherlich nicht jegliche Analogie im Rechtsmittelrecht verbieten wollen[445].

Allerdings stellt sich die Frage, welche Bedeutung dem Gebot der Rechtsmittelklarheit bei einer Analogiebildung dann überhaupt zukommt oder zukommen kann. Vor dem Hintergrund der bisherigen Feststellungen kann jedenfalls nicht gemeint sein, dass der Gesetzgeber jede in Betracht kommende Anfechtungssituation nebst Zulässigkeitsvoraussetzungen in der Weise regeln muss, dass der Betroffene durch Lektüre der Verfahrensordnung selbständig und ohne Hilfsmittel deren Voraussetzungen ermitteln kann. Das Erfordernis der Rechts-

443 *Schenke* NVwZ 2005, 729 (731).
444 BVerfGE 34, 269 (287).
445 *Schnabl*, S. 114; *Voßkuhle* NJW 2003, 2193 (2199).

mittelklarheit kann eine Rechtsfortbildung nur soweit begrenzen, als das durch die Analogie erreichte Ergebnis bereits im Gesetz angelegt sein muss, somit das Gesetz den logischen Rahmen für sie bildet. „*Die Gerichte entfernen sich mit der Analogie nicht vom System der Rechtsordnung oder bringen einen eigenen rechtspolitischen Willen zur Geltung, sondern entwickeln Grundgedanken der von der Verfassung geprägten Rechtsordnung mit systemimmanenten Mitteln weiter. Der so gefundene Rechtssatz ist deshalb legitimer Bestandteil der Rechtsordnung*“[446]. Der Betroffene muss also in die Lage versetzt werden, die analoge Anwendung einer Vorschrift zu durchschauen und nachzuvollziehen. Dies ist jedenfalls möglich, wenn die Analogiebildung allgemein gültigen und anerkannten Voraussetzungen unterliegt, d.h. nicht willkürlich vorgenommen wird. Die Voraussetzung der planwidrigen Regelungslücke und die Vergleichbarkeit der Interessenlagen zeichnen dem Rechtssuchenden den Weg zur Überprüfung gerichtlicher Entscheidungen in der geschriebenen Rechtsordnung ausreichend klar vor. Auf diese Weise erhält er die Möglichkeit, selbst zu prüfen, ob und unter welchen Voraussetzungen ein Rechtsbehelf zulässig ist.

Festzuhalten ist daher, dass die Gerichte zur Rechtsfortbildung, nicht aber zu einer vollständigen Neuschöpfung von Verfahrens- oder Rechtsmittelvorschriften befugt sind. In verfassungsrechtlicher Hinsicht reicht es folglich aus, dass ein gesetzlich ausgestalteter Rechtsbehelf zur Verfügung steht. Dies gilt auch dann, wenn sich der Rechtsschutz unter Anwendung der anerkannten Analogievoraussetzungen daraus ableiten lässt. Ist der Weg zur Lückenschließung hingegen nicht bereits im Gesetz angelegt, darf allein der Gesetzgeber tätig werden. Konkret bedeutet dies, dass eine Erweiterung des Anwendungsbereichs eines gesetzlichen Rechtsbehelfs (im Wege der Analogie), nicht aber die Neuschöpfung eines nicth gesetzlich geregelten Rechtsbehelfs zulässig ist.

3. Kontrolle durch den iudex a quo

Fraglich ist, ob die Anforderungen des Art. 19 Abs. 4 GG bzw. des allgemeinen Justizgewährungsanspruchs erfüllt sind, wenn das Verfahrensrecht nur den Zugang zum iudex a quo gewährt. Das BVerfG vertritt in ständiger – durch den Plenarbeschluss bestätigter – Rechtsprechung die Auffassung, dass weder Art. 19 Abs. 4 GG noch das Rechtsstaatsprinzip den Gesetzgeber dazu verpflichten, einen mehrstufigen Instanzenzug einzurichten[447]. Gewährleistet sei nicht ein bestimmter Rechtsweg, sondern lediglich die Überprüfung der den Bürger beeinträchtigenden Maßnahme in irgendeinem Verfahren[448]. Auch nach

446 BVerfGE 34, 269 (292).
447 BVerfGE 4, 74 (94 f); 11, 232 (233); 28, 21 (36); 45, 329 (341); 49, 329 (340); 108, 341 (350).
448 BVerfGE 32, 364 (368)

ganz herrschender Ansicht in der Literatur ergibt sich aus der Verfassung kein Anspruch auf mehr als nur eine gerichtliche Instanz[449]. Der Garantie eines Rechtswegs werde bereits durch die Gewährung eines einstufigen Verfahrens genügt. Die Forderung nach einer Mehrstufigkeit des Instanzenzuges lasse sich nicht verfassungsrechtlich, sondern allenfalls rechtspolitisch begründen[450].

Das Plenum des BVerfG hat in seinem Beschluss ausgeführt, die Einrichtung eines Rechtsschutzes zum iudex a quo sei ausreichend, „sofern auf diese Weise der Mangel effektiv beseitigt werden kann“[451]. Es stellt sich daher die Frage, ob aus dem Effektivitätsgrundsatz ein Anspruch auf Zugang zu einer bestimmten Instanz folgt[452]. Nach Art. 19 Abs. 4 GG und dem allgemeinen Justizgewährungsanspruch steht gegen Rechtsverletzungen „der Rechtsweg“ offen. Dem Wortlaut nach wird der Rechtsweggarantie bereits durch das Offenstehen irgendeines Rechtsweges bzw. den Zugang zu irgendeinem Gericht entsprochen. Es bestehen keine Anhaltspunkte dafür, dass nur ein mehrstufiger Instanzenzug oder nur die Kontrolle durch den iudex ad quem Rechtsweg in diesem Sinne ist. Vielmehr erfüllt auch ein Verfahren vor dem iudex a quo den Zweck der Rechtswegeröffnung, dem Rechtsuchenden ein Gerichtsverfahren mit seinen besonderen verfahrensrechtlichen Garantien zu eröffnen[453]. Daran ändert auch das Erfordernis eines effektiven Rechtsschutzes nichts. Nach allgemeiner Ansicht handelt es sich bei dem häufig als Effektivitäts*prinzip* bezeichneten Erfordernis nämlich gar nicht um ein eigenständiges Rechtsprinzip, weil es nicht aus sich heraus erklärbar ist, sondern lediglich der Ausgestaltung einzelner Grundrechte, etwa dem auf Zugang zu den Gerichten, dient[454]. Die Forderung nach effektivem Rechtsschutz darf nicht verselbständigt werden, sondern kann nur innerhalb des Anwendungsbereichs erhoben werden, den die Verfassung dem Art. 19 Abs. 4 GG zuweist[455]. Sie gebietet daher nicht die Einrichtung mehrerer Instanzen, sondern nur, dass der Zugang zu einer vom Gesetzgeber eröffneten Instanz nicht erschwert wird[456]. Sie ist keine „inhaltliche Direktive“ für die Ausgestaltung des Rechtsschutzes[457]. Insbesondere darf die

449 *Schenke* NVwZ 2005, 729 (732, 738); *Schenke*, in: BK, Art. 19 Abs. 4 GG Rn. 54 ff.; *Schulze-Fielitz*, in: Dreier, Art. 19 GG Rn. 94; *Schmidt-Aßmann*, in: Maunz/Dürig, Art. 19, Rn. 179; *Antoni*, in: Hömig, Art. 19 GG, Rn. 17; *Sachs*, in: Sachs, Art. 19 GG Rn. 120, 138, 143.

450 So insbesondere *Schenke*, in: BK, Art. 19 Abs. 4 GG Rn. 54.

451 BVerfGE 107, 395 (411 f.).

452 *Voßkuhle* NJW 2003, 2193 (2197); *Bauer*, S. 101.

453 *Sachs*, in: Sachs, Art. 19 GG Rn. 120.

454 Stellvertretend *Stürner*, S. 66, mit weiteren Nachweisen.

455 BVerfGE 45, 329 (341).

456 *Antoni*, in: Hömig, Art. 19 GG Rn. 17; *Schenke*, in: BK, Art. 19 Abs. 4 GG Rn. 56; *Sachs*, in: Sachs, Art. 19 GG Rn. 143; *Schenke* NVwZ 2005, 729 (732).

457 *Lorenz* AöR 105 (1980), 623 (624 f.).

Rechtsschutzeffektivität nicht im Sinne eines Optimierungsgebotes für den Rechtsschutz gedeutet werden[458]. Nicht alles, was im Bereich des Rechtsschutzes rechtspolitisch gesehen wünschenswert ist, ist auch verfassungsrechtlich geboten[459]. Gegen eine Pflicht, den Rechtsschutz zu optimieren, spricht insbesondere, dass sie dem Gesetzgeber den ihm zugestandenen Spielraum bei der Ausgestaltung des Rechtsschutzes sogleich wieder nähme, weil diesen gleichsam auf Null reduzierte. Es gibt also kein Effektivitäts*prinzip*, das für sich genommen einen bestimmten Rechtsschutz bzw. Zugang zu einer bestimmten Instanz fordert. Ein Rechtsbehelf zum iudex a quo genügt daher den Anforderungen des Justizgewährungsanspruchs und Art. 19 Abs. 4 GG.

4. Ergebnis

Die Überprüfung der verfassungsgerichtlichen Argumentationsgrundlagen hat gezeigt, dass die herangezogenen verfassungsrechtlichen Grundsätze das Ergebnis des Plenarbeschlusses tragen. Zweifelhaft bleibt lediglich der Weg, den das BVerfG bei der Auslegung des Art. 19 Abs. 4 GG eingeschlagen hat. Hier wäre eine Ausdehnung des Begriffs der öffentlichen Gewalt dogmatisch vorzugswürdig und wünschenswert gewesen. Dem Plenarbeschluss lassen sich vier Kernaussagen für die Anforderungen an gesetzlichen Rechtsschutz entnehmen:

1. Bei der erstmaligen Verletzung des Anspruchs auf Gehör durch ein Gericht muss eine fachgerichtliche Kontrollmöglichkeit vorhanden sein.
2. Die Kontrolle kann entweder im Rahmen des allgemeinen Rechtsmittelsystems oder durch spezielle Rechtsbehelfe erfolgen.
3. Die Kontrolle muss der Verletzung effektiv abhelfen können. Dies gebietet nicht die Einrichtung eines Instanzenzuges, sondern nur, dass ein vom Gesetzgeber vorgesehener Zugang zu einer Instanz nicht erschwert ist. Ausreichend ist auch die Überprüfung durch den iudex a quo.
4. Der Rechtsbehelf muss in der geschriebenen Rechtsordnung geregelt sein. Außerordentlicher Rechtsschutz genügt den verfassungsrechtlichen Anforderungen nicht. Erforderlich, aber auch ausreichend ist, dass der Rechtsbehelf im Gesetz angelegt ist und unter Zuhilfenahme anerkannter Methoden der Rechtsfortbildung aus dem Gesetz abgeleitet werden kann.

---

458 *Wilfinger*, S. 46 f., 217; a.A.: *Huber*, in: v. Mangoldt/Klein/Starck, Art. 19 GG Rn. 478.
459 *Schenke*, in: BK, Art. 19 Abs. 4 GG Rn. 386.

II. Übertragbarkeit der vom Plenum des BVerfG aufgestellten Grundsätze auf andere Verfahrensgrundrechte

Sofern die Feststellungen des Plenums auch auf andere Verfahrensgrundrechte übertragbar sind, muss es im Fall ihrer Verletzung ebenfalls Rechtsschutz geben, der den vorgenannten Kernanforderungen zu genügen hat. Die Frage nach der Übertragbarkeit der Beschlussgrundsätze stellt sich für alle verfassungsrechtlichen Verfahrensgarantien, deren Verletzung überhaupt nur durch ein Gericht verursacht sein kann. Dabei handelt es sich vor allem um den Anspruch auf den gesetzlichen Richter nach Art. 101 Abs. 1 GG, den aus Art. 3 Abs. 1 GG abgeleiteten Anspruch auf prozessuale Waffengleichheit sowie um das Verbot objektiver Willkür und den Anspruch auf ein faires Verfahren.

1. Entscheidungsgegenstand des Plenarbeschlusses

Das Plenum hat den Tenor des Beschlusses auf Art. 103 Abs. 1 GG beschränkt und vom Gesetzgeber ausdrücklich nur gefordert, für Verletzungen eben dieses Verfahrensgrundrechts eine Lösung zu finden. Dies erklärte das Plenum selbst damit, dass es ausgehend von der Vorlagefrage des Ersten Senats nur über Verletzungen des Anspruchs auf rechtliches Gehör zu entscheiden hatte[460]. Die Beschränkung des Tenors lässt also gerade nicht den Rückschluss zu, das BVerfG habe einen Regelungsbedarf ausschließlich für Verstöße gegen dieses Verfahrensgrundrecht gesehen. Vielmehr war die eingehende Befassung mit dem Anspruch auf rechtliches Gehör dem konkreten Anlass für den Beschluss des Plenums geschuldet. Sie steht der Ausdehnung der tenorierten Forderung auf Rechtsschutz bei Verletzungen anderer Verfahrensgrundrechte daher nicht entgegen. Anderenfalls wäre der Beschluss auch nicht mit dem Justizgewährungsanspruch vereinbar, der Rechtsschutz bei erstmaligen Verletzungen sämtlicher Verfahrensgrundrechte durch ein Gericht Rechtsschutz garantiert. Dies ergibt sich bei genauer Analyse der Entscheidungsgründe auch aus dem Plenarbeschluss selbst. Das BVerfG hat seine Forderung nach fachgerichtlichem Rechtsschutz allenfalls vordergründig auf erstmalige Verletzungen des Anspruchs auf rechtliches Gehör beschränkt, darüber hinaus jedoch explizit festgestellt, dass Rechtsschutz auch bei der erstmaligen Verletzung anderer Verfahrensgrundrechte erforderlich ist: *„Der Justizgewährungsanspruch ermöglicht Rechtsschutz aber auch in weiteren Fällen, in denen dies rechtsstaatlich geboten ist. So liegt es bei der erstmaligen Verletzung von Verfahrensgrundrechten durch ein Gericht*“[461]. Mehrfach wird zur Begründung dieser Feststellung ausdrücklich Bezug auf „die Verfahrensgrundrechte“ bzw. deren Funktion und Schutzrichtung genommen. So heißt es zum einen *„Die Verfah-*

460 BVerfGE 107, 395 (408).
461 BVerfGE 107, 395 (407).

rensgrundrechte, insbesondere die des Art. 101 Abs. 1 und des Art. 103 Abs. 1 GG, sichern in Form eines grundrechtsgleichen Rechts die Einhaltung rechtsstaatlicher Mindeststandards", zum anderen „*die das gerichtliche Verfahren betreffenden Verfahrensgrundrechte können nicht durch einen Träger der vollziehenden Gewalt verletzt werden, denn sie sind ausschließlich an die Gerichte adressiert*". Das Plenum handelte das Grundrecht auf Gewährung rechtlichen Gehörs und die entsprechenden Abhilfemöglichkeiten also gerade nicht isoliert ab[462], sondern nahm den Vorlagebeschluss zum Anlass, sich umfassend zum erforderlichen Rechtsschutz bei erstmaligen Verletzungen von Verfahrensgrundrechten zu äußern und explizit die Einrichtung entsprechenden Rechtsschutzes zu fordern[463]. An dieser Erkenntnis kommt man bei einer über den Tenor des Beschlusses hinausgehenden Lektüre des Beschlusses nicht vorbei[464].

2. Verfassungsrechtliches Bedürfnis nach Rechtsschutz

Unabhängig von der ausdrücklichen Feststellung des Plenums ist die Gleichbehandlung aller Verfahrensgrundrechte im Fall ihrer Verletzung verfassungsrechtlich gefordert. Das „Prinzip Rechtsstaat" funktioniert nur, wenn spiegelbildlich zu den rechtlichen Bindungen des Bürgers und des Staates eine mindestens einmalige Kontrolle ihrer Einhaltung gewährleistet ist. Nichts anderes gilt für die Bindungen, die den Gerichten durch die Verfahrensgrundrechte auferlegt werde, weil anderenfalls die Gefahr besteht, dass die Verfahrensregeln nicht eingehalten werden. Vor diesem Hintergrund hat das BVerfG zutreffend auf die Funktion aller Verfahrensgrundrechte hingewiesen, als grundrechtsgleiche Rechte die Einhaltung rechtsstaatlicher Mindeststandards zu sichern. Art. 103 Abs. 1 GG hat zwar als „prozessuales Urrecht" eine besondere Bedeutung für die Richtigkeitsvermutung der richterlichen Entscheidung. Die übrigen Verfahrensgrundrechte stehen dem Anspruch auf rechtliches Gehör in ihrer Bedeutung für ein Verfahren nach rechtsstaatlichen Grundsätzen dennoch nicht nach. Die Besonderheiten jedes einzelnen Verfahrensgrundrechts wirken sich auf die Rechtsschutzgarantie aus. Jedes Verfahrensgrundrecht ist ein charakteristisches und qualitätssicherndes Element der Rechtsstaatlichkeit, dessen Hauptzweck die Durchsetzung des materiellen Rechts ist[465]. Sämtliche

---

462 *Nassall* ZRP 2004, 164 (168); *Kettinger*, S. 260; *Bloching/Kettinger* NJW 2005, 860 (862).

463 *Borm*, S. 82; *Voßkuhle* NJW 2003, 2193 (2197); *Kettinger*, S. 263.

464 Anders aber offenbar *Gehb* DÖV 2005, 683 (685), der davon ausgeht, dass das BVerfG die verfassungsrechtliche Notwendigkeit eines fachgerichtlichen Abhilfeverfahrens lediglich bei Verstößen gegen Art. 103 Abs. 1 GG festgestellt hat, ohne auf die Frage einzugehen, was bei sonstigen Verstößen gegen den Justizgewährungsanspruch zu gelten hat.

465 Vgl. § 4 I. 1. b).

Verfahrensgrundrechte gehören zu den institutionellen Vorkehrungen, die das verbleibende Risiko falscher Rechtsanwendung durch das Gericht als hinnehmbar erscheinen lassen. Insofern ist beispielsweise auch eine kompetente Besetzung des Gerichts eine Richtigkeitsgewähr[466]. Eine vollumfängliche Richtigkeitsvermutung ergibt sich erst bei Einhaltung der in der Verfassung angelegten Verfahrensdeterminanten in ihrer Gesamtheit[467]. Es lässt sich kein plausibler, sachlicher Grund finden, die Verletzung von Art. 103 Abs. 1 GG durch ein Gericht anders zu behandeln, als die Verletzung aller anderen Verfahrensgrundrechte[468]. Sämtliche Verfahrensgrundrechte sind gleichermaßen schutzbedürftig. Erst bei Einhaltung aller Verfahrensgrundrechte ist es verfassungsrechtlich unbedenklich, wenn die gerichtliche Entscheidung der Überprüfung durch nur eine Instanz unterliegt[469]. Insofern lässt sich ein funktionaler Zusammenhang, wie ihn das Plenum zwischen Art. 103 Abs. 1 GG und der Rechtsschutzgarantie festgestellt hat, auch für alle anderen Verfahrensgrundrechte begründen: Die Rechtsschutzgarantie sichert den Zugang zum Verfahren, während die Verfahrensgrundrechte – jedes in seiner ureigenen Funktion für das rechtsstaatliche Verfahren – auf einen angemessenen Ablauf des Verfahrens zielen. Die Verletzung eines jeden Verfahrensgrundrechts beeinträchtigt diesen Ablauf und vereitelt die Möglichkeit, eine Rechtsverletzung vor Gericht effektiv geltend zu machen.

3. Besonderer Zusammenhang der Verfahrensgrundrechte

Für eine einheitliche Behandlung spricht die Verknüpfung der Verfahrensgrundrechte miteinander. Die Verfahrensgrundrechte sind über das allgemeine Recht auf ein faires Verfahren sowie die Überschneidungen der „klassischen“ Verfahrensgrundrechte eng verbunden[470]. Das BVerfG leitet aus Art. 2 Abs. 1 GG in Verbindung mit dem Rechtsstaatsprinzip ein „allgemeines Prozessgrundrecht“ auf ein faires Verfahren ab[471]. Für den Richter begründet es den Auftrag, sich so zu verhalten, dass die Belange aller Verfahrensbeteiligten berücksichtigt werden und ihnen voller Rechtsschutz zuteil wird. Das Recht auf ein faires Verfahren geht also über die Grenzen der speziellen Verfahrensgrundrechte hinaus[472] und kann als das übergeordnete verfassungsrechtliche Prinzip des Prozesses verstanden werden[473]. Dementsprechend schwierig gestaltet sich

466 BVerfGE 58, 208 (232).
467 *Voßkuhle*, S. 174, 157.
468 *S. Pawlowski*, S. 122; *Rüsken* NJW 2008, 481 (482).
469 *Scheuch/Lindner* ZIP 2004, 973, (976); *Kettinger*, S. 260.
470 *Kroppenberg* ZZP 116 (2003), 403 (427 ff., 434); *Kettinger*, S. 261; *ders.* ZRP 2006, 152 (153).
471 BVerfGE 57, 250 (275); 78, 123 (126); BVerfG NJW 1991, 3140; NJW 1998, 2044.
472 BVerfG DVBl. 1994, 41 (42); BVerfGE 57, 250 (275).
473 MünchKommZPO/*Rauscher*, Einl. Rn. 220.

die Abgrenzung von anderen Verfahrensgrundrechten. Dies gilt insbesondere für den Anspruch auf rechtliches Gehör als unabdingbare Voraussetzung eines jeden fair geführten Verfahrens[474].

Die Verbundenheit der Verfahrensgrundrechte zeigt sich auch darin, dass ihre jeweiligen Schutzbereiche nicht klar voneinander abgrenzbar sind, weil sämtliche Verfahrensgrundrechte im Rechtsstaatsprinzip wurzeln und sich dadurch bedingt Überschneidungen ihrer Anwendungsbereiche ergeben. So ist der vom BVerfG aus dem allgemeinen Gleichheitssatz und dem Rechtsstaatsprinzip entwickelte Grundsatz der Waffengleichheit heute zwar fast allgemein anerkannt und wird in der Rechtsprechung angewendet. Sein Gewährleistungsgehalt und sein Verhältnis zu anderen verfassungsrechtlichen Prozessgrundsätzen sind aber noch nicht hinreichend geklärt[475]. Bezeichnend für die Nähe der prozessualen Verfassungsprinzipien zueinander ist, dass das BVerfG in einem Fall die Möglichkeit beider Prozessparteien, alles für die gerichtliche Entscheidung Erhebliche vorzutragen und alle zur Abwehr des gegnerischen Angriffs erforderlichen prozessualen Verteidigungsmittel geltend zu machen, vom Gewährleistungsinhalt der Waffengleichheit umfasst gesehen hat[476], obwohl diese Anforderungen bereits vom Anspruch auf rechtliches Gehör abgedeckt werden[477]. Eine die Gleichbehandlung von Verletzungen sämtlicher Verfahrensgrundrechte rechtfertigende Abhängigkeit besteht zudem zwischen dem Anspruch auf rechtliches Gehör und dem Recht auf den gesetzlichen Richter. Denn das rechtliche Gehör kann letztlich nur dann seinen Zweck erfüllen, wenn es auch von dem zuständigen Richter gewährt wird[478].

Die enge Verknüpfung der Verfahrensgrundrechte und ihre Verbindung über den Grundsatz des fairen Verfahrens zeigen, dass zu Recht bezweifelt wird, ob es überhaupt gelingen kann, eine genaue Abgrenzung zwischen ihnen vorzunehmen[479]. Jedenfalls spricht die Nähe der Prozessgrundrechte zueinander auch für eine einheitliche Behandlung im Fall ihrer Verletzung. Anderenfalls hinge die Rechtsschutzmöglichkeit im Einzelfall davon ab, ob das Verhalten des Gerichts unter Art. 103 Abs. 1 GG oder ein anderes Verfahrensgrundrecht eingeordnet wird. Eine „Sonderbehandlung“ von Gehörsverletzungen würde zudem dazu führen, dass bei gleichzeitiger Rüge der Verletzung mehrerer Verfahrensgrundrechte unterschiedliche Rechtswege zu beschreiten wären. Die

---

474 Musielak/*Musielak*, Einl. Rn. 29; *Zuck* AnwBl 2006, 773 (776 f.).
475 MünchKommZPO/*Rauscher*, Einl. Rn. 222; Musielak/*Musielak*, Einl. Rn. 31.
476 BVerfGE 55, 71 (93 f.).
477 Vgl. MünchKommZPO/*Rauscher*, Einl. Rn. 222.
478 *Poelzig* ZZP 121 (2008), 233 (236).
479 Musielak/*Musielak*, Einl. Rn. 32.

damit einhergehende Ungleichbehandlung wesentlich Gleichen findet jedoch keine Rechtfertigung.

4. Entwicklungsgeschichte

Das BVerfG hat in seinem Plenarbeschluss nicht zum ersten Mal darauf hingewiesen, dass das Rechtsstaatsprinzip neben der bloßen Garantie der Grundrechte auch die Möglichkeit einer zumindest einmaligen (fach-) gerichtlichen Kontrolle ihrer Einhaltung erfordert[480]. Vielmehr hat die Entwicklung der Rechtsprechung zum außerordentlichen Rechtsschutz bei Verletzung von Verfahrensgrundrechten ihren Ursprung gerade in dieser Feststellung[481]. Zwar standen auch hier zunächst Verletzungen des Anspruchs auf rechtliches Gehör im Vordergrund. Das BVerfG selbst hat seine Forderung nach fachgerichtlichem Rechtsschutz auf andere Verfahrensgrundrechtsverstöße, namentlich das Recht auf den gesetzlichen Richter, ausgedehnt[482]. Einige Fachgerichte ließen die außerordentliche Beschwerde auch bei behaupteten Verletzungen des Willkürverbots zu. Auch wenn sich die Fachgerichte keineswegs darüber einig waren, bei welchen Verfahrensgrundrechtsverletzungen die außerordentliche Beschwerde zugelassen werden sollte, zeigt sich, dass bereits weit vor dem Plenarbeschluss das Bedürfnis anerkannt war, fachgerichtlichen Rechtsschutz nicht nur bei behaupteten Gehörsverletzungen, sondern auch bei anderen Verfahrensgrundrechtsverletzungen einzurichten. Die Ausdehnung der Entscheidungsgründe auf die Verletzung anderer Verfahrensgrundrechte ist demnach logische Konsequenz dieser Vorgeschichte des Plenarbeschlusses[483].

5. Subsidiarität der Verfassungsbeschwerde

Es wird im Grundsatz nicht bestritten, dass es überhaupt Rechtsschutz bei Verletzungen von Verfahrensgrundrechten geben muss, weil die Gewährleistungen anderenfalls ohne Durchsetzungsmöglichkeit blieben. So stand und steht den Betroffenen jedenfalls die Verfassungsbeschwerde für eine entsprechende Rüge zur Verfügung. Ausgehend von dieser Prämisse spricht die grundgesetzliche Kompetenzverteilung für eine einheitliche Behandlung aller Verfahrensgrundrechte [484]. Die Fachgerichte haben bei der Überprüfung von Grundrechtsverletzungen eine umfassende Vorrangstellung gegenüber dem BVerfG. Diese Kompetenzverteilung gilt unabhängig von Art und Inhalt des

480 Darauf weist auch *Gehb* DÖV 2005, 683 hin.

481 Vgl. zur Entwicklung die ausführliche Darstellung in § 2.

482 BVerfGE 63, 77 (78 f.).

483 *Kroppenberg* ZZP 116 (2003), 403 (434); *Kettinger*, S. 263.

484 a.A.: *Krämer* AnwBl 1998, 617 (620), der – allerdings ohne Begründung – die Ansicht vertritt, allein aus dem Subsidiaritätsprinzip lasse sich eine Zuständigkeit der Fachgerichte zur Selbstkorrektur von Verstößen gegen Verfahrensgrundrechte nicht ableiten.

jeweils verletzten Verfahrensgrundrechts, fordert also fachgerichtlichen Rechtsschutz für sämtliche Verfahrensgrundrechtsverletzungen und nicht lediglich für solche des rechtlichen Gehörs. Nur so ist gewährleistet, dass das BVerfG funktionsfähig bleibt und seine Aufgabe als „Hüter der Verfassung“ erfüllen kann.

6. Zwischenergebnis

Der Justizgewährungsanspruch begründet also einen Anspruch auf fachgerichtlichen Rechtsschutz nicht nur bei Verletzungen von Art. 103 Abs. 1 GG, sondern auch bei Verletzung anderer Verfahrensgarantien durch ein Gericht. Obwohl die Vorlagefrage und der Tenor des Beschlusses darauf schließen lassen, das Plenum des BVerfG habe den Gesetzgeber nur für Verletzungen des Art. 103 Abs. 1 GG zum Tätigwerden aufgefordert, belegt die Beschlussbegründung gerade das Gegenteil. Das BVerfG hat eine Grundsatzentscheidung getroffen, die für die Verletzung sämtlicher Verfahrensgrundrechte gilt.

III. Intention des Gesetzgebers

Nach der Untersuchung der verfassungsrechtlichen Vorgaben steht fest, *dass* die Verfassung Rechtsschutz bei der erstmaligen Verletzung von Verfahrensgrundrechten fordert und *dass* dieser Rechtsschutz durch die Fachgerichte zu leisten ist. Ungeklärt ist, wie dieser Rechtsschutz gewährt werden kann, wenn und soweit prozessuale Beschränkungen die Korrektur mittels gesetzlich (ausdrücklich) geschriebener Rechtsbehelfe ausschließen. Denkbar ist, den verfassungsrechtlich erforderlichen Rechtsschutz weiterhin durch Anwendung außerordentlicher Rechtsbehelfe, insbesondere der außerordentlichen Beschwerde, zu gewähren. In Betracht kommt aber auch, die Regelungslücken bei Verletzung anderer verfassungsrechtlicher Verfahrensgarantien durch die Gerichte im Wege analoger Anwendung des § 321 a ZPO zu schließen. Maßgebliches Kriterium für die Auslegung und für die analoge Anwendung von Gesetzesnormen ist das vom Gesetzgeber mit ihrer Einführung verfolgte Ziel. Sinn und Zweck einer Regelung können sowohl die Erweiterung einer Vorschrift zulassen, als auch ihre absoluten Grenzen bestimmen.

1. Das Zivilprozessreformgesetz

a) Im Rahmen der ZPO-Reform hat der Gesetzgeber das Rechtsbehelfsrecht grundlegend umgestaltet, um den Zivilprozess *„durch eine grundlegende Strukturreform bürgernäher, effizienter und durchschaubarer“* [485] zu gestalten. Er bemängelte, dass der Weg der Anfechtbarkeit gerichtlicher Entscheidungen

485 BT-Drucks. 14/4722, S. 58.

teilweise nur noch für Experten zu überblicken sei; in Teilbereichen wie zum Beispiel dem Beschwerderecht sei er kaum noch nachvollziehbar[486]. Der Gesetzgeber entschied sich daher dafür, eine einheitliche Rechtsbeschwerde nach § 574 Abs. 1 ZPO einzuführen und deren Statthaftigkeit ausschließlich an die ausdrückliche gesetzliche Bestimmung oder die Zulassung der Beschwerde durch das Beschwerdegericht anzuknüpfen. Darüber hinaus traf er die Entscheidung, eine Nichtzulassungsbeschwerde nur gegen die Nichtzulassung der Revision einzuführen und die Nichtzulassung der Berufung und der Beschwerde einer Beschwerdemöglichkeit zu entziehen. Selbst für die Einführung des § 544 ZPO sah er keine zwingenden verfassungsrechtlichen Gründe, weil das Rechtsstaatsprinzip nicht verlange, dass gegen jede richterliche Entscheidung ein Rechtsbehelf gegeben sein müsse. Ein umfassender Ausschluss der Nichtzulassungsbeschwerde sei jedoch *„rechtssystematisch nur schwer vertretbar“*[487]. Im Hinblick darauf, dass es sich bei den Rechtsbeschwerdeentscheidungen in der Regel um weniger bedeutsame Nebenentscheidungen handele, sei in diesen Fällen die Einführung einer Nichtzulassungsbeschwerde aber nicht erforderlich[488].

Die Bemühungen des Gesetzgebers um einen einheitlichen und vor allem übersichtlichen und für den Bürger nachvollziehbaren Beschwerderechtszug sprechen bereits für sich genommen dafür, dass eine Beschwerde außerhalb der gesetzlichen Regelungen nach der Reform nicht (mehr) statthaft ist. Im Bereich der außerordentlichen Beschwerde war die Rechtslage besonders unüberschaubar und – wenn überhaupt – nur für den Experten nachvollziehbar. Auch unter Rückgriff auf die herkömmliche Definition der „greifbaren Gesetzwidrigkeit“ war eine Bestimmung des Anwendungsbereichs dieser „Beschwerde“ nicht möglich. Die Zielvorgabe eines transparenten und nachvollziehbaren Beschwerdeverfahrens ist also nur erfüllt, wenn das gesetzliche Beschwerderecht abschließend zu verstehen ist.

b) Welchen Lösungsansatz der Gesetzgeber im Jahr 2002 für den Rechtsschutz bei Verletzung von Verfahrensgrundrechten für vorzugswürdig hielt, zeigt maßgeblich die Einführung von § 321 a ZPO. Obwohl Verletzungen des Anspruchs auf rechtliches Gehör in der Praxis zuvor häufig im Wege der außerordentlichen Beschwerde korrigiert wurden, entschied sich der Gesetzgeber dafür, ein besonderes Verfahren in den Zivilprozess einzuführen, mit dem er dem entscheidenden Gericht die Kompetenz einräumte, Gehörsverletzungen bei unanfechtbaren und bindenden Entscheidungen selbst abzuhelfen. Damit traf er

486 BT-Drucks. 14/4722, S. 59.
487 BT-Drucks. 14/4722, S. 67.
488 BT-Drucks. 14/4722, S. 69.

eine bewusste Entscheidung gegen die Korrektur von Grundrechtsverstößen innerhalb des Beschwerderechtszugs. Diese ist besonders beachtlich, weil sie die Durchbrechung der nach § 318 ZPO angeordneten Bindungswirkung einer Entscheidung begründete. Die Einführung des § 321 a ZPO wird daher zutreffend mehrheitlich als Grundentscheidung des Gesetzgebers für eine Selbstabhilfe innerhalb der entscheidenden Instanz verstanden[489]. Sie wirkt sich aber nicht nur auf Verletzungen des Anspruchs auf rechtliches Gehör aus. Vielmehr entspricht es dieser gesetzgeberischen Grundentscheidung, auch Verletzungen anderer Verfahrensgarantien der Selbstkontrolle des iudex a quo zuzuführen. In diesen Fällen eine außerordentliche Beschwerde zuzulassen, wäre systemwidrig, weil dann zwei Rechtszüge mit unterschiedlichen Zuständigkeiten nebeneinander existierten[490].

Gegen die Annahme einer umfassenden Grundentscheidung spricht nicht etwa, dass die Einführung des § 321 a ZPO nach der Regierungsbegründung ausdrücklich das Bedürfnis befriedigen sollte, „*vorwiegend unbeabsichtigte*“ Verletzungen des Anspruchs auf rechtliches Gehör korrigieren zu können[491]. Hintergrund dieser Aussage ist ersichtlich, dass der Gesetzgeber das BVerfG von der Korrektur der sog. „Pannenfälle“ entlasten wollte. Weder die Intention noch der Wortlaut der Regierungsbegründung oder der Vorschrift selbst schließen die Einbeziehung „bewusster“ Verletzungen des rechtlichen Gehörs aus.

c) Die Gesetzesbegründung lässt erkennen, dass sich der Gesetzgeber im Vorfeld des Zivilprozessreformgesetzes mit der Möglichkeit auseinander gesetzt hat, § 321 a ZPO auf alle unanfechtbaren Verfahrensentscheidungen, insbesondere auf Beschlüsse, auszudehnen[492]. Anlass dazu gab die Kritik des Bundesrats, der die vorgeschlagene Regelung in seiner Stellungnahme zu dem Regierungsentwurf als verfahrensrechtlich verfehlt bezeichnete, weil sie sich auf mit der Berufung unanfechtbare Urteile im ersten Rechtszug beschränke[493]. Die Bundesregierung wies jedoch auf die „Notwendigkeit eines jeden Rechtsmittelsystems hin, im Interesse der Rechtssicherheit – aber auch des effektiven Ressourceneinsatzes – die Überprüfungsmöglichkeiten nicht gleichsam ins Unendliche auszudehnen“, und blieb bei der geplanten Fassung. Daraus lässt

489 BGHZ 150, 133 ff.; *Lipp* NJW 2002, 1700 (1701); *Pape* NZI 2003, 12 (14 f.); a.A.: *Rößler* BB 2003, 1710 (1711); allerdings wegen fehlender Objektivität, Unbefangenheit und Sachkunde des iudex a quo.

490 *Pape* NZI 2003, 12 (14).

491 BT-Drucks. 14/4722, S. 63.

492 BT-Drucks. 14/4722, S. 156.

493 Stellungnahme des Bundesrates, BT-Drucks. 14/4722, Anlage 2, S. 148.

sich jedoch nicht der Rückschluss ziehen, der Gesetzgeber habe mit Blick auf die notwendigen Grenzen jeglicher Überprüfung bewusst auf eine weitergehende Regelung in *jeder* Hinsicht verzichtet[494]. Die Bundesregierung hat die Ausdehnung lediglich im Hinblick auf sämtliche Verfahrensentscheidungen, nicht aber auf andere Verfahrensgrundrechte ausgeschlossen.

2. Anhörungsrügengesetz

Mit dem sog. Anhörungsrügengesetz verfolgte der Gesetzgeber das Ziel, das gesetzliche Rechtsbehelfssystem an die vom Plenum des BVerfG formulierten verfassungsrechtlichen Anforderungen anzupassen.

a) Aus der Begründung zum Anhörungsrügengesetz geht hervor, dass der Gesetzgeber „*Gesetzgebungsbedarf nur insoweit* [sah], *als Verstöße gegen den Anspruch auf rechtliches Gehör nach geltendem Recht weder innerhalb des allgemeinen Rechtsbehelfssystems noch mit einem ausdrücklich dafür vorgesehenen Rechtsbehelf gerügt werden können*“[495]. *Dem Tenor der bundesverfassungsgerichtlichen Plenarentscheidung folgend ergänzt der Gesetzentwurf das Rechtsbehelfssystem um die Möglichkeit, einen Verstoß gegen das in Artikel 103 Abs. 1 GG verbürgte Recht auf rechtliches Gehör zu rügen. Eine Erstreckung dieses Rechtsbehelfs auf die Verletzung anderer Verfahrensgrundrechte ist nicht Gegenstand des vom Bundesverfassungsgericht erteilten Gesetzgebungsauftrages.*“

Vor dem Hintergrund der bereits vorgenommenen verfassungsrechtlichen Untersuchung des Bedarfs nach Rechtsschutz bei Verletzung von Verfahrensgrundrechten belegen diese Äußerungen, dass der Gesetzgeber den vom Plenum des BVerfG aufgezeigten Regelungsbedarf missverstanden bzw. dessen tatsächlichen Umfang nicht erkannt hat[496]. Schließlich beabsichtigte er, mit dem Anhörungsrügengesetz die verfassungsrechtlichen Vorgaben zu erfüllen und das Rechtsschutzdefizit zu beheben[497]. Zwar nahm das Plenum den Auftrag nur

---

494 So aber offensichtlich *Polep/Rensen*, S. 17 f.

495 BT-Drucks. 15/3706, S. 13.

496 So auch *Rudisile*, in: Schoch/Schmidt-Aßmann/Pietzner, § 152 a VwGO Rn. 36; *Schnabl*, S. 101 f.

497 Dies ergibt sich auch aus der Begründung des Anhörungsrügengesetzes durch den Parlamentarischen Staatssekretär beim BMJ Alfred Hartenbach: „Wir setzen nämlich einen Auftrag des BVerfG um: Verletzt ein Richter den Anspruch eines Verfahrensbeteiligten auf rechtliches Gehör, so reicht es nicht, den Betroffenen auf eine Verfassungsbeschwerde zu verweisen. Dem Verstoß muss im fachgerichtlichen Verfahren abgeholfen werden.“ (BT, 15. Wahlperiode, 135. Sitzung v. 28.10.2004, Plenarprot. 15/135, S. 12, 425).

soweit in den Tenor auf, als er Rechtsschutz gegen Gehörsverletzungen betraf. Ein Rechtsschutzdefizit und ein dementsprechender Regelungsbedarf besteht aber gleichfalls bei erstmaligen Verstößen gegen andere Verfahrensgrundrechte.

Dieses Fehlverständnis hat offenbar dazu geführt, dass sich der Gesetzgeber zum Rechtsschutz gegen Verletzungen anderer Verfahrensgrundrechte nur folgendermaßen äußerte: „*Damit trifft der Entwurf keine Aussage zu der Frage, wie die Gerichte künftig mit Verletzungen etwa des Willkürverbots umgehen sollen; insbesondere die bisher zur Anwendung gekommenen außerordentlichen Rechtsbehelfe wie die außerordentliche Beschwerde oder die Gegenvorstellung sollen durch die Beschränkung dieses Entwurfs auf eine Erweiterung der Rügemöglichkeiten bei Anhörungsverstößen nicht ausgeschlossen werden*“[498]. Aus dem ausdrücklichen Hinweis auf die außerordentlichen Rechtsschutzmöglichkeiten in Kombination mit der Wendung „nicht ausgeschlossen werden“ darf jedoch nicht vorschnell geschlossen werden, dass der Gesetzgeber damit explizit ihre weitere Existenz bestätigen wollte und die Gesetzesbegründung eine Entscheidung für die außerordentlichen Rechtsbehelfe begründet. Eine solche Auslegung ließe unberücksichtigt, dass der Entwurf gerade *keine* Aussage zu der Frage trifft, wie die Gerichte künftig mit Verletzungen anderer Verfahrensgrundrechte umgehen sollen. Der Gesetzgeber wollte die Anwendung außerordentlicher Rechtsbehelfe also weder ablehnen noch bestätigen. Dies ist nur konsequent, weil er davon ausging, das Plenum des BVerfG habe dies gar nicht von ihm gefordert. Der Hinweis des Gesetzgebers auf die außerordentlichen Rechtsbehelfe stellt deshalb lediglich klar, dass der Entwurf selbst zu dieser Frage keine Aussage trifft. Damit hat der Gesetzgeber die entscheidende Frage offen gelassen und die Entscheidung über den Rechtsschutz bei Verletzungen anderer Grundrechte durch ein Gericht (weiterhin) der Rechtsprechung überlassen.

b) Der Gesetzgeber ließ sich bei der Ausgestaltung des fachgerichtlichen Rechtsschutzes von der Anregung des BVerfG leiten, wonach das Regelungsmodell des § 321 a ZPO a.F. ausdrücklich mögliches Modell eines Rechtsbehelfs sei. In der Gesetzesbegründung wies er nochmals darauf hin, dass die Überprüfung nach dem Plenarbeschluss des BVerfG „*durch das erkennende Gericht („iudex a quo“) erfolgen*“ könne[499]. Daher sei auch die Anhörungsrüge in ihrer neuen Fassung bei dem Gericht zu erheben, das die gerügte Entscheidung erlassen habe. Damit hat der Gesetzgeber den ihm durch das Plenum eingeräumten Gestaltungsspielraum jedoch nicht vollständig wiedergegeben. Das BVerfG hatte ihm zwar überlassen, die Kontrollmöglichkeit auch bei dem

498 BT-Drucks. 15 /3706, S. 14.
499 BT-Drucks. 15/3706, S. 13.

Gericht einzurichten, dessen Verfahrenshandlung als fehlerhaft gerügt werde, diese Möglichkeit aber ausdrücklich an die Bedingung geknüpft, dass der Mangel auf diese Weise *effektiv* beseitigt werde[500]. Dazu hat der Gesetzgeber in der Begründung nicht Stellung genommen und damit ungeachtet der im Schrifttum geäußerten massiven Kritik an der Effektivität des Rechtsbehelfs eine eigene Auseinandersetzung mit der „Wirksamkeitsproblematik" umgangen. Stattdessen wählte er „den einfachen Weg", indem er den vom Plenum des BVerfG als mögliches Modell eines Rechtsbehelfs zur Überprüfung von Gehörsverstößen bezeichneten § 321 a ZPO a.F. den Ausführungen des Plenums entsprechend erweiterte. Dennoch handelt es sich um eine bewusste Entscheidung für die Beibehaltung der Abhilfe innerhalb derselben Instanz, und damit um eine Bestätigung der bereits mit der Einführung des § 321 a ZPO getroffenen Grundentscheidung für die Zuständigkeit des iudex a quo. Diese Entscheidung ist trotz der nachhaltigen Kritik an der Effektivität eines Rechtsbehelfs zum iudex a quo nach der hier vertretenen Auffassung verfassungsrechtlich nicht zu beanstanden[501].

IV. Ergebnis zu § 4

Die Untersuchung der Regierungsbegründungen zum Zivilprozessreformgesetz und zum Anhörungsrügengesetz bringt wesentliche Ergebnisse für die Auseinandersetzung mit den verschiedenen Lösungsansätzen. Der Begründung zum ZPO-Reformgesetz 2002 ist zu entnehmen, dass der Gesetzgeber das Beschwerderecht umfassend gesetzlich regeln wollte, um eine transparente und nachvollziehbare Regelung zu schaffen. Entgegen aller Kritik hielt er auch für die neue Fassung des § 321 a ZPO an der Selbstabhilfemöglichkeit für den iudex a quo fest. Insofern ist die Selbstabhilfe durch den iudex a quo jedenfalls nach Erlass des Anhörungsrügengesetzes als gesetzgeberische Grundentscheidung anzusehen. Wichtigste Erkenntnis der Untersuchung ist jedoch, dass die Beschränkung des Rechtsschutzes auf Verletzungen des Anspruchs auf rechtliches Gehör auf den Irrtum des Gesetzgebers zurückzuführen ist, dass ein darüber hinausgehender verfassungsrechtlicher Bedarf nicht bestehe. Deshalb sah sich der Gesetzgeber auch nicht in der Verpflichtung, eine Regelung für den Rechtsschutz bei Verletzungen anderer Grundrechte zu treffen, sondern überließ dies Rechtsprechung und Wissenschaft.

500 BVerfGE 107, 395 (408).

501 vgl. Teil 1, § 4 I. 3.

§ 5 Umsetzung der verfassungsrechtlichen Vorgaben de lege lata

Zu untersuchen bleibt, ob die derzeit zur Korrektur von Verfahrensgrundrechtsverletzungen angewendeten Rechtsbehelfe den verfassungsrechtlichen Vorgaben entsprechen. Soweit es sich um außerordentliche Rechtsbehelfe handelt, ist die verfassungsrechtlich erforderliche Rechtsmittelklarheit fraglich. Bei der analogen Anwendung des § 321 a ZPO wird die Effektivität des Rechtsschutzes bezweifelt. Fraglich ist daher, ob es im aktuellen Rechtsbehelfsrecht überhaupt einen Rechtsbehelf gegen Grundrechtsverletzungen gibt, der sämtliche verfassungsrechtlichen Anforderungen erfüllt.

I. Verfassungsbeschwerde

Geht man davon aus, dass weder die außerordentliche Beschwerde, noch die Gegenvorstellung oder die analoge Anwendung des § 321 a ZPO zur Korrektur anderer Grundrechtsverletzungen herangezogen werden können, scheint die Anwendung der Verfassungsbeschwerde als einzig verbleibende Abhilfemöglichkeit logische Konsequenz zu sein. Die Verfassungsbeschwerde genügt den verfassungsrechtlichen Anforderungen aber insofern nicht, als es sich nicht um einen fachgerichtlichen Rechtsbehelf handelt. Nach der grundgesetzlichen Kompetenzverteilung obliegt die Abhilfe von Verstößen gegen Grundrechte zunächst den Fachgerichten. Die Verfassungsbeschwerde zählt jedoch weder zum fachgerichtlichen Verfahren, noch schließt sie sich als zusätzlicher Rechtsbehelf an das fachgerichtliche Verfahren an. Der Rechtsschutz bei Verfahrensgrundrechtsverletzungen darf daher nicht auf die Verfassungsbeschwerde beschränkt werden[502].

Die Verfassungsbeschwerde genügt den verfassungsrechtlichen Anforderungen aber auch deshalb nicht, weil sie aufgrund ihrer engen Annahmevoraussetzungen als alleinige Abhilfemöglichkeit keinen effektiven Rechtsschutz gewährleistet[503]. Das Annahmeverfahren der §§ 93 a ff. BVerfGG gibt dem BVerfG einen Spielraum bei der Auslegung und Anwendung der Rechtsbegriffe, die für

502 *Redeker* NJW 2003, 2956 (2957).

503 *Zuck* ZRP 2008, 44 (47), geht offenbar davon aus, dass der durch die Verfassungsbeschwerde vermittelte Rechtsschutz bei der Verletzung anderer Verfahrensgrundrechte als Art. 103 Abs. 1 GG ausreicht, weil er dann nicht rechtsschutzlos gestellt sei und im Übrigen solche Verstöße anders als bei der quantitativ sehr bedeutsamen Anhörungsrüge vergleichsweise selten vorkommen. Daraus zieht er den Rückschluss, dass der Gesetzgeber für die Verletzung dieser Rechte eine instanzgerichtliche Abhilfemöglichkeit schaffen könne, aber nicht müsse.

die Annahme der Verfassungsbeschwerde zur Entscheidung maßgeblich sind[504]. Auf die Frage, ob der Verfassungsbeschwerde „grundsätzliche verfassungsrechtliche Bedeutung zukommt" oder ob die Annahme „zur Durchsetzung der in § 90 genannten Rechte angezeigt ist", gibt es zwar theoretisch nur eine richtige Antwort. Praktisch gesehen können diese Wertungen aber in die eine oder die andere Richtung führen[505].

Über die verfassungsrechtlichen Argumente hinaus sei kurz auf die praktischen Auswirkungen hingewiesen, die sich aus der Anwendung der Verfassungsbeschwerde als primärer Rechtsbehelf gegen Verfahrensgrundrechtsverletzungen ergeben. Bei gleichzeitiger Rüge einer Verletzung von Art. 103 Abs. 1 GG und anderer Verfahrensgrundrechtsverletzungen müsste der Betroffene die Gehörsverletzung mit der Anhörungsrüge beim iudex a quo geltend machen, könnte aber die übrigen Grundrechtsverletzungen sogleich mit der Verfassungsbeschwerde rügen. Das BVerfG ist der Ansicht, es vertrage sich nicht mit dem Zweck des Subsidiaritätsgrundsatzes, für unterschiedliche Verfassungsrechtsverletzungen verschiedene parallel einzulegende Rechtsbehelfe mit unterschiedlichen Fristen vorzusehen[506]. Jedenfalls in den Fällen, in denen sich die Gehörsverletzung auf den gesamten Streitgegenstand des fachgerichtlichen Verfahrens erstrecke, sei eine Verfassungsbeschwerde auch in Bezug auf ein anderes Grundrecht unzulässig. Hier eröffnet sich ein weites Problemfeld, das eine komplizierte Differenzierung der einzulegenden Rechtsbehelfe nach der Teilbarkeit des Streitgegenstandes erforderlich macht[507]. Wird diese Teilbarkeit fehlerhaft beurteilt, wird der „richtige Weg" aller Wahrscheinlichkeit nach durch Fristablauf für die Erhebung des Rechtsbehelfs abgeschnitten sein. Rechtsmittelklarheit wird auf diese Weise jedenfalls nicht geschaffen.

II. Außerordentliche Beschwerde

Die außerordentliche Beschwerde ist zwar ein fachgerichtlicher Rechtsbehelf. Den verfassungsrechtlichen Anforderungen entspricht sie dennoch nicht, weil sie als außergesetzlicher Rechtsbehelf weder in der geschriebenen Rechtsordnung geregelt, noch in ihren Voraussetzungen für den Bürger erkennbar ist. Damit verstößt sie gegen das verfassungsrechtliche Erfordernis der Rechtsmittelklarheit[508]. Für den Rechtsuchenden bleibt ihr Anwendungsbereich ebenso unklar wie ihre weiteren Voraussetzungen. Beispielsweise ist nicht erkennbar,

504 *Zuck*, Verfassungsbeschwerde, Rn. 26.
505 *Lechner/Zuck*, § 93 a BVerfGG, Rn. 19.
506 BVerfG NJW 2005, 3059 (3060) (*Queen Mary II*).
507 Ausführlich zur Differenzierung: *Desens* NJW 2006, 1243 (1245 ff.).
508 So auch BGH NJW 2003, 3137 (3138).

innerhalb welcher Frist und in welcher Form die außerordentliche Beschwerde einzulegen ist. Ein besonderer Unsicherheitsfaktor ist der Zulassungsgrund der „greifbaren Gesetzwidrigkeit". Ob das Beschwerdegericht die Entscheidung des Ausgangsgerichts als „greifbar" oder als schlicht gesetzwidrig beurteilt, ist eine Wertungsfrage, die von jedem Gericht unterschiedlich beantwortet werden kann und deshalb für den Rechtsmittelführer keinesfalls abzusehen ist. Das BVerfG selbst hat daher in seinem Plenarbeschluss ausdrücklich erklärt, dass die außerordentlichen Rechtsbehelfe den Anforderungen an die Rechtsmittelklarheit nicht genügen[509] und damit auch der außerordentlichen Beschwerde eine klare Absage erteilt.

Die außerordentliche Beschwerde gewährleistet fachgerichtlichen Rechtsschutz zudem nicht in dem vom Justizgewährungsanspruch geforderten Umfang. Das Plenum des BVerfG hat klargestellt, dass jede erstmalige Verletzung eines Verfahrensgrundrechts durch ein Gericht der Nachprüfung durch die Fachgerichte unterliegen muss[510]. Die außerordentliche Beschwerde richtet sich an den iudex ad quem und steht dementsprechend zur Rüge von Grundrechtsverstößen nur zur Verfügung, wenn eine übergeordnete Instanz überhaupt (noch) vorhanden ist. Verletzt der BGH ein Verfahrensgrundrecht, kann die außerordentliche Beschwerde den erforderlichen Rechtsschutz naturgemäß nicht gewähren. Die außerordentliche Beschwerde scheitert an den tatsächlichen Gegebenheiten des Rechtsbehelfssystems, deckt das Rechtsschutzdefizit folglich nicht in vollem Umfang ab.

Neben verfassungsrechtlichen Gründen sprechen gesetzessystematische Bedenken und praktische Konsequenzen gegen die außerordentliche Beschwerde. Das Rechtsmittelsystem der ZPO ist stark formalisiert und seiner Grundkonzeption nach in sich abgeschlossen[511]. Die Zulassung außerordentlichen Rechtsschutzes durchbricht den numerus clausus der Rechtsbehelfe und weicht dessen klare Grenzen auf – zwangsläufig zu Lasten der Rechtssicherheit. Obwohl versucht wird, ihren Anwendungsbereich eng zu halten, besteht die Gefahr, dass sich der außerordentliche Rechtsschutz zu einer allgemeinen Billigkeitskontrolle ausweitet und damit zum „Einfallstor in die Rechtssicherheit" wird[512].

Schließlich spricht gegen die außerordentliche Beschwerde, dass der Gesetzgeber bereits mit der Einführung des § 321 a ZPO im Rahmen des

509 BVerfGE 107, 395 (416).
510 BVerfGE 107, 395; NJW 2003, 1924; vgl. Teil 1, § 4 I. 4. und § 4 II.
511 *Lipp* NJW 2002, 1700 (1701); BGH NJW 1993, 1865.
512 Zöller/*Heßler*, vor § 567 ZPO Rn. 7; *Kerwer* JuS 1997, 592 (594).

Zivilprozessreformgesetzes die Grundentscheidung getroffen hat, dass Grundrechtsverletzungen durch den iudex a quo abzuhelfen ist[513]. Die Zuständigkeit für die außerordentliche Beschwerde liegt jedoch beim iudex ad quem und durchbricht daher die gesetzgeberische Grundentscheidung[514]. Dementsprechend hat der BGH zutreffend festgestellt, dass die außerordentliche Beschwerde nach der ZPO-Reform 2002 nicht mehr statthaft ist[515]. Dies gilt erst Recht, nachdem der Gesetzgeber auch mit dem Anhörungsrügengesetz an der Selbstabhilfemöglichkeit festgehalten hat, obwohl die Kritik[516] an der Effektivität einer Selbstkorrektur Anlass hätte geben können, die Vorschrift auch insofern abzuändern. Es entspricht daher dem Willen des Gesetzgebers bzw. der Gesetzessystematik, auch alle anderen Verfahrensgrundrechtsverletzungen durch unanfechtbare und letztinstanzliche Entscheidungen vom iudex a quo korrigieren zu lassen[517].

Die außerordentliche Beschwerde zum iudex ad quem durchbricht die Gesetzessystematik nicht nur, sondern führt darüber hinaus zu schwerwiegenden Wertungswidersprüchen. Während Verletzungen des Anspruchs auf rechtliches Gehör durch das Ausgangsgericht zu korrigieren sind, würde bei allen anderen Verfahrensgrundrechtsverletzungen weiterreichender Rechtsschutz durch das nächsthöhere Gericht geleistet. Verletzungen von Art. 103 Abs. 1 GG würden ohne sachlichen Grund gegenüber Verletzungen anderer Verfahrensgrundrechte privilegiert. Eine Trennung zwischen den Rechtsbehelfen ist außerdem nur so lange problemlos möglich, wie entweder ausschließlich Gehörsverletzungen oder ausschließlich andere Grundrechtsverletzungen gerügt werden sollen. Bei gleichzeitiger Rüge verschiedener Verfahrensgrundrechtsverletzungen muss der Betroffene unterschiedliche Rechtsbehelfe ergreifen. Dies ist weder prozessökonomisch, noch dazu geeignet, Rechtsmittelklarheit zu schaffen.

III. Gegenvorstellung

Im Unterschied zur außerordentlichen Beschwerde richtet sich die Gegenvorstellung an den iudex a quo und entspricht damit jedenfalls der gesetzgeberischen Grundentscheidung für eine Abhilfe durch das entscheidende Gericht. Das Zusammentreffen der Anhörungsrüge mit der Rüge eines Verstoßes gegen ein anderes Verfahrensgrundrecht führt daher weder zu Wertungswidersprüchen noch zu praktischen Problemen. Weil die Statthaftigkeit der Gegenvorstellung

513 Vgl. § 4 III. 1. b).
514 *Poelzig* ZZP 121 (2008), 233 (238).
515 BGHZ 150, 133.
516 *Seer/Thulfaut* BB 2005, 1085 (1088); *Bloching/Kettinger* NJW 2005, 860 (863); *Schneider* MDR 2006, 969 (970 f.); *Kettinger* JR 2006, 443 (444).
517 *Pape* NZI 2003, 12 (14 f.); *Lipp* NJW 2002, 1700 (1701).

als Selbstkorrekturmöglichkeit nicht an das Vorhandensein einer übergeordneten Kontrollinstanz gebunden ist, bietet sie auch dann noch ausreichenden Rechtsschutz, wenn das Gericht erst in der letzten Instanz Verfahrensgrundrechte der Parteien verletzt. Deshalb wird dieser Rechtsbehelf wohl auch von den Gerichten vielfach zugelassen[518]. Dennoch verbleiben auch bei Anwendung der Gegenvorstellung Regelungslücken. Der verfassungsrechtliche Bedarf nach Rechtsschutz gegen alle erstmaligen Verfahrensgrundrechtsverletzungen wird durch die Gegenvorstellung nur teilweise gedeckt, weil sie nur statthaft ist gegen Beschlüsse, soweit kein spezieller Rechtsbehelf gegeben ist und das Gericht sie noch abändern kann[519]. Damit kann die Gegenvorstellung aufgrund der Beschränkung ihres Anwendungsbereichs das fachgerichtliche Rechtsschutzdefizit nicht vollumfänglich ausfüllen.

Hauptkritikpunkt ist jedoch die fehlende Rechtsmittelklarheit der Gegenvorstellung. Als außerordentlicher Rechtsbehelf erfüllt sie diese verfassungsrechtliche Anforderung ebenso wenig wie die außerordentliche Beschwerde. Weder die Existenz des Rechtsbehelfs noch dessen Voraussetzungen sind für den Betroffenen im geschriebenen Recht erkennbar. Dies gilt zwar nicht, soweit sich die Gegenvorstellung seit Inkrafttreten des Zivilprozessreformgesetzes auf § 572 Abs. 1 ZPO stützen lässt[520]. Damit hat die Gegenvorstellung aber nur insoweit eine gesetzliche Grundlage gefunden, als eine sofortige Beschwerde zulässig wäre. Die Gegenvorstellung ist damit also nur in einem Teilbereich gesetzlich geregelt.

Unabhängig davon erfüllt die Gegenvorstellung die Voraussetzungen des Justizgewährungsanspruchs aber bereits aus einem anderen Grund nicht. Der Justizgewährungsanspruch garantiert dem Betroffenen ein prozessual durchsetzbares Recht auf eine gerichtliche Entscheidung bei unanfechtbaren Entscheidungen. Einen durchsetzbaren Anspruch im Sinne einer prozessualen Pflicht bzw. eines subjektiven Rechts auf Prüfung und Abhilfe der unzulässigen Beschwerde begründet die Gegenvorstellung nach § 572 Abs. 1 ZPO aber nicht, weil die angegriffene Entscheidung des Gerichts gerade unanfechtbar ist[521].

518 z.B. OLG Frankfurt FamRZ 2006, 964; OLG Dresden NJW 2006, 851; OLG Koblenz, Beschluss v. 26.02.2008, 13 WF 2/08, BeckRS 2008 06892.

519 MünchKomm/*Lipp*, Vor §§ 567 ZPO Rn. 8 ff.; Musielak/*Ball*, § 567 Rn. 27.

520 Dies übersieht beispielsweise *Zuck* ZRP 2008, 44 (47), der davon ausgeht, dass die Zulassung der Gegenvorstellung grundsätzlich gegen das rechtsstaatliche Gebot der Rechtsmittelklarheit verstoße, weil es derzeit keine gesetzliche Grundlage für die Gegenvorstellung gebe.

521 MünchKommZPO/*Lipp*, Vor §§ 567 ZPO Rn. 15; *Schenke* NVwZ 2005, 729 (733); *Kerwer* JuS 1997, 592 (595); a.A.: Wieczorek/Schütze/*Peters/Jänich*, Vor § 567 ZPO Rn. 87, der einen Anspruch auf Bescheidung bejaht.

Damit bleibt auch die Gegenvorstellung hinter den verfassungsrechtlichen Vorgaben zurück.

IV. Analoge Anwendung des § 321 a ZPO

Zu überprüfen ist schließlich die Möglichkeit, die Anhörungsrüge nach § 321 a ZPO über ihren unmittelbaren Rügegegenstand hinaus auf die Verletzung anderer Verfahrensgrundrechte durch ein Gericht analog anzuwenden. Die Frage nach der Vereinbarkeit dieser Analogie mit den verfassungsrechtlichen Anforderungen an den Rechtsschutz bei Verfahrensgrundrechtsverletzungen stellt sich jedoch erst, wenn die Voraussetzungen für eine Analogiebildung vorliegen.

1. Voraussetzungen der Analogiebildung

Unter einer Analogie versteht man die Anwendung einer Rechtsnorm mit anderen Tatbestandsvoraussetzungen auf einen ähnlichen, ungeregelten Sachverhalt wegen dessen Ähnlichkeit mit dem Tatbestand der anzuwendenden Norm[522].

a) Planwidrige Regelungslücke

Voraussetzung jeder Analogie ist eine Regelungslücke im Gesetz. Es darf auch unter Zuhilfenahme aller Auslegungsregeln keine Rechtsnorm geben, die für einen bestimmten Sachverhalt eine bestimmte Rechtsfolge anordnet[523]. Nach dem ausdrücklichen Wortlaut der Norm als Grenze für eine mögliche Auslegung gesetzlicher Vorschriften[524] garantiert § 321 a ZPO fachgerichtlichen Rechtsschutz ausschließlich bei Verletzungen des Anspruchs auf rechtliches Gehör. Für Verstöße gegen andere Verfahrensgrundrechte durch ein Gericht hat der Gesetzgeber keine vergleichbare Abhilfemöglichkeit eingerichtet. Unanfechtbare Entscheidungen können daher auch dann nicht durch die Fachgerichte korrigiert werden, wenn sie unter Verletzung eines Verfahrensgrundrechts zustande gekommen sind. Eine Überprüfung der ergangenen Entscheidung ist dann (allenfalls) im Verfassungsbeschwerdeverfahren möglich. Es gibt folglich eine gesetzliche Regelungslücke für den fachgerichtlichen Rechtsschutz gegen unanfechtbare Entscheidungen, die auf einem Verstoß gegen Verfahrensgrundrechte (ausgenommen Verstöße gegen Art. 103 Abs. 1 GG) beruhen[525].

---

522 Rüthers, Rn. 889; Schneider/Schnapp, S. 150.
523 *Looschelders/Roth*, S. 221; *Treder*, S. 91 f.
524 *Zippelius*, Methodenlehre, S. 73.
525 Dies bestreiten selbst diejenigen nicht, die die Voraussetzungen der Analogiebildung im Übrigen verneinen.

Nicht jede Regelungslücke kann durch eine Analogiebildung geschlossen werden. Vielmehr ist stets erforderlich, dass es sich um eine planwidrige Regelungslücke handelt, weil anderenfalls auch eine vom Gesetzgeber gewollte Nichtregelung umgangen werden könnte. Ein Gericht, das eine geplante Lücke ausfüllen würde, beginge einen Gesetzesverstoß[526]. Planwidrig ist eine Lücke immer dann, wenn eine Frage regelungsbedürftig ist und nicht angenommen werden kann, dass der Gesetzgeber den Fall bewusst ohne Rechtsfolge lassen wollte[527]. Die Entstehungsgeschichte der Anhörungsrüge lässt zunächst den Schluss zu, dass der Gesetzgeber für Verletzungen anderer Verfahrensgrundrechte als solche des rechtlichen Gehörs gerade keine fachgerichtliche Korrekturmöglichkeit einrichten wollte, diese Fälle also bewusst ungeregelt gelassen hat. Schließlich hat sich der Gesetzgeber den Forderungen, den Rechtsschutz auf Verstöße gegen andere Verfahrensgrundrechte auszudehnen, widersetzt und damit eine bewusste Entscheidung für eine *Anhörungs*rüge getroffen. Mit diesem Argument wird in der Literatur teilweise vertreten, der Bundesgesetzgeber habe sich bewusst und ausdrücklich gegen eine Ausdehnung des Anwendungsbereichs der Anhörungsrüge auf andere Verfahrensgrundrechte entschieden, so dass eine Analogie nicht in Betracht komme[528].

Dieser Rückschluss lässt sich jedoch nur bei einer oberflächlichen Betrachtung der Problematik und insbesondere der Analogievoraussetzungen ziehen. Die Befugnis zu einer Gesetzeskorrektur im Wege der Analogiebildung endet nämlich erst beim Vorliegen einer *entgegenstehenden* gesetzgeberischen Wertentscheidung[529]. Planwidrigen Entscheidungen stehen solche Entscheidungen gleich, in denen der Gesetzgeber das Problem bewusst der Entscheidung durch Rechtsprechung und Literatur überlassen hat[530]. Damit bringt er nämlich deutlich zum Ausdruck, dass er die Frage für regelungsbedürftig hält und der gesetzlich geregelte Fall gerade nicht abschließend sein soll[531]. Entscheidend ist daher nicht das gesetzgeberische Bewusstsein einer Lücke im Gesetz, sondern ob damit eine positive Entscheidung verbunden ist, für die nicht erfassten Sachverhalte eben gerade nicht die infrage stehende Rechtsfolge vorzusehen[532]. Der Gesetzgeber hat in der Begründung zum Anhörungsrügengesetz ausdrück-

---

526 *Rüthers*, Rn. 838.

527 *Schmalz*, Rn. 385.

528 *Rensen* MDR 2005, 181 (183); *Schoenfeld* DB 2005, 850 (853); *Guckelberger* NVwZ 2005, 11 (13); *Bloching/Kettinger* NJW 2005, 861 (862); *Ulrici* Jura 2005, 368 (370); so auch OLG München FGPrax 2005, 278, (279); bereits für die a.F. *Voßkuhle* NJW 2003, 2193 (2199); *Berchtold* NZS 2006, 9 (17) für § 178 a SGG.

529 *Looschelders/Roth*, S. 249.

530 *Seer/Thulfaut* BB 2005, 1085 (1086)

531 *Schmalz*, Rn. 325.

532 *Looschelders/Roth*, S. 289.

lich erklärt, dass der Entwurf keine Aussage darüber trifft, wie die Gerichte künftig bei Verletzungen anderer Verfahrensgrundrechte vorgehen sollen[533]. Damit hat er bewusst offen gelassen, wie mit diesen Fällen umzugehen ist, und die Lückenschließung bzw. die Lösung der Problematik in die Hände von Rechtsprechung und Wissenschaft gelegt[534].

Im Übrigen kann bereits bezweifelt werden, dass es sich hier tatsächlich um eine plangemäße Regelungslücke handelte. Eine Lücke ist nämlich auch planwidrig, wenn der Gesetzgeber „schlicht" übersehen hat, dass ein regelungsbedürftiger Sachverhalt vorliegt, und er es folglich unterlassen hat, eine Norm zu schaffen, was er getan hätte, wenn er die Lücke erkannt hätte[535]. Der Gesetzgeber ging bei der Ausführung des Auftrages, eine verfassungsmäßige Gesetzeslage zu schaffen, von falschen Voraussetzungen aus[536]. Ihm war nicht bewusst, dass ein verfassungsrechtlicher Regelungsbedarf bestand, der über den im Tenor des Plenarbeschlusses geforderten Rechtsschutz bei Verletzungen des Gehörs hinausging. Da der Gesetzgeber mit dem Anhörungsrügengesetz aber ausdrücklich einen verfassungsgemäßen Zustand herzustellen beabsichtigte, ist davon auszugehen, dass er die Vorschrift auch auf Verletzungen anderer Verfahrensgrundrechte durch ein Gericht ausgedehnt hätte, wenn er das tatsächliche Ausmaß des Regelungsdefizits erkannt hätte. Dies spricht im Ergebnis für eine unbewusste Regelungslücke[537].

b) Vergleichbarkeit der Interessenlage

Der Analogieschluss ist ein Anwendungsfall des Gleichheitssatzes; Grundgedanke ist die Gleichbehandlung wesentlich gleicher und die Ungleichbehandlung wesentlich ungleicher Fälle[538]. Deshalb ist entscheidende Voraussetzung der Analogie die Vergleichbarkeit der Interessenlage im gesetzlich geregelten und im ungeregelten Fall.

Für die Vergleichbarkeit der Interessenlagen spricht die Tatsache, dass der Justizgewährungsanspruch eine fachgerichtliche Korrekturmöglichkeit nicht nur für erstmalige Verletzungen des Art. 103 Abs. 1 GG fordert, sondern gleichermaßen für erstmalige Verstöße gegen alle anderen Grundrechte. Verletzungen sämtlicher Verfahrensgrundrechte durch ein Gericht sind miteinander vergleich-

533 BT-Drucks. 15/3706, S. 14.
534 Vgl. § 4 III. 2. a).
535 *Treder*, S. 93.
536 Vgl. § 4 III. 2. a)
537 So auch *Rudisile*, in: Schoch/Schmidt-Aßmann/Pietzner, § 152 a VwGO Rn. 36, *Schnabl*, S. 102 ff.
538 *Zippelius*, Methodenlehre, S. 68, 73.

bar. Die Verfahrensgrundrechte sind an die Gerichte adressiert, können also ausschließlich durch das Gericht verletzt werden. Außerdem schränkt ein Verstoß gegen ein Verfahrensgrundrecht den Anspruch auf effektiven Rechtsschutz ein. Im Übrigen sind Verstöße gegen sämtliche Grundrechte aufgrund des Subsidiaritätsgrundsatzes innerhalb der Fachgerichtsbarkeit zu korrigieren. Die Vergleichbarkeit der verfassungsrechtlichen Grundlagen spricht daher für die Vergleichbarkeit der Interessenlagen bei Verletzungen aller Grundrechte[539]. Hinzu kommt, dass es aus der Sicht des Rechtsuchenden kaum nachvollziehbar wäre, Verletzungen des Art. 103 Abs. 1 GG allein aufgrund der Häufigkeit der auf dieses Verfahrensgrundrecht gestützten Verfassungsbeschwerden zu privilegieren. Eine Verletzung des rechtlichen Gehörs beeinträchtigt ihn regelmäßig nicht weniger als eine Verletzung anderer Verfahrensgrundrechte, aber eben auch nicht mehr[540]. Schließlich dienen alle Verfahrensgrundrechte gleichermaßen dem Zweck, den Beteiligten ein rechtsstaatliches Verfahren zu gewährleisten.

Anhaltspunkt für die Vergleichbarkeit der Interessenlagen ist unter anderem der Sinn und Zweck einer Vorschrift. Es spricht für eine übereinstimmende Interessenlage, wenn dieser für den ungeregelten Fall dieselbe Rechtsfolge wie für den geregelten Fall erfordert. Eines der wesentlichen mit der Einführung des § 321 a ZPO verfolgten Ziele war die Entlastung des BVerfG[541]. Statistiken belegen, dass Verfassungsbeschwerden, mit denen die Verletzung von Art. 103 Abs. 1 GG gerügt wurde, den weitaus größten Anteil der Verfassungsbeschwerden ausmachten[542]. Aus einer Auswertung *Schumanns*[543] geht hervor, dass das BVerfG in 95 von insgesamt 187 Fällen Art. 103 Abs. 1 GG als Prüfungsmaßstab herangezogen hat. Daraus ergibt sich zwar, dass in diesem Bereich der größte Entlastungsbedarf bestand. Dies bedeutet jedoch nicht, dass eine Entlastung des BVerfG im Übrigen nicht notwendig war. Denn die Statistik zeigt auch, dass das BVerfG in immerhin 92 Fällen Verstöße gegen andere Grundrechte zu überprüfen hatte. Wären diese 92 Fälle zunächst innerhalb der

539 So auch *Kettinger* ZRP 2006, 152 (153).

540 So auch *Schneider*, FS für Madert, S. 195.

541 Es liegen allerdings keine Angaben darüber vor, ob das Anhörungsrügengesetz tatsächlich die gewünschte Entlastung des BVerfG bewirken konnte. Nach Aussage der Bundesministerin Brigitte Zypries vom 22.11.2007, BT-Drucks. 16/7374, S. 13 f. lässt sich eine Entlastung mangels aussagekräftiger Zahlen nicht feststellen. Es sei insbesondere angesichts des in den letzten Jahren festzustellenden allgemeinen deutlichen Anstiegs der Eingangszahlen schwierig, einen solchen Effekt zu ermitteln. Aus den Eingangszahlen seit 2002 lasse sich lediglich entnehmen, dass der Anstieg der Eingänge insgesamt deutlich höher ausgefallen sei als der Anstieg bei den Verfassungsbeschwerden wegen Verletzung des Art. 103 Abs. 1 GG.

542 *Schumann* NJW 1985, 1134 (1135).

543 *Schumann* NJW 1985, 1134 ff.

Fachgerichtsbarkeit überprüft worden, hätte dies eine erhebliche Entlastung des BVerfG zur Folge gehabt. Dies gilt insbesondere, wenn den Verstößen bereits durch die Fachgerichte abgeholfen wird, so dass die Rüge das BVerfG gar nicht mehr erreicht. Eine Entlastung wird jedoch auch erzielt, wenn die Fachgerichte der Rüge nicht abhelfen, weil sie jedenfalls den Sachverhalt für das BVerfG aufbereiten und somit ein schnelleres und weniger arbeitsintensives Verfassungsbeschwerdeverfahren ermöglichen.

Neben der Quantität könnte die unterschiedliche Qualität der jeweiligen Grundrechte der Vergleichbarkeit der Interessenlage entgegenstehen. So ist die Anhörungsrüge nachweislich zur Korrektur *„vorwiegend unbeabsichtigter"*[544] Verletzungen von Art. 103 Abs. 1 GG eingefügt worden. Anders als bei Gehörsverletzungen, die durchaus auf einem Versehen beruhen können, scheiden bloße Pannen als Ursache anderer Verfahrensgrundrechtsverletzungen aus. Das Recht auf den gesetzlichen Richter ist beispielsweise nicht bereits durch die schlicht fehlerhafte Anwendung einfachgesetzlichen Verfahrensrechts verletzt, sondern entsprechend dem Schutzzweck des Art. 101 Abs. 1 S. 2 GG erst bei Willkür in der gerichtlichen Entscheidung[545]. Es werden nur bewusste Verletzungen des Verfahrensgrundrechts erfasst; die Entscheidung muss auf sachwidrigen Erwägungen beruhen oder in der Sache offensichtlich unhaltbar sein. Dies steht der Vergleichbarkeit der Interessenlage jedoch nicht entgegen. Die Anhörungsrüge war zwar ursprünglich besonders auf die Korrektur der sog. „Pannenfälle" zugeschnitten[546]. Allerdings lässt bereits die Formulierung der Begründung zum Zivilprozessreformgesetz, wonach die Anhörungsrüge „vorwiegend" unbeabsichtigte Gehörsverletzungen beseitigen sollte, den erforderlichen Spielraum, auch die sog. bewussten Gehörsverstöße in den Anwendungsbereich der Norm einzubeziehen. Die Intention des Gesetzgebers bei der Einführung des § 321 a ZPO steht der Vergleichbarkeit der Interessenlage daher nicht entgegen.

Dafür spricht auch, dass die Verfahrensgrundrechte eng miteinander verknüpft sind. Dies zeigt sich insbesondere in Art. 6 Abs. 1 EMRK, dessen Kern das Recht auf ein faires Verfahren (fair trial) bildet. Es gliedert sich in eine Vielzahl von Teilgarantien, die auf das Ziel eines Verfahrensablaufs gerichtet sind, in dem die Parteien unter im Wesentlichen gleichartigen Bedingungen ihren Prozessstandpunkt vertreten können[547]. Neben den Teilgewährleistungen des Grundsatzes der Waffengleichheit, der Unparteilichkeit des Richters, des Rechts

544 BT-Drucks. 14/4722, S. 85.
545 *Degenhart*, in: Sachs, Art. 101 GG Rn. 17.
546 BT-Drucks. 14/4722, S. 63.
547 *Grabenwarter*, § 24, Rn. 60.

auf Akteneinsicht und Begründung der Entscheidung folgt aus Art. 6 Abs. 1 EMRK als grundlegendes Erfordernis die Garantie auf Gewährung des rechtlichen Gehörs[548]. Die enge Verbindung dieser Garantien zeigt sich bereits durch ihre Aufzählung innerhalb eines einzigen Satzes: „*Jede Person hat ein Recht darauf, dass über Streitigkeiten in Bezug auf ihre zivilrechtlichen Ansprüche und Verpflichtungen [...] von einem unabhängigen und unparteiischen, auf Gesetz beruhenden Gericht in einem fairen Verfahren, öffentlich und innerhalb angemessener Frist verhandelt wird*“. Insofern ist es nur konsequent, dass der Gerichtshof sich nicht in allen Fällen die Mühe macht, die verletzte Teilgarantie zu benennen, sondern es bei der Feststellung belässt, das in Frage stehende Verfahren genüge insgesamt nicht den Erfordernissen eines fairen Verfahrens[549].

Die Verbindung zeigt sich aber nicht nur im Grundsatz auf ein faires Verfahren, sondern auch in der gerichtlichen Praxis. Selten ist ausschließlich der Anspruch auf rechtliches Gehör verletzt. Stattdessen geht eine solche Verletzung regelmäßig mit dem Verstoß gegen ein anderes Verfahrensgrundrecht ein. Eine Aufspaltung in fachgerichtlich anfechtbare und unanfechtbare Verfahrensgrundrechtsverletzungen erscheint vor diesem Hintergrund künstlich und führt zu widersprüchlichen Ergebnissen. Vielmehr spricht auch und gerade die inhaltliche Verknüpfung der einzelnen Verfahrensgrundrechte für eine einheitliche Rechtsschutzmöglichkeit im Fall ihrer Verletzung.

c) *Zwischenergebnis*

Die Voraussetzungen einer Analogiebildung sind folglich erfüllt. Aus dogmatischen Gesichtspunkten steht der analogen Anwendung von § 321 a ZPO auf Verletzungen anderer Verfahrensgrundrechte als „allgemeine Verfahrensgrundrechtsrüge“[550] nichts entgegen.

2. Vereinbarkeit mit den verfassungsrechtlichen Vorgaben

Von der Frage, ob eine analoge Anwendung des § 321 a ZPO möglich ist, ist die Frage zu trennen, ob die „allgemeine Verfahrensgrundrechtsrüge“ den verfassungsrechtlichen Mindestanforderungen an den einzurichtenden fachgerichtlichen Rechtsschutz genügt. Der Justizgewährungsanspruch fordert eine mindestens einmalige Korrekturmöglichkeit bei Verletzungen aller Grundrechte. Entscheidend ist jedoch, dass diese von den Fachgerichten gewährt werden und

548 Grote/Maurauhn/*Grabenwarter/Pabel*, Kap. 14, Rn. 90 f.
549 *Grabenwarter*, § 24, Rn. 60.
550 Vgl. MünchKommZPO/*Lipp*, § 567 ZPO Rn. 23, 24.

dem Erfordernis der Rechtsmittelklarheit genügen muss. Schließlich ist fraglich, ob § 321 a ZPO (analog) effektiven Rechtsschutz vermittelt.

a) Fachgerichtlicher Rechtsschutz bei erstmaligen Verletzungen von Verfahrensgrundrechten

Die verfassungsrechtliche Forderung nach fachgerichtlichem Rechtsschutz bei erstmaligen Verletzungen von Verfahrensgrundrechten wird durch die analoge Anwendung des § 321 a ZPO erfüllt. Der Rechtsbehelf ermöglicht in Form der „allgemeinen Verfahrensgrundrechtsrüge" die Korrektur unanfechtbarer Entscheidungen, die unter Verletzung eines Verfahrensgrundrechts ergangen sind, durch das entscheidende Gericht. Damit wird die Regelungslücke vollständig geschlossen. Es verbleiben keine nach der Verfassung korrekturbedürftige Entscheidungen ohne fachgerichtliche Überprüfungsmöglichkeit.

b) Rechtsmittelklarheit

Größere Schwierigkeiten bereitet die Frage, ob die Analogie dem Grundsatz der Rechtsmittelklarheit genügt. § 321 a ZPO lässt sich nicht entnehmen, dass die Vorschrift nicht nur Anhörungsrüge ist, sondern über ihren Wortlaut hinaus als allgemeine Verfahrensgrundrechtsrüge auch der Korrektur anderer Verfahrensgrundrechtsverstöße dient. Vielmehr sprechen die Bezeichnung Anhörungs- bzw. Gehörsrüge und der ausdrücklich auf Verletzungen des Anspruchs auf rechtliches Gehör beschränkte Wortlaut dafür, dass der Rechtsbehelf ausschließlich gegen Gehörsverletzungen statthaft ist. Deshalb wird teilweise vertreten, die analoge Anwendung des § 321 a ZPO sei mit den Anforderungen an die Rechtsmittelklarheit nicht vereinbar[551]. Dieser Auffassung liegt jedoch ein fehlerhaftes Verständnis des Gebots der Rechts- bzw. Rechtsmittelklarheit im Sinne einer vollständigen und ausdrücklichen gesetzlichen Normierung zugrunde. Dabei wird zum einen übersehen, dass eine solche Rechtsklarheit auch dort nicht gewährleistet ist, wo beispielsweise unbestimmte Begriffe verwendet werden, etwa Treu und Glauben, Sittenwidrigkeit oder Rechtsmissbrauch. Im Zivilverfahrensrecht gilt dies unter anderem für den Rechtsmittelzulassungsgrund der „Sicherung einer einheitlichen Rechtsprechung", der nach dem Willen des Gesetzgebers und nach ganz allgemeiner Auffassung gerade die Verletzung von Verfahrensgrundrechten erfassen soll. Diese Intention hat unmittelbar im Gesetzeswortlaut keinen Niederschlag gefunden und ist dementsprechend vom Rechtsuchenden nicht ohne weiteres erkennbar. An der Rechtsmittelklarheit des Zulassungsgrundes werden dennoch keine Zweifel geäußert. Wie die verfassungsrechtliche Untersuchung gezeigt hat[552], sind diese auch nicht angezeigt.

551 *Rugullis* KTS 2004, 15 (36); *Desens* NJW 2006, 1243 (1244).
552 Vgl. Teil 1, § 4 I. 2. b).

Denn die Voraussetzung der planwidrigen Regelungslücke und die Vergleichbarkeit der Interessenlagen zeichnen den Weg zur Überprüfung gerichtlicher Entscheidungen in der geschriebenen Rechtsordnung ausreichend klar vor. Bei einer Analogiebildung wird also gerade kein neues, außergesetzliches Rechtsmittel erschaffen, sondern in zulässiger Weise der Anwendungsbereich eines bereits gesetzlich normierten Rechtsmittels erweitert[553]. Damit ist auch der Verfahrensgang hinreichend klar vorgegeben. § 321 a ZPO ist folglich auch in seiner analogen Anwendung auf Verletzungen anderer Verfahrensgrundrechte als des rechtlichen Gehörs ein Teil des Rechtsmittelsystems und entspricht dem Gebot der Rechtsmittelklarheit.

c) Effektivität des Rechtsschutzes

Der Rechtsschutz bei Verletzungen von Verfahrensgrundrechten muss effektiv sein[554]. Die Effektivität der Anhörungsrüge ist zentraler Kritikpunkt dieses Rechtsbehelfs. In der Literatur geht man ganz überwiegend davon aus, dass die Selbstkontrolle durch den iudex a quo allenfalls in den sog. „Pannenfällen" effektiven Rechtsschutz gewährt, nicht aber bei den „bewussten" Verfahrensverstößen[555]. Nur selten findet aber eine eingehende Auseinandersetzung mit der Problematik und ihren verfassungsrechtlichen Grundlagen, insbesondere dem Anspruch auf effektiven Rechtsschutz, statt. Dies verwundert umso mehr, als gerade der Plenarbeschluss, wonach ein Rechtsbehelf zum iudex a quo den verfassungsrechtlichen Anforderungen genüge, Anlass zu einer tiefergehenden Analyse der verfassungsrechtlichen Erfordernisse gibt. Die Feststellung, wie die Dinge im tatsächlichen Bereich liegen, ersetzt jedoch nicht die Subsumtion unter die einzelnen Gehalte des verfassungsrechtlichen Effektivitätsgebots[556]. Noch weniger beantwortet sie die Frage, welche Konsequenzen daraus für den Rechtsschutz bei Verletzung von Verfahrensgrundrechte zu ziehen sind.

(aa) Abhilfebereitschaft des iudex a quo

Die Zweifel an der Abhilfebereitschaft des iudex a quo knüpfen daran an, dass die Abhilfe der Rechtsverletzung regelmäßig voraussetzt, dass der entscheidende Richter der Streitsache gegenüber neutral, distanziert und objektiv ist[557]. Dies zeigt schon, dass ein Richter, den mit der Streitsache oder einer der beiden

---

553 Vgl. Teil 1, § 4 I. 2. b).

554 BVerfGE 107, 395 (411).

555 z.B. *Schneider*, FS für Madert, S. 194: „Placebo-Vorschrift"; für die Abhilfe durch den iudex a quo nach Abwägung der Vor- und Nachteile dagegen *Braun* JR 2005, 1 (3).

556 So *Schnabl*, Fn. 112.

557 MünchKommZPO/*Feiber*, § 41 ZPO Rn. 1; *Kahlke* NJW 1985, 2231 (2233).

Parteien Beziehungen verbinden, die geeignet sind, das Urteil unsachlich zu beeinflussen, wegen Besorgnis der Befangenheit nach §§ 41 ff. ZPO abgelehnt werden kann.

Im Anhörungsrügeverfahren wird der iudex a quo damit konfrontiert, im Ausgangsverfahren einen Fehler gemacht zu haben, der nicht nur die Anwendung des materiellen Rechts betrifft, sondern in der Missachtung des prozessualen Urrechts auf rechtliches Gehör im Verfahren besteht. Die Abhilfe der Verfahrensgrundrechtsverletzung verlangt dem iudex a quo daher zunächst die Erkenntnis ab, eine fehlerhafte Entscheidung getroffen zu haben. Dies kann Schwierigkeiten bereiten, weil der erneuten Beurteilung ein bereits abgeschlossener Erkenntnisvorgang zugrunde liegt. Es spricht viel dafür, dass der iudex a quo sich bei erneuter Überprüfung der Sache von denselben Überlegungen leiten lässt wie beim ersten Mal, und deshalb auch zum selben Ergebnis gelangt. Regelmäßig hat er sich in dem vorangegangenen, oft langwierigen Verfahren bereits mit den Argumenten auseinandergesetzt und eine bestimmte Überzeugung gebildet. Er wird dann weder dazu bereit noch in der Lage sein, davon abzurücken und seine eigene Entscheidung einer unbefangenen, kritischen Prüfung zu unterziehen[558]. Zu den Schwierigkeiten des Erkenntnisprozesses kommen die psychologischen Barrieren hinzu, den Fehler durch die Dokumentation in der korrigierenden Entscheidung offen einzugestehen. Häufig wird der Richter das Abhilfeverlangen nicht nur als Vorwurf fachlicher Fehlleistung verstehen, sondern als Angriff auf ihn selbst als Person, den für das Urteil verantwortlichen Menschen, empfinden[559]. Daraus resultiert eine innere Verteidigungshaltung, ein psychologisch begreifbarer Widerstand[560], den möglichen Irrtum einzugestehen, gefolgt von dem Versuch, ihn zu leugnen oder mit Scheinbegründungen zu rechtfertigen[561]. Dieser Prozess läuft vielfach unbewusst und unterbewusst ab[562]. Insofern lassen sich die Bedenken auch nicht mit dem Argument beiseite schieben, der Richter sei von Gesetzes wegen dazu aufgerufen, über das Vorliegen der eigenen bewussten Fehlleistung zu befinden und sich dem zu stellen[563]. Es ist daher nahezu ausgeschlossen, dass der iudex a quo völlig neutral und objektiv über diesen Streitgegenstand entscheidet.

Für die Abhilfebereitschaft bei der Anhörungsrüge ist jedoch zu differenzieren. Obwohl zu bedenken gegeben wird, selbst bei „schlichten Pannen“ bedürfe es

558 *Küper*, S. 272.
559 *Küper*, S. 273.
560 *Brandt-Janczyk*, S. 89, so auch *Schneider* MDR 2006, 970 (971).
561 *Schneider* MDR 2006, 969 (971); *ders.*, FS für Madert, S. 192.
562 Vgl. *Schneider* MDR 2006, 969 (971).
563 So aber *Treber* NJW 2005, 97 (99).

schon einer gewissen Größe des Richters, sich den Fehler einzugestehen und nach außen hin offen einzuräumen[564], wird die Bereitschaft des iudex a quo zur Korrektur von versehentlichen Gehörsverstößen bejaht[565]. Dafür spricht, dass in den reinen „Pannenfällen" der Fehler auf einem Versehen beruht, beispielsweise auf dem Verlust oder Übersehen eines Schriftstücks. Das Erkennen des Fehlers bereitet dem Richter keine Schwierigkeiten, wenn bei der Überprüfung „neue", d.h. zuvor übersehene Gesichtspunkte vorliegen. Regelmäßig wird es dem Richter auch keine Probleme bereiten, den Fehler durch die Abhilfe der Verletzung einzugestehen, weil ihm in diesen Fällen keine fachliche Fehlleistung vorgeworfen wird. Er kann sich stets darauf berufen, er hätte schon bei der Erstbeurteilung eine fehlerfreie Entscheidung getroffen, wenn er den entscheidenden Umstand sogleich berücksichtigt hätte. Hinzu kommt, dass der Richter das Abhilfeverlangen in solchen Fällen nicht als persönlichen Vorwurf empfinden wird, liegt doch die Fehlleistung oftmals nicht bei ihm selbst, sondern bei anderen Personen oder bei sog. „Betriebsstörungen". Die psychologischen Prozesse, d.h. die Abwehrhaltung des Richters, seinen Fehler erkennen und zu korrigieren, werden also in den „Pannenfällen" regelmäßig gar nicht erst ausgelöst.

Anders liegt es bei der Rüge „bewusster" Fehlentscheidungen des iudex a quo. Gemeint sind nicht notwendigerweise wissentliche oder gar absichtliche Fehler, sondern Entscheidungen, denen falsche rechtliche Erwägungen zugrunde liegen. Hier ist bereits das Erkennen des Fehlers schwieriger als in den Pannenfällen, weil keine neuen Gesichtspunkte zutage treten, die eine andere Beurteilung des Sachverhalts rechtfertigen. Es besteht daher zum einen die Gefahr der sachlichen Voreingenommenheit. Zudem trifft die Verantwortung für die rechtliche Fehlentscheidung allein den Richter – und zwar ihn persönlich. Er kann sich nicht auf eine „Panne" berufen, sondern muss sich selbst eingestehen und offen legen, die Rechte der Parteien verletzt zu haben. Die Feststellung eines Fehlers ist daher in gewisser Weise mit einem Verschuldensvorwurf verbunden. Automatisch werden Abwehrmechanismen aktiviert, die dazu führen können, dass entweder der Fehler oder das Beruhen des Urteils darauf geleugnet werden[566]. Löst das Abhilfeverlangen beim iudex a quo in den Fällen irrtümlicher Fehlleistungen aber derartige psychologische Barrieren – bewusster oder unbewusster Art – aus, kann die Überprüfung durch den iudex a quo nicht mehr

564 *Seer/Thulfaut* BB 2005, 1085 (1088).
565 *Vollkommer*, FS für Schumann, S. 522; *Seer/Thulfaut* BB 2005, 1085; *Schneider*, FS für Madert, S. 190; *Bloching/Kettinger* NJW 2005, 860 (863).
566 *Schneider*, FS für Madert, S. 192.

als wirksam bezeichnet werden[567]. Die Chance, dass der Richter die Rechtsverletzung einräumt, wird immer geringer, je „bewusster" er die Entscheidung getroffen, je intensiver er sich mit der Sache befasst hat[568]. Dies gilt nicht nur bei Gehörsverletzungen, sondern ist insbesondere zu befürchten, wenn der Rügeführer in analoger Anwendung des § 321 a ZPO eine Verletzung des Willkürverbots rügt.

Den Kritikern der Anhörungsrüge ist also insofern Recht zu geben, als die Anhörungsrüge in den „Pannenfällen" Abhilfe erwarten lässt, in den Fällen rechtsirrtümlicher Entscheidungen jedoch regelmäßig nicht zum gewünschten Erfolg führen wird.

(bb) Konsequenzen für den Rechtsweg

Fraglich ist, welche Konsequenzen aus diesem Ergebnis folgen. *Schnabl*[569] bezeichnet die Zuständigkeit des iudex a quo ausdrücklich als „verfassungsrechtliches Problem", geht aber davon aus, dass sich das „Effektivitätsdefizit" im Ergebnis durch die Auswechslung des entscheidenden Richters durch einen anderen Richter derselben Instanz beheben lasse[570]. Der ursprüngliche mit der Entscheidung befasste Richter könne nach § 42 Abs. 2 ZPO analog als befangen abgelehnt und durch einen anderen Richter ersetzt werden. *Kettinger*[571] geht ebenfalls davon aus, dass der Betroffene in den Fällen der bewusst fehlerhaften Rechtsanwendung die Möglichkeit habe, durch die Ablehnungsrüge eine Entscheidung durch einen neutralen Richter herbeizuführen. Als weitere Möglichkeit zur Problemlösung empfiehlt er, den vorbefassten Richter durch eine abweichende Zuständigkeitsverteilung im Geschäftsverteilungsplan nach § 21 e GVG auszuwechseln[572]. Beide versuchen also, den ihrer Ansicht nach wirkungslosen Rechtsbehelf zu „effektivieren". Andere gehen davon aus, dass wirksamer Rechtsschutz nur durch ein höheres Gericht gewährt werden kann und sprechen sich deshalb (wieder) für die Korrektur durch die außerordentliche

567 Dies ist die ganz überwiegende Ansicht im Schrifttum: vgl. *Seer/Thulfaut* BB 2005, 1085 (1086); *Schneider*, FS für Madert, 191 ff.; ders. MDR 2006, 969 (971); *Bloching/Kettinger* NJW 2005, 861 (863); *Rößler* BB 2003, 1711; *Sangmeister*, FS für Korn, S. 692; *Nassall* ZRP 2004, 164 (170); *Kettinger* JR 2006, 443 (444).

568 Diese Abhängigkeit sieht auch *Vollkommer*, FS für Musielak, S. 631.

569 *Schnabl*, S. 226 ff.

570 *Sangmeister* NJW 2007 2363 (2369) vermutet dagegen, dass auch bei fehlender personeller Identität des Verfahrensrichters mit dem iudex a quo innerhalb dessen Gericht die notwendige Distanz für eine unbefangene Entscheidung im Rügeverfahren fehlen dürfte, der „Anschein der Berufskumpanei" kaum zu vermeiden sei.

571 *Kettinger*, S. 178 ff.

572 *Kettinger* JuS 2006, 443 (445).

Beschwerde aus[573]. *Vollkommer* etwa schließt die Möglichkeit der Auswechslung des Richters im Wege der Ablehnung nach den §§ 41 ff. ZPO ausdrücklich aus[574] und lehnt eine Anhörungsrüge wegen greifbarer Gesetzwidrigkeit als Sonderrechtsbehelf „analog § 321 a ZPO" wegen mangelnder Effektivität ab[575].

Die Auswechslung des iudex a quo – auf welchem Weg man sie auch zu erreichen versucht – und die Entscheidung durch ein höheres Gericht sind jedoch nur notwendig, wenn dafür ein verfassungsrechtliches Bedürfnis besteht. Die gesetzgeberische Entscheidung für einen bestimmten Rechtsschutz kann nur zugunsten höherrangiger Rechtsgüter durchbrochen werden[576]. Auf den ersten Blick scheint die Garantie effektiven Rechtsschutzes diese Voraussetzungen zu erfüllen. Die Untersuchung der verfassungsrechtlichen Grundlagen der Plenarentscheidung des BVerfG hat jedoch gezeigt, dass die Verfassung keine Garantie auf einen Instanzenzug oder gar Zugang zu einer bestimmten Instanz gibt[577]. Art. 19 Abs. 4 GG und der allgemeine Justizgewährungsanspruch garantieren lediglich, dass überhaupt eine Prüfung durch irgendein Gericht stattfindet. Die Forderung nach effektivem Rechtsschutz kann nur innerhalb dieses garantierten Anwendungsbereichs erhoben werden. Sie begründet einen Anspruch auf einen tatsächlich wirksamen Rechtsschutz innerhalb eines bereits vorgesehenen Rechtswegs, aber keinen Anspruch auf Zugang zu einem bestimmten Rechtsweg oder einem bestimmten Gericht. Anderenfalls würde der Grundsatz, dass kein Zugang zu einer bestimmten Instanz gewährleistet ist, stets durch das Effektivitätsgebot „ausgehebelt". Es würde im Ergebnis ein Optimierungsgebot begründet, welches schließlich doch den Zugang zu einer bestimmten Instanz forderte, nämlich den Zugang zu einem anderen oder höheren Gericht[578]. Die Verfassung begründet aber weder einen Anspruch auf Rechtsschutz durch einen anderen Richter, noch durch den iudex ad quem[579]. Das Ergebnis erscheint zunächst paradox: Die Wirksamkeitsbedenken, die in den Fällen bewusster Fehlentscheidungen gegen die Selbstabhilfe durch den iudex a quo sprechen, haben keinerlei verfassungsrechtliche Bedeutung oder Konsequenzen. Ob die Auswechslung des Richters oder die Entscheidung durch

573 *Seer/Thulfaut* BB 2005 1085 (1086 f.); *Schneider*, FS für Madert, S. 204; *Bloching/Kettinger* NJW 2005, 860 (861).

574 Zöller/*Vollkommer*, § 42 ZPO Rn. 16 und § 321 a ZPO Rn. 4: „Durch Kombination von Richterablehnung und Rüge kann ein Richterwechsel in der Regel nicht erreicht werden: Vorbefassung und Unrichtigkeit der Entscheidung sind (unterhalb von Willkür) keine Ablehnungsgründe".

575 *Vollkommer* NJW-Sonderheft BayObLG, 65 (70).

576 Vgl. dazu die Einleitung zu § 4.

577 Vgl. § 4 IV. I. 3.

578 Diesen Rückschluss ziehen *Scheuch/Lindner* ZIP 2004, 973 (980).

579 *Schenke* NVwZ 2005, 729 (731); *Zuck*, Anhörungsrüge, Rn. 140.

ein höheres Gericht sinnvoll und wünschenswert ist, ist jedoch eine andere – und zwar ausschließlich rechtspolitische – Frage[580]. Sie kann aus den genannten Gründen sicherlich nur bejaht werden. Entscheidend ist aber, dass weder die Gerichte zur Umsetzung einer rein rechtspolitischen Forderung berechtigt sind, noch der Gesetzgeber von Verfassungs wegen dazu verpflichtet ist.

V. Ergebnis zu § 5

§ 321 a ZPO gewährt fachgerichtlichen Rechtsschutz gegen erstmalige Verletzungen des Anspruchs auf rechtliches Gehör, in analoger Anwendung als „allgemeine Verfahrensgrundrechtsrüge" zudem gegen Verletzungen anderer Prozessgrundrechte. Die Rüge nach § 321 a ZPO erfüllt als einziger der in Rechtsprechung und Literatur diskutierten Lösungsansätze zur Korrektur von Verfahrensgrundrechtsverletzungen durch ein Gericht sämtliche verfassungsrechtlichen Anforderungen an einen Rechtsbehelf. Sie ist ein fachgerichtlicher Rechtsbehelf, der als Teil des gesetzlichen Rechtsbehelfssystems dem Erfordernis der Rechtsmittelklarheit entspricht. Unter verfassungsrechtlichen Gesichtspunkten ist auch die Zuständigkeit des iudex a quo in den Fällen bewusster Grundrechtsverletzungen nicht zu beanstanden. Die Anwendung des § 321 a ZPO auf sämtliche Grundrechtsverletzungen ist schließlich systemkonform, weil die Abhilfe von Verfassungsverletzungen durch ein Gericht nach der gesetzgeberischen Entscheidung durch das entscheidende Gericht selbst vorzunehmen ist. Damit vermeidet sie diejenigen Wertungswidersprüche und Probleme, die bei paralleler Anwendung verschiedener Rechtsbehelfe für gleichartige Rechtsverletzungen entstehen – ist also auch aus praktischen Gesichtspunkten vorzugswürdig.

§ 6 Praktische Konsequenzen

In der Diskussion um den Rechtsschutz bei Verfahrensgrundrechtsverletzungen wird häufig übersehen, dass ein Großteil der ursprünglich bestehenden Gesetzeslücken bereits im Wege des Zivilprozessreformgesetzes und des Anhörungsrügengesetzes geschlossen wurde. So steht nach heutiger Gesetzeslage gegen alle Verletzungen des Anspruchs auf rechtliches Gehör fachgerichtlicher Rechtsschutz de lege lata zur Verfügung, unabhängig davon, in welcher Instanz der Verstoß verursacht wurde. Lücken bei Verletzungen anderer Verfahrensgrundrechte können durch extensive Auslegung oder analoge Anwendung gesetzlicher Rechtsschutzmöglichkeiten geschlossen werden. Wo

580 So offenbar auch *Rudisile*, in: Schoch/Schmidt-Aßmann/Pietzner, § 152 a VwGO Rn. 41 ff., der unter der Überschrift „Rechtspolitische Überlegungen" die Geeignetheit der Selbstabhilfe bezweifelt.

dies in Betracht kommt, ist eine analoge Anwendung des § 321 a ZPO auf die jeweilige Verfahrensgrundrechtsverletzung nicht nur entbehrlich. Vielmehr steht ihr steht dann entweder das Fehlen einer Regelungslücke entgegen oder aber die gesetzlich angeordnete Subsidiarität des Rechtsbehelfs. Es soll daher abschließend geklärt werden, wo überhaupt die Regelungslücken liegen, die durch analoge Anwendung von § 321 a ZPO zu schließen sind.

I. Verfahrensgrundrechtsverletzungen als Zulassungsgrund für die Revision bzw. für die Nichtzulassungsbeschwerde

Der Revisionszulassungsgrund der „Sicherung einer einheitlichen Rechtsprechung" ist nach dem Willen des Gesetzgebers bei Verletzungen sämtlicher Verfahrensgrundrechte einschlägig. Die Wahrscheinlichkeit, dass das Berufungsgericht die Revision tatsächlich aus diesem Grund zulässt, ist aus den eingangs genannten Gründen dennoch gering[581]. Vielmehr muss die Zulassung der Revision in diesen Fällen regelmäßig mit der Nichtzulassungsbeschwerde nach § 544 ZPO durchgesetzt werden. Damit übernimmt die Nichtzulassungsbeschwerde bei Verfahrensgrundrechtsverletzungen durch das Berufungsgericht die Funktion einer in das allgemeine Rechtsmittelsystem integrierten Verfahrensgrundrechtsbeschwerde[582].

Obwohl § 544 ZPO selbst keinerlei Ausnahmen vorsieht, verbleibt in den Fällen der Nichtzulassung der Revision durch das Berufungsgericht bei einer behaupteten Verfahrensgrundrechtsverletzung vorübergehend doch eine Regelungslücke – nämlich dann, wenn die Nichtzulassungsbeschwerde aufgrund der Beschränkungen des § 26 Nr. 8 EGZPO nicht statthaft ist. Die Nichtzulassungsbeschwerde ist noch für eine Übergangszeit unzulässig, wenn der Wert der mit der Revision geltend zu machenden Beschwer unter 20.000 Euro liegt. Diese Lücke könnte bis zum Ablauf der Übergangsfrist durch die Anhörungsrüge bzw. die allgemeine Grundrechtsrüge nach § 321 a ZPO (analog) zu schließen sein.

Eine einschränkende Auslegung der Übergangsregelung in § 26 Nr. 8 EGZPO wurde teilweise bereits nach deren Einführung durch das Zivilprozessreformgesetz befürwortet[583]. Zu diesem Zeitpunkt galt die Übergangsregelung zwar für die Berufung verwerfende Urteile, nicht aber für nach § 522 Abs. 1 S. 4 ZPO

581 Vgl. dazu § 2 I. 2.

582 *Vollkommer* NJW-Sonderheft BayObLG 2005, 64 (68); MünchKommZPO/*Lipp*, § 567 ZPO Rn. 21.

583 So beispielsweise *Hannich/Meyer-Seitz/Meyer-Seitz*, § 522 ZPO Rn. 16; Wieczorek/Schütze/*Gerken*, § 522 ZPO Rn. 48; *Gehrlein*, § 14, Rn. 41; *Musielak* NJW 2002, 1203 (1204); diese Möglichkeit ausdrücklich offen lassend BGH NJW 2003, 3783.

kraft Gesetzes mit der Rechtsbeschwerde angreifbaren Verwerfungsbeschlüsse. Um einen Gleichlauf des Rechtsschutzes zu erreichen, wurde erwogen, die Einschränkungen des § 26 Nr. 8 EGZPO auf die Berufung als unzulässig verwerfende Urteile generell – d.h. unabhängig davon, ob die Verletzung eines Verfahrensgrundrechts oder eine andere Rechtsverletzung behauptet wurde – nicht anzuwenden. Seit dem 01.09.2004 sind die Berufung verwerfende Entscheidungen von den Einschränkungen des § 26 Nr. 8 ZPO durch Satz 2 ausdrücklich ausgenommen. Damit ist die ursprüngliche Regelungslücke durch die Neufassung des § 26 EGZPO insoweit geschlossen worden, als die Berufung verwerfende Entscheidungen, in denen die Revision nicht zugelassen worden ist, nunmehr ohne Einschränkungen der Überprüfung durch die Nichtzulassungsbeschwerde unterliegen. Die Frage nach der einschränkenden Auslegung des § 26 Nr. 8 EGZPO stellt sich damit nur noch dann, wenn die Revision in einem die Berufung als unbegründet zurückweisenden Urteil nicht zugelassen wird.

Die Anwendung der Nichtzulassungsbeschwerde auch in den Fällen des § 26 Nr. 8 EGZPO ist jedoch nichts anderes als die Zulassung einer Beschwerde in einem gesetzlich nicht geregelten Fall, und damit eine außerordentliche (Nichtzulassungs-)Beschwerde. Sie ist wegen Verstoßes gegen das verfassungsrechtliche Erfordernis der Rechtsmittelklarheit abzulehnen. Außerdem widerspricht sie dem Willen des Gesetzgebers, der ausweislich der Begründung zum Zivilprozessreformgesetz die Problematik der Zulassung in diesen Fällen erkannt hatte, sich aber dennoch dafür entschied, eine Beschwerdemöglichkeit nur für die Nichtzulassung der Revision einzuführen[584]. Nach der hier vertretenen Ansicht ist die Zulassung einer Beschwerde zum iudex ad quem auch nicht geboten, weil der Überprüfung durch das entscheidende Gericht keinen verfassungsrechtlichen Bedenken unterliegt. Scheitert eine Nichtzulassungsbeschwerde an der Wertgrenze des § 26 Nr. 8 EGZPO, so kann der Betroffene eine behauptete Verfahrensgrundrechtsverletzung nach Verlängerung der Übergangsfrist bis zum 31.12.2012 ausschließlich mit der analogen Anwendung des § 321 a ZPO geltend machen.

II. Verfahrensgrundrechtsverletzungen als Zulassungsgrund für die Rechtsbeschwerde

Die Zulassung der Rechtsbeschwerde durch das Rechtsbeschwerdegericht zur Sicherung einer einheitlichen Rechtsprechung nach § 574 Abs. 2 Nr. 2 ZPO wegen Verstoßes gegen ein Verfahrensgrundrecht, ist ebenso wenig zu erwarten, wie die Zulassung der Revision durch das Berufungsgericht in diesen Fällen. Eine Nichtzulassungsbeschwerde sieht das Gesetz dennoch nicht vor. Der

584 BT-Drucks. 14/4722, S. 67.

Beschluss unterliegt im Fall der Nichtzulassung der Rechtsbeschwerde nur dann, wenn deren Statthaftigkeit gesetzlich vorgesehen ist. Ihre Zulässigkeit ist im Übrigen davon abhängig, dass einer der in Absatz 2 aufgeführten Gründe – diese entsprechen den Zulassungsgründen – vorliegt. Das Rechtsbeschwerdegericht befindet im Ergebnis also darüber, ob die Verletzung eines Verfahrensgrundrechts seine Entscheidung zur Sicherung einer einheitlichen Rechtsprechung erfordert. Es überprüft somit dieselben Voraussetzungen wie das Revisionsgericht bei Nichtzulassung der Revision durch das Berufungsgericht auf die Nichtzulassungsbeschwerde nach § 544 ZPO. In praktischer Hinsicht ergeben sich keine Unterschiede, weil die Nichtzulassungsentscheidung des Beschwerdegerichts kraft gesetzlicher Anordnung im Rahmen der Zulässigkeit durch das Rechtsbeschwerdegericht überprüft wird[585].

Fraglich ist, welcher Rechtsbehelf dem Rechtsuchenden zur Verfügung steht, wenn die Rechtsbeschwerde nicht bereits qua Gesetz statthaft ist und das Beschwerdegericht die Rechtsbeschwerde wegen Verletzung eines Verfahrensgrundrechts hätte zulassen müssen. Auch hier darf die Nichtzulassung der Rechtsbeschwerde nicht kontrollfrei bleiben, weil aufgrund des Justizgewährungsanspruchs ein fachgerichtlicher Rechtsbehelf gegen die erstmalige Verletzung von Grundrechten zur Verfügung stehen muss. Nach der hier vertretenen Ansicht ist jedenfalls die Zulassung einer außerordentlichen Rechtsbeschwerde in diesen Fällen aufgrund der verfassungsrechtlichen Anforderungen an die Rechtsmittelklarheit keine Lösung[586]. *Vollkommer*[587] schlägt vor, die verfassungsrechtlich gebotene Kontrolle durch die verfassungskonforme Auslegung des § 574 Abs. 1 bis 3 ZPO zu ermöglichen[588], und zwar im Wege der entsprechenden Anwendung der Grundsätze über den sog. Zulassungsstreit. Danach darf im Streit über die Partei- oder Prozessfähigkeit sowie die Bevollmächtigung eines Prozessbeteiligten das von diesem eingelegte Rechtsmittel nicht wegen dieses Mangels als unzulässig verworfen werden, weil der Mangel anderenfalls unüberprüft bliebe[589]. In entsprechender Anwendung dürfte die Rechtsbeschwerde also nicht wegen des „Mangels" der fehlenden Zulassung durch das Ausgangsgericht als unzulässig verworfen werden. Das Rechtsbeschwerdegericht hätte folglich auch bei fehlender Zulassung des Rechtsmittels das Vorliegen des behaupteten Zulassungsgrundes, nämlich der

---

585 *Vollkommer* NJW-Sonderheft BayObLG 2005, 64 (68), spricht davon, die (fehlende) Nichtzulassungsbeschwerde sei in den Fällen der gesetzlichen „Statthaftigkeit" der Rechtsbeschwerde gleichsam in das Rechtsmittel integriert.

586 So aber *Bloching/Kettinger* NJW 2005, 860 (863).

587 *Vollkommer* NJW-Sonderheft BayObLG 2005, 64 (69 f.).

588 Die Überlegung einer verfassungskonformen analogen Auslegung des § 574 Abs. 1 ZPO stellen auch *Seiler/Wunsch* NJW 2003, 1840 (1843) an.

589 *Rosenberg/Schwab/Gottwald*, § 43, Rn. 39 f.

Sicherung einer einheitlichen Rechtsprechung bei einer Verfahrensgrundrechtsverletzung, zu überprüfen. Bejaht es diesen, wäre die ursprünglich nicht zugelassene Rechtsbeschwerde als zulässig anzunehmen, ansonsten endgültig als unzulässig zu verwerfen.

Fraglich ist, ob § 574 Abs. 1 bis 3 ZPO tatsächlich einer verfassungskonformen Auslegung in dem Sinne zugänglich ist, dass die Rechtsbeschwerde auch bei behaupteter Verfahrensgrundrechtsverletzung statthaft ist. Nur dann kann diesem Ansatz nicht die fehlende Rechtsmittelklarheit entgegen gehalten werden. Wie bereits erläutert, steht die Rechtsmittelklarheit der anerkannten rechtswissenschaftlichen Methode der verfassungskonformen Auslegung nicht generell entgegen[590]. In diesen Fällen wird der im Gesetz bereits zum Ausdruck kommende Wille des Gesetzgebers lediglich fortgeführt. Liegen die Voraussetzungen nicht vor, läuft die Zulassung der Rechtsbeschwerde in entsprechender Anwendung der Regeln über den Zulassungsstreit im Ergebnis ebenfalls auf die Zulassung einer nach den Verfahrensvorschriften unstatthaften – und damit außerordentlichen – (Nichtzulassungs-)Beschwerde unter dem „Deckmantel" verfassungskonformer Auslegung hinaus[591].

Aus der hierarchischen Gliederung des staatlichen Normensystems und aus der Hypothese, dass der Gesetzgeber keine mit der Verfassung unvereinbare Regelung vorlegen wolle, wird abgeleitet, einfachgesetzliche Regelungen seien im Zweifel verfassungskonform zu interpretieren[592]. An der Möglichkeit einer verfassungskonformen Auslegung des § 574 ZPO bestehen bereits ausgehend vom Sinn und Zweck dieser Auslegungsmethode Zweifel. Die verfassungskonforme Auslegung dient nämlich der Erhaltung einer ansonsten verfassungswidrigen Norm (Zweck der Normerhaltung)[593]. Dass § 574 ZPO verfassungswidrig ist, ist jedoch nicht ersichtlich und wird von *Vollkommer* auch nicht behauptet.

Abweichend von dem grundsätzlichen Erfordernis einer verfassungswidrigen Norm ist aber auch die verfassungskonforme Auslegung einer verfassungsgemäßen Norm möglich, weil grundsätzlich jede im Range unter der Verfassung stehende Rechtsnorm auch ohne Feststellung ihrer Verfassungswidrigkeit im Sinne der Verfassungsprinzipien auszulegen ist, so dass sie mit den „Prinzipien der Verfassung am besten übereinstimmt"[594]. Sie muss sich allerdings im

590 Vgl. § 4 I. 2. b).
591 So auch die Formulierung *Vollkommer*s, FS für Schlosser, S. 1021.
592 *Kramer*, S. 90.
593 *Raisch*, S. 180.
594 *Schmalz*, Rn. 366; *Larenz/Canaris*, S. 160.

Rahmen noch möglicher Normsinnhypothesen bewegen und darf nicht zu einer korrigierenden Interpretation contra legem führen. Deshalb scheidet die verfassungskonforme Auslegung immer dort aus, wo sie mit dem Wortlaut in Widerspruch treten würde[595]. Das BVerfG hat eine verfassungskonforme Auslegung häufig „angesichts des klaren Wortlauts" der Bestimmung abgelehnt[596]. Eine verfassungskonforme Auslegung setzt also die Mehrdeutigkeit der fraglichen Norm voraus[597]. Nach § 574 ZPO ist die Rechtsbeschwerde statthaft, wenn dies im Gesetz ausdrücklich bestimmt ist (Abs. 1 Nr. 1) oder ein Gericht die Rechtsbeschwerde zulässt (Abs. 1 Nr. 2). Jedenfalls in den vom Gesetz ausdrücklich bezeichneten Fällen bleibt kein Spielraum für eine weitergehende Auslegung. Im Übrigen muss eines der in Abs. 1 Nr. 2 bezeichneten Gerichte eine positive Zulassungsentscheidung in dem Beschluss getroffen haben. Eine verfassungskonforme Auslegung in dem Sinne, dass die Rechtsbeschwerde ohne vorherige Zulassung bei nur behaupteter Verletzung eines Verfahrensgrundrechts statthaft ist, scheidet auch für diese Alternative aufgrund des eindeutigen Gesetzeswortlauts aus. Die Ausdehnung der Statthaftigkeit auf die reine Behauptung, ein Verfahrensgrundrecht sei verletzt, kommt daher allenfalls im Wege verfassungskonformer Rechts*ergänzung* in Betracht[598].

Dieses Ergebnis wird durch die Regierungsbegründung zum Anhörungsrügengesetz bestätigt. Eine verfassungskonforme Auslegung ist dort nicht möglich, wo ihr der Wille des Gesetzgebers entgegensteht[599]. Nach der Regierungsbegründung ist die Nichtzulassungsentscheidung nicht angreifbar[600]. Diese eindeutige Aussage erlaubt den Rückschluss, dass der Anfechtungsausschluss generell und umfassend gilt. Der Grund für das Fehlen einer Anfechtungsmöglichkeit liegt darin, dass Gegenstand der Beschwerden in der Regel weniger bedeutsame Nebenentscheidungen sind. In den rechtlich bedeutsamen Fällen hat der Gesetzgeber die Statthaftigkeit der Rechtsbeschwerde gesetzlich bestimmt, § 574 Abs. 1 Nr. 1 iVm Abs. 2 ZPO[601]. *Vollkommer* bestreitet zwar, dass dies ein Argument gegen die verfassungskonforme Auslegung des § 574 ZPO sein könne[602]. Die Gründe für die Unanfechtbarkeit der Nichtzulassungsbeschwerde bezögen sich ausschließlich auf den Ausgangsrechtsstreit und die Frage der Eröffnung einer dritten Instanz, hätten mit der Frage einer einmaligen gerichtlichen Kontrolle eigenständiger Grundrechtsverstöße in der Beschwerdeinstanz

595 *Rüthers*, Rn. 764.
596 Vgl. *Larenz/Canaris*, S. 161.
597 *Rüthers*, Rn. 764.
598 *Häfelin*, FS für Huber, S. 245.
599 *Rüthers*, Rn. 764 a.
600 BT-Drucks. 14/4722, S. 116.
601 Musielak/*Ball*, § 574 ZPO Rn. 9.
602 *Vollkommer*, FS für Schlosser, S. 1022.

aber nichts zu tun. In der Regierungsbegründung heißt es jedoch: „*Es ist nicht erforderlich, dass mehrere Gerichte die Voraussetzungen für die Zulässigkeit der Rechtsbeschwerde nachprüfen*“. Genau darum geht es aber bei der Einrichtung einer Anfechtungsmöglichkeit für die Nichtzulassungsentscheidung durch die verfassungskonforme Auslegung des § 574 ZPO. Ihr steht daher die bewusste Entscheidung des Gesetzgebers gegen die Einführung einer Beschwerde gegen die Nichtzulassung der Rechtsbeschwerde entgegen. Diesem Ergebnis lässt sich nicht entgegenhalten, auch die Rechtsschutzlücke bei den Zulassungsgründen sei durch die Rechtsprechung im Wege verfassungskonformer Auslegung geschlossen worden[603]. Die Fälle lassen sich nicht vergleichen, weil die Erweiterung der Zulassungsgründe in § 574 Abs. 2 Nr. 2 ZPO um die Verletzung von Verfahrensgrundrechten gerade dem ausdrücklichen Willen des Gesetzgebers entspricht.

Gegen die verfassungskonforme Auslegung des § 574 ZPO spricht schließlich, dass die Abhilfe von Verfahrensgrundrechtsverletzungen nach der gesetzlichen Konzeption innerhalb derselben Instanz erfolgen muss. Nur auf diesem Wege können auch die praktischen Probleme umgangen werden, die bei der gleichzeitigen Rüge von Verletzungen des Art. 103 Abs. 1 GG und anderer Verfahrensgrundrechte auf den Betroffenen zukämen.

III. Verfahrensgrundrechtsverletzungen als Zulassungsgrund für die Berufung

Das Gesetz sieht auch für die Berufung den Zulassungsgrund der Sicherung einer einheitlichen Rechtsprechung vor, § 511 Abs. 4 Nr. 1 Alt. 2 ZPO. Allerdings gilt auch hier, dass eine Zulassung regelmäßig nicht zu erwarten ist. Bei der Revision kann die Schwäche des Zulassungsgrundes durch die Nichtzulassungsbeschwerde aufgefangen werden, bei der Rechtsbeschwerde zumindest dann, wenn sie gleichzeitig kraft Gesetzes statthaft ist. Bei der Nichtzulassung der Berufung ist dies nicht möglich, weil eine vergleichbare fachgerichtliche Anfechtungsmöglichkeit nicht vorgesehen ist. Die Korrektur der Entscheidung über die Nichtzulassung der Berufung kann der Betroffene somit ausschließlich über die Analogie zu § 321 a ZPO erreichen[604].

IV. Erweiternde Auslegung der Wiederaufnahmegründe

Wenn § 579 ZPO in bestimmten Fällen von Verfahrensgrundrechtsverletzungen die Wiederaufnahme des Verfahrens erlaubt, liegt einerseits der Gedanke nahe,

603 So aber *Vollkommer* NJW-Sonderheft BayObLG, 64 (70).
604 MünchKommZPO/*Rimmelspacher*, § 511 ZPO Rn. 77.

diese auf andere Grundrechtsverletzungen erweiternd auszulegen. Andererseits spricht die konkrete Bestimmung der zur Wiederaufnahme führenden Verstöße dafür, dass der Gesetzgeber den Katalog des § 579 ZPO bewusst auf diese Fälle beschränken wollen. Nachdem die erweiternde Auslegung oder analoge Anwendung der Wiederaufnahmegründe wegen ihres Ausnahmecharakters früher abgelehnt wurde, ist man sich heute darüber einig, dass der Katalog des § 579 ZPO zumindest prinzipiell erweiterungsfähig ist, dafür aber praktisch in der Regel nur § 579 Abs. 1 Nr. 4 ZPO in Betracht komme[605]. Diese Vorschrift ermöglicht die Wiederaufnahme des Verfahrens letztlich deshalb, weil in den einschlägigen Fällen die Partei – vom Gericht unbemerkt – nicht nach Vorschrift der Gesetze vertreten war und daher kein rechtliches Gehör erhalten hat[606]. § 579 Abs. 1 Nr. 1 ZPO kann daher allenfalls auf andere Fälle von Gehörsverletzungen analog angewendet werden[607]. Eine Ausdehnung der Vorschrift auch auf Verletzungen anderer Verfahrensgrundrechte widerspricht dem Prinzip der Vorschrift und scheitert an der fehlenden Planwidrigkeit der Regelungslücke.

V. Teleologische Reduktion der gesetzlichen Unanfechtbarkeit

Unterliegt eine Entscheidung einem gesetzlichen Anfechtungsausschluss – wie es insbesondere bei Beschlüssen häufig der Fall ist – stellt sich die Frage, wie der verfassungsrechtliche Korrekturbedarf bei erstmaligen Verstößen gegen Verfahrensgrundrechte innerhalb der Fachgerichtsbarkeit erfüllt werden kann. Hier liegt der Rückgriff auf § 321 a ZPO (analog) zwar nahe, ist jedoch nicht in allen Fällen zwingend. Stattdessen ist eine verfassungskonforme Lösung durch eine teleologische Reduktion der jeweiligen Ausschlussnorm in Erwägung zu ziehen. Die teleologische Reduktion ist, ebenso wie die verfassungskonforme Auslegung und der Analogieschluss, ein anerkanntes juristisches Hilfsmittel. Sie setzt dort an, wo der Wortlaut des Gesetzes mehr Fälle erfasst, als vom Zweck des Gesetzes her berechtigt wäre[608]. Der Sache nach geht es um die Ermittlung des wirklichen Willens der Gesetzgebung entgegen dem missglückten Wortlaut[609]. Es wird also dem Normzweck der Vorrang vor dem Wortlaut der Norm eingeräumt und auf diese Weise diejenigen Fälle aus dem Anfechtungsausschluss ausgenommen, die ihm nach dem Zweck der Norm nicht unterfallen sollen.

---

605 Vgl. MünchKommZPO/*Braun*, Vor §§ 578 ff. ZPO Rn. 7; Wieczorek/Schütze/*Borck*, § 579 ZPO Rn. 3.

606 Wieczorek/Schütze/*Borck*, § 579 ZPO Rn. 27.

607 Vgl. § 2 II 1. a).

608 *Wank*, S. 87.

609 *Rüthers*, Rn. 903 f.

Der Grund für die Unanfechtbarkeit einiger Beschlüsse liegt darin, das dem Gericht bei seiner Entscheidung eingeräumte Ermessen einer Überprüfung zu entziehen. Dies gilt etwa für § 707 Abs. 2 S. 2 ZPO[610], der die Anfechtung der im Ermessen des Gerichts liegenden Einstellung der Zwangsvollstreckung ausschließt. Die einstweilige Einstellung soll den Schuldner nur vor Härten der Zwangsvollstreckung schützen, nicht aber eine vorgreifliche Sachprüfung ermöglichen[611]. Die Vorschrift, und somit auch der Anfechtungsausschluss, findet entsprechende Anwendung in den Fällen der gesetzlichen Verweisung auf § 707 ZPO, etwa nach § 719 Abs. 1 S. 1 ZPO für die einstweilige Einstellung der Zwangsvollstreckung bei Berufung oder Einspruch gegen das für vorläufig vollstreckbar erklärte Urteil, beim Widerspruch gegen den Arrest nach § 924 Abs. 3 S. 2 HS 1 PO und gegen die einstweilige Verfügung nach § 936 ZPO, sowie bei Rechtsmitteln gegen Entscheidungen im Schiedsverfahren nach § 1065 Abs. 2 S. 2 ZPO. Um einen weiteren Fall der Unanfechtbarkeit eines im Ermessen des Gerichts liegenden Beschlusses handelt es sich bei § 157 Abs. 2 S. 2 ZPO.

Wenn der Sinn und Zweck des Anfechtungsausschlusses darin liegt, Ermessensentscheidungen unangreifbar zu machen, ist ein Anfechtungsausschluss nur dort geboten, wo tatsächlich Ermessen ausgeübt wird. Im Umkehrschluss bedeutet dies, dass entgegen dem umfassenden Wortlaut des § 707 Abs. 2 S. 2 ZPO diejenigen Beschlüsse mit der Beschwerde angegriffen werden können, in denen das Gericht bei seiner Entscheidung die gesetzlichen Voraussetzungen seines Ermessens verkannt oder aus anderen Gründen kein Ermessen betätigt hat[612]. Die Zulassung der Beschwerde aufgrund teleologischer Reduktion erfolgt dann zwar gegen den Wortlaut des Gesetzes. Es handelt sich dennoch nicht um die Zulassung einer außerordentlichen Beschwerde, weil die Beschwerdemöglichkeit hier durch Anwendung einer anerkannten juristischen – und zwar einer auf das Gesetz bezogenen – Methode ermittelt wird[613]. Die Anfechtungsmöglichkeit wird innerhalb des gesetzlichen Rechtsbehelfssystems gewährt und verstößt damit nicht gegen den Grundsatz der Rechtsmittelklarheit[614]. Eine (analoge) Anwendung des § 321 a ZPO ist in diesen Fällen nicht erforderlich.

---

610 Musielak/*Lackmann*, § 707 ZPO Rn. 12.

611 *Schneider* MDR 1980, 529 (530).

612 *H.-M. Pawlowski*, FS für Schneider, S. 56 f., 62 f.; MünchKommZPO/*Lipp*, § 567 ZPO Rn. 18.

613 *Pawlowski*, FS für Schneider, S. 48.

614 BGH NJW 2003, 1254.

VI. Gegenvorstellung

Die Gegenvorstellung erfüllt die verfassungsrechtlichen Anforderungen an den erforderlichen fachgerichtlichen Rechtsbehelf unter anderem deshalb nicht, weil sie die Regelungslücke nicht in vollem Umfang schließen kann. So sind beispielsweise Urteile und Beschlüsse, die in materielle Rechtskraft erwachsen sind oder diese herbeiführen, von der Anfechtung mittels Gegenvorstellung ausgenommen[615]. Dies spricht jedoch nicht per se dagegen, sie lückenschließend anzuwenden. Ist ein Beschluss für das Gericht nicht bindend, kann das Gericht diesen jederzeit abändern, die Gegenvorstellung den Anlass dafür bieten. Inhaltliche Fehler eines nicht mehr beschwerdefähigen Beschlusses können daher mit der Gegenvorstellung gerügt werden[616].

Der Rechtsuchende kann für die Korrektur einer behaupteten Verfahrensgrundrechtsverletzung auf die Gegenvorstellung aber nur verwiesen werden, wenn sie die verfassungsrechtlichen Anforderungen an den Rechtsschutz bei Verfahrensgrundrechtsverletzungen erfüllt. Dem Grundsatz der Rechtsmittelklarheit genügt sie nur, wenn und soweit sich die Gegenvorstellung auf eine gesetzliche Grundlage stützen lässt. Seit der Neuordnung des Rechtsmittelrechts 2002 ist die Gegenvorstellung von § 572 Abs. 1 S. 2 HS 1 ZPO umfasst. Damit bietet die Gegenvorstellung bei Verletzungen von Verfahrensgrundrechten eine Abhilfemöglichkeit innerhalb des gesetzlichen Systems, sofern es sich bei der angegriffenen Entscheidung um einen von Amts wegen abänderbaren Beschluss handelt. Es wird deshalb vertreten, es müsse nur bei urteilsähnlichen Beschlüssen für alle Verstöße gegen sämtliche Verfahrensgrundrechte § 321 a ZPO (ggf. analog) angewendet werden. Bei sonstigen Beschlüssen, die keiner Änderungssperre unterliegen, namentlich bei verfahrensleitenden Beschlüssen, scheide hingegen eine Anwendbarkeit des § 321 a ZPO aus[617]. Dabei wird jedoch übersehen, dass der Rechtsuchende auf die Gegenvorstellung nur verwiesen werden kann, wenn sie auch die anderen verfassungsrechtlichen Voraussetzungen an den zu gewährleistenden Rechtsschutz erfüllt. Insofern ist zu beachten, dass dem Justizgewährungsanspruch nur ein Rechtsbehelf genügt, der dem Betroffenen einen durchsetzbaren prozessualen Anspruch auf eine gerichtliche Entscheidung verschafft[618]. Diesem Erfordernis genügt die auf § 572 Abs. 1 HS 1 ZPO gestützte Gegenvorstellung aber nicht. Denn die sofortige Beschwerde übernimmt die Funktion einer Gegenvorstellung nur dann, wenn sie unzulässig ist. In diesem Fall begründet sie aber keinen prozessual durchsetzbaren Anspruch des Betroffenen auf Prüfung und Abhilfe der geltend gemachten

615 Musielak/*Musielak*, § 567 Rn. 27.

616 Wieczorek/Schütze/*Peters/Jänich*, Vor § 567 ZPO Rn. 75.

617 Wieczorek/Schütze/*Peters/Jänich*, Vor § 567 Rn. 80.

618 MünchKommZPO/*Lipp*, Vor §§ 567 Rn. 15; vgl. Teil 1, § 4 I. 1 a).

Rechtsverletzung, weil anderenfalls die Zulässigkeitsvoraussetzungen der sofortigen Beschwerde umgangen würden[619]. Das Gericht hat lediglich eine bloße Amtspflicht zur sachlichen Prüfung der vorgebrachten Beschwerde, ist zur Abhilfe aber keineswegs verpflichtet. Es bleibt daher dabei, dass der Rechtsuchende bei behaupteten Verfahrensgrundrechtsverletzungen die Gegenvorstellung erheben kann, er aber keinesfalls auf sie verwiesen werden kann. Im Ergebnis unterliegen deshalb auch abänderbare Beschlüsse der Anfechtung mit der Rüge nach § 321 a ZPO (ggf. analog).

VII. Ergebnis zu § 6

Für die analoge Anwendung des § 321 a ZPO verbleiben danach:

1. Entscheidungen, gegen die die sofortige Beschwerde kraft Gesetzes ausgeschlossen ist und eine Anfechtbarkeit nicht im Wege teleologischer Reduktion der Ausschlussvorschrift erreicht werden kann.
2. Urteile, die eine Berufung zurückweisen und gegen die das Berufungsgericht die Revision wegen Verletzung eines Verfahrensgrundrechts zur Sicherung einer einheitlichen Rechtsprechung hätte zulassen müssen, wenn diese aufgrund der Beschränkungen des § 26 Nr. 8 EGZPO nicht der Nichtzulassungsbeschwerde unterliegen.
3. Beschlüsse des Beschwerdegerichts, gegen die das Beschwerdegericht die Rechtsbeschwerde wegen Verletzung eines Verfahrensgrundrechts zur Sicherung einer einheitlichen Rechtsprechung hätte zulassen müssen, wenn die Rechtsbeschwerde nicht nach § 574 Abs. 1 ZPO eröffnet ist.
4. Alle unanfechtbaren und unabänderbaren Entscheidungen im Übrigen.

§ 7 Ergebnis des Teil 1

Als Ergebnis der bisherigen Untersuchung ist festzuhalten, dass die Zivilprozessordnung in ihrer gegenwärtigen Fassung eine ausreichende Grundlage für die nach dem Justizgewährungsanspruch erforderliche fachgerichtliche Korrektur erstmaliger Verstöße gegen Verfahrensgrundrechte bietet. Die Rechtsschutzdefizite können oftmals unter Zuhilfenahme anerkannter rechtswissenschaftlicher Hilfsmittel, der Auslegung, der Analogie oder der teleologischen Reduktion gedeckt werden. Wo dies nicht möglich ist, fungiert die subsidiäre Rüge nach § 321 a ZPO gleichsam als „Auffangrechtsbehelf" bei Verfahrensgrundrechtsverletzungen durch ein Gericht. In verfassungsrechtlicher Hinsicht besteht daher kein weiterer Nachbesserungsbedarf durch den Gesetzgeber. Ebenso wenig besteht verfassungsrechtlicher Bedarf für die Anwendung

619 Vgl. dazu auch § 5 III.

außerordentlicher Rechtsbehelfe durch die Rechtsprechung. Die rechtspolitische Eignung des Rechtsschutzes durch den iudex a quo darf mit Recht kritisiert werden, ist jedoch keine hinreichende Grundlage für eine Modifikation der gegenwärtigen Gesetzeslage durch die Gerichte oder gar für eine Anwendung gesetzlich nicht geregelter Rechtsbehelfe. Es ist allein dem Gesetzeber vorbehalten, ob er der rechtspolitischen Forderung nach einer Effektivierung des Rechtsschutzes nachgeben will.

Teil 2: Rechtsschutz bei Untätigkeit eines Gerichts

§ 8 Einleitung

I. Problemaufriss

Im Unterschied zum ersten Teil dieser Arbeit, der sich auf Rechtsschutzmöglichkeiten gegen richterliches Handeln konzentriert, behandelt der zweite Teil Rechtsschutz in den Fällen sog. richterlicher Untätigkeit. Dabei bezeichnet der Begriff Untätigkeit nicht nur den vollständigen Verfahrensstillstand durch passives Verhalten des Gerichts, sondern auch die aktive Förderung prozessfremder Belange, die das Verfahren unnötig in die Länge zieht und dessen Abschluss verschleppt oder verzögert. Ein Richter ist dann untätig, wenn er seiner Pflicht zur Förderung des Verfahrens nicht nachkommt und den Anspruch des Rechtsuchenden auf eine angemessene Verfahrensdauer verletzt[620]. Damit ist die Problematik aber allenfalls grob umrissen. Schwierigkeiten bereitet bereits die Frage, ab welchem Zeitpunkt konkret von Untätigkeit oder überlanger Verfahrensdauer gesprochen werden kann bzw. wann die Dauer eines Verfahrens unangemessen lang ist. Der Begriff Untätigkeit ist wenig greifbar; ab wann von Untätigkeit gesprochen werden kann, lässt sich nicht nach einem absoluten Maß festlegen, weil Zeit relativ ist. Welche Verfahrensdauer angemessen ist, lässt sich nicht in mathematisch-statistischen Messgrößen ausdrücken, sondern ist eine Frage der Abwägung verschiedener Aspekte im jeweiligen Einzelfall. Denn Rechtsschutz ist nicht notwendigerweise dann effektiv, wenn ein Verfahren schnell abgeschlossen wird. Die richterliche Tätigkeit und damit auch die auf den jeweiligen Fall verwendete Verfahrensdauer müssen diesem „gerecht" werden[621]. Eine möglichst kurze Verfahrensdauer gewinnt ihren Wert erst durch eine gründliche und saubere Sachverhaltsfeststellung und Rechtsanwendung[622].

Es wird immer wieder betont, dass die Gerichte in Deutschland „weit überwiegend zügig arbeiten" und in Bezug auf die Verfahrensdauer vor allem in Zivilverfahren europaweit eine Spitzenstellung einnehmen[623]. Dennoch gibt es zahlreiche Fälle, in denen Verfahren unverhältnismäßig lange dauern. Dies zeigen nicht zuletzt die Statistiken. Zwar benötigen die deutschen Zivilgerichte für erstinstanzliche Verfahren vor den Amtsgerichten im Bundesdurchschnitt

---

620 vgl. Redeker NJW 2003, 488 f.

621 *Sodan* NJW 2003, 1494 (1495).

622 *Sodan* DÖV 2005, 764 (769).

623 z.B. BMJ, Pressemitteilung vom 26.08.2005; DAV, Stellungnahme Nr. 48/2005; DRB, Stellungnahme aus Oktober 2005.

nur 4,5 Monate bzw. vor den Landgerichten 8,1 Monate[624]. Allerdings gibt es in den einzelnen Ländern erhebliche Abweichungen sowohl nach oben als auch nach unten. 12,5% der Verfahren vor den Landgerichten dauern mehr als 12 Monate, 6,3% sogar mehr als 24 Monate. Verwaltungsgerichtliche Verfahren erster Instanz dauern bereits im Bundesdurchschnitt erheblich länger, nämlich 12,3 Monate[625]. Die längste durchschnittliche Verfahrensdauer in erstinstanzlichen landesverwaltungsgerichtlichen Verfahren liegt mit 32 Monaten noch deutlich darüber. 6,8% der Verfahren dauern sogar über 36 Monate! Schließlich ist eine überlange Verfahrensdauer nicht nur ein Problem der Fachgerichte, sondern trifft gleichermaßen das BVerfG, dessen hohe Arbeitsbelastung sich zwangsläufig in längeren Verfahrenslaufzeiten auswirkt. Selbst wenn also die Verfahrensdauer vor den deutschen Gerichten sowohl im bundesweiten Durchschnitt als auch im internationalen Vergleich zufriedenstellend ist, ist aus verfassungsrechtlicher Sicht nur die Verfahrensdauer im jeweiligen Einzelfall entscheidend.

Der EGMR hat die Bundesrepublik Deutschland in einer ganzen Reihe von Fällen wegen überlanger Gerichtsverfahren verurteilt[626]. Mehr als die Hälfte aller Urteile in deutschen Fällen, die einen EMRK-Verstoß feststellen, betreffen die Verfahrensdauer. Dies ist nicht zuletzt auf Kapazitätsengpässe zurückzuführen. So ergibt sich aus dem auf Untersuchungen in sieben Bundesländern basierenden sog. PEBB§Y-Gutachten[627], dass durchschnittlich 16% Richter und Staatsanwälte zu wenig eingesetzt sind[628]. Hinzu kommt die ständig fortschreitende Regulierung zahlreicher Lebensbereiche[629]. Im Vordergrund dieser Arbeit sollen allerdings nicht die Ursachen überlanger Verfahrensdauer stehen[630]. Denn der Rechtsuchende hat in der Regel kein Interesse an den Gründen für die

---

624 BMJ, Pressemitteilung vom 18.08.2010.

625 Die durchschnittliche Dauer von Verwaltungsgerichtsverfahren ist leicht gesunken. Nach der Pressemitteilung des BMJ vom 26.08.2005 waren es noch 15,3 Monate.

626 Allein im Jahr 2009 hat der EGMR in 13 Fällen Verstöße gegen das Recht auf eine angemessene Verfahrensdauer nach Art. 6 Abs. 1 EMRK festgestellt, 55 weitere Beschwerden wegen Art. 6 Abs. 1 EMRK sind aktuell noch anhängig, Pressemitteilung des Kanzlers des EGMR v. 02.09.2010, abrufbar unter www.cmiskp.echr.coe.int, zuletzt abgerufen am 02.09.2010.

627 PEBB§Y-Gutachten, S. 10, 24.

628 Eine auf den Zahlenangaben des Jahres 2004 basierende Auswertung der *European Commission for the Efficiency of Justice* (*CEPEJ*) ergab, dass Deutschland mit einer „Richterdichte" von 24,7 Richtern je 100.000 Einwohnern zwar vor vergleichbaren Staaten Westeuropas lag, aber gleichzeitig von allen teilnehmenden Staaten die weitaus höchste Zahl anhängiger zivilrechtlicher Streitigkeiten erreichte.

629 *Redeker* NJW 2003, 2956 (2958).

630 Dazu eingehend *Schlette*, S. 14, *Stabel*, S. 2; *Steger*, S. 64 ff.

überlange Verfahrensdauer[631], sondern vielmehr an den Möglichkeiten, das Verfahren zu beschleunigen, wenn schlichte Hinweise auf die bereits verstrichene Verfahrensdauer, Sachstandsanfragen und Gesuche auf Fortführung des Verfahrens nicht zum gewünschten Erfolg führen. In dieser Situation bietet das deutsche Verfahrensrecht – auf die Anfechtung bereits ergangener Entscheidungen ausgelegt – bislang weder einen speziellen Beschleunigungsrechtsbehelf noch einen Schadensersatz- bzw. Entschädigungsanspruch[632]. Dies ist insbesondere im europäischen Vergleich beachtlich. Denn in den Rechtsordnungen fast aller 25 Mitgliedstaaten des Europarates ist eine Entschädigungsregelung bei überlanger Verfahrensdauer vorgesehen[633]. Es stellt sich daher die Frage, ob die auf Verfahrensbeschleunigung gerichteten Vorschriften[634] ausreichen, um die verfassungs- und europarechtlich gewährleistete angemessene Verfahrensdauer zu gewährleisten oder ob auch der deutsche Gesetzgeber für den Fall unangemessener Dauer eines Verfahrens einen Rechtsbehelf einrichten muss.

II. Gang der Untersuchung

Da ein spezieller Rechtsbehelf gegen überlange Verfahrensdauer derzeit im deutschen Recht nicht vorgesehen ist, stellt sich die Frage, inwiefern de lege lata Rechtsschutz erlangt werden kann. In Betracht kommen z.B. die Dienstaufsichtsbeschwerde, die Ablehnung des zuständigen Richters wegen Befangenheit oder die sofortige Beschwerde (§ 9). Ob darüber hinaus auch eine außerordentliche bzw. durch Rechtsfortbildung entwickelte Untätigkeitsbeschwerde zur Verfügung steht, ist in Rechtsprechung und Literatur umstritten. Die Diskussionen werden beeinflusst durch die Rechtsprechung des EGMR, der vor allem in den Fällen *Kudla* gegen Polen und *Sürmeli* gegen Deutschland grundsätzlich zu dieser Frage Stellung genommen hat. Die Entwicklungen und der Diskussionsstand werden in § 10 dargestellt. Maßgeblich für die Frage, ob es derzeit in Deutschland hinreichenden Rechtsschutz bei überlanger Verfahrensdauer gibt, sind jedoch die EMRK- und verfassungsrechtlichen Anforderungen. Diese werden in § 11 behandelt. Ob diese Vorgaben im deutschen Recht hinreichend umgesetzt sind, wird in § 12 untersucht. Unabhängig davon, ob Rechtsschutz

631 So auch *Jakob* ZZP 119 (2006), 303 (317 f.): „Für den Rechtsschutzsuchenden ist der Grund der Verzögerung meist zweitrangig".

632 Bis zum Ende des 19. Jahrhunderts existierten jedoch gesetzlich geregelte Justizverweigerungsbeschwerden, beispielsweise § 14 RKGO v. 1495 (Beschwerde an das Reichskammergericht) und Art. 77 Reichsverfassung 1871 (Beschwerde zum Bundesrat), vgl. *Schlette*, S. 44, Fn. 16; *Hummer*, S. 16.

633 *Commission for the Efficiency of Justice* (*CEPEJ*), Bericht 2006, Tabelle 17. Danach haben 22 von 25 Staaten eine entsprechende Regelung eingeführt. Die Zahlenangaben, auf denen der Bericht basiert, sind auf dem Stand von 2004.

634 z.B. §§ 216 Abs. 2, 271 Abs. 1, 272 Abs. 1 und 3, 279, 300 Abs. 1, 349 Abs. 1 ZPO.

gegen Untätigkeit des Gerichts bereits nach derzeitiger Gesetzeslage gewährt werden kann, hat der Gesetzgeber bereits zwei Entwürfe eines Rechtsbehelfs gegen überlange Verfahrensdauer vorgestellt. In § 13 werden der Entwurf eines Untätigkeitsbeschwerdengesetzes vom 22.08.2005 und der Entwurf eines Entschädigungsrechtsbehelfs in der Fassung des Referentenentwurfs vom 15.03.2010 bzw. des Regierungsentwurfs vom 18.08.2010 als mögliche Alternativen eines gesetzlichen Rechtsbehelfs untersucht. Die Ergebnisse des zweiten Teils werden in § 14 zusammengefasst.

§ 9 Gesetzlicher Rechtsschutz bei richterlicher Untätigkeit im Zivilverfahren

Die Zivilprozessordnung gewährt Rechtsschutz grundsätzlich gegen bereits ergangene gerichtliche Entscheidungen. Eine besondere Möglichkeit, auf den Verfahrensablauf im Vorfeld einer Entscheidung Einfluss zu nehmen, ist nicht vorgesehen. In Deutschland gibt es insbesondere keinen speziellen Rechtsbehelf, mit dem unmittelbar eine Verfahrensbeschleunigung erwirkt werden kann. Der untätige Richter ist im System der Zivilprozessordnung offenbar nicht vorgesehen[635]. Eine gerichtliche Entscheidung kann ebenso wenig erzwungen werden, wie einzelne prozessfördernde Maßnahmen. Rechtsbehelfe greifen erst dann, wenn bereits eine Entscheidung ergangen ist. Die Parteien müssen die Entscheidung also abwarten, um Rechtsschutz erlangen zu können. Zu diesem Zeitpunkt können die allgemeinen Rechtsmittel wie Berufung, Revision, sofortige Beschwerde und Rechtsbeschwerde aber nichts mehr ausrichten. Dies gilt im Übrigen auch deshalb, weil Verstöße gegen die Prozessförderungspflicht regelmäßig keine Entscheidungen sind, sondern entweder in Form prozessleitender Verfügungen ergehen oder durch schlichte Untätigkeit verursacht und damit nicht rechtsmittelfähig sind[636].

Die Beteiligten eines Verfahrens haben jedoch die Möglichkeit, durch eine Dienstaufsichtsbeschwerde oder die Ablehnung des Richters wegen Befangenheit, mittelbar gegen die Untätigkeit vorzugehen. Darüber hinaus können die Parteien nach Abschluss des Verfahrens kompensatorische Rechtsmittel ergreifen und auf diese Weise einen Ausgleich für die verzögerungsbedingten Nachteile erlangen. Diese Möglichkeiten sollen im Folgenden dargestellt werden:

---

635 Vgl. *Kroppenberg* ZZP 119 (2006), 177: „Der untätige Richter – gleich welcher Gerichtsbarkeit – ist ein Fehler im System".

636 *Baur*, FS für Schwab, S. 55.

I. Dienstaufsichtsbeschwerde, § 26 Abs. 2 DRiG

Auf den ersten Blick scheint die Dienstaufsichtsbeschwerde zur Verfahrensbeschleunigung besonders geeignet, denn die Dienstaufsicht umfasst nach dem Wortlaut des § 26 Abs. 2 DRiG unter anderem die Befugnis, den Richter zu unverzögerter Erledigung der Amtsgeschäfte zu ermahnen. Tatsächlich kann der Richter auf der Grundlage dieser Vorschrift grundsätzlich zu beschleunigter Bearbeitung ermahnt werden, vorausgesetzt dass er lediglich zur Erfüllung seiner Richterpflicht, die anhängigen Sachen in angemessener Zeit zu erledigen, angehalten wird[637]. Indes steht der Richter aber nicht nur in einem öffentlich-rechtlichen Dienst- und Treueverhältnis zum Staat, aus dem spezifische Dienstpflichten folgen, deren Einhaltung durch die Dienstaufsicht zu gewährleisten ist[638]. Vielmehr ist bei allen Maßnahmen der Dienstaufsicht zu beachten, dass die Dienstpflicht des Richters in einem Spannungsverhältnis zu der jedem Richter durch Art. 97 Abs. 1 GG garantierten Unabhängigkeit steht. § 26 Abs. 2 DRiG erlaubt die Dienstaufsicht daher nur vorbehaltlich des Absatzes 1, d.h. unter Wahrung der richterlichen Unabhängigkeit. Nach der Rechtsprechung ist die Zulässigkeit dienstaufsichtlicher Maßnahmen davon abhängig, ob die jeweilige richterliche Tätigkeit in den unantastbaren „Kernbereich“ der rechtsprechenden Tätigkeit fällt oder aber dem „äußeren Ordnungsbereich“ zuzuordnen ist, der uneingeschränkt der Dienstaufsicht unterliegt[639]. Zum „Kernbereich“ zählen neben der „eigentlichen Rechtsfindung“ auch alle der Rechtsfindung nur mittelbar dienenden, sie vorbereitenden und ihr nachfolgenden Sach- und Verfahrensentscheidungen[640]. Fragen der Terminierung und Prozessleitung, d.h. ob, wann und in welcher Reihenfolge oder Priorität eine richterliche Entscheidung erfolgt, sind damit grundsätzlich der Dienstaufsicht entzogen[641]. Dies gilt auch für die Pünktlichkeit und Einhaltung gesetzlich geregelter Fristen und Termine, die nicht in das Ermessen des Richters gestellt sind. Obwohl diese dem äußeren Bereich zuzurechnen sind, verbleibt für die Dienstaufsicht kein Raum, weil hier die Nachprüfung durch die höhere Instanz möglich ist[642]. Hinzu kommt, dass dienstaufsichtliche Maßnahmen bei Zweifeln

637 *Schmidt-Räntsch*, § 26, Rn. 23.
638 *Papier* NJW 1990, 8.
639 *Schmidt-Räntsch*, § 26, Rn. 24; *Papier* NJW 1990, 8 (10).
640 BGHZ 42, 163 (169).
641 *Peters*, FS für Schütze, S. 662; *Papier* NJW 1990, 8 (10).
642 *Schmidt-Räntsch*, § 26, Rn. 23.

an der Kernbereichsbetroffenheit generell zu unterbleiben haben[643]. Im Ergebnis sind daher die meisten Verfahrensverzögerungen der Dienstaufsichtsbeschwerde entzogen[644].

Papier [645] hält demgegenüber eine Dienstaufsicht auch im Kernbereich richterlicher Tätigkeit nicht für generell ausgeschlossen. Die Dienstaufsicht umfasse gerade die Sicherung und Durchsetzung der Erfüllung der staatlichen Justizgewährungsverpflichtung durch den zuständigen Richter. Auch die Judikatur halte den Kernbereich nicht für gänzlich dienstaufsichtsfrei, weil § 26 Abs. 2 DRiG unvollziehbar und gegenstandslos bliebe, wenn die richterliche Tätigkeit der Dienstaufsicht schlechthin entzogen werde. Insofern dürfe zwar nicht zum Gegenstand der Dienstaufsicht gemacht werden, ob der Richter die ihm übertragene Justizgewährpflicht inhaltlich gesetzeskonform erfülle, wohl aber, ob er ihr überhaupt und in einem Zeitraum nachkomme, der in groben Zügen vom Verfassungsrecht gesetzt werde.

Nimmt man mit *Papier* an, dass eine Verfahrensverzögerung eine Dienstpflichtverletzung sein kann, erlaubt § 26 Abs. 2 DRiG als Mittel der Dienstaufsicht zum einen den Vorhalt, d.h. die Kundgabe der objektiven Feststellung der ordnungswidrigen Art der Ausführung eines Amtsgeschäfts, zum anderen die Ermahnung, d.h. den Appell an das Verantwortungsbewusstsein des Richters, die Dienstgeschäfte in Zukunft ordnungsgemäß und unverzögert zu erledigen[646]. Die in § 26 Abs. 2 DRiG vorgesehenen Rechtsfolgen sind also stark eingeschränkt. Hintergrund ist auch hier das Spannungsverhältnis zwischen Dienstaufsicht und richterlicher Unabhängigkeit. Die Besorgnis einer Beeinflussung des konkreten Prozesses und damit einer Beeinträchtigung der richterlichen Unabhängigkeit durch die Justizverwaltung verbietet insbesondere, den Richter um die umgehende Bearbeitung ganz bestimmter Verfahren aus seinem Dezernat zu ersuchen oder ihn zu bestimmten Maßnahmen aufzufordern[647]. Es ist allenfalls möglich, die richterliche Tätigkeit insgesamt oder für eine Gruppe von Fällen zu beanstanden. Dementsprechend kann die Dienstaufsichtsbeschwerde – sofern sie im Kernbereich richterlicher Tätigkeit überhaupt möglich ist – bestenfalls dazu führen, das Zeitmanagement des betroffenen Richters

643 BGHZ 67, 184 (188).

644 *Peters*, FS für Schütze, S. 662; *Schneider* MDR 1998, 1397 (1399); *Clausing* JuS 1999, 474 (477); anders liegt es beispielsweise, wenn ein Richter einen Großteil seiner Prozessakten unbearbeitet lässt. Hier soll mit der Dienstaufsichtsbeschwerde vorgegangen werden können.

645 *Papier* NJW 1990, 8 (11 ff.); dagegen *Weber-Grellet* NJW 1990, 1777 ff.

646 *Schmidt-Räntsch*, § 26, Rn. 38, 39.

647 *Häsemeyer*, FS für Michaelis, S. 142; *Niesler*, S. 151; *Ziekow* DÖV 1998, 941 (947); *Schmidt-Räntsch*, § 26, Rn. 35; *Schlette*, S. 49.

insgesamt zu kritisieren[648]. Für den durch die Untätigkeit im Einzelfall Betroffenen bringt die Dienstaufsichtsbeschwerde hingegen regelmäßig keinen Vorteil, weil sie nicht dazu geeignet ist, eine Beschleunigung des konkreten Verfahrens herbeizuführen. Beispielsweise ist dem Dienstherrn eine Fristsetzung nicht möglich. Bereits vorsichtige Äußerungen, wie etwa „die Verhandlung könnte etwas straffer sein", wurden vom Dienstgericht als unzulässiger Eingriff in die richterliche Unabhängigkeit gewertet[649]. So kann der Betroffene allenfalls darauf hoffen, dass sich der jeweils zuständige Richter durch die laufende Dienstaufsichtsbeschwerde unter Druck gesetzt fühlt und auf diese Weise indirekt eine Beschleunigung seines Verfahrens erreicht wird.

Die Dienstaufsicht zielt im Übrigen nicht primär darauf ab, dem Einzelnen Individualrechtsschutz zu vermitteln. Vielmehr handelt es sich um eine dienstinterne Kontrollmöglichkeit richterlichen Handelns durch die Justizverwaltung, die in erster Linie dem öffentlichen Interesse an einer funktionsfähigen Rechtspflege dient[650]. Die Dienstaufsichtsbeschwerde verschafft dem Betroffenen weder einen Anspruch auf dienstaufsichtliche Maßnahmen noch einen Beteiligtenstatus im dienstaufsichtlichen Verfahren[651]. Sie bietet zudem keine Vorgehensmöglichkeit bei Verzögerungen in Verfahren vor dem BVerfG. Denn Verfassungsrichter unterstehen wegen der besonderen Stellung des BVerfG als Verfassungsorgan überhaupt keiner Dienstaufsicht[652].

II. Ablehnung wegen Befangenheit, § 42 Abs. 2 ZPO

§ 42 Abs. 2 ZPO erlaubt die Ablehnung eines Richters wegen Besorgnis der Befangenheit, wenn ein Grund vorliegt, der ausgehend vom Standpunkt des Ablehnenden bei vernünftiger Würdigung Anlass gibt, an seiner Unvoreingenommenheit und objektiven Einstellung zu zweifeln[653]. Die Pflicht zu unvoreingenommener und neutraler Amtsführung erstreckt sich auch auf die Verfahrensgestaltung, so dass ein Verstoß gegen Verfahrensvorschriften grundsätzlich einen Befangenheitsgrund sein kann. Weil die Art und Weise der Verfahrensführung des Richters aber zum Kernbereich der richterlichen Unabhängigkeit gehört, begründet nach allgemeiner Ansicht nur eine verfahrensrechtlich unsachgemäße Vorgehensweise die Befangenheit des Richters. Sein Verhalten muss entweder einer ausreichenden gesetzlichen Grundlage

648 So auch *Schlette*, S. 49.

649 BGHZ 90, 41.

650 *Niesler*, S. 151; *Kissel* ZZP 69 (1956), 3 (5): „Sie dient lediglich der Sauberkeit der Verwaltung".

651 *Schlette*, S. 49.

652 *Lansnicker/Schwirtzek* NJW 2001, 1969 (1973).

653 BayObLG FamRZ 1998, 1240 f.; *Schneider* MDR 1998, 1397.

entbehren oder sich aus der Art der Prozessleitung und dem prozessualen Vorgehen durch den Richter so weit vom üblicherweise Praktizierten entfernen, dass sich die Besorgnis einer sachwidrigen Benachteiligung aufdrängt bzw. an die Stelle richtiger Rechtsanwendung Willkür tritt[654].

Danach ist die erfolgreiche Ablehnung eines Richters wegen Besorgnis der Befangenheit aufgrund der Verfahrensdauer bzw. der Untätigkeit des Richters zwar nicht ausgeschlossen. Die Gerichte weisen jedoch stets darauf hin, dass die von einem Beteiligten als unzumutbar empfundene Dauer eines gerichtlichen Verfahrens für sich genommen noch nicht die Besorgnis der Befangenheit begründet[655]. Argumentiert wird damit, dass die Dauer eines gerichtlichen Verfahrens alle Prozessbeteiligten gleichermaßen belaste und noch keinen Anhaltspunkt für die fehlende Neutralität eines Richters begründe[656]. Zum anderen obliege es dem Gericht, nach seinem Ermessen darüber zu befinden, in welcher Weise es das Verfahren in dem Zeitraum vom Anhängigwerden bis zur Entscheidung fördere. Dies zeige insbesondere die Tatsache, dass der Gesetzgeber das Problem der Verfahrensverzögerung zwar gesehen, aber nur für das schiedsrichterliche Verfahren als Ablehnungsgrund ausdrücklich geregelt habe[657]. Das Rechtsinstitut der Ablehnung dürfe nicht dazu führen, die in die Verantwortung und richterliche Unabhängigkeit des Richters fallende Entscheidung über die Art und Weise der Prozessförderung in einem dafür nicht vorgesehenen Verfahren quasi einer Zwischenprüfung auf Angemessenheit und Richtigkeit zu unterziehen[658]. Es biete dem Betroffenen daher selbst gegen „faule" oder „arbeitsscheue" Richter keinen Schutz[659].

Die Ablehnung des Richters nach § 42 Abs. 2 ZPO kommt nach der Rechtsprechung also in Betracht, wenn Anzeichen für ein willkürliches Vorgehen des Richters vorliegen und sich der dadurch betroffenen Partei der Eindruck einer sachwidrigen, auf Voreingenommenheit beruhenden Benachteiligung aufdrängt[660]. Damit ist es nur unter engen Voraussetzungen möglich, einen Richter

---

654 Musielak/*Heinrich*, § 42 ZPO Rn. 11; OLG Karlsruhe FamRZ 1994, 46; OLG Hamm NJW-RR 1999, 1291 (1292).

655 OLG Dresden OLG-NL 2001, 45; OVG Münster NJW 1993, 2259; OLG Düsseldorf MDR 1998, 1052; BayObLG FamRZ 1998, 1240 (1241); offen gelassen: OLG Karlsruhe FamRZ 1994, 46.

656 Mit diesem Argument insbesondere OLG Dresden OLG-NL 2001, 45 und OLG Düsseldorf MDR 1998, 1052.

657 OVG Münster NJW 1993, 2259.

658 OLG Dresden OLG-NL 2001, 45; BayObLG FamRZ 1998, 1240 (1241).

659 OLG Düsseldorf MDR 1998, 1052.

660 OLG Dresden OLG-NL 2001, 45; OLG Düsseldorf MDR 1998, 1052; OVG Münster NJW 1993, 2259.

bei überlanger Verfahrensdauer als befangen abzulehnen, nämlich „in krassen Fällen der Verzögerung des Prozesses“[661] bzw. wenn „gröbliche, den Beteiligten nicht mehr zumutbare Verfahrensverzögerungen“[662] eingetreten sind. Dies ist beispielsweise der Fall, wenn der Betroffene bei objektiver Betrachtung der Sachlage den Eindruck gewinnt, der abgelehnte Richter weigere sich, in der Sache zu entscheiden[663] oder wenn besondere Umstände des Einzelfalls den schleppenden Gang des gerichtlichen Verfahrens in weit stärkerem Maße bedrückend machen als die meisten anderen zivilgerichtlichen Verfahren. Letzteres gilt beispielsweise bei stark verzögerter Bearbeitung eines Antrags auf Prozesskostenhilfe[664] oder bei Entscheidungen in Sorge- und Umgangsrechtsverfahren[665].

III. Sofortige Beschwerde, § 252 ZPO

§ 252 ZPO eröffnet die sofortige Beschwerde gegen Entscheidungen, die die Aussetzung des Verfahrens anordnen. Die Vorschrift ermöglicht die Anfechtung einer der Entscheidung in der Hauptsache vorausgehenden Entscheidung und bildet damit eine Ausnahme im Rechtsbehelfssystem der ZPO. Weil derartige Entscheidungen den Justizgewährungsanspruch der Parteien berühren, zwingt das Gesetz nicht zum Abwarten der Entscheidung, sondern ermöglicht dem Betroffenen eine vorgelagerte Überprüfungsmöglichkeit[666].

Für die Anwendbarkeit von § 252 ZPO ist entscheidend, dass die angegriffene gerichtliche Entscheidung inhaltlich einen Verfahrensstillstand bewirkt[667]. Auf die Bezeichnung der Entscheidung kommt es daher für ihre Anfechtbarkeit nicht an. Beschwerdefähig sind zum einen sämtliche Fälle einer durch Beschluss oder Verfügung angeordneten Aussetzung des Verfahrens, also eines Verfahrensstillstandes aufgrund richterlicher Anordnung[668]. Dies gilt insbesondere für die Aussetzungsanordnungen aufgrund der §§ 239 ff. ZPO, sowie der §§ 65, 148 ff., 578 Abs. 2, 614, 640 f. und 953 ZPO. Zum anderen erfasst § 252 ZPO die als Sonderfälle der Aussetzung geltenden Anordnungen des Ruhens des Verfahrens

661 *Peters*, FS für Schütze, S. 663.
662 BayObLG FamRZ 1998, 1240 (1241).
663 OLG Rostock NJW-RR 1999, 1507 bei stark verzögerter Bearbeitung eines Antrags auf gerichtliche Regelung des Umgangsrechts.
664 OLG Oldenburg FamRZ 1992, 192.
665 OLG Karlsruhe FamRZ 1994, 46
666 Stein/Jonas/*Roth*, § 252 ZPO Rn. 1.
667 Wieczorek/Schütze/*Gerken*, § 252 ZPO Rn. 1.
668 Wieczorek/Schütze/*Gerken*, Vor § 239 ZPO Rn. 3.

nach § 251 und § 251 a Abs. 3 ZPO[669]. Anfechtbar sind zudem durch Beschluss festgestellte Unterbrechungen des Verfahrens[670].

Die Statthaftigkeit der sofortigen Beschwerde richtet sich nach § 567 ZPO. Beschwerdefähig sind somit nur erstinstanzliche Entscheidungen der Amts- und Landgerichte. Aussetzungsbeschlüsse der Landgerichte in Berufungsverfahren und der Oberlandesgerichte unterliegen nicht der sofortigen Beschwerde, sondern – vorbehaltlich ihrer Zulassung im Aussetzungsbeschluss – der Rechtsbeschwerde. Die Überprüfung durch das Beschwerdegericht beschränkt sich auf Verfahrens- oder Ermessensfehler der getroffenen Anordnung. Die Beurteilung der Sach- und Rechtslage bleibt hingegen dem späteren etwaigen Rechtsmittelgericht zur Hauptsache vorbehalten[671]. Ist die Beschwerde zulässig und begründet, hebt das Beschwerdegericht den angefochtenen Aussetzungsbeschluss auf und bringt das Verfahren so wieder in Gang[672].

Die sofortige Beschwerde nach § 252 ZPO bietet also eine Möglichkeit, gegen den durch die Aussetzung bewirkten rechtlichen Stillstand eines Verfahrens vorzugehen, noch bevor die Endentscheidung in der Hauptsache gefällt wurde[673].

IV. Schadensersatz wegen Amtspflichtverletzung, § 839 BGB i.V.m. Art. 34 GG

Der Amtshaftungsanspruch ist nicht auf eine Verfahrensbeschleunigung ausgerichtet. Er kann lediglich einen Ausgleich etwa entstandener Schäden bewirken, ist also kompensatorischer Natur. Der Amtshaftungsanspruch greift ein, wenn bei Ausübung eines öffentlichen Amts eine drittgerichtete Amtspflicht vorsätzlich oder fahrlässig verletzt wird, § 839 BGB i.V.m. Art. 34 GG.

1. Verletzung der drittbezogenen Amtspflicht zu zügiger Entscheidung

Richter sind in einem öffentlich-rechtlichen Dienstverhältnis tätig. Für sie gilt der sog. „haftungsrechtliche“ Beamtenbegriff. Sie handeln im Rahmen ihrer

---

669 Stein/Jonas/*Roth*, § 252 ZPO Rn. 2; *Baumbach/Lauterbach/Albers/Hartmann*, § 252 ZPO Rn. 3.

670 Thomas/Putzo/*Hüßtege*, § 252 ZPO Rn. 1.

671 Hk-ZPO/*Wöstmann*, § 252 ZPO Rn. 3.

672 OLG Hamm, Beschluss v. 01.09.2006, 15 W 125/06, BeckRS 2006 13565; OLG Zweibrücken, Beschluss v. 03.07.2006, 4 W 60/06, BeckRS 2006 08529, alle zuletzt abgerufen am 04.09.2010.

673 MünchKommZPO/*Gehrlein*, § 252 ZPO Rn. 1.

richterlichen Tätigkeit in Ausübung eines öffentlichen Amts[674]. Im Innenverhältnis gegenüber dem Staat als seinem Dienstherrn trifft jeden Richter eine Amtspflicht zur zügigen Verfahrensdurchführung und Entscheidung. Dies ergibt sich bereits aus § 839 Abs. 2 S. 2 BGB, der die Haftungsprivilegierung nach Satz 1 bei verzögerter Amtsausübung, namentlich bei einem Urteil in der Rechtssache, für unanwendbar erklärt. Die Pflicht selbst resultiert jedoch aus dem Justizgewährungsanspruch des Bürgers gegenüber dem Staat. Dieser umfasst unter anderem das Gebot effektiven Rechtsschutzes, der für den Betroffenen nur ein zügiger und möglichst zeitnaher Rechtsschutz sein kann. Die Erfüllung dieses gegen den Staat gerichteten Anspruchs obliegt den Gerichten und damit auch dem einzelnen Richter als Amtspflicht gegenüber dem Staat als seinem Dienstherrn[675]. Daraus folgt gleichzeitig der erforderliche Drittbezug dieser Amtspflicht, denn die zügige Abwicklung des Rechtsstreits liegt gerade im Interesse des Bürgers[676].

Jede Verzögerung des Verfahrens verletzt die Amtspflicht des Richters zur zügigen Abwicklung des Rechtsstreits. In Betracht kommt zunächst eine Verletzung durch das „reine Nichtstun". Obwohl kein starrer Zeitplan für die Verfahrensdurchführung gilt und der Richter nicht immer und sofort handeln muss, ist jedenfalls eine länger andauernde „Untätigkeit" im Verfahren eine Pflichtverletzung[677]. Denkbar ist aber auch ein pflichtwidriges Verhalten durch „qualifiziertes Nichtstun", etwa durch Anordnung einer im Einzelfall überflüssigen Beweisaufnahme. Richtigerweise muss nach überwiegender Ansicht[678] im Rahmen der Amtspflichtverletzung nicht die Verletzung einer bestimmten, der Verfahrensbeschleunigung dienenden Vorschrift nachgewiesen werden. Dies folgt insbesondere nicht aus dem Merkmal der „Pflichtwidrigkeit" in § 839 Abs. 2 S. 2 BGB, weil eine pflichtgemäße Verzögerung der Amtsausübung unter keinem Gesichtspunkt in Betracht kommt[679]. Eine Verletzung verfahrensbeschleunigender Normen ist daher zwar ein Indiz für eine Verletzung des Anspruchs auf effektiven Rechtsschutz. Auf der anderen Seite ist ein Verstoß gegen das Effektivitätsgebot aber auch ohne Verletzung einfachgesetzlicher Normen denkbar[680]. Deshalb ist die Verletzung verfahrensbeschleunigender

674 Bamberger/Roth/*Reinert*, § 839 BGB Rn. 4, 15.

675 *Papier* NJW 1990, 8 (9).

676 *Schlette*, S. 64; *Brüning* NJW 2007, 1094 (1096).

677 Die Differenzierung nimmt insbesondere *Blomeyer* NJW 1977, 558 (559) vor.

678 *Schlette*, S. 64; *Niesler*, S. 174; *Brüning* NJW 2007, 1094 (1096)

679 Anders *Grunsky* RdA 1974, 201 (204), der die Pflichtwidrigkeit der Verfahrensverzögerung durch das Gericht als eigenständige Voraussetzung des Amtshaftungsanspruchs betrachtet, in dem Sinne, dass die Verzögerung im Widerspruch zu dem einschlägigen Verfahrensgesetz stehen muss.

680 *Niesler*, S. 175.

Normen lediglich eine hinreichende, nicht aber notwendige Bedingung für eine Amtspflichtverletzung.

2. Verschulden

Schadensersatzansprüche aus Amtshaftung setzen ein individuelles Fehlverhalten des Beamten voraus. § 839 Abs. 1 BGB sieht den Amtshaftungsanspruch grundsätzlich für vorsätzliche und fahrlässige Amtspflichtverletzungen vor. Bei Richterunrecht wird der Anspruch jedoch grundsätzlich durch das sog. Spruchrichterprivileg des § 839 Abs. 2 S. 1 BGB weitgehend ausgeschlossen und nur für Amtspflichtverletzungen durch Straftaten aufrechterhalten. Allerdings nimmt § 839 Abs. 2 S. 2 BGB die pflichtwidrige Verweigerung oder Verzögerung richterlicher Tätigkeit ausdrücklich davon aus[681]. Das Spruchrichterprivileg soll verhindern, dass jedes rechtskräftige Urteil wegen angeblicher Unrichtigkeit über den Amtshaftungsanspruch erneut durch andere Richter nachgeprüft werden muss und auf diese Weise die Umgehung der Rechtskraft möglich wird[682]. In den Fällen des § 839 Abs. 2 S. 2 BGB wird die Entscheidung jedoch nicht in der Sache angegriffen, sondern die Verzögerung bzw. Verweigerung der Amtspflichtausübung „auf dem Weg dorthin“[683] geltend gemacht. Dass auch die Rechtskraft möglicherweise im Zusammenhang mit den Verzögerungen angegriffen wird, ist hinzunehmen, weil die Vorschrift andernfalls leer liefe.

Es liegt nahe, zunächst nach dem Verschulden des Amtswalters selbst zu fragen, d.h. nach der individuellen Verantwortlichkeit des für das Verfahren zuständigen Richters für die eingetretene Verfahrensverzögerung. Sie ist gegeben, wenn die überlange Verfahrensdauer darauf beruht, dass der Richter das Verfahren nachlässig betrieben hat und ohne weiteres schneller hätte erledigen können[684]. Maßgeblich sind nicht die Fähigkeiten des einzelnen Richters, sondern die Erwartungen an einen pflichtgetreuen Durchschnittsbeamten in dem betreffenden Amt[685]. Obwohl § 839 Abs. 1 BGB die Haftung für Vorsatz und (jegliche) Fahrlässigkeit vorsieht, finden sich Ansätze, diesen Maßstab einzuschränken. In

681 *Lansnicker/Schwirtzek* NJW 2001, 1969 (1974) gehen offenbar fehlerhaft davon aus, dass § 839 Abs. 2 S. 2 BGB nicht nur eine Ausnahme von Satz 1 begründet, sondern einen Amtshaftungsanspruch bei pflichtwidriger Verzögerung oder Verweigerung der Amtsausübung generell ausschließt.

682 Bamberger/Roth/*Reinert*, § 839 BGB Rn. 95.

683 *Schlette*, S. 65.

684 *Brüning* NJW 2007, 1094 (1096).

685 *Jarass/Pieroth*, Art. 34 GG Rn. 15.

der Literatur wird teilweise[686] unter Hinweis auf ein Urteil des BGH vom 19.11.1956[687] vertreten, die Verzögerung der Amtshandlung müsse bewusst erfolgen. Die nur fahrlässig prozessverzögernde unrichtige Amtsausübung begründe keinen Schadensersatzanspruch nach § 839 BGB. Begründet wird diese Einschränkung nicht. Auch das Urteil des BGH hilft hier nicht weiter. Denn in der Sache hatte das Ausgangsgericht sein Urteil nicht zu langsam, sondern zu schnell gefällt, weil es eine erforderliche Beweisaufnahme nicht durchgeführt hatte. In diesem Zusammenhang hatte der BGH festgestellt, dass die Haftungsprivilegierung des § 839 Abs. 2 S. 2 BGB nicht eingreife, weil eine Verweigerung, d.h. eine *bewusste* Ablehnung jeder Amtstätigkeit schlechthin, nicht vorliege. Damit ist nur gesagt, was sich bereits aus der Natur der Sache ergibt: die fahrlässige Verweigerung einer Tätigkeit ist nicht denkbar, sie erfordert ein Bewusstseinselement[688]. Daraus lässt sich aber noch keine Aussage für den an die (bloße) Verfahrensverzögerung anzulegenden Haftungsmaßstab ableiten, da sie in dem Urteil gar nicht angesprochen wurde. Nicht durch den Grundsatz der richterlichen Unabhängigkeit beeinflusst wird der Haftungsmaßstab. Soweit der BGH[689] daraus eine Beschränkung der Haftung auf Vorsatz und grobe Fahrlässigkeit ableitet, gilt dies ausdrücklich nur für richterliche Amtspflichtverletzungen außerhalb des Anwendungsbereichs des § 839 Abs. 2 S. 1 BGB. Der Begriff „Urteil in einer Rechtssache" ist nicht in einem rein prozesstechnischen Sinn zu verstehen, sondern erstreckt sich auf alle richterlichen Entscheidungen, die ihrem Wesen nach Urteile oder urteilsvertretende Erkenntnisse sind[690]. Daher ist in den Fällen überlanger Verfahrensdauer stets der Anwendungsbereich des § 839 Abs. 2 S. 1 BGB betroffen. Die Frage nach der Einschränkung durch die richterliche Unabhängigkeit stellt sich damit gar nicht erst[691].

3. Schaden und Kausalität

Der Amtshaftungsanspruch ist auf den Ersatz des durch die Amtspflichtverletzung verursachten Schadens gerichtet. Inhalt und Umfang des Schadensersatzes bestimmen sich nach den allgemeinen Vorschriften der §§ 249 ff. BGB. Dementsprechend ist grundsätzlich der Ersatz materieller und immaterieller Schäden möglich. Allerdings führt die überlange Verfahrensdauer nur in seltenen Fällen zu materiellen Schäden. In Betracht kommen hier Zinsschäden

---

686 *Grunsky* RdA 1974, 201 (204) bezeichnet diese Auffassung ohne weitere Nachweise als herrschende Meinung.

687 BGH LM Nr. 5 zu § 839 (G) BGB.

688 So auch *Niesler*, S. 177 f.

689 BGH NJW 2003, 2052 f.

690 *Klose* NJ 2004, 241 (243).

691 a.A. *Brüning* NJW 2007, 1094 (1096), der offenbar davon ausgeht, das BGH-Urteil beziehe sich auch auf die Fälle der Verfahrensverzögerung oder -verweigerung.

oder entgangener Gewinn[692]. Überwiegend bewirkt die Verzögerung aber immaterielle Schäden in Form psychischer Belastung durch die lange Dauer des Verfahrens[693]. Zwar sind solche Nichtvermögensschäden nach § 249 BGB durch Naturalrestitution ebenfalls zu beseitigen. Einen Ausgleich in Geld gibt es jedoch nur in den gesetzlich bestimmten Fällen, § 253 Abs. 1 BGB. Darüber hinaus ist nur ein solcher Schaden ersatzfähig, dessen Ausgleich vom Schutzzweck der verletzen Pflicht umfasst ist[694]. Der Justizgewährungsanspruch bzw. das Gebot effektiven Rechtsschutzes soll zwar die schnelle Durchsetzung der Ansprüche des Einzelnen vor Gericht bewirken. Ob er auch die Entstehung psychischer Schäden durch eine überlange Verfahrensdauer verhindern soll, darf zumindest bezweifelt werden. Schließlich setzt die Ersatzfähigkeit eines etwaigen Schadens voraus, dass die überlange Verfahrensdauer für ihn ursächlich war. In diesem Zusammenhang treten häufig Probleme auf, weil nicht zu klären ist, ob und inwieweit die angeführten Schäden bei einer kürzeren Verfahrensdauer hätten vermieden werden können[695].

4. Haftungsausschluss nach § 839 Abs. 3 BGB

Der Amtshaftungsanspruch ist nach § 839 Abs. 3 BGB ausgeschlossen, wenn der Verletzte vorsätzlich oder fahrlässig unterlassen hat, den Schaden durch Gebrauch eines Rechtsmittels abzuwenden. Dazu gehören alle Rechtsbehelfe, die sich unmittelbar gegen das amtspflichtwidrige Tun oder Unterlassen richten und dazu bestimmt und geeignet sind, dieses zu beseitigen oder zu berichtigen und hierdurch den Schaden abzuwenden[696]. Dies sind nicht nur die in Verfahrensvorschriften vorgesehenen und dem prozesstechnischen Begriff eines Rechtsmittels unterfallenden Behelfe (Berufung, Revision, Beschwerde), sondern alle rechtlich möglichen und geeigneten, förmlichen oder formlosen Rechtsbehelfe, die sich unmittelbar gegen die schädigende Unterlassung der Amtshandlung selbst richten und nach gesetzlicher Ordnung ihre Beseitigung oder Berichtigung bezwecken und ermöglichen[697]. Der Begriff „Rechtsmittel" ist hier also weit auszulegen und umfasst insbesondere auch Gegenvorstellungen und Dienstaufsichtsbeschwerde. Wenngleich die objektive Eignung der Dienstaufsichtsbeschwerde als zur Abwendung oder Beseitigung der Amtspflichtverletzung im Hinblick auf ihre geringen Erfolgsaussichten bezweifelt werden darf, muss sie daher „aus Sicherheitsgründen" dennoch erhoben werden, um sich die Amtshaftungsklage nicht von vornherein

---

692 *Niesler*, S. 183, mit weiteren Beispielen.
693 *Gundel* DVBl 2004, 17 (27).
694 MünchKommBGB/*Papier*, § 839 BGB Rn. 295.
695 *Jaeger* VBlBW 2004, 128 (134).
696 Hk-BGB/*Staudinger*, § 839 BGB Rn. 41.
697 Staudinger/*Wurm*, § 839 BGB Rn. 337.

abzuschneiden. Gleiches gilt für die (außerordentliche) Untätigkeitsbeschwerde, deren Erfolg ebenso ungewiss ist, letztlich aber nicht ausgeschlossen werden kann.

5. Sonderfall: Verzögerungen aufgrund fehlender Personal- und Sachmittel

Die Begründung des Amtshaftungsanspruchs bereitet Schwierigkeiten, wenn die Untätigkeit des Richters strukturelle Ursachen hat, d.h. die Verfahrensverzögerung auf ungenügende Ausstattung der Gerichte mit Personal- und Sachmitteln zurückzuführen ist. Die allgemeine Arbeitsüberlastung des Richters lässt zwar nicht den Verstoß gegen das Gebot des effektiven Rechtsschutzes entfallen. Eine erhebliche Arbeitsüberlastung schließt jedoch das Verschulden des Beamten aus, wenn die Überlastung den vorgesetzten Stellen bekannt war oder zumindest bei ordnungsgemäßer Aufsicht bekannt sein musste[698]. Dies gilt jedenfalls, wenn der Beamte ernsthaft und nachhaltig versucht hat, der Überlastung durch geeignete Maßnahmen entgegenzuwirken, weil er zur Förderung des Anspruchs auf effektiven Rechtsschutz gehalten ist[699]. Entscheidend ist, in wessen Verantwortungsbereich die Bereitstellung von Personal- und Sachmitteln fällt. Je weiter die für die Verursachung verantwortliche Stelle von dem Betroffenen entfernt ist, desto schwieriger wird es, den erforderlichen Drittbezug herzustellen[700].

Der BGH ging zunächst davon aus, dass allein die Zuteilung von Mitteln durch die unteren Behörden drittschützenden Charakter habe[701]. Soweit diese Pflicht in den Aufgabenbereich der Zentralbehörde falle, nehme diese ausschließlich Aufgaben gegenüber der Allgemeinheit, nicht aber gegenüber einzelnen Personen oder individualisierten Personengruppen wahr. Im Januar 2007 war der BGH erneut mit der Amtshaftung bei Verzögerung wegen unzulänglicher Verteilung von Haushaltsmitteln befasst und hat in diesem Zusammenhang den Anwendungsbereich des Amtshaftungsanspruchs modifiziert und erweitert[702]. Unter dem im Rahmen der Amtshaftung bekannten Gesichtspunkt des Organisationsmangels könne die Verletzung einer drittschützenden Amtspflicht durch die verantwortlichen Stellen der Judikative und Exekutive begründet werden. Der Staat habe seine Gerichte in personeller und sachlicher Hinsicht so auszustatten und zu leiten, dass diese die anstehenden Verfahren ohne vermeidbare Verzögerung abschließen können. Die Erfüllung dieser Verpflichtung zur sachgerechten Verteilung der zur Verfügung stehenden Mittel habe drittschüt-

---

698 BGH NJW 2007, 830.
699 *Niesler*, S. 179.
700 *Ossenbühl* JZ 2007, 690.
701 BGHZ 111, 272 (273 ff.).
702 BGH NJW 2007, 830 ff.

zenden Charakter. Der BGH erkannte zudem, dass die Rechtsprechungsänderung dem Kläger nur dann zugute kommt, wenn sie mit einer Darlegungs- und Beweislasterleichterung verbunden ist. Weil es dem Kläger in der Regel nicht möglich ist, die für die mangelhafte Ausstattung verantwortliche Stelle innerhalb der Verwaltung auszumachen, wies der BGH die Darlegungs- und Beweislast dafür, dass alle möglichen und zumutbaren Maßnahmen ergriffen wurden, um die Erledigung der entsprechenden Amtsgeschäfte in angemessenen Zeiträumen sicherzustellen, der Behörde zu[703].

6. Haftung für legislatives Unrecht

Als Ursache für die Überlastung der Richter kommt nicht nur die mangelhafte Organisation durch die Justizbehörden in Betracht, sondern auch die Entscheidung des Haushaltsgesetzgebers über die Zuweisung von Stellen und die Bewilligung von Mitteln. Kommt es zu Verfahrensverzögerungen aufgrund mangelhafter Zuweisung von Haushaltsmitteln durch den Haushaltsgesetzgeber, ist der Bereich der sog. Haftung für legislatives Unrecht betroffen. Den Gesetzgeber trifft eine Amtspflicht zum Erlass verfassungsgemäßer Gesetze[704]. Setzt er im Haushaltsgesetz von vornherein zu wenig Richterstellen fest, verletzt er damit gleichzeitig den Anspruch auf effektiven Rechtsschutz und seine Amtspflicht[705].

Auch hier stellt sich aber die Frage, ob die Zuweisung ausreichender Mittel eine drittschützende Amtspflicht ist. Der BGH lehnt die individuelle Drittbezogenheit verfassungswidriger Gesetze in ständiger, durch sein Urteil vom Januar 2007 aktualisierter, Rechtsprechung ab[706]. Abgesehen von so genannten Maßnahmen- oder Einzelfallgesetzen treffe der Gesetzgeber generell-abstrakte Regelungen und nehme deshalb ausschließlich Aufgaben gegenüber der Allgemeinheit wahr. Es fehle daher an einer individualisierbaren Beziehung zu einzelnen Personen oder bestimmten Personengruppen. Auch in Teilen der Literatur wird die Drittgerichtetheit der Amtspflicht zum Erlass der Haushaltsgesetze für die Fälle unzureichender Personalversorgung mit dem Argument abgelehnt, diese entfalte reine Innenwirkung[707]. Weil sie keine Rechte für die Personen begründen, denen die jeweiligen Mittel zugute kommen sollen, komme ihnen keine drittschützende Funktion zu. Demgegenüber soll nach anderer Ansicht für die Drittgerichtetheit nicht die konkret verletzte Amtspflicht entscheidend sein, sondern die Amtspflicht der Gesetzgebungsorgane zur

703 BGH NJW 2007, 830 (832).
704 *Detterbeck* JA 1991, 7 (10).
705 *Brüning* NJW 2007, 1094 (1097).
706 BGHZ 102, 350 (367); 87, 321 (335); 84, 292 (300); BGH NJW 2007, 830 ff.
707 *Niesler*, S. 186.

Wahrung der drittschützenden, verfassungsrechtlich verbürgten Grundrechtspositionen gegenüber den Grundrechtsinhabern[708]. Wer staatliche Normen erlässt, übe ein öffentliches Amt aus und habe als Amtspflichten die rechtlichen Bindungen zu beachten, denen die staatliche Normgebung in Deutschland nach der Verfassung unterliegt[709]. Daher vertritt *Brüning*[710] die Ansicht, es sei nicht auf die zu erlassende Rechtsnorm abzustellen, sondern auf die bei Erlass zu beachtenden höherrangigen Rechtsvorschriften, insbesondere die Grundrechte, denen zweifellos ein individualschützender Charakter zukomme. Dies ist insofern konsequent und richtig, als die Amtspflicht zum Erlass der Haushaltsgesetze in den Fällen unzureichender Personalversorgung gar nicht verletzt ist, weil hier jedenfalls ein Haushaltsgesetz erlassen wurde. Stellt man auf die Verletzung des Anspruchs auf effektiven Rechtsschutz ab, lässt sich nicht nur die Verletzung einer Amtspflicht, sondern auch deren Drittbezogenheit begründen.

Kann die Verletzung einer drittgerichteten Amtspflicht festgestellt werden, kommt es für den Amtshaftungsanspruch auf das Verschulden des Gesetzgebers an. In Betracht kommt hier nur eine fahrlässige Amtspflichtverletzung durch Außerachtlassen der gebotenen Sorgfalt bei der Prüfung der Verfassungsmäßigkeit der beabsichtigten Regelung. Jedoch wird sich selbst ein fahrlässiger Verstoß gegen die Amtspflicht nur ausnahmsweise bejahen lassen. Die spätere Feststellung der Verfassungswidrigkeit des Haushaltsgesetzes genügt dafür jedenfalls nicht[711]. *Brüning* will zwar aus der Verfassungswidrigkeit eines Gesetzes eine Vermutung für eine zumindest leichte Fahrlässigkeit ableiten, weil davon auszugehen sei, dass die Verabschiedung einer verfassungswidrigen Regelung bei hinlänglich sorgfältiger Prüfung vermieden werden könne[712]. Angesichts der bei Erlass von Gesetzen häufig auftretenden schwierigen Rechtsfragen lässt sich eine solche Vermutung jedoch nicht begründen. Vielmehr wird von Fahrlässigkeit nur ausgegangen werden können, wenn Zweifel an der Verfassungsmäßigkeit der Regelung eine Nachprüfung geboten hätten[713].

---

708 *Papier*, in: Maunz/Dürig, Art. 34 GG Rn. 195; *Maurer*, Verwaltungsrecht, § 26, Rn. 51; *Fetzer*, S. 87, mit weiteren Nachweisen.

709 *Wieland*, in: Dreier, Art. 34 GG Rn. 50.

710 *Brüning* NW 2007, 1094 (1097).

711 *Maurer*, Verwaltungsrecht, § 26, Rn. 51.

712 *Brüning* NJW 2007, 1094 (1097); das Verschulden bejaht im Ergebnis auch *Blomeyer* NJW 1977, 558 (560).

713 *Fetzer*, S. 106.

7. Ergebnis

Die Untersuchung zeigt, dass sich ein Amtshaftungsanspruch wegen überlanger Verfahrensdauer nur schwer begründen lässt und großen Unwägbarkeiten ausgesetzt ist. Ist die Verletzung der Amtspflicht zur Justizgewährung dem Richter individuell vorwerfbar, wird nur selten ein ersatzfähiger Schaden vorliegen bzw. die Kausalität dieses Schadens in Frage stehen. Gleiches gilt für ein Organisationsverschulden der Justizbehörden. Soweit der Anspruch auf einem Organisationsverschulden des Haushaltsgesetzgebers beruht, ist *Scheffer*[714] zuzustimmen, dass der Anspruch – allenfalls – theoretisch zu konstruieren ist. Letztlich wird er aufgrund der konstant restriktiven Haltung des BGH zur Drittgerichtetheit der Amtspflicht sowie aufgrund des Verschuldenserfordernisses nicht durchsetzbar sein.

V. Verfassungsbeschwerde

Schließlich hat der Betroffene die Möglichkeit, die unangemessen lange Dauer eines Verfahrens mit der Verfassungsbeschwerde zu rügen, Art. 93 Abs. 1 Nr. 4 a GG, §§ 13 Nr. 8 a, 90 ff. BVerfGG[715]. Denn die überlange Verfahrensdauer verletzt den grundgesetzlichen Anspruch auf wirkungsvollen Rechtsschutz. Im Übrigen ergibt sich die Zulässigkeit der Verfassungsbeschwerde bereits aus § 95 Abs. 1 S. 1 BVerfGG. Weil auch ein bloßes Unterlassen einer gebotenen gerichtlichen Entscheidung einen Akt der öffentlichen Gewalt darstellt, muss der Betroffene mit der Verfassungsbeschwerde nicht erst bis zum Abschluss des fachgerichtlichen Verfahrens warten, sondern kann sie bereits im laufenden gerichtlichen Verfahren einlegen[716].

Gibt das BVerfG der Verfassungsbeschwerde statt, stellt es in seiner Entscheidung die Verletzung des jeweiligen Grundrechtes fest, § 95 Abs. 1 S. 1 BVerfGG. Ist das fachgerichtliche Verfahren zu diesem Zeitpunkt bereits zum Abschluss gelangt, verbleibt es bei der reinen Feststellung der Verfassungswidrigkeit der Verfahrensdauer[717]. Das BVerfG ist nicht befugt, dem Betroffenen eine Wiedergutmachung zuzusprechen. Umstritten ist, welche

---

714 *Scheffer*, S. 264.

715 Soweit die einzelnen Landesverfassungen ein Grundrecht auf ein zügiges Verfahren vor Gericht enthalten, so z.B. Art. 52 Abs. 4 S. 1 LV Brandenburg (vgl. den Beschluss des VerfG Brandenburg NJ 2003, 418 ff), Art. 42 Abs. 5 ThürVerf (vgl. den Beschluss des ThürVerfGH NJW 2001, 2708 ff.) oder Art. 78 Abs. 3 S. 1 SächsVerf, kann auch eine Landesverfassungsbeschwerde eingelegt werden.

716 *Schlette*, S. 56; *Niesler*, S. 168.

717 BVerfG, Beschluss v. 11.12.2000, 1 BvR 661/00; Beschluss v. 25.11.2003, 1 BvR 834/03, BeckRS 2003 25537, zuletzt abgerufen am 04.09.2010.

Entscheidungsmöglichkeiten dem BVerfG zur Verfügung stehen, wenn das fachgerichtliche Verfahren noch nicht abgeschlossen ist. Das BVerfG selbst geht davon aus, dass sich seine Entscheidungskompetenz, solange eine Entscheidung im Ausgangsverfahren noch nicht ergangen ist, auf die Feststellung der Verfassungswidrigkeit der überlangen Verfahrensdauer beschränkt[718]. In den Entscheidungsgründen findet sich meist der Hinweis, dass das Gericht nunmehr gehalten sei, unter Beachtung der Ausführungen des BVerfG unverzüglich wirksame Maßnahmen zu ergreifen, die zu einem möglichst raschen Abschluss des Verfahrens führen. Auch die Literatur hält eine direkte Einflussnahme auf ein noch laufendes fachgerichtliches Verfahren überwiegend für unzulässig[719]. Das BVerfG dürfe lediglich in den Entscheidungsgründen Empfehlungen an das jeweilige Fachgericht aussprechen und es dazu auffordern, dem Verfahren Fortgang zu gewähren. Vereinzelt werden jedoch über die reine Feststellung hinaugehende Maßnahmen für zulässig gehalten. Das BVerfG könne auch Weisungen zur Beendigung der Verzögerung erteilen, insbesondere durch Fristsetzungen zur Entscheidung durch das Ausgangsgericht[720]. Einige ziehen zudem in Betracht, den Rechtsstreit in analoger Anwendung des § 95 Abs. 2 Alt. 2 BVerfGG zur weiteren Behandlung und Entscheidung an ein anderes Gericht zu verweisen[721].

Die Bindungswirkung des Urteils nach § 31 Abs. 1 BVerfGG umfasst die Entscheidungsformel und nach – in der Literatur umstrittener – ständiger Rechtsprechung des BVerfG auch die tragenden Gründe der Entscheidung[722]. Welche dies sind, ist allein objektiv zu bestimmen und richtet sich danach, ob die Rechtssätze hinweggedacht werden können, ohne dass das konkrete Entscheidungsergebnis nach dem in der Entscheidung zum Ausdruck gekommenen Gedankengang entfiele, oder aber lediglich bei Gelegenheit einer Entscheidung gemacht worden sind und außerhalb des Begründungszusammenhangs zwischen genereller Rechtsregel und konkreter Entscheidung stehen[723]. Empfehlungen und Hinweise des BVerfG zur Beschleunigung des noch laufenden fachgerichtlichen Verfahrens sind keine Rechtssätze und gehören nach diesen Abgrenzungskriterien nicht zu den tragenden Gründen der Entscheidung. Von der Bindungswirkung wird daher regelmäßig nur die Feststellung des Verstoßes

---

718 BVerfG NJW 2001, 214 (216); BVerfG NJW 1997, 2811 (2812); BVerfG, Beschluss v. 17.11.1999, 1 BvR 1708/99, BeckRS 1999 30082752, zuletzt abgerufen am 04.09.2010.

719 *Niesler*, S. 129 f., 171; *Schlette*, S. 56; *Stabel*, S. 143; *Britz/Pfeifer* DÖV 2004, 245 (249); *Gundel* DVBl 2004, 22 (23); *Lansnicker/Schwirtzek* NJW 2001, 1969 (1971).

720 *Meyer-Ladewig* NJW 2001, 2679; *Redeker* NJW 2003, 488.

721 *Otto*, S. 145; *Stabel*, S. 143.

722 BVerfGE 40 88 (93 f.); 104, 151 (197).

723 Umbach/Clemens/Dollinger/*Heusch*, § 31 BVerfGG Rn. 61.

gegen das Recht auf eine angemessene Verfahrensdauer erfasst. Sie verpflichtet die Gerichte, die Entscheidung des BVerfG zu beachten und ihr künftiges Verhalten danach auszurichten[724]. Das untätige Gericht wird also nach Feststellung der verfassungswidrigen Verfahrensdauer sein Verhalten auf eine beschleunigte Fortsetzung und einen zügigen Abschluss des Verfahrens zu richten haben. Ein Verstoß dagegen begründet einen Verstoß gegen Art. 20 Abs. 3 GG[725].

Ist das Verfahren zum Zeitpunkt der Entscheidung des BVerfG bereits abgeschlossen, kann die Verfassungsbeschwerde das fachgerichtliche Verfahren nicht mehr beschleunigen. Weil die Entscheidung nach § 31 Abs. 1 BVerfGG für alle Gerichte verbindlich ist, hat sie für den Betroffenen aber Bedeutung in einem etwaigen Verfahren auf Schadensersatz wegen Amtshaftung nach Art. 34 GG i.V.m. § 839 BGB. Läuft das Ausgangsverfahren noch, besteht zumindest die Möglichkeit, dass entweder bereits die Erhebung der Verfassungsbeschwerde oder jedenfalls die Feststellung der Verfassungswidrigkeit der Verfahrensverzögerung den Anstoß zur Fortführung des Verfahrens geben und auf diese Weise das Verfahren und die Entscheidung im Ausgangsverfahren beschleunigen[726]. Zu bedenken ist allerdings, dass das verfassungsgerichtliche Verfahren selbst regelmäßig erhebliche Zeit in Anspruch nimmt. So weist *Ziekow*[727] zutreffend darauf hin, dass sich die Zahl der mehr als sieben Jahre in Karlsruhe anhängigen Verfassungsbeschwerden binnen vier Jahren mehr als verzehnfacht hat. Auch wenn Verfassungsbeschwerden wegen langer Prozessdauer möglichst schnell abgearbeitet würden[728], dürfte noch immer ein Zeitraum von gut einem Jahr für die Durchführung des Verfassungsbeschwerdeverfahrens verbleiben, so dass sich von einer beschleunigenden Wirkung im engeren Sinn wohl nicht sprechen lasse. Zu beachten ist darüber hinaus, dass der Grundsatz der Subsidiarität der Verfassungsbeschwerde die vorherige Einlegung aller in Betracht kommenden fachgerichtlichen Rechtsbehelfe erfordert. Mithin dauert es bereits einige Zeit, bis überhaupt die Voraussetzungen für eine Verfassungsbeschwerde geschaffen sind.

VI. Ergebnis zu § 9

Gegen die Verweigerung oder Verzögerung des Verfahrensfortgangs ist in der Zivilprozessordnung kein spezieller Rechtsschutz vorgesehen. Bis auf die

---

724 Umbach/Clemens/Dollinger/*Heusch*, § 31 BVerfGG Rn. 68.
725 BVerfGE 40, 88 (93 ff.).
726 *Stabel*, S. 142; *Schlette*, S. 56; *Lansnicker/Schwirtzek* NJW 2001, 1969 (1973).
727 *Ziekow* DÖV 1998, 941 (946).
728 So auch *Gundel* DVBl 2004, 17 (22).

Ausnahme in § 252 ZPO ist das deutsche Verfahrensrecht nicht darauf ausgerichtet bzw. dazu geeignet, bereits im Vorfeld einer Entscheidung einzugreifen. Einstweiliger Rechtsschutz greift zwar ebenfalls vor Ergehen der Hauptsacheentscheidung ein, kann die Rechte der Verfahrensbeteiligten aber nur vorläufig sichern. Die rechtliche Unsicherheit bleibt bis zur Hauptsacheentscheidung bestehen und kann nur durch zügige Bearbeitung und Abschluss des Hauptsacheverfahrens endgültig beseitigt werden[729].

Das Fehlen eines Rechtsbehelfs gegen den untätigen Richter kann durch andere Rechtsbehelfe nicht hinreichend kompensiert werden. Bei der Anwendung der Dienstaufsichtsbeschwerde und des Anspruchs auf Schadensersatz wegen Amtshaftung ist Vieles streitig. Die Rechtsprechung verhält sich im Hinblick auf die Gefahr, in die richterliche Unabhängigkeit und Entscheidungsfreiheit einzugreifen, äußerst restriktiv und gewährt den begehrten Rechtsschutz nur in seltenen Fällen. Bei der Anwendung der Dienstaufsichtsbeschwerde und des Antrags auf Ablehnung wegen Befangenheit macht sich zudem stets bemerkbar, dass sie anderen Zwecken zu dienen bestimmt sind. Die Dienstaufsichtsbeschwerde ist primär verwaltungsinterne Kontrolle. Der Antrag auf Ablehnung wegen Befangenheit dient der Entfernung des parteiischen, nicht aber des untätigen Richters aus dem Verfahren. So bleibt es im Ergebnis Glückssache, ob eine Beschleunigung mit diesen Rechtsbehelfen tatsächlich erzielt werden kann, weil eine Beschleunigung eben nicht der Zweck dieser Rechtsbehelfe ist.

§ 10 Entwicklung einer Beschwerde gegen unangemessene Verfahrensdauer (Untätigkeitsbeschwerde)

Die in § 9 dargestellten Rechtsbehelfe sind als alleinige Rechtsschutzmöglichkeiten bei überlanger Verfahrensdauer unbefriedigend, weil sie nicht auf ein Vorgehen bei unangemessener Verfahrensdauer zugeschnitten sind. In Rechtsprechung und Literatur wird deshalb diskutiert, ob und unter welchen Voraussetzungen die sog. Untätigkeitsbeschwerde statthaft ist. Diese Diskussion wird heute wesentlich durch die Rechtsprechung des EGMR bestimmt, der insbesondere in zwei Entscheidungen aus den Jahren 2001 und 2006 die Anforderungen der EMRK an den Rechtsschutz bei Verfahrensverzögerungen konkretisiert hat.

---

729 *Terhechte* DVBl 2007, 1134 (1140).

I. Diskussionsstand bis zum Jahr 2000

Die Möglichkeit einer Beschwerde gegen eine unangemessene Verfahrensdauer wurde in der deutschen Rechtsprechung und Literatur bereits in den 1950er Jahren in Betracht gezogen, damals in Unterhaltsprozessen, in denen es durch die Anordnung der Einholung erbbiologischer Gutachten zur Feststellung der Vaterschaft zu erheblichen Verfahrensverzögerungen kam. Wenngleich die Beschwerde in diesen Fällen nicht explizit als Untätigkeitsbeschwerde bezeichnet wurde, handelte es sich in der Sache dennoch um einen solchen Rechtsbehelf. Allerdings wird erst seit den 1980er Jahren in Betracht gezogen, ihn auch bei anderweitig verursachten Verfahrensverzögerungen anzuwenden.

1. Rechtsbehelf gegen Beweisbeschlüsse in Unterhaltsprozessen

In den 1950er Jahren bestand erstmals die Möglichkeit eine Vaterschaft durch ein erbbiologisches Gutachten festzustellen. In zahlreichen Unterhaltsprozessen wurden daraufhin Beweisbeschlüsse erlassen, in denen die Gerichte die Einholung entsprechender Gutachten anordneten. Dadurch kam es oft zu erheblichen Verfahrensverzögerungen, weil die Untersuchung der Kinder erst ab dem dritten Lebensjahr möglich war. Eine Beschwerdemöglichkeit stand den betroffenen Vätern qua Gesetz jedoch nicht zu, weil die Gerichte in den meisten Fällen keine förmliche Aussetzung des Verfahrens angeordnet hatten und die selbständige Anfechtung von Beweisbeschlüssen nach § 355 Abs. 2 ZPO ausgeschlossen war. Da diese Verfahrensverzögerungen die Terminsbestimmung verzögerten bzw. Verstöße gegen die Pflicht zur unverzüglichen Terminierung nach § 216 Abs. 2 ZPO begründeten, kam es erstmals zu Diskussionen über eine analoge Anwendung der §§ 252, 567 ZPO zum Zweck der Rüge von Verfahrensverzögerungen[730].

a) Rechtsprechung

Die überwiegende Anzahl der Gerichte ließ eine Beschwerde der betroffenen Väter in entsprechender Anwendung des § 252 ZPO zu[731]. Der § 252 ZPO zugrunde liegende Rechtsgedanke erfordere die Möglichkeit, einen über die verfahrensbedingte normale Prozessdauer hinausgehenden ungewöhnlichen Verfahrensstillstand vom Beschwerdegericht auf seine Rechtmäßigkeit

730 OLG Köln NJW 1981, 2263; *Walchshöfer*, Anm. zu OLG Frankfurt, Beschluss v. 22.02.1974 – 16 W 11/74, NJW 1974, 2291 f.; Stein/Jonas/*Leipold*, 21. Auflage, § 272 ZPO Rn. 20; Zöller/*Stöber*, 21. Auflage, § 216 ZPO Rn. 21.

731 OLG Bamberg FamRZ 1955, 217; OLG Köln FamRZ 1960, 409; OLG Hamm FamRZ 1958, 379; LG Bonn NJW 1962, 1626; OLG Celle MDR 1967, 134; OLG Stuttgart ZZP 66 (1953), 60; OLG Bremen NJW 1969, 1908.

nachprüfen zu können[732]. Dies gelte unabhängig davon, ob das Prozessgericht seine Entscheidung als Aussetzungsbeschluss bezeichnet habe oder nicht, weil das Prozessgericht durch die Anordnung der Untersuchung jedenfalls tatsächlich denselben Zustand herbeigeführt habe, den ein derartiger Beschluss zur Folge hätte[733]. Die Einholung eines erbbiologischen Gutachtens nach derart langer Zeit sei praktisch mit einer nach § 252 ZPO beschwerdefähigen Aussetzung des Verfahrens gleichzusetzen[734]. Die Vorschrift umfasse daher nach ihrem Zweck jede richterliche Anordnung, die das Verfahren für eine ungewöhnlich lange Dauer zum Stillstand bringe[735]. Die Gefahr der Justizverweigerung, auf die in den Motiven zur ZPO ausdrücklich hingewiesen werde, sei in den Fällen der Verfahrensverzögerung keineswegs geringer als bei einer echten Aussetzung des Prozesses[736].

Nur wenige Gerichte lehnten die Beschwerde nach § 252 ZPO analog zur Überprüfung eines ungewöhnlich langen Verfahrensstillstandes ab[737]. Sie argumentierten, § 567 ZPO lasse das Rechtsmittel der Beschwerde lediglich in den in der ZPO besonders hervorgehobenen Fällen zu. Beweisbeschlüsse seien davon ausgenommen und könnten grundsätzlich nur zusammen mit dem Urteil einer Nachprüfung unterzogen werden. Die Aussetzungswirkung rechtfertige nicht die analoge Anwendung von § 252 ZPO. Der praktische Verfahrensstillstand sei zwar automatische und zwangsläufige Folge, die sich aus der Natur dieser Beweisanordnung ergebe, keineswegs aber Zweck der angefochtenen Entscheidung[738]. Insofern sei der Stillstand weder ein über § 252 ZPO beschwerdefähiges Ruhen noch eine Aussetzung des Verfahrens.

b) Literatur

Ebenso wie in der Rechtsprechung fanden sich im Schrifttum sowohl Fürsprecher als auch Gegner der analogen Anwendung des § 252 ZPO. Ganz überwiegend sprach man sich für die Beschwerdemöglichkeit aus, weil die auf längere Zeit hinausgeschobene Vornahme der erbbiologischen Untersuchung jedenfalls de facto den gleichen Stillstand des Verfahrens zur Folge habe wie ein förmlicher Aussetzungsbeschluss, und die Anordnung daher einen der Ausset-

732 Insbesondere LG Bonn NJW 1962, 1626.
733 OLG Bamberg FamRZ 1955, 217.
734 OLG Celle MDR 1967, 134; OLG Bamberg FamRZ 1955, 217.
735 OLG Bamberg FamRZ 1955, 217 (218).
736 LG Bonn NJW 1962, 1626 (1627).
737 OLG Frankfurt NJW 1963, 912 (allerdings für die Anordnung eines Beweisbeschlusses über Mängel an einem Mähdrescher); LG Stuttgart ZZP 69 (1956), 46.
738 OLG Frankfurt NJW 1963, 912 (913); LG Stuttgart ZZP 69 (1956), 46 (47).

zung gleichkommenden tatsächlichen Verfahrensstillstand bewirke[739]. Die Durchbrechung der Unanfechtbarkeit eines Beweisbeschlusses sei hier gerechtfertigt, weil die Möglichkeit der alsbaldigen Überprüfung der Beweisanordnung mittels Anfechtung des Endurteils nicht gegeben sei. Der Betroffene habe deshalb ein sachliches Bedürfnis für die isolierte Anfechtung des Beweisbeschlusses mit der Beschwerde nach § 252 ZPO analog.

Die Gegenansicht argumentierte zum einen mit der Unanfechtbarkeit der Anordnung eines Beweisbeschlusses, zum anderen mit den Konsequenzen der Zulassung einer Beschwerdemöglichkeit[740]. Folge einer Aufhebung der Aussetzung sei entweder, dass die Beweiserhebung nicht durchgeführt werden könne, oder aber der Sachverständige das Gutachten sofort zu erstatten hätte. Letzteres scheide indes von vornherein aus, weil die erbbiologische Untersuchung aus naturwissenschaftlichen Gründen erst ab einem bestimmten Lebensalter des Kindes möglich sei.

2. Untätigkeitsbeschwerde

Die Einführung des Nichtehelichengesetzes vom 01.07.1970 beendete die Diskussion über die Beschwerde gegen Verfahrensverzögerungen in Unterhaltsprozessen, da nunmehr bis zur Einholung des erbbiologischen Gutachtens von Amts wegen eine unmittelbar nach § 252 ZPO beschwerdefähige Aussetzungsanordnung zu erlassen ist. Eine allgemeine Beschwerde gegen Verfahrensverzögerungen hat der Gesetzgeber jedoch nicht vorgesehen.

a) Untätigkeit ist nicht beschwerdefähig

Dementsprechend wurde in Rechtsprechung[741] und Literatur[742] zunächst häufig die Ansicht vertreten, die bloße Untätigkeit eines Richters oder auch die Verzögerung des Verfahrens oder der Terminsbestimmung seien nicht rechtsmittelfähig. Ein Rechtsmittel setze grundsätzlich eine Entscheidung des Gerichts voraus, so dass es nicht genüge, dass das Gericht eine Entscheidung unterlasse oder sonst untätig geblieben sei[743]. Die Parteien haben zwar einen Justizgewährungsanspruch. Dieser könne aber nicht durch Einlegung eines

---

739 *Schiedermair* FamRZ 1955, 282; *ders.* FamRZ 1958, 382.

740 *Göppinger* ZZP 66 (1953), 61 f.

741 BGH NJW-RR 1995, 887; OLG Karlsruhe FamRZ 1989, 769; offen gelassen von KG MDR 1998, 64.

742 Stein/Jonas/*Grunsky*, 21. Auflage, vor § 567 ZPO Rn. 19; Musielak/*Ball*, 5. Auflage 2007, § 567 ZPO Rn. 14; MünchKommZPO/*Braun*, 1. Auflage, § 567 ZPO Rn. 10; *Vollkommer* ZZP 81 (1968), 103 (132).

743 OLG Karlsruhe FamRZ 1989, 767.

Rechtsmittels durchgesetzt werden[744]. Stattdessen sei der Richter im Wege der Dienstaufsicht nach § 26 Abs. 2 DRiG zur unverzüglichen Erledigung seiner Dienstgeschäfte anzuhalten[745]. Daneben komme ein Vorgehen im Wege der Ablehnung wegen Befangenheit nach § 42 Abs. 2 ZPO in Betracht[746], unter Umständen auch die Erhebung einer Verfassungsbeschwerde[747].

b) Untätigkeit ist beschwerdefähig

Im Laufe der Zeit mehrten sich jedoch sowohl in der Zivilgerichtsbarkeit[748] als auch in der Literatur [749] Stimmen, die einen Rechtsbehelf als rechtliche Notwendigkeit betrachteten. Das Grundrecht auf Gewährung effektiven Rechtsschutzes erfordere eine Beschwerdemöglichkeit, wenn die Verzögerung im Ergebnis einer Rechtsschutzverweigerung gleichkomme. Der Verweis auf die Möglichkeit der Dienstaufsichtsbeschwerde sei nicht ausreichend, weil diese als innerprozessualer Rechtsbehelf eine „ganz andere Tendenz verfolge"[750]. Im Zentrum der Diskussion standen Verstöße gegen die richterliche Terminierungspflicht nach § 216 Abs. 2 ZPO durch weit hinausgeschobene oder schlicht unterlassene Terminierung. Soweit man sich über die Notwendigkeit und die Statthaftigkeit einer Untätigkeitsbeschwerde dem Grunde nach einig war, gingen jedoch die Ansichten über die dogmatische Herleitung des Rechtsbehelfs auseinander:

aa) Analoge Anwendung des § 567 Abs. 1 Nr. 2 ZPO

So wurde die Untätigkeitsbeschwerde teilweise unmittelbar auf § 567 Abs. 1 Nr. 2 ZPO gestützt und dementsprechend als statthaft angesehen, wenn durch

---

744 So Stein/Jonas/*Grunsky*, 21. Auflage, vor § 567 ZPO Rn. 19.

745 Musielak/*Ball*, 5. Auflage 2007, § 567 ZPO Rn. 14; MünchKommZPO/*Braun*, 1. Auflage, § 567 ZPO Rn. 10; BayObLG FamRZ 1998, 438; Thomas/Putzo, 22. Auflage, § 216 ZPO Rn. 13.

746 Stein/Jonas/*Grunsky*, 21. Auflage, vor § 567 ZPO Rn. 19.

747 Musielak/*Ball*, 5. Aufl. 2007, § 567 ZPO Rn. 14; Stein/Jonas/*Grunsky*, 21. Auflage, vor § 567 ZPO Rn. 19.

748 OLG Karlsruhe NJW 1984, 985; OLG Frankfurt MDR 1998, 1368; OLG Saarbrücken NJW-RR 1998, 1531; OLG Hamm FamRZ 1998, 1606; OLG Dresden FamRZ 2000, 1422; Saarländisches OLG MDR 1997, 1062; OLG Köln NJW-RR 1999, 290; OLG Stuttgart FamRZ 1998, 1605; OLG Karlsruhe FamRZ 1998, 1606.

749 MünchKommZPO/*Prütting*, 1. Auflage, § 272 ZPO Rn. 31; *Peters*, FS für Schütze, S. 665 ff.; Zöller/*Stöber*, 21. Auflage, § 216 ZPO Rn. 21; Zöller/*Gummer*, 21. Auflage, § 567 ZPO Rn. 21 b; *Schneider*, Anmerkung zu OLG Frankfurt/M., Beschl. v. 28.07.1998, 3 WF 108/98, MDR 1998, 1368.

750 Saarländisches OLG MDR 1997, 1062.

eine Maßnahme des Gerichts die Entscheidung in einer Weise verzögert werde, dass dies der Ablehnung eines das Verfahren betreffenden Gesuchs gleichkomme[751].

bb) Analoge Anwendung der §§ 252, 567 Abs. 1 Nr. 1 ZPO

Andere Gerichte[752] sowie mehrheitlich die Literatur[753] griffen auf den bereits aus der Rechtsprechung zu Verfahrensverzögerungen bei Anordnung erbbiologischer Gutachten in Unterhaltsprozessen bekannten Ansatz der analogen Anwendung der § 252, § 567 Abs. 1 Nr. 1 ZPO zurück. Sofern die überlange Verfahrensdauer in den Wirkungen einer Aussetzung gleichkomme, sei sie nach dem Sinn und Zweck des § 252 ZPO mit der Beschwerde anfechtbar. Die Norm knüpfe ihrem Wortlaut nach zwar an eine Entscheidung des Gerichts an, müsse wegen des vergleichbar schweren Eingriffs in die Rechte der Parteien aber auf alle vom Gericht ergriffenen oder unterlassenen Maßnahmen Anwendung finden, die in ihren Auswirkungen einem Verfahrensstillstand gleichkommen. Die Beschwerde richte sich dann nicht gegen die der Anfechtung entzogene Terminsbestimmung des Gerichts, sondern gegen die faktische Aussetzung des Verfahrens[754]. Die Analogie führe als einzige Möglichkeit, den gebotenen Rechtsschutz gegen die Verletzung des Justizgewährungsanspruches zu gewähren, zu einer angemessenen Lösung des Konflikts[755].

cc) Außerordentliche Untätigkeitsbeschwerde

Die Untätigkeitsbeschwerde wurde schließlich teilweise als Unterfall der außerordentlichen Beschwerde wegen „greifbarer Gesetzwidrigkeit" angesehen und dementsprechend als außerordentliche Beschwerde in Form der Untätigkeitsbeschwerde zugelassen[756]. Die Beschwerde sei statthaft, wenn das Untätigbleiben des Richters auf willkürlichem Verhalten beruhe und den Tatbestand der

---

751 OLG Karlsruhe NJW 1984, 985; Baumbach/Lauterbach/Albers/Hartmann, 58. Auflage, § 567 ZPO Rn. 5.

752 OLG Köln NJW-RR 1999, 290; OLG Stuttgart FamRZ 1998, 1605; OLG Karlsruhe FamRZ 1998, 1606; OLG Celle OLGZ 1975, 357; OLG Schleswig NJW 1981, 691; LG Aachen NJW-RR 1993, 1407.

753 *Walchshöfer* NJW 1974, 2291 (2292); MünchKommZPO*Prütting*, § 272 ZPO Rn. 31; *Peters*, FS für Schütze, S. 665 ff.; MünchKomm/Aktualisierungsbd./*Lipp*, § 567 ZPO Rn. 17; Stein/Jonas/*Roth*, § 252 ZPO Rn. 2.

754 OLG Köln NJW-RR 1999, 290.

755 Wieczorek/Schütze/*Jänich*, § 567 ZPO Rn. 15.

756 OLG Köln NJW 1981, 2263; OLG Karlsruhe NJW 1984, 985; OLG Frankfurt MDR 1998, 1368; OLG Saarbrücken NJW-RR 1998, 1531; OLG Hamm FamRZ 1998, 1606; OLG Dresden FamRZ 2000, 1422; Saarländisches OLG MDR 1997, 1062; *Schneider* MDR 2005, 430.

Rechtsverweigerung erfülle[757] bzw. wenn für die Rechtfertigung der Verfahrensdauer jede verständige Grundlage fehle[758]. Eine entsprechende Anwendung des § 252 ZPO sei für den Fall des rein tatsächlichen Stillstands des Verfahrens nicht geboten, denn anders als bei der Aussetzung oder der gerichtlichen Anordnung des Ruhens des Verfahrens seien die Parteien nicht daran gehindert, wirksame Prozesshandlungen vorzunehmen[759].

dd) Sonderfall: §§ 127 Abs. 2, 567 ZPO analog bei Verzögerung von Verfahren über PKH-Anträge

Einen Sonderfall bildeten Verzögerungen in Verfahren über Prozesskostenhilfeanträge. Obwohl nach § 127 Abs. 2 S. 2 ZPO nur die Prozesskostenhilfe versagende Entscheidungen der Anfechtung mit der sofortigen Beschwerde unterliegen, waren sich die Zivilgerichte überwiegend einig[760], dass in entsprechender Anwendung dieser Vorschrift eine Untätigkeitsbeschwerde zuzulassen sei, wenn die Verfahrensdauer mit dem Zweck des Verfahrens unvereinbar sei und die Verzögerung der Entscheidung im Ergebnis der Ablehnung des Gesuchs gleichkomme. Die verzögerte Behandlung derartiger Angelegenheiten wirke sich im Ergebnis für die hilfsbedürftige Partei als eine gegen den allgemeinen Gleichheitsgrundsatz des Art. 3 Abs. 1 GG verstoßende Rechtswegsperre aus. Als (faktische) Ablehnung anfechtbare Verzögerung wurde beispielsweise die Anordnung durch die Ausnahmevorschrift des § 118 Abs. 2 ZPO nicht gedeckter Beweiserhebungen[761] oder die Nichtentscheidung trotz mehrfacher Mahnung ohne Begründung[762] gewertet. Darüber hinaus hielt man die Anordnung der Aussetzung des Prozesskostenhilfeprüfungsverfahrens[763] sowie die Anordnung des Ruhens des Prozesskostenhilfeverfahrens[764] für beschwerdefähig.

---

757 Saarländisches OLG MDR 1997, 1062; OLG Karlsruhe NJW 1984, 985; OLG Frankfurt MDR 1998, 1368; OLG Saarbrücken NJW-RR 1998, 1531.

758 OLG Köln NJW 1981, 2263.

759 OLG Karlsruhe, NJW 1984, 985.

760 OLG Köln MDR 1999, 444; OLG Celle MDR 1985, 591 (592); OLG Düsseldorf FamRZ 1986, 485 (486); LAG Berlin MDR 1984, 258; LSG RhPf NZS 2000, 626; a.A.: OLG Köln MDR 1998, 179; OLG Karlsruhe FamRZ 1989, 767 (768 ff.): eine mit der Beschwerde anfechtbare Situation sei jedenfalls noch nicht erreicht, solange damit zu rechnen sei, dass wenigstens nach der mündlichen Verhandlung über den PKH-Antrag entschieden werde.

761 OLG Köln MDR 1999, 444; OLG Celle MDR 1985, 591 (592).

762 OLG Karlsruhe MDR 1995, 635 (636).

763 OLG Hamm FamRZ 1985, 827.

764 OLG Düsseldorf FamRZ 1986, 485 (486) leitet die Beschwerdefähigkeit der Ruhensanordnung sowohl aus § 127 Abs. 2 S. 2 ZPO als auch aus § 252 ZPO ab.

In der Literatur fand die Untätigkeitsbeschwerde im Bereich der Prozesskostenhilfe zwar einige Gegner[765], überwiegend aber ebenfalls Zustimmung[766].

ee) Ausblick in andere Verfahrensordnungen

Weil nicht nur die ZPO, sondern auch die übrigen Verfahrensordnungen keinen Rechtsbehelf gegen Verfahrensverzögerungen durch das Gericht vorsehen, stellte sich die Frage nach der Möglichkeit einer Untätigkeitsbeschwerde dort entsprechend[767]. Während in der Literatur überwiegend vorgeschlagen wurde, dem Zivilverfahren entsprechend prozessverzögerndes Verhalten der Verwaltungsgerichte einer Aussetzung des Verfahrens nach § 94 VwGO gleichzusetzen[768], lehnten die Verwaltungsgerichte diese Möglichkeit sowohl bei verzögerter Entscheidung über Prozesskostenhilfegesuche[769] als auch bei verzögerter Terminsbestimmung[770] mehrheitlich ab. § 146 Abs. 1 VwGO eröffne die Beschwerdemöglichkeit nur gegen Entscheidungen. Aus dieser Vorschrift und dem Fehlen weiterer die Beschwerde eröffnender Vorschriften sei abzuleiten, dass eine Beschwerde gegen gerichtliche Untätigkeit nicht gegeben sei.

II. Entscheidungen des EGMR in den Jahren 2000 – 2006

Beschwerden wegen überlanger Verfahrensdauer beschäftigen jedoch nicht nur die deutschen Gerichte, sondern auch den EGMR[771]. Das Beschleunigungsgebot ist die am häufigsten gerügte Vorschrift der EMRK. Mehr als die Hälfte aller

---

765 Stein/Jonas/*Bork*, 21. Auflage, § 118 ZPO Rn. 31; Thomas/Putzo/*Reichold*, 24. Auflage, § 127 ZPO Rn. 6.

766 *Schneider* MDR 1998, 252 (254 f.); *ders.* MDR 1999, 1033 (1035); *ders.* MDR 1977, 619 (620); *Büttner* FPR 2002, 498 (499); MünchKommZPO*Wax*, 1. Auflage, § 118 ZPO Rn. 26; Wieczorek/Schütze/*Steiner*, 3. Auflage, § 127 ZPO Rn. 12; Musielak/*Fischer*, 3. Auflage, § 118 ZPO Rn. 11, 19.

767 Zum Vergleich soll kurz auf die Entwicklung in den finanz-, sozial- und verwaltungsgerichtlichen Verfahren eingegangen werden.

768 *Ziekow* DÖV 1998, 941 (947 ff.); *ders.* JZ 1998, 947 (948 f.); *Schlette*, S. 51 ff.; a.A.: Isensee/Kirchhof/*Papier*, § 153, Rn. 23; *Clausing* JuS 1999, 474 (478).

769 OVG Bremen NJW 1984, 992; OVG Brandenburg DVBl 2001, 314; OVG Münster NVwZ-RR 1998, 340; OVG NW JZ 1997, 947; a.A: VGH München NVwZ 2000, 693; VGH München NVwZ-RR 1997, 501; offen gelassen von OVG Münster, Beschluss v. 01.07.1999, 13 E 494/99 A, BeckRS 2004, 25855, zuletzt abgerufen am 04.09.2010.

770 VGH Mannheim NJW 1984, 993.

771 *Meyer-Ladewig* NJW 2001, 2679: 521 der insgesamt im Jahr 2000 erlassenen 675 Urteile des EGMR betrafen entweder ausschließlich oder jedenfalls auch die Dauer gerichtlicher Verfahren.

Urteile gegen die Bundesrepublik Deutschland betreffen die Verfahrensdauer[772]. Als Grundsatzentscheidungen mit besonderer Bedeutung sind die Entscheidungen in den Fällen *Kudla* gegen Polen und *Sürmeli* gegen Deutschland hervorzuheben, außerdem das Piloturteil im Fall *Rumpf* gegen Deutschland.

1. *Kudla*./.Polen

Von großer Bedeutung war zunächst das Urteil der Großen Kammer des EGMR vom 26.10.2000 im Fall *Kudla* gegen Polen[773]. Bis dahin hatte der EGMR in ständiger Rechtsprechung[774] vertreten, dass Art. 6 Abs. 1 als lex specialis Art. 13 EMRK absorbiere, so dass eine Verletzung von Art. 13 nicht mehr zu prüfen war, wenn bereits eine Verletzung von Art. 6 Abs. 1 EMRK festgestellt werden konnte[775]. Die Sache *Kudla* gegen Polen nahm der Gerichtshof mit einer Mehrheit von 16:1[776] Stimmen zum Anlass dafür, das Verhältnis von Art. 6 Abs. 1 und Art. 13 EMRK neu zu bestimmen.

a) Gegenstand und Inhalt der Entscheidung

Jener Entscheidung lag ein Strafverfahren gegen den Beschwerdeführer *Kudla* zugrunde. Die Staatsanwaltschaft hatte bereits am 08.08.1991 Anklage erhoben. Das Strafurteil des OLG Krakau erging jedoch erst am 27.10.1999, mithin mehr als 8 Jahre später. Über die Revision hatte der Oberste Gerichtshof zum Zeitpunkt der Entscheidung des EGMR noch nicht entschieden. Der Beschwerdeführer rügte daher unter anderem die Verletzung des Rechts auf Verhandlung „innerhalb angemessener Frist“ nach Art. 6 Abs. 1 EMRK, außerdem die Verletzung des Rechts auf „wirksame Beschwerde bei einer innerstaatlichen Instanz“ gemäß Art. 13 EMRK.

---

772 Pressemitteilung des Kanzlers im Verfahren *Rumpf*./.Deutschland vom 02.09.2010, abrufbar unter www.cmiskp.echr.coe.int, zuletzt abgerufen am 02.09.2010.

773 EGMR NJW 2001, 2694 ff (*Kudla*./.Polen).

774 z.B. Urteil v. 19.12.1997, 155/1996/774/975 (*Brualla Gómez de la Torre*./.Spanien), unter Nr. 41: „The Court reiterates that where the right claimed is a civil right, the role of Article 6 § 1 in relation to Article 13 is that of a lex specialis, the requirements of Article 13 being absorbed by those of Article 6 § 1. Consequently, it is unnecessary to rule on the complaint.“; vgl. auch Urteil v. 02.02.1992, 8/1992/353/427 (*Pizzetti*./.Italien), Urteil v. 02.09.1998, 5/1998/908/1120 (*Kadubec*./.Slovakei), unter Nr. 64, jeweils abrufbar unter www.coe.int/T/D/Menschengerichtshof/, zuletzt abgerufen am 04.09.2010.

775 Vgl. die Nachweise in EGMR NJW 2001, 2694 (2699 ff.) (*Kudla*./.Polen), unter Nr. 139 und 140.

776 Vgl. die teilweise abweichende Meinung des Richters J. Casadevall NJW 2001, 2694 (2701).

Der Gerichtshof stellte zunächst fest, dass die Dauer des Verfahrens Art. 6 Abs. 1 EMRK verletze, weil sie jedenfalls für einen Zeitraum von einem Jahr und acht Monaten nicht als angemessen angesehen werden könne[777]. Darüber hinaus sei Art. 13 EMRK verletzt, weil dem Beschwerdeführer nach innerstaatlichem Recht keine Beschwerde zur Durchsetzung des in Art. 6 Abs. 1 EMRK garantierten Rechts auf „Verhandlung innerhalb angemessener Frist" zur Verfügung gestanden habe[778]. Zwar gebe Art. 6 Abs. 1 EMRK weiter gehende Garantien als Art. 13 EMRK und gehe deswegen in bestimmten Fällen vor. Dies gelte aber nicht, wenn der Beschwerdeführer die Verfahrensdauer nach Art. 6 Abs. 1 EMRK rüge. Ob der Beschwerdeführer in einem bestimmten Fall in Bezug auf seine zivilrechtlichen Ansprüche und Verpflichtungen oder über eine gegen ihn erhobene strafrechtliche Anklage eine Verhandlung innerhalb angemessener Frist gehabt habe, sei einer andere Rechtsfrage als die, ob ihm nach staatlichem Recht ein wirksamer Rechtsbehelf zur Prüfung einer darauf gestützten Beschwerde zur Verfügung gestanden habe[779].

Damit hat der EGMR im Einklang mit seiner ständigen Rechtsprechung klargestellt, dass Art. 6 EMRK zwar schon immer ein Recht auf eine Entscheidung innerhalb einer angemessenen Dauer enthielt. Gleichzeitig hat er aber die Frage des Rechtsbehelfs gegen einen Verstoß gegen Art. 6 Abs. 1 EMRK ganz neu beantwortet. Der EGMR erklärte, dass er seine bisherige Rechtsprechung angesichts seiner starken Belastung mit einer Vielzahl anhängiger Individualbeschwerden, mit denen eine Verletzung von Art. 6 Abs. 1 EMRK wegen unangemessener Dauer gerichtlicher Verfahren gerügt werde, überprüft habe[780]. Die bisherige Rechtsprechung zwinge die Beteiligten bei überlanger Verfahrensdauer dazu, ihre Beschwerden an den Gerichtshof zu richten. Damit sei auf lange Sicht die Wirksamkeit des von der Konvention geschaffenen Systems zum Schutze der Menschenrechte auf staatlicher und internationaler Ebene gefährdet.

Von den 17 Richtern des EGMR sprach sich lediglich Richter *J. Casadevall* gegen die Änderung der ständigen Rechtsprechung aus[781]. In seinem Sondervotum kritisierte er die Anwendung von Art. 13 EMRK auf Verletzungen von

777 EGMR NJW 2001, 2694 (2698) (*Kudla./.*Polen).

778 EGMR NJW 2001, 2694 (2699 ff.) (*Kudla./.*Polen).

779 EGMR NJW 2001, 2694 (2699), unter Nr. 147. In einer weiteren Entscheidung begründete der EGMR die Anwendbarkeit auch des Art. 13 EMRK damit, dass diese Rüge so eng mit der Rüge des Art. 6 Abs. 1 EMRK verbunden sei, dass sie ebenfalls für zulässig zu erklären sei, vgl. EGMR, Urteil v. 15.02.2007 – 19124/02, *Kirsten./.*Deutschland, Nr. 52, abrufbar unter www.coe.int./t/d/menschenrechtsgerichtshof, zuletzt abgerufen am 04.09.2010.

780 EGMR NJW 2001, 2694 (2699) (*Kudla./.*Polen), unter Nr. 148.

781 EGMR NJW 2001, 2694 (2701)) (*Kudla./.*Polen, Sondervotum).

Art. 6 Abs. 1 EMRK allerdings nicht grundsätzlich. Angesichts des knappen und allgemeinen Wortlauts von Art. 13 EMRK stehe der Anwendung der Vorschrift auf die verschiedenen Aspekte des in Art. 6 Abs. 1 EMRK garantierten „Rechts auf ein Gericht" nichts entgegen. Die ständig steigende Anzahl der Beschwerden wegen Verfahrensdauer zum Anlass für die Rechtsprechungsänderung zu nehmen, habe jedoch mehr mit Opportunität als mit Recht zu tun. Es sei zu befürchten, dass *„die Medizin schlimmer ist als das Übel*", weil die Rechtsprechungsänderung Komplikationen für den Gerichtshof, die Vertragsstaaten und insbesondere für die durch den Schutz der Konvention Begünstigten erwarten lasse. Sie sei jedenfalls mittelfristig nicht geeignet, die ständigen und strukturellen Probleme der Gerichtsorganisation in einigen Vertragsstaaten zu beheben. Es sei außerdem nicht ersichtlich, dass ein Rechtsbehelf zur Rüge überlanger Verfahrensdauer in angemessenerer Zeit beschieden werde als das Hauptverfahren. Zudem müsse der Gerichtshof zwangsläufig über weitere Fragen entscheiden, etwa die Wirksamkeit des innerstaatlichen Rechtsbehelfs. Diese sei überhaupt nur gewährleistet, wenn über die Beschwerde eine andere als die für die unangemessene Verfahrensdauer verantwortliche Instanz entscheide. Dies sei bei der Verletzung durch das höchste staatliche Gericht nicht möglich.

b) Bedeutung für und Auswirkungen der Entscheidung auf Rechtsprechung und Literatur in Deutschland

Die *Kudla*-Entscheidung betraf unmittelbar zwar nur Polen. Die Ausführungen zum Rechtsschutz bei überlanger Verfahrensdauer und zum Anwendungsbereich von Art. 13 EMRK sind indes auch für die anderen Konventionsstaaten von Bedeutung. Dies gilt insbesondere für die Feststellung, dass die Bürger der Konventionsstaaten nach Art. 13 EMRK das Recht auf einen wirksamen *innerstaatlichen* Rechtsbehelf zur Durchsetzung des Rechts auf eine angemessene Verfahrensdauer haben[782]. Denn danach sind alle Mitgliedstaaten gehalten, strukturelle Vorkehrungen zur Vermeidung oder zur Korrektur von Verfahrensverzögerungen zu treffen[783]. Für die nationalen Gesetzgeber folgt daraus die Pflicht, ihre Rechtssysteme konventionsgemäß auszugestalten und, sofern nicht bereits vorhanden, wirksamen Rechtsschutz gegen überlange Verfahrensdauer einzuführen[784]. Der Rechtsbehelf muss die behauptete Verletzung oder ihre Fortdauer entweder verhindern oder angemessene Abhilfe für schon geschehene Verletzungen geben[785].

---

782 EGMR NJW 2001, 2694 (2670) (*Kudla*./.Polen), unter Nr. 156 und 157.

783 *Stabel*, S. 102.

784 Ähnlich *Vorwerk* JZ 2004, 553 (554); *Gundel* DVBl 2004, 17 (22), *Niesler*, S. 147.

785 EGMR NJW 2001, 2694 (2670) (*Kudla*./.Polen), unter Nr. 158.

Auf die Rechtsprechung der deutschen Zivilgerichte zeigte die Entscheidung des EGMR im Fall *Kudla* zunächst keinerlei erkennbaren Einfluss. Direkte Bezugnahmen finden sich nur in einzelnen Entscheidungen der Zivilgerichte[786]. In der Rechtsprechung der Verwaltungsgerichte hingegen fand die Änderung der Rechtsprechung des EGMR jedenfalls vereinzelt Berücksichtigung[787]. Hier gab sie Anlass zu Zweifeln, „ob die im deutschen Recht realisierten prozessualen Rechtsmittel und sonstigen internen Kontrollinstrumentarien die von Art. 13 EMRK verlangte „wirksame Beschwerde bei einer nationalen Instanz“ beinhalten und – falls nicht – ob die Fachgerichte in vergleichbaren Fällen aus Gründen des effektiven Rechtsschutzes zu einer „europarechtsfreundlichen“ Auslegung der geltenden Bestimmungen des Rechtsmittelrechts mit der Folge der Zulassung einer Untätigkeitsbeschwerde angehalten sein könnten“. Eine Rechtsprechungsänderung war damit aber nicht verbunden. Vielmehr sprachen sich die Verwaltungsgerichte mit dem Argument, ein solcher Rechtsbehelf sei im geltenden Prozessrecht nicht vorgesehen, weiterhin überwiegend gegen die Statthaftigkeit der Untätigkeitsbeschwerde aus[788].

In der Literatur hingegen war man sich nach der *Kudla*-Entscheidung über den Handlungsbedarf einig[789]. Der Gesetzgeber sei aufgerufen, „für die ernst gemeinte Umsetzung des europarechtlichen und verfassungsrechtlichen Beschleunigungsgebots Sorge zu tragen, sollte dieses nicht zu einem Muster ohne Wert, einem Gebot ohne Folgen, also einem Papiertiger verkommen“. Dieser Auffassung war offenbar auch der Gesetzgeber selbst, für den die Entscheidung im Fall *Kudla* erklärtermaßen Anlass für den Entwurf des sog. Untätigkeitsbeschwerdengesetzes vom 22.08.2005 war[790].

2. *Sürmeli*./.Deutschland

Im Fall *Sürmeli* traf der EGMR fast sechs Jahre nach der *Kudla*-Entscheidung auch eine Grundsatzentscheidung zur Rechtslage in Deutschland[791]. Der Beschwerdeführer *Sürmeli* hatte im September 1989 beim Landgericht Hannover gegen die Unfallversicherung der Stadt Hannover auf Zahlung von

---

786 z.B. OLG Frankfurt a.M. FamRZ 2007, 1030.

787 VGH Baden-Württemberg NVwZ 2003, 1541.

788 BVerwG NVwZ 2003, 869; VGH Baden-Württemberg NVwZ 2003, 1541; offen gelassen von VGH Baden-Württemberg, Beschluss v. 08.01.2003, 12 S 2562/02 und VGH Baden-Württemberg, Beschluss v. 09.10.2003, 4 S 1969/03 (juris), zuletzt abgerufen am 04.09.2010.

789 *Britz/Pfeifer* DÖV 2004, 245 ff.; *Lansnicker/Schwirtzek* NJW 2001, 1969 ff.; *Vorwerk* JZ 2004, 553 ff.

790 Dazu in § 13. I.

791 EGMR, Urteil vom 08.06.2006 – 75529/01, NJW 2006, 2389 ff.

Schadensersatz wegen eines Unfalls geklagt, den er sieben Jahre zuvor auf seinem Schulweg erlitten hatte. Nachdem das Landgericht dem Beschwerdeführer im Juni 1991 in einem Grund- und Teilurteil einen Anspruch in Höhe von 80% des entstandenen Schadens zugesprochen hatte, blieb das Verfahren ab Ende März 1994 noch über die Höhe des Schadensersatzes anhängig. Im November 1999 wandte sich der Beschwerdeführer an den EGMR. Neben der überlangen Dauer des Verfahrens vor dem Landgericht Hannover rügte er auch die Verletzung von Art. 13 EMRK, weil es im deutschen Recht keinen Rechtsbehelf gebe, mit dem er die überlange Dauer des Verfahrens rügen könne. Die Bundesregierung wandte dagegen ein, dass der Beschwerdeführer die innerstaatlichen Rechtsbehelfe nicht ausgeschöpft habe. Durch die Verfassungsbeschwerde, die Dienstaufsichtsbeschwerde, die Untätigkeitsbeschwerde und die Klage auf Schadensersatz wegen Amtspflichtverletzung werde wirksamer Rechtsschutz gewährt. Davon habe der Beschwerdeführer aber keinen Gebrauch gemacht.

Der EGMR stellte zunächst klar, dass innerstaatlicher Rechtsschutz wirksam sei, wenn damit der Eintritt oder die Fortdauer einer Rechtsverletzung verhindert werden könne oder er angemessene Abhilfe für schon eingetretene Verletzungen schaffe. Absolut betrachtet sei vorbeugender Rechtsschutz die beste Lösung. Den Anforderungen von Art. 13 EMRK könne jedoch grundsätzlich auch durch mehrere Rechtsbehelfe zusammengenommen entsprochen werden, selbst wenn keiner von ihnen allein die Anforderungen erfülle. Die von der Bundesregierung genannten Rechtsbehelfe seien indes alle nicht wirksam im Sinne von Art. 13 EMRK. Durch die Dienstaufsichtsbeschwerde und die Verfassungsbeschwerde werde keine direkte Abhilfe geschaffen, der Amtshaftungsanspruch umfasse keinen Ersatz für Nichtvermögensschäden. Für die Untätigkeitsbeschwerde scheine der Plenarbeschluss des BVerfG vom 30.04.2003 darauf hinzuweisen, dass ein ungeschriebener Rechtsbehelf mit unterschiedlichen Zulässigkeitsvoraussetzungen *„wahrscheinlich verfassungsrechtlich zweifelhaft“* sei[792].

3. Weitere Entscheidungen des EGMR in der Zeit von 2006 bis 2010

Der Gerichtshof hat in der *Sürmeli*-Entscheidung erstmals klargestellt, dass das deutsche Rechtssystem eine konventionswidrige Rechtsschutzlücke aufweise und es Aufgabe des Staates sei, diese zu schließen. Dies hat er inzwischen in mehreren Entscheidungen [793] bekräftigt und *„eine gefestigte Spruchpraxis*

---

792 EGMR NJW 2006, 2389 (2392) (*Sürmeli*./.Deutschland) unter Nr. 110.

793 EGMR NVwZ 2008, 289 f. (*Herbst*./.Deutschland); NVwZ 2007, 1035 ff. (*Stork*./.Deutschland); EuGRZ 2007, 268 ff. (*Grasser*./.Deutschland).

entwickelt zu Rügen wegen Verletzung des Rechts auf Verhandlung innerhalb einer angemessenen Frist sowie des Fehlens einer wirksamen Beschwerde, die geeignet ist, einer Verletzung dieses Rechts abzuhelfen“[794]. Den Einwand der Bundesregierung, die jeweiligen Beschwerdeführer hätten die innerstaatlichen Rechtsbehelfe nicht erschöpft (Art. 35 Abs. 1 EMRK), hat der EGMR stets zurückgewiesen. Es ist daher gefestigte Rechtsprechung, dass weder die Verfassungsbeschwerde[795] noch die Amtshaftungsklage[796] oder die Dienstaufsichtsbeschwerde[797] wirksamen Rechtsschutz gegen überlange Verfahrensdauer gewähren. Deshalb erkennt die deutsche Bundesregierung inzwischen auch regelmäßig[798] an, „*dass die Dauer des streitgegenständlichen Verfahrens nicht mit dem Erfordernis der 'angemessenen Frist' i.S. von Art. 6 I EMRK vereinbar ist und dem Bf. im konkreten Fall kein Rechtsbehelf zur Verfügung stand, der den Anforderungen des Art. 13 EMRK genügt*“[799].

4. *Rumpf*./.Deutschland

Mit einem Piloturteil vom 02.09.2010 im Fall *Rumpf*[800] ist der EGMR noch einen Schritt weiter gegangen und hat die Bundesrepublik Deutschland ausdrücklich dazu aufgefordert, spätestens binnen Jahresfrist nach Rechtskraft der Entscheidung einen wirksamen Rechtsbehelf gegen überlange Verfahrensdauer einzuführen.

Gegenstand der Rüge des Beschwerdeführers *Rumpf* war die dreizehnjährige Dauer eines Verfahrens um einen Waffenschein. Nachdem der Antrag auf Neuerteilung des Dokumentes im November 1993, der Widerspruch gegen die Ablehnung im März 1994 und der parallel gestellte Antrag auf einstweilige Anordnung im Januar 1994 abgewiesen worden waren, hatte der Beschwerde-

---

794 EGMR NJW 2009, 1403 (1404) (*Orlowski*./.Deutschland).

795 EGMR NVwZ 2008, 289 f. (*Herbst*./.Deutschland); EuGRZ 2007, 268 ff. (*Grasser*./.Deutschland); NVwZ 2007, 1035 ff. (*Stork*./.Deutschland); Urteil v. 05.10.2006, Nr. 75204/01, (*Klasen*./.Deutschland), (juris), zuletzt abgerufen am 03.09.2010.

796 EGMR EuGRZ 2007, 268 ff. (*Grasser*./.Deutschland), unter Nr. 49.

797 EGMR, Urteil v. 05.10.2006, Nr. 75204/01, (*Klasen*./.Deutschland), (juris), zuletzt abgerufen am 03.09.2010.

798 vgl. die Fälle *Wildgruber*./.Deutschland, Beschluss v. 21.01.2010, Nrn. 42402/05 und 42423/05, Rn. 66; *Bähnk*./.Deutschland, Beschluss v. 09.10.2008, Nr. 10732/05, Rn. 41; *Afflerbach*./.Deutschland, Beschluss v. 24.06.2010, Nr. 39444/08, Rn. 66, alle abrufbar unter www.cmiskp.echr.coe.int, zuletzt abgerufen am 03.09.2010.

799 So der EGMR ausdrücklich im Fall *Orlowski*, NJW 2009, 1403 ff. Nachdem sich die Bundesregierung zur Zahlung einer Entschädigung von 10.000 Euro bereit erklärt hatte, hat der EGMR das Verfahren nach Art. 37 EMKR aus dem Register gestrichen.

800 EGMR, Beschluss v. 02.09.2010, Nr. 46344/06, abrufbar unter www.cmisk-echr.coe.int, zuletzt abgerufen am 02.09.2010.

führer im April 1994 beim Verwaltungsgericht Halle Klage erhoben. Auf die Klageabweisung im Mai 1996 folgte im Juli 1996 Einlegung der Berufung beim OVG Sachsen-Anhalt und im November 1998 die erste mündliche Verhandlung. Anschließend wurde das Verfahren wegen fehlender Akten ausgesetzt, um die sich das OVG zweieinhalb Jahre lang ohne Erfolg beim Verwaltungsgericht bemühte. Weitere Verhandlungstermine wurden sodann verschoben, bis der Beschwerdeführer nach einer mündlichen Verhandlung im Mai 2004 Ende Juni 2004 das abschlägige Urteil erhielt. Die dagegen eingelegte Beschwerde wies das Bundesverwaltungsgericht im Mai 2007 zurück. Insgesamt dauerte das Verfahren von November 1993 bis Mai 2007, d.h. 13 Jahre und fünf Monate. Die zwischenzeitlich im März 2005 erhobene Verfassungsbeschwerde wegen überlanger Verfahrensdauer hatte das BVerfG nicht zur Entscheidung angenommen. Im November 2006 erhob der Beschwerdeführer die Beschwerde beim EGMR.

Die sieben Richter der zur Entscheidung berufenen Kammer stellten zunächst eine Verletzung von Art. 6 Abs. 1 EMRK fest, insbesondere aufgrund der fast achtjährigen Verfahrensdauer vor dem OVG. Darüber hinaus sei auch Art. 13 EMRK verletzt, weil innerstaatlicher Rechtsschutz gegen solche Verletzungen (immer noch) fehle. Bei dieser Feststellung beließ es der EGMR jedoch nicht. Stattdessen nahm es den Fall aufgrund der wiederholten und anhaltenden Natur des zugrunde liegenden Problems, der Anzahl der Betroffenen in Deutschland und der Notwendigkeit, ihnen schnelle und angemessene Abhilfe auf nationaler Ebene zu geben[801], zum Anlass für ein erstes Piloturteil[802] gegen die Bundesrepublik Deutschland. In der Zeit von 1959 bis 2009 sei sie in über 40 Fällen wegen überlanger Verfahrensdauer verurteilt worden, allein in 2009 habe der EGMR in 13 Fällen Verstöße gegen Art. 6 Abs. 1 EMRK festgestellt. Nach dem Urteil im Fall *Sürmeli* habe die Bundesrepublik zudem 28 Verfahren durch Vergleich beendet und in 8 Fällen die überlange Verfahrensdauer anerkannt. Außerdem sei die Verletzung von Art. 6 Abs. 1 EMRK Gegenstand weiterer 55 derzeit anhängiger Verfahren. Die Bundesrepublik Deutschland habe folglich ein strukturelles Problem. Obwohl die Verpflichtung zur Einrichtung innerstaatlichen Rechtsschutzes bereits seit der *Sürmeli*-Entscheidung im Jahr 2006 bekannt sei, habe die Bundesrepublik Deutschland starke Zurückhaltung bei der Lösung des Problems gezeigt. Sie müsse daher nun unverzüglich, spätestens aber innerhalb eines Jahres nach Rechtskraft des

801 So die Begründung des EGMR in Ziffer 62 des Beschlusses.

802 Nach der „*Resolution on judgements revealing an underlying systemic problem*" des Ministerkomitees vom 12.05.2004 hat der EGMR die Möglichkeit, die einem EMRK-Verstoß zugrunde liegenden strukturellen Probleme zu identifizieren und den verantwortlichen Staat zur Abhilfe innerhalb einer bestimmten Frist auffordern.

Urteils[803], einen Rechtsbehelf oder eine Kombination von Rechtsbehelfen einführen. Dabei müsse sichergestellt werden, dass der Rechtsbehelf oder die Rechtsbehelfe sowohl in Theorie als auch in Praxis den vom EGMR in ständiger Rechtsprechung u.a. im Fall *Sürmeli* festgelegten Kriterien entsprechen. Die Prüfung ähnlicher, anhängiger Fälle bis zur Umsetzung relevanter Maßnahmen zurückzustellen, sei nicht erforderlich. Vielmehr werde deren weitere Bearbeitung die Bundesrepublik regelmäßig an ihre aus der EMRK und diesem Urteil folgenden Verpflichtungen erinnern.

III. Entwicklungen in Rechtsprechung und Literatur seit den Entscheidungen des EGMR

Die Entscheidungen des EGMR sind auf die Literatur und die Rechtsprechung der deutschen Gerichte nicht ohne Einfluss geblieben.

1. Rechtsprechung der Zivilgerichte

In der Zivilgerichtsbarkeit hat sich die Untätigkeitsbeschwerde nach den Entscheidungen des EGMR weitgehend etabliert[804]:

a) Statthaftigkeit der Untätigkeitsbeschwerde

Die Instanzgerichte[805] halten eine Untätigkeitsbeschwerde ganz überwiegend für statthaft, wenn mit ihr eine willkürliche Untätigkeit des Gerichts geltend gemacht wird, die einer endgültigen Rechtsverweigerung gleichkommt. Im Hinblick auf die Rechtsprechung des BVerfG und des EGMR sei dem Rechtsuchenden ein solcher Rechtsbehelf zur Vermeidung eines Verstoßes gegen

---

803 Das Kammerurteil ist noch nicht rechtskräftig, vgl. Art. 43 und 44 EMRK.

804 Offen gelassen von: OLG Hamm, Beschluss v. 23.10.2006, 4 WF 187/06, BeckRS 2008 02319; OLG Frankfurt a.M., Beschluss v. 25.09.2008, 1 W 64/08, BeckRS 2008 26307; OLG Düsseldorf, Beschluss v. 16.01.2008, 24 W 109/07, BeckRS 2008 04455, alle zuletzt abgerufen am 04.09.2010.

805 KG NJW-RR 2008, 598; OLG Karlsruhe NJOZ 2007, 2997; OLG Frankfurt NJW 2007, 852; OLG Köln FGPrax 2007, 194; OLG Frankfurt FamRZ 2007, 1030; OLG Frankfurt NJOZ 2006, 3646; OLG Brandenburg FamRZ 2007, 491; OLG Brandenburg, Beschluss v. 22.10.2007, 10 WF 237/07 (juris); OLG Düsseldorf, Beschluss v. 24.07.2006, 23 W 35/06, BeckRS 2006 11201; LAG Rheinland-Pfalz, Beschluss v. 08.07.2008, 2 Ta 129/08, BeckRS 2008 55477; OLG Düsseldorf NJW 2009, 2388; OLG Düsseldorf, Beschluss v. 05.03.2009 – 23 W 99/08, BeckRS 2009 09593, OLG Köln, Beschluss v. 25.08.2009, 4 WF 101/09 (juris); OLG Naumburg, Beschluss v. 01.03.2010, 10 W 15/10, BeckRS 2010, 13752, OLG Stuttgart, Beschluss v. 03.05.2010, 16 WF 34/10, BeckRS 2010, 19979; alle zuletzt abgerufen am 04.09.2010; OLG Frankfurt FGPrax 2010, 136.

Art. 13 EMRK und gegen Art. 19 Abs. 4 GG zur Verfügung zu stellen. Eine dogmatische Grundlage wird für die Beschwerde häufig nicht genannt[806]. Einige Gerichte[807] vertreten nach wie vor, dass die Untätigkeitsbeschwerde ausnahmsweise als außerordentlicher Rechtsbehelf statthaft sei, wenn eine sachlich nicht zu rechtfertigende Untätigkeit eines Gerichts zu einem der Rechtsverweigerung gleichkommenden Verfahrensstillstand führe. Andere stützen sich auf § 567 Abs. 1 Nr. 2 ZPO[808] oder auf §§ 252, 567 ZPO[809] analog.

b) *Ablehnung der Untätigkeitsbeschwerde als unstatthaft*

Nur wenige Zivilgerichte lehnen die Untätigkeitsbeschwerde weiterhin als unstatthaft ab[810]. Das OLG Koblenz beispielsweise sieht ein Bedürfnis für eine analoge Anwendung des § 567 ZPO selbst dann nicht, wenn die Unterlassung des Gerichts auf einem willkürlichen Verhalten beruht und den Tatbestand der Rechtsverweigerung erfüllt[811]. Den Antragstellern stehe im Fall gerichtlicher Willkür die Richterablehnung und der Dienstaufsichtsbeschwerde offen. Beide Rechtsbehelfe hält das OLG Koblenz für regelmäßig wirkungsvoller als eine im Beschwerdeverfahren herbeigeführte Entscheidung, die dem untätigen Erstgericht sanktionslos aufgebe, gewisse Aktivitäten zu entfalten. Gegen die Statthaftigkeit der Untätigkeitsbeschwerde spricht sich auch der 6. Zivilsenat des OLG München[812] aus. Die Zulassung des im Gesetz nicht vorgesehenen

806 OLG Frankfurt NJW 2007, 852; OLG Frankfurt FamRZ 2007, 1030; OLG Köln, Beschluss v. 29.01.2007, 16 Wx 267/06, BeckRS 2007 13048, zuletzt abgerufen am 04.09.2010.

807 OLG Brandenburg FamRZ 2007, 491; KG NJW-RR 2008, 598; OLG Sachsen-Anhalt, Beschluss v. 18.10.2006, 2 W 54/06 (juris); OLG Brandenburg, Beschluss v. 22.10.2007, 10 WF 237/07, BeckRS 2008 02360; OLG Brandenburg, Beschluss v. 02.10.2006, 10 WF 203/06, BeckRS 2006 12565, alle zuletzt abgerufen am 04.09.2010.

808 OLG Köln, Beschluss v. 25.08.2009, 4 WF 10109 (juris), zuletzt abgerufen am 10.09.2010, wobei allerdings unklar ist, ob das OLG von einem außerordentlichen im Sinne eines außergesetzlichen Rechtsbehelfs ausgeht: „Die sog. Untätigkeitsbeschwerde findet als außerordentlicher Rechtsbehelf nach Maßgabe der Vorschriften des §§ 567 ff. ZPO statt.“; wohl auch: OLG Frankfurt NJOZ 2006, 3646; OLG Karlsruhe NJOZ 2007, 2997.

809 LAG Rheinland-Pfalz, Beschluss v. 08.07.2008, 2 Ta 129/08, BeckRS 2008 55477, zuletzt abgerufen am 04.09.2010; ähnlich OLG München FGPrax 2008, 25, das die Beschwerde im FGG-Verfahren auf § 27 FGG analog stützt.

810 OLG Celle, Beschluss v. 06.07.2009, 4 W 101/09, BeckRS 2009 27316; zuletzt abgerufen am 19.09.2010.

811 OLG Koblenz, Beschluss v. 05.05.2008, 5 W 255/08, BeckRS 2008 08115, zuletzt abgerufen am 04.09.2010.

812 OLG München NJOZ 2007, 45; a.A.: 33. Zivilsenat des OLG München FGPrax 2008, 25. und 34. Zivilsenat, Beschluss v. 14.01.2010, 15 W 623/10, BeckRS 2010 06919, zuletzt abgerufen am 10.09.2010.

Rechtsbehelfs durch die Gerichte verstoße gegen die Bindung an Recht und Gesetz nach Art. 20 Abs. 3 GG.

Nachdem der BGH die Frage der Statthaftigkeit der Untätigkeitsbeschwerde stets offen lassen konnte[813], weil sie jedenfalls aus anderen Gründen unzulässig war, hat er die (außerordentliche) Untätigkeitsbeschwerde in zwei Entscheidungen aus dem Jahr 2008 ebenfalls als unzulässig verworfen[814]. In den knappen Begründungen heißt es dazu jedoch lediglich, dass das Gesetz eine Untätigkeitsbeschwerde nicht vorsehe.

2. Rechtsprechung anderer Fachgerichte

Auch die Verwaltungs-[815], Finanz-[816] und Sozialgerichte[817] halten die Untätigkeitsbeschwerde überwiegend für unstatthaft. Dabei stützen sie sich einerseits auf die Rechtsprechung des EGMR, der davon ausgehe, dass eine richterrechtlich begründete außerordentliche Untätigkeitsbeschwerde kein wirksamer Rechtsbehelf gegen überlange Verfahrensdauer sei. Außerdem sei eine Untätigkeitsbeschwerde derzeit im Gesetz nicht vorgesehen und verstoße daher gegen das aus dem Rechtsstaatsgebot abzuleitende Gebot der Rechtsmittelklar-

---

813 BGH, Beschluss v. 21.09.2004, VIII ZB 64/04, BeckRS 2004 09673; BGH, Beschluss v. 13.01.2003, VI ZB 74/02, BeckRS 2003 00718, alle zuletzt abgerufen am 04.09.2010.

814 BGH, Beschluss vom 27.02.2008, V ZB 16/08, BeckRS 2008 03373; Beschluss v. 25.09.2008, AnwZ (B) 15/08, BeckRS 2008 22716, zuletzt abgerufen am 05.09.2010.

815 OVG NRW, Beschluss v. 02.07.2007, 7 E 684/07, BeckRS 2007 26106; BVerwG, Beschluss v. 05.12.2006, 10 B 68/06, BeckRS 2006 27387; offen gelassen von OVG Berlin-Brandenburg, Beschluss v. 29.11.2006, 4 L 33.06 (juris); alle zuletzt abgerufen am 05.09.2010.

816 BFH, Beschluss v. 07.08.2007, X B 162/07, BeckRS 2007 25012193, zuletzt abgerufen am 05.09.2010.

817 BSG, Beschluss v. 21.05.2007, B 1 KR 4/07 S, BeckRS 2007 45051; LSG Niedersachsen-Bremen, Beschluss v. 06.08.2007, L 8 B 139/07AS, BeckRS 2009 65701; LSG Berlin-Brandenburg, Beschluss v. 09.11.2006, L 10 B 934/06, BeckRS 2007 40565; LSG Berlin-Brandenburg, Beschluss v. 30.05.2008, L 7 B 22/08 KA, BeckRS 2008 54486; LSG Berlin-Brandenburg, Beschluss v. 04.06.2008, L 3 B 480/08 R, BeckRS 2008 55684; LSG Berlin-Brandenburg, Beschluss v. 07.07.2008, L 3 B 869/08, BeckRS 2008 55685; LSG Berlin-Brandenburg, Beschluss v. 30.05.2008, L 7 B 22/08 KA, BeckRS 2008 54486; LSG NRW, Beschluss v. 03.07.2008, L 7 B 203/08 AS, BeckRS 2008 55864; LSG Hamburg, Beschluss v. 02.09.2008, L 5B 296/08 ER AS, BeckRS 2008 56971; BSG NZS 2008, 278; BSG, Beschluss v. 11.07.2008, B 1 KR 2/08, BeckRS 2008 55177; LSG Bayern, Beschluss v. 13.04.2010, L 19 R 184/10 B, BeckRS 2010 70467; BSG, Beschluss v. 29.07.2010, B 14 AS 38/10 S, BeckRS 2010 72939; BSG Beschluss v. 30.11.2009, B 14 AS 166/09 S, BeckRS 2010 65178, alle zuletzt abgerufen am 05.09.2010.

heit[818]. Deshalb verbleibe kein Raum, zur Vermeidung eines Verstoßes gegen die EMRK ohne gesetzliche Grundlage durch Richterrecht eine Untätigkeitsbeschwerde zu schaffen, um auf ein laufendes Verfahren einzuwirken[819]. Eine Kehrtwende deutet sich allerdings in einem Urteil des OVG Bremen[820] an. Der EGMR habe festgestellt, dass das Fehlen eines Rechtsbehelfs im deutschen Prozessrecht gegen Art. 13 EMRK verstoße und Deutschland daher ausdrücklich zur Einführung eines Rechtsbehelfs aufgefordert. Die Anerkennung einer außerordentlichen Untätigkeitsbeschwerde könne das Untätigbleiben des Gesetzgebers zwar nicht kompensieren, trage aber dazu bei, die praktischen Auswirkungen des Konventionsverstoßes zu mildern. Deshalb sei es geboten, den Rechtsbehelf zuzulassen und so die im bestehenden Recht vorhandene Lücke übergangsweise zu schließen.

3. Literatur

In der zivilprozessualen Literatur wird eine Untätigkeitsbeschwerde mit Blick auf die europa- und verfassungsrechtlichen Anforderungen anerkannt, wenn auch auf unterschiedliche Rechtsgrundlagen gestützt. Einige gehen davon aus, dass es ein Gebot der Rechtsstaatlichkeit sei, bei Verweigerung oder Verzögerung der Rechtsgewährung die Beschwerde nach § 567 ZPO zuzulassen, sofern gegen die Entscheidung, deren Erlass unzumutbar hinausgezögert wird, der Rechtszug eröffnet wäre[821]. Andere halten nicht bereits die bloße Untätigkeit des Gerichts oder die unangemessene Verzögerung der Entscheidung über ein das Verfahren betreffendes Gesuch für beschwerdefähig, sondern nur die willkürliche Rechtsverweigerung oder die ausdrückliche Ablehnung des Gerichts, überhaupt eine Entscheidung zu treffen[822]. Obwohl dies nicht explizit geäußert wird, wird hier im Ergebnis auf die Kriterien der außerordentlichen Beschwerde wegen greifbarer Gesetzwidrigkeit und damit auf das ungeschriebene Rechtsinstitut zurückgegriffen. Überwiegend wird jedoch § 252 ZPO analog als

818 BSG, Beschluss v. 21.05.2007, B 1 KR 4/07 S, BeckRS 2007 45051, zuletzt abgerufen am 05.09.2010.

819 Mit dieser Begründung beispielsweise: BSG NZS 2008, 278; LSG Bayern, Beschluss v. 13.04.2010, L 19 R 184/10 B, BeckRS 2010, 70467, zuletzt abgerufen am 05.09.2010.

820 OVG Bremen, Beschluss v. 21.06.2010, 1 S 130/10 (juris), zuletzt abgerufen am 05.09.2010.

821 Zöller/*Heßler*, § 567 ZPO Rn. 21; Hk-ZPO/*Kayser*, § 567 ZPO Rn. 13.

822 Musielak/*Ball*, § 567 ZPO Rn. 14; *Baumbach/Lauterbach/Albers/Hartmann*, § 567 ZPO Rn. 9 und § 216 ZPO Rn. 31; Thomas/Putzo/*Reichold*, § 567 ZPO Rn. 10.

Rechtsgrundlage herangezogen[823]. Der Verfahrensstillstand entspreche in seinen faktischen Auswirkungen einer Aussetzung des Verfahrens. Daher bedürfe es auch keines Rückgriffs auf die Konstruktion der außerordentlichen Beschwerde wegen greifbarer Gesetzwidrigkeit[824]. Entsprechendes soll in Prozesskostenhilfeverfahren gelten. Sofern die Entscheidung über die Bewilligung von Prozesskostenhilfe derart verzögert wird, dass dies einer Ablehnung des Antrags gleichkomme, sei die Beschwerde analog § 127 Abs. 2 S. 2 ZPO eröffnet[825]. Fast immer fehlt jedoch eine Auseinandersetzung mit der Frage, wie vorzugehen ist, wenn die – verzögerte – Entscheidung nicht mehr anfechtbar ist, etwa wenn das Verfahren in der letzten Instanz verzögert wird[826]. *Lipp*[827] vertritt die Ansicht, in diesen Situationen verbleibe de lege lata nur die Grundrechtsrüge entsprechend § 321 a ZPO. Einen eigenen Ansatz wählt *Jakob*[828], der die Untätigkeitsbeschwerde zwar als außerordentliche Beschwerde ansieht, sie aber aus Gründen der Rechtsmittelklarheit als „eigenständigen Beschwerderechtsbehelf sui generis im Rechtsmittelsystem" platzieren will.

Das Schrifttum zum Verwaltungsprozess[829] hält die Untätigkeitsbeschwerde ebenfalls für statthaft. Auch hier wird der Rechtsbehelf teilweise als außerordentliche Beschwerde wegen greifbarer Gesetzwidrigkeit verstanden[830]. Der Plenarbeschluss des BVerfG zwinge nicht dazu, auch bei Untätigkeit der Gerichte nur einen gesetzlich normierten Rechtsbehelf für statthaft zu halten. Weil es bei Untätigkeit der Gerichte keine Ausgangsentscheidung gebe, deren Rechtskraft gesichert werden müsse, fehle das Konfliktpotential zwischen den nicht normierten Rechtsbehelfen und der gesetzlich normierten Rechtskraft. Im Übrigen wird die verwaltungsprozessuale Untätigkeitsbeschwerde überwiegend auf eine analoge Anwendung des Beschwerderechts der §§ 146 ff. VwGO

---

823 Stein/Jonas/*Leipold*, vor § 128 ZPO Rn. 131; Stein/Jonas/*Roth*, § 252 ZPO Rn. 1, 6; MünchKommZPO*Feiber*, § 217 ZPO Rn. 10 und § 252 ZPO Rn. 14 f.; Wieczorek/Schütze/*Jänich*, § 567 ZPO Rn. 15; Musielak/*Stadler*, § 252 ZPO Rn. 2; Zöller/*Greger*, § 252 ZPO Rn. 1; MünchKommZPO*Lipp*, § 567 ZPO Rn. 25; Hk-ZPO/*Wöstmann*, § 252 ZPO Rn. 1.

824 Stein/Jonas/*Roth*, § 252 ZPO Rn. 6.

825 Zöller/*Philippi*, § 127 ZPO Rn. 11.

826 MünchKommZPO*Lipp*, § 567 ZPO Rn. 25; *Jakob* ZZP 119 (2006), 303 (326).

827 MünchKommZPO*Lipp*, § 567 ZPO Rn. 25.

828 *Jakob* ZZP 119 (2006), 303 (317).

829 Posser/Wolff/*Kaufmann*, § 152 a VwGO Rn. 29; *Olbertz*, in: Schoch/Schmidt-Aßmann/Pietzner, § 166 VwGO Rn. 85; dagegen: *Schmidt-Aßmann*, in: Schoch/Schmidt-Aßmann/Pietzner, Einl. Rn. 159.

830 Posser/Wolff/*Kaufmann*, § 152 a VwGO Rn. 29; *Olbertz*, in: Schoch/Schmidt-Aßmann/Pietzner, § 166 VwGO Rn. 85;.

gestützt[831]. Wird die Prozesskostenhilfe für den Verwaltungsprozess nicht in angemessener Zeit bewilligt, soll die Beschwerde nach § 166 VwGO i.V.m. § 127 Abs. 2 S. 2 ZPO zulässig sein[832]. Gegen den Vorschlag *Schenkes*[833], die dabei auftretende Problematik der Vorgehensmöglichkeit bei Verfahrensverzögerungen innerhalb der letzten Instanz durch eine (partielle) Anwendung des § 152 a VwGO analog zu lösen, wird die fehlende Vergleichbarkeit der Untätigkeit des Gerichts mit dem Vorliegen einer unter Gehörsverstoß getroffenen Entscheidung sowie fehlender Effizienz eines solchen Rechtsbehelfs beim iudex a quo eingewendet[834].

IV. Die Rechtsfolgen der Untätigkeitsbeschwerde

Unklar ist aber nicht nur die Statthaftigkeit einer (außerordentlichen) Untätigkeitsbeschwerde, sondern auch die mögliche Rechtsfolgenanordnung. Die Gerichte vertreten unabhängig von der jeweiligen dogmatischen Grundlage der Untätigkeitsbeschwerde überwiegend einen restriktiven Ansatz. Einigkeit besteht darüber, dass das Beschwerdegericht bei begründeter Untätigkeitsbeschwerde das Ausgangsgericht anweisen kann, dem Verfahren Fortgang zu geben[835]. Die Anordnung weitergehender Rechtsfolgen wird hingegen mit Blick auf die richterliche Unabhängigkeit der Vorinstanz für problematisch gehalten. Die Gerichte gehen überwiegend davon aus, dass nur die Feststellung der unangemessenen Verfahrensdauer, verbunden mit der Anordnung, dem Verfahren Fortgang zu geben, zulässig sei[836]. Ein konkreter „Fahrplan" zur Förderung des Verfahrens mit bestimmten Maßnahmen könne dem Ausgangsgericht nicht vorgeschrieben werden[837]. Jegliche weitergehende prozessuale Anordnung, etwa einen Termin zur mündlichen Verhandlung anzuberaumen[838] oder einen Beweisbeschluss zu vollziehen[839], liege eindeutig außerhalb des

831 *Schenke* NVwZ 2005, 729 (732); insoweit nicht ganz eindeutig *Meyer-Ladewig/Rudisile*, in: Schoch/Schmidt-Aßmann/Pietzner, Vorbemerkung § 124 VwGO Rn. 36.

832 *Olbertz*, in: Schoch/Schmidt-Aßmann/Pietzner, § 166 VwGO Rn. 85.

833 *Schenke* NVwZ 2005, 729 (732).

834 Posser/Wolff/*Kaufmann*, § 152 a VwGO Rn. 29; *Rudisile*, in: Schoch/Schmidt-Aßmann/Pietzner, § 152 a VwGO Rn. 40.

835 OLG Bamberg FamRZ 2003, 1310; OLG Karlsruhe NJW 1984, 985; OLG Saarbrücken NJW-RR 1998, 1532.

836 OLG Frankfurt FamRZ 2007, 1031; OLG Hamburg NJW-RR 1989, 1022; OLG Bamberg FamRZ 2003, 1310; OLG Saarbrücken NJW-RR 1998, 1532; OLG Brandenburg FamRZ 2007, 491.

837 OLG Karlsruhe NJOZ 2007, 2997 (3000).

838 OLG Hamburg NJW-RR 1989, 1022; LAG Mainz, Beschluss v. 13.6.2005, 8 Ta 114/05, BeckRS 2005 42171, zuletzt abgerufen am 05.09.2010.

839 OLG Karlsruhe NJW 1984, 985.

Bereichs statthafter Einflussnahme des Beschwerdegerichts auf das erstinstanzliche Erkenntnisverfahren und finde im Gesetz keine Stütze. Prozessfördernde Einzelmaßnahmen seien dem Erstrichter überlassen, insbesondere scheide eine Sachentscheidung des Beschwerdegerichts auf eine Untätigkeitsbeschwerde hin aus[840]. Dementsprechend tenorieren die Gerichte überwiegend nur die Anordnung zur beschleunigten Verfahrensfortführung. Einige konkretisieren die möglichen verfahrensfördernden Maßnahmen aber in den Entscheidungsgründen[841]. Sie gehen davon aus, dass schlichte Hinweise weder über den Streitgegenstand hinausgehen noch in die richterliche Entscheidungsfreiheit eingreifen, weil sie den Erstrichter nicht zur Einhaltung zwingen. Teilweise wird vertreten, dass ausnahmsweise eine Sachentscheidung ergehen dürfe, wenn ein Antrag auf Bewilligung von Prozesskostenhilfe nicht in angemessener Frist beschieden werde und dies als Antragsablehnung zu werten sei[842]. Andere belassen es aber bei der reinen Fortsetzungsanordnung[843].

Die restriktive Handhabung der Rechtsfolgenseite steht im Einklang mit der Rechtsprechung des BVerfG. Es hat mehrfach erklärt, dass Verfahrensgegenstand der (außerordentlichen) Untätigkeitsbeschwerde ausschließlich die Untätigkeit des (erstinstanzlichen) Gerichts sei und gerade nicht die Überprüfung einer bereits ergangenen Entscheidung, zu der die dafür von der Zivilprozessordnung vorgesehenen Rechtsmittel gereichen[844]. Auf eine begründete Untätigkeitsbeschwerde könne das Ausgangsgericht nur angewiesen werden, dem Verfahren Fortgang zu geben. Zu einer Abänderung einer erstinstanzlichen Entscheidung sei das Gericht dagegen nicht befugt.

Nur wenige Gerichte halten weitergehende Rechtsfolgenanordnungen gegenüber der Vorinstanz für zulässig und erforderlich. Das OLG Köln tenorierte beispielsweise wie folgt: *„Auf die Beschwerde des Klägers gegen die Nichtterminierung der Sache wird festgestellt, dass Termin zur mündlichen Verhandlung*

---

840 OLG Brandenburg, Beschluss v. 22.10.2007, 10 WF 237/07(juris), zuletzt abgerufen am 04.09.2010; KG FamRZ 2007, 491.

841 OLG Karlsruhe NJOZ 2007, 2997 (3000); OLG Brandenburg, Beschluss v. 02.10.2006, 10 WF 203/06, BeckRS 2006 12565, zuletzt abgerufen am 05.09.2010; KG FamRZ 2007, 491.

842 OLG Köln MDR 1999, 444; OLG Zweibrücken NJW-RR 2003, 1654; OLG Nürnberg FamRZ 2003, 1020; LAG Köln, Beschluss v. 09.06.2004, 3 Ta 185/04, BeckRS 2004 41365, zuletzt abgerufen am 05.09.2010.

843 LSG RhPf NZS 2000, 626; OLG Thüringen FamRZ 2003, 1673; OLG Karlsruhe MDR 1995, 635.

844 BVerfG NJW 2005, 1105 (1106); NJW 2005, 2685 (2687); in beiden Fällen wurde die Frage der Statthaftigkeit der außerordentlichen Untätigkeitsbeschwerde offen gelassen.

durch das Amtsgericht zu bestimmen ist“[845]. Auch das OLG Düsseldorf erließ eine konkrete Anordnung, nämlich zur Anberaumung eines Termins zur mündlichen Verhandlung und Entscheidung[846]. Das LSG Rheinland-Pfalz setzte dem Ausgangsgericht eine Frist, binnen zwei Wochen nach Wiedereingang der Gerichtsakten über den Antrag des Klägers zu entscheiden[847] und das Sächsische LAG[848] wies das das Arbeitsgericht an, binnen einer Frist von sechs Wochen durch eine verfahrensleitende und zugleich verfahrensfördernde Entscheidung dem vorliegenden Verfahren Fortgang zu geben. Mit ausführlicher Begründung sprach sich ferner das LSG Niedersachsen-Bremen [849] für die Möglichkeit konkrete Vorgaben für die weitere Verfahrensführung aus. Die Feststellung eines Konventionsverstoßes allein sichere nicht die Effektivität der Verbürgung des Rechts auf zeitnahen Rechtsschutz. Der 14. Zivilsenat des OLG Naumburg ging in zwei Entscheidungen im Fall *Görgülü* noch weiter und traf auf die Untätigkeitsbeschwerden jeweils die begehrte Hauptsacheentscheidung. Es entschied zunächst „*aufgrund der Entscheidungsreife der Sache analog den §§ 577 Abs. 5, 563 Abs. 3 ZPO*“ abschließend über den Antrag der Beschwerdeführerin und ersetzte die Einwilligung eines Vaters in die Einbenennung seines Sohnes [850]. Kurze Zeit später wies es auf die Untätigkeitsbeschwerde des Amtsvormundes und der Pflegeeltern das AG Wittenberg unter Erteilung konkreter Weisungen zum weiteren Verfahrensablauf dazu an, das Hauptsacheverfahren zum Umgangsrecht mit äußerster Beschleunigung weiterzuführen und zum Abschluss zu bringen[851]. In eben diesem Verfahren änderte es zudem die Umgangsregelung des AG antragsgemäß nach §§ 621 b Abs. 1 und 3 i.V.m. §§ 620 a Abs. 4 S. 2, 621 g ZPO und schloss den Umgang bis zur abschließenden Entscheidung des AG zum Umgangsrecht in der Hauptsache aus.

Im Schrifttum besteht Einigkeit, dass die Untätigkeitsbeschwerde das Rechtsmittelgericht dazu berechtigt, den Fortgang des Verfahrens vor dem Ausgangsgericht anzuordnen. Dabei wird teilweise nur eine schlichte Fortset-

---

845 OLG Köln NJW-RR 1999, 290.

846 OLG Düsseldorf NJW-RR 2004, 1723.

847 LSG RhPf NZS 2000, 627 (628); für eine Fristsetzung auch LSG Bayern NVwZ-RR 2001, 695 (696).

848 Sächsisches LAG, Beschluss v. 14.03.2008, 4 Ta 247/07 (7), abrufbar unter www.justiz.sachsen.de/lag/download/4Ta347-07.pdf, zuletzt abgerufen am 04.09.2010, allerdings auch mit dem Hinweis, dass dem Arbeitsgericht wegen der richterlichen Unabhängigkeit des Arbeitsrichters kein konkreter Fahrplan zur Förderung des Verfahrens mit bestimmten Maßnahmen vorgeschrieben werden könne.

849 LSG Niedersachsen-Bremen, Beschluss v. 22.05.2007, L 2 B 31/07 R, BeckRS 2007 44721, zuletzt abgerufen am 05.09.2010.

850 OLG Naumburg NJOZ 2005, 2082 (2083).

851 OLG Naumburg NJOZ 2005, 2988.

zungsanordnung für möglich gehalten[852], teilweise aber auch die Vorgabe einer bestimmten Entscheidungsfrist[853]. Jedenfalls aber habe der angewiesene Richter nach seinem Ermessen die erforderlichen Schritte einzuleiten, etwa einen frühen ersten Termin zur mündlichen Verhandlung anzuberaumen oder ein schriftliches Vorverfahren anzuordnen[854]. Teilweise werden auch weitergehende Rechtsfolgenanordnungen für zulässig gehalten[855]. Unter der Voraussetzung, dass die Untätigkeit im Ergebnis eine Sachentscheidung gegen die betreffende Partei darstelle, stehe dem Beschwerdeführer das gegen die Hauptsacheentscheidung vorgesehene Rechtsmittel zu, mit der Folge, dass das Rechtsmittelgericht dann eine Sachentscheidung treffen könne. Dies gelte beispielsweise, wenn die Entscheidung über den Antrag auf Prozesskostenhilfe soweit verzögert werde, dass dies als Ablehnung des Antrages zu werten sei.

V. Ergebnis zu § 10

Im Bereich des Rechtsschutzes bei überlanger Verfahrensdauer bestehen zahlreiche Unklarheiten. Dies beginnt bei der Frage, ob eine Untätigkeitsbeschwerde überhaupt statthaft ist. Hier geht die Rechtsprechung der Zivilgerichte und der Sozial-, Finanz- und Verwaltungsgerichte auseinander, obwohl beide Auffassungen verfassungs- und EMRK-rechtlich begründet werden. Während die Zivilgerichte davon ausgehen, dass die Untätigkeitsbeschwerde zur Vermeidung von Verstößen gegen Art. 13 EMRK und Art. 19 Abs. 4 GG zuzulassen sei, lehnen die Sozial-, Finanz- und Verwaltungsgerichte die Untätigkeitsbeschwerde als Verstoß gegen die Rechtsmittelklarheit ab. Soweit die Untätigkeitsbeschwerde zugelassen wird, wird zusätzliche Unklarheit durch die Bezeichnung des Rechtsbehelfs erzeugt. Denn der Begriff lässt auf ein einheitliches Rechtsinstitut mit einheitlicher Rechtsgrundlage schließen. Tatsächlich besteht aber gerade keine Einigkeit darüber, ob es überhaupt eine Rechtsgrundlage für die Beschwerde gibt, und wenn ja, welche. Die Schwierigkeiten setzen sich auf der Rechtsfolgenseite fort, weil nicht geklärt ist, ob sich das Beschwerdegericht auf eine bloße Fortsetzungsanordnung beschränken muss oder dem Ausgangsgericht konkrete Vorgaben für die Fortführung des Verfahrens geben darf. Für den Rechtssuchenden folgt daraus erhebliche Rechtsunsicherheit. Er kann sich nicht sicher sein, dass das angerufene Gericht eine Untätigkeitsbeschwerde überhaupt für statthaft hält. Zusätzliche Schwierigkeiten ergeben sich aus den Unklarheiten auf Rechtsfolgenseite für die

852 *Schlette*, S. 55; *Peters*, FS für Schütze, S. 669; *Jakob* ZZP 119 (2006), 303 (323).

853 *Jakob* ZZP 119 (2006), 303 (323); Zöller/*Heßler*, § 567 ZPO Rn. 21 a („möglicherweise“ könne eine Frist bestimmt werden).

854 *Peters*, FS für Schütze, S. 669.

855 *Peter*, FS für Schütze, S. 667 f.; *Ziekow* DÖV 1998, 941 (951); MünchKommZPO*Lipp*, § 567 ZPO Rn. 25;.

Formulierung des Beschwerdeantrages. Wird eine restriktive Rechtsfolgenanordnung (etwa eine Fortsetzungsanordnung) beantragt, besteht wegen der Bindung an die Anträge gemäß § 308 ZPO bei einem weitergehende Rechtsfolgen anerkennenden Gericht die Gefahr, hinter den Möglichkeiten zurückzubleiben. Bei einem darüber hinausgehenden Antrag besteht das Risiko, dass ein Teil der Beschwerde kostenpflichtig zurückgewiesen oder aber die Beschwerde von vornherein wegen des zu weitreichenden Antrages als unstatthaft abgelehnt wird.

§ 11 EMRK- und verfassungsrechtliche Vorgaben für den Rechtsschutz bei Verletzung des Rechts auf eine angemessene Verfahrensdauer

Fraglich ist zunächst, ob es derzeit überhaupt eine verfassungs- und europarechtskonforme Untätigkeitsbeschwerde im deutschen Recht gibt. Daran bestehen vor allem deshalb Zweifel, weil nach ständiger Rechtsprechung des EGMR das deutsche Recht keinen wirksamen Rechtsschutz gegen überlange Verfahrensdauer gewährt und sich der deutsche Gesetzgeber um die Einführung eines speziellen Rechtsbehelfs bemüht. Ob die Zweifel begründet sind, muss mit Blick auf das Recht der EMRK und das Verfassungsrecht beantwortet werden. Denn die (bisherige) Entscheidung des deutschen Gesetzgebers, zur Verfahrensbeschleunigung lediglich einfachgesetzliche Regelungen vorzusehen, aber keinen Rechtsbehelf gegen Verfahrensverzögerungen einzurichten, kann de lege lata nur durch höherrangiges Recht durchbrochen werden[856].

I. Vorgaben der EMRK

Der deutsche Gesetzgeber hat der EMRK und ihren Zusatzprotokollen durch förmliches Gesetz gemäß Art. 59 Abs. 2 GG zugestimmt. Damit hat er sie in das deutsche Recht transformiert und einen Rechtsanwendungsbefehl erteilt[857]. Der EMRK kommt formal betrachtet zwar kein Verfassungsrang zu[858]. Sie nimmt aber den Rang eines förmlichen Bundesgesetzes ein und gilt uneingeschränkt und unmittelbar als Bestandteil der deutschen Rechtsordnung. Sie ist von jedem Richter und von jeder sonstigen staatlichen Stelle, die zur Verfahrensbeschleunigung beitragen kann, zu beachten und anzuwenden und begründet unmittelbar einklagbare Rechte[859]. Außerdem ist die EMRK aufgrund der Völkerrechtsof-

856 Vgl. die Einleitung zu § 4.
857 BVerfG NJW 2004, 3407 (3408).
858 BVerfG NJW 1997, 2811 (2812).
859 LSG Niedersachsen-Bremen, Beschluss v. 22.05.2007, L 2 B 31/07 R, S. 3, BeckRS 2007 44721, zuletzt abgerufen am 05.09.2010; *Steger*, S. 178.

fenheit des Grundgesetzes bei dessen Auslegung zu berücksichtigen[860]. Dementsprechend gehört zur Bindung der Gerichte an Gesetz und Recht die Berücksichtigung der Gewährleistungen der EMRK und der Entscheidungen des EGMR im Rahmen methodisch vertretbarer Gesetzesauslegung. Die staatlichen Organe sind grundsätzlich dazu verpflichtet, einen fortdauernden Konventionsverstoß zu beenden und einen konventionsgemäßen Zustand herzustellen. Anderenfalls verstoßen sie gegen das jeweilige Konventionsrecht in Verbindung mit Art. 20 Abs. 3 GG[861].

1. Art. 6 Abs. 1 EMRK

Art. 6 Abs. 1 ist das Kernstück der Justizgrundrechte der EMRK[862]. Die Vorschrift garantiert den Bürgern aller Vertragsstaaten innerhalb ihres Anwendungsbereichs ein Recht auf ein Verfahren vor und, daraus folgend, ein Recht auf Zugang zu einem Gericht[863]. Damit ist sie völkerrechtliche Rechtsweggarantie[864]. Nach Art. 6 Abs. 1 EMRK gilt dies (nur) für Streitigkeiten in Bezug auf „zivilrechtliche Ansprüche und Verpflichtungen". Die Rechtsbegriffe der EMRK sind jedoch nicht ohne weiteres identisch mit entsprechenden oder ähnlich lautenden Rechtsbegriffen des sonstigen innerstaatlichen Rechts, sondern autonom unter Berücksichtigung von Ziel und Zweck der EMRK auszulegen und anzuwenden[865]. Maßgeblich ist daher nicht, ob die jeweilige Streitigkeit nach innerstaatlichem Recht dem Zivilrecht zugeordnet wird. Es kommt nach ständiger Rechtsprechung des EGMR vielmehr darauf an, ob das Ergebnis des Verfahrens für zivilrechtliche Ansprüche und Verpflichtungen unmittelbar entscheidend ist[866]. Dementsprechend ist Art. 6 Abs. 1 EMRK auch auf Verfahren vor dem BVerfG anwendbar, sofern sich diese auf die privatrechtliche Stellung des Betroffenen auswirken. Keine Anwendung findet Art. 6 Abs. 1 EMRK nach der Rechtsprechung des EGMR[867] und des Bundesfinanzhofs[868] in Steuerstreitigkeiten. Gleiches soll für Asylverfahren, Verfahren betreffend die Wehrpflicht oder das Staatsangehörigkeitsrecht sowie Verfahren über das Zollrecht oder das Wahlrecht gelten[869]. Da das Ergebnis des Verfahrens unmittelbar für das Recht entscheidend sein muss, gilt Art. 6 Abs. 1 EMRK auch

860 *Kadelbach* Jura 2005, 480 (484).
861 BVerfG NJW 2004, 3407 ff.; NJW 2005, 1765 ff.
862 *Abetz*, S. 60.
863 *Meyer-Ladewig*, Art. 6 EMRK Rn. 32.
864 *Abetz*, S. 61.
865 *Ziekow* DÖV 1998, 941, 944; *Steger*, S. 181.
866 z.B. EGMR NJW 2001, 211 *(Gast und Popp.*/.Deutschland).
867 EGMR NJW 2002, 3453 (*Ferrazzini.*/.Italien).
868 BFH NJW 1992, 1526, 1527.
869 *Stabel*, S. 68.

nicht für gerichtliche Nebenentscheidungen, etwa über den Antrag auf Prozesskostenhilfe[870].

Art. 6 Abs. 1 S. 1 EMRK enthält eine Vielzahl von (Teil-) Garantien, die Anforderungen an den einzurichtenden gerichtlichen Rechtsweg (unabhängig, unparteiisch und auf Gesetz beruhend) und die Ausgestaltung des dadurch eröffneten Verfahrens aufstellen (fair, öffentlich und Verhandlung innerhalb angemessener Frist). Aus der Gesamtheit dieser Garantien hat der EGMR ein Recht auf wirksamen, effizienten und fairen Rechtsschutz entwickelt, das sog. „right to a fair trial"[871]. Nach ständiger Rechtsprechung des EGMR folgt aus Art. 6 Abs. 1 EMRK die Verpflichtung des Staates, ein Rechtssystem einzurichten, in dem die einzelnen Garantien effektiv umgesetzt werden können, außerdem seine Gerichtsbarkeit so zu organisieren, dass diese nicht nur theoretisch bleiben, sondern ihnen tatsächlich entsprochen werden kann[872]. In Art. 6 Abs. 1 EMRK zeigt sich daher auch die Subsidiarität des Konventionssystems. In erster Linie haben die staatlichen Gerichte für einen wirksamen Schutz gegen Menschenrechtsverletzungen zu sorgen[873]. Diese Verpflichtung trifft alle Gerichte gleichermaßen, also auch das BVerfG. Der EGMR hat bereits mehrfach Verletzungen des Rechts auf ein Verfahren innerhalb angemessener Frist durch das BVerfG festgestellt[874].

Art. 6 Abs. 1 S. 1 EMRK begründet auch das Recht darauf, dass über Streitigkeiten in Bezug auf zivilrechtliche Ansprüche und Verpflichtungen[875] oder über eine strafrechtliche Anklage „innerhalb angemessener Frist verhandelt wird". Es besteht Einigkeit darüber, dass über den Wortlaut hinausgehend auch ein Anspruch darauf besteht, dass das Gericht innerhalb angemessener Frist eine Entscheidung trifft[876]. Damit ist heute in den Konventionsstaaten das Bedürfnis

870 *Meyer-Ladewig*, Art. 6 EMRK Rn. 13.

871 *Pache* NVwZ 2001, 1342 (1343).

872 EGMR NJW 2006, 2389 (2393) (*Sürmeli*./.Deutschland), unter Nr. 129; Grote/Marauhn/*Grabenwarter/Pabel*, Kap. 14, Rn. 108.

873 *Stabel*, S. 46.

874 EGMR NJW 1997, 2809 (2810), (*Probstmeier*./.Deutschland); EuGRZ 1997, 310 (315), (*Pammel*./.Deutschland); EuGRZ 2003, 26 (27), (*Becker*./.Deutschland); NJW 2005, 41 (43), (*Voggenreiter*./.Deutschland).

875 Obwohl sich der Anwendungsbereich der Vorschrift, jedenfalls nach dem Wortlaut der deutschen Übersetzung der Konvention, auf zivilrechtliche Ansprüche beschränkt, ist inzwischen anerkannt, dass es auf die Rechtsnatur des im Streit stehenden Anspruchs ankommt. Siehe dazu eingehend *Niesler*, S. 53 ff.

876 *Meyer-Ladewig*, Art. 6 EMRK Rn. 188.

menschenrechtlich anerkannt, nicht unnötig lange der Zukunftsungewissheit und den mit einem Verfahren typischerweise verbundenen Belastungen ausgesetzt zu sein[877].

2. Art. 13 EMRK

Art. 13 EMRK gewährt jeder Person, die in ihren durch die Konvention geschützten Rechten oder Freiheiten verletzt ist, ein „materielles" Menschenrecht[878] auf eine „wirksame Beschwerde" bei einer innerstaatlichen Instanz. Voraussetzung ist indes nicht, dass ein Konventionsrecht tatsächlich verletzt worden ist; vielmehr soll auf die Beschwerde hin überprüft werden, ob eine Verletzung vorliegt[879].

Der Begriff der Beschwerde ist untechnisch im Sinne eines wirksamen Rechtsbehelfs bei einer nationalen Instanz zu verstehen. Art. 13 EMRK verlangt nicht, dass die nationale Instanz gerichtlich organisiert ist[880]. Dementsprechend zählt Art. 13 EMRK zwar zu den Verfahrensgarantien der Konvention, begründet aber keine Rechtsweggarantie im engeren Sinn[881]. Spiegelbildlich zu dem Recht der Bürger auf einen wirksamen innerstaatlichen Rechtsbehelf gegen Konventionsverletzungen verpflichtet die Vorschrift jeden Mitgliedstaat, einen entsprechenden Rechtsbehelf einzurichten. Dies gilt nach seit dem *Kudla*-Urteil ständiger Rechtsprechung des EGMR auch bei Verletzungen von Art. 6 Abs. 1 EMRK.

a) Verhältnis von Art. 13 EMRK zu Art. 6 Abs. 1 EMRK und Art. 35 Abs. 1 EMRK

Die Verpflichtung der Mitgliedstaaten zur Einrichtung eines wirksamen innerstaatlichen Rechtsbehelfs soll verhindern, dass der EGMR die Rolle einer primären Rechtsschutzinstanz übernimmt[882]. Art. 13 EMRK unterstützt folglich den subsidiären Charakter der Individualbeschwerde, die nach Art. 35 Abs. 1 EMRK erst nach Erschöpfung aller, zur Abhilfe der behaupteten Rechtsverletzung zugänglichen, geeigneten und ausreichenden[883] innerstaatlichen Rechtsbehelfe zulässig ist (Filterfunktion der nationalen Rechtsbehelfe). Diese Wirkung hat sich nach der Grundsatzentscheidung des EGMR im Fall

---

877 So auch *Gaede*, wistra 2004, 166 (168).
878 Vgl. *Milej* OstEuR 2006, 337 (343).
879 *Meyer-Ladewig*, Art. 13 EMRK Rn. 4.
880 Ehlers/Grabenwarter, § 6, Rn. 66.
881 Grote/Marauhn/*Richter*, Kap. 20, Rn. 11.
882 Grote/Marauhn/*Richter*, Kap. 20, Rn. 15.
883 EGMR NJW 2006, 2389 (2390) (*Sürmeli*./.Deutschland), unter Nr. 101.

Kudla gegen Polen verstärkt, weil danach Art. 13 EMRK auch eine wirksame Beschwerde bei Verletzungen des Art. 6 Abs. 1 EMRK garantiert.

Ein Spezialitätsverhältnis besteht zwischen zwei Normen, wenn die speziellere Norm zumindest für einen Teil ihres Anwendungsbereichs mit den Voraussetzungen der generellen Norm deckungsgleich ist und darüber hinaus noch mindestens ein zusätzliches Merkmal enthält[884]. Sowohl Art. 6 Abs. 1 S. 1 EMRK als auch Art. 13 EMRK garantieren wirksamen Rechtsschutz gegen Verletzungen der Konventionsrechte. Art. 6 Abs. 1 S. 1 EMRK geht über die Forderung des Art. 13 EMRK, gegen Verletzungen der in der EMRK garantierten Rechte einen wirksamen Rechtsbehelf an irgendeine innerstaatliche Instanz zur Verfügung zu stellen, allerdings insofern hinaus, als er für Streitigkeiten über zivilrechtliche Ansprüche und strafrechtliche Anklagen Rechtsschutz durch die Gerichte gewährleistet. Außerdem fordert Art. 6 Abs. 1 EMRK nicht nur allgemein „wirksamen" Rechtsschutz, sondern spezifiziert bestimmte Einzelgarantien, die in ihrer Gesamtheit das „Recht auf ein faires Verfahren" formen[885]. Unter der Voraussetzung, dass überhaupt ein Rechtsbehelf zur Rüge einer Konventionsverletzung zur Verfügung steht, überschneiden sich die beiden Garantien, wenn Gegenstand der Rüge zivilrechtliche Ansprüche oder zivilrechtliche Verpflichtungen sind. Denn dann garantieren beide Konventionsrechte „wirksamen Rechtsschutz" – Art. 6 Abs. 1 EMRK jedoch insofern konkreter, als sich das Erfordernis eines effektiven Rechtsschutzes erst aus der Gesamtheit der dort genannten Einzelgarantien ergibt. Wird also (ausschließlich) geltend gemacht, dass ein gerichtliches Verfahren über einen zivilrechtlichen Anspruch zu lange gedauert hat, absorbieren die strengeren Anforderungen von Art. 6 Abs. 1 EMRK die allgemeineren Anforderungen von Art. 13 EMRK. Demgegenüber erhält Art. 13 EMRK dann eine eigenständige und weitergehende Bedeutung, wenn es gerade keine Möglichkeit gibt, eine Konventionsverletzung zu rügen, d.h. wenn der Betroffene die Verletzung des Anspruchs auf Entscheidung in angemessener Frist nicht mit einem Rechtsbehelf geltend machen kann. Denn dann garantiert Art. 13 nicht nur eine wirksame Beschwerdemöglichkeit, sondern das Vorhandensein eines Rechtsbehelfs grundsätzlich. In diesen Fällen ist Art. 6 Abs. 1 EMRK nicht lex specialis zu Art. 13 EMRK. Für die Mitgliedstaaten ergibt sich daraus die Anforderung, einen wirksamen innerstaatlichen Rechtsbehelf als weiteren nationalen Filter der Individualbeschwerde einzurichten.

---

884 *Larenz*, S. 267; *Schmalz*, Rn. 78.

885 Ähnlich: EGMR NJW 2001, 2694 (2699) (*Kudla*./.Deutschland), unter Nr. 146: „[...] die Anforderungen von Art. 6 Abs. 1 EMRK, die das ganze Spektrum der Garantien für das gerichtliche Verfahren umfassen, [sind] strenger als die von Art. 13 EMRK und absorbieren sie."

b) *Anforderungen an eine wirksame Beschwerde*

Art. 13 EMRK verpflichtet die Konventionsstaaten zur Einrichtung eines innerstaatlichen Verfahrens bei Konventionsverletzungen, bestimmt aber nicht, wie der Rechtsschutz ausgestaltet sein muss. Erforderlich ist, dass er „wirksam" ist, was ausgehend vom jeweiligen Einzelfall nach den Befugnissen der jeweiligen nationalen Instanz und den dafür geltenden Verfahrensgarantien zu beurteilen ist. Solange der Rechtsschutz wirksam ist, verfügen die Mitgliedstaaten bei der Ausgestaltung über einen gewissen Beurteilungsspielraum[886]. Dem Einzelnen muss ein subjektives Beschwerderecht eingeräumt werden, das zu einer verbindlichen Entscheidung über die Konventionsverletzung führt und ihr gegebenenfalls abhelfen kann[887]. Allgemein gilt, dass Rechtsschutz effektiv ist, wenn er angemessen und zugänglich ist, die nationale Instanz verbindliche Entscheidungen treffen kann und bei erfolgreicher Beschwerde eine Feststellung der Konventionsverletzung erfolgt und die Verletzung beseitigt wird[888].

aa) Wahlrecht zwischen präventivem und kompensatorischem Rechtsbehelf

Nach ständiger Rechtsprechung des EGMR ist ein Rechtsbehelf unter folgenden Voraussetzungen wirksam:

„Die einem Beschwerdeführer nach staatlichem Recht gegebenen Rechtsbehelfe gegen eine überlange Verfahrensdauer sind „wirksam" i.S. von Art. 13 EMRK, wenn mit ihnen die Verletzung oder ihre Fortdauer verhindert oder angemessene Abhilfe für schon eingetretene Verletzungen erlangt werden kann. Ein Rechtsbehelf ist demnach wirksam, wenn der Beschwerdeführer mit ihm entweder die Entscheidung des zuständigen Gerichts beschleunigen oder angemessene Wiedergutmachung für schon eingetretene Verzögerungen erlangen kann[889].

Die Konventionsstaaten haben also grundsätzlich die Wahl zwischen präventivem und kompensatorischem Rechtsschutz. Der EGMR hat jedoch klargestellt, dass ein auf Beschleunigung gerichteter Rechtsbehelf unter Wirksamkeitsgesichtspunkten jedenfalls vorzugswürdig wäre[890]. Absolut betrachtet sei die beste

---

886 Grote/Marauhn/*Richter*, Kap. 20, Rn. 57.

887 *Grabenwarter*, § 24, Rn. 173.

888 *Grabenwarter*, § 24, Rn. 175.

889 EGMR NJW 2006, 2389 (2390) (*Sürmeli*./.Deutschland), unter Nr. 99; dies hatte der EGMR bereits kurz nach dem Urteil im Fall *Kudla* entschieden: EGMR No. 57220/00 (*Mifsud*./.Frankreich), unter Nr. 17: „Article 13 therefore offers an alternative: a remedy is „effective" if it can be used either to expedite a decision by the courts dealing with the case, or to provide the litigant with adequate redress for delays that have already occurred", Entscheidung abrufbar unter www.cmiskp.echr.coe.int, zuletzt abgerufen am 06.03.3008.

890 EGMR NJW 2006, 2398 (2392) (*Sürmeli*./.Deutschland), unter Nr. 100.

Lösung unzweifelhaft die Vorbeugung[891], also ein Beschleunigungsrechtsbehelf, der bereits den Eintritt einer konventionswidrigen Verfahrensdauer verhindert. Ein auf Beschleunigung gerichteter Rechtsbehelf genüge aber nicht, wenn das Verfahren bereits übermäßig lange gedauert habe. Anderenfalls müsste der Betroffene die schon eingetretene Konventionsverletzung rechtsschutzlos hinnehmen. Der EGMR gesteht ein Wahlrecht also nur solange zu, wie noch keine Konventionsverletzung durch überlange Verfahrensdauer eingetreten ist. Dementsprechend hat er im Fall *Scordino* gegen Italien auch die Empfehlung ausgesprochen, einen Rechtsbehelf zur Beschleunigung und zur Entschädigung vorzusehen[892].

In der Literatur wird die Wahlmöglichkeit überwiegend für unbefriedigend bzw. nicht überzeugend gehalten[893]. Zwar führe auch ein kompensatorischer Rechtsbehelf zur Entlastung des EGMR. Ein ausschließlich auf Entschädigung gerichteter Rechtsbehelf werde den Anforderungen des Art. 13 EMRK gerecht, wenn das betreffende Verfahren bereits abgeschlossen sei, reiche jedoch nicht aus, wenn das Verfahren noch laufe, weil er nichts zur Beendigung der Verletzung beitragen könne. Art. 13 EMRK verlange daher, dass nebeneinander sowohl präventiver Rechtsschutz als auch – für Fälle in denen der präventive Schutz zu spät komme – Schadensersatzansprüche zur Verfügung stehen. Es dürfte unstreitig sein, dass ein Rechtsbehelf, der eine Verletzung abwehren kann, wirksameren Rechtsschutz bietet, als ein Rechtsbehelf, der ausschließlich auf deren Wiedergutmachung gerichtet ist. Die Konvention gebietet jedoch keine Optimierung des Rechtsschutzes. Es kommt ausschließlich darauf an, ob ein Sekundärrechtsbehelf bei überlanger Verfahrensdauer überhaupt wirksam ist. Solange dies der Fall ist, ist ein Primärrechtsbehelf allenfalls aus rechtspolitischen, nicht aber aus europarechtlichen Gründen vorzusehen.

bb) Anforderungen an einen präventiven Rechtsbehelf

Art. 13 EMRK garantiert jeder Person eine wirksame Beschwerdemöglichkeit vor einer innerstaatlichen Instanz, die in ihren in der Konvention anerkannten Rechten oder Freiheiten verletzt worden ist. Der Rechtsbehelf muss nicht bereits den Eintritt der Verletzung abwehren können. Es reicht aus, dass er eingreift, wenn sich das Verfahren unangemessen verzögert hat und ein konventionswidriger Zustand eingetreten ist. Indes reicht in dem Fall ein nur auf Beschleunigung gerichteter Rechtsbehelf allein nicht aus, weil er die bereits eingetretene Konventionsverletzung nicht wiedergutmachen kann[894]. Seine

891 So ausdrücklich in NJW 2007, 1259 (1263) (*Scordino*./.Italien), unter Nr. 183.

892 EGMR NJW 2007, 1259 (*Scordino*./.Italien).

893 *Stabel*, S. 113; *Gundel* DVBl 2004, 17 (26 f.); Grote/Marauhn/*Richter*, Kap. 20, Rn. 41.

894 EGMR NJW 2007, 1259 (1263), unter Ziffer 185, (*Scordino*./.Italien).

präventive Wirkung kann nur darauf gerichtet sein, den Verfahrensfortgang anzustoßen und den konventionswidrigen Zustand zu verkürzen.

Art. 13 EMRK garantiert eine Beschwerde, mit der die Konventionsrechte ihrem Wesen nach durchgesetzt werden können[895]. Die konkreten Anforderungen an den einzurichtenden Rechtsschutz hängen daher von der Natur der behaupteten Konventionsverletzung ab. Ein präventiver Rechtsbehelf ist jedenfalls dann wirksam, wenn er dazu geeignet ist, die Verfahrensverzögerung abzuwehren, d.h. wenn er das Verfahren beschleunigt. Nicht effektiv sind hingegen nicht förmliche Eingaben bei der verzögernden Stelle übergeordneten Organen, die kein subjektives Recht der die Beschwerde führenden Partei auf eine Abhilfeentscheidung entstehen lassen, weil es im Ermessen des entscheidenden Organs liegt, ob es Maßnahmen ergreift[896].

cc) Anforderungen an einen kompensatorischen Rechtsbehelf

Fraglich ist, ob unter Berücksichtigung der Besonderheiten des Anspruchs auf ein Verfahren innerhalb angemessener Frist auch ein ausschließlich auf Wiedergutmachung gerichteter Rechtsbehelf wirksam sein kann. Steht dem Rechtsuchenden kein beschleunigender Rechtsbehelf zur Verfügung, kann es lange Zeit dauern, bis das Verfahren zum Abschluss gelangt. Kann er Sekundärrechtsschutz erst nach Beendigung des überlangen Verfahrens geltend machen, wird er insbesondere bei extremen Verfahrensverzögerungen dazu gezwungen, die Konventionsverletzung über einen langen Zeitraum rechtsschutzlos hinzunehmen. Der EGMR hat im Fall *Mifsud* gegen Frankreich das Wahlrecht der Konventionsstaaten deshalb zutreffend dahingehend konkretisiert, dass Sekundärrechtsschutz (nur) ausreicht, wenn er bereits während des laufenden Verfahrens eingeleitet werden kann[897]. Er richtet sich dann auf Wiedergutmachung der bereits eingetretenen Verletzung des Rechts auf ein Verfahren innerhalb angemessener Frist.

Zu den Anforderungen, denen ein kompensatorischer Rechtsbehelf genügen muss, hat der EGMR in einigen Entscheidungen Stellung genommen. Als „Leitlinie“ gilt danach, dass eine angemessene Wiedergutmachung für eine bereits eingetretene Verzögerung nur gewährt wird, wenn die Klage auf Schadensersatz selbst ein wirksamer, angemessener und zugänglicher Rechtsbehelf gegen die überlange Dauer eines gerichtlichen Verfahrens ist[898]. Deshalb

895 *Meyer-Ladewig*, Art. 13 EMRK Rn. 10.
896 *Luczak*, S. 71.
897 EGMR No. 57220/00 (*Mifsud*./.Frankreich), unter Nr. 17.
898 EGMR NJW 2007, 1259 (1264) (*Scordino*./.Italien), unter Nr. 195.

kann beispielsweise die Überlänge des auf Wiedergutmachung gerichteten Verfahrens zur Folge haben, dass der Entschädigungsrechtsbehelf nicht mehr wirksam ist. Gleiches gilt, wenn der Betroffene die Leistung nach Durchführung eines Entschädigungsverfahrens nicht in angemessener Frist erhält. Der EGMR erkennt zwar an, dass die Behörden für die Zahlung Zeit benötigen. Diese dürfe aber grundsätzlich sechs Monate ab dem Zeitpunkt der Vollstreckbarkeit der Entscheidung nicht übersteigen[899]. Um dem Betroffenen nicht das zu nehmen, was er zum Ausgleich der Konventionsverletzung erhält und sein Recht auf Zugang zu einem Gericht nicht zu beschränken, dürfen auch die Kosten für das Entschädigungsverfahren nicht zu hoch sein[900]. Darüber hinaus entspricht es ständiger Rechtsprechung des EGMR, dass eine Entschädigungsregelung nur dann effektiv ist, wenn der Ersatzanspruch unabhängig von einem etwaigen Verschulden oder unangemessenen Verhalten des Richters ist.

Wesentlich ist außerdem, dass eine Entschädigungsregelung nur wirksam ist, wenn die Entschädigung sowohl für materielle als auch für immaterielle Nachteile gewährt wird[901]. Einer festgestellten Konventionsverletzung ist abzuhelfen und Ersatz für die Folgen zu leisten, so dass der Zustand vor der Verletzung soweit wie möglich wieder hergestellt wird (Naturalrestitution)[902]. Das ist jedoch davon abhängig, dass durch die überlange Verfahrensdauer ein solcher Schaden nachweisbar eingetreten ist[903]. Insofern hat der EGMR in vielen Fällen ausgeführt, dass er über den Ausgang des Verfahrens ohne Konventionsverletzung nicht spekulieren und deswegen den kausalen Zusammenhang zwischen der überlangen Verfahrensdauer und dem Schaden nicht feststellen könne[904]. In solchen Fällen hält der EGMR die Feststellung der Konventionsverletzung für ausreichend.

Als materieller Schaden gilt der tatsächlich durch die Konventionsverletzung direkt und eindeutig verursachte Verlust, d.h. die dadurch eingetretene Einbuße an Vermögenswerten[905]. Der Ausgleich in Geld für Nichtvermögensschäden soll z.B. Ängste, Unbequemlichkeiten und Unsicherheiten kompensieren, die durch

---

899 EGMR NJW 2007, 1259 (1264) (*Scordino*./.Italien), unter Nr. 198 und 209.

900 EGMR NJW 2007, 1259 (1265) (*Scordino*./.Italien), unter Nr. 201.

901 EGMR, Urteil v. 05.10.2006, 66491/01 (*Grasser*./.Deutschland) (juris), zuletzt abgerufen am 11.04.2010.

902 *Meyer-Ladewig*, Art. 41 EMRK Rn. 14.

903 EGMR, Urteil v. 29.06.2006, 27250/02, (*Nold*./.Deutschland), BeckRS 2008 06767, unter Nr. 118, zuletzt abgerufen am 11.04.2010.

904 u.a. EGMR, Urteil v. 05.10.2006, 66491/01 (*Grasser*./.Deutschland), (juris), zuletzt abgerufen am 11.04.2010.

905 *Meyer-Ladewig*, Art. 41 EMRK Rn. 7.

die Verletzung verursacht sind[906]. Bei immateriellen Schäden nimmt der EGMR eine starke, aber widerlegbare Vermutung dafür an, dass die überlange Verfahrensdauer einen Nichtvermögensschaden verursacht hat[907]. Die Entschädigung bestimmt der EGMR nach billigem Ermessen. Dabei ist sicherzustellen, dass der zugesprochene Betrag im Verhältnis zum Gewicht der festgestellten Verletzung angemessen ist. Die Höhe richtet sich insbesondere nach der Dauer und der Zahl der Instanzen, aber auch nach der Bedeutung der Sache für den Beschwerdeführer und seinem Verhalten im Prozess[908]. Die vom EGMR gewährten Entschädigungen sind daher je nach den Umständen des Einzelfalls recht unterschiedlich hoch[909].

II. Anspruch auf ein Verfahren innerhalb angemessener Frist

Ein Recht auf ein Verfahren innerhalb angemessener Frist und auf dessen Durchsetzung mittels wirksamer innerstaatlicher Beschwerde sind in der deutschen Verfassung nicht explizit normiert. Sie lassen sich aber aus dem allgemeinen Justizgewährungsanspruch herleiten.

1. Anspruch auf angemessene Verfahrensdauer

Grundlage des Anspruchs auf angemessene Verfahrensdauer ist die allgemeine staatliche Pflicht zur Justizgewährung, die aus dem Rechtsstaatsprinzip als solchem folgt[910]. Der allgemeine Justizgewährungsanspruch begründet ein Recht auf Zugang zu den Gerichten, erschöpft sich darin aber ebenso wenig wie Art. 6 Abs. 1 EMRK. Vielmehr gilt: Wenn die Rechtsordnung einen bestimmten Verfahrensweg eröffnet, dann muss dieser auch wirksam sein. Der Bürger hat daher einen substanziellen Anspruch im Sinne eines Leistungsrechts auf eine möglichst wirksame Kontrolle in allen ihm von der Prozessordnung zur Verfügung gestellten Instanzen[911].

Effektiver Rechtsschutz bedeutet unter anderem, dass strittige Rechtsverhältnisse in angemessener Zeit geklärt werden, weil das Zeitmoment für die Effektivität von ganz elementarer Bedeutung ist[912]. Mit fortschreitender

906 z.B. EGMR NJW 2009, 655, 656 (*Kakamoukas* u.a../.Griechenland).
907 EGMR NJW 2007, 1259 (1265) (*Scordino*./.Italien), unter Nr. 204.
908 *Meyer-Ladewig*, Art. 41 EMRK Rn. 21.
909 *Meyer-Ladewig*, Art. 41 EMRK Rn. 20 und die Übersicht unter Rn. 23.
910 *Schmidt-Aßmann*, in: Maunz/Dürig, Art. 19 Abs. 4 GG Rn. 16.
911 BVerfGE 35, 263 (274); 41, 23 (26).
912 *Völker* FF 2005, 144; *Schlette*, S. 24; *Steinbeiß-Winkelmann* ZRP 2007, 177; *Jaeger* VBlBW 2004, 128 (129); vgl. auch BVerfG, Urt. v. 24.08.2010 – 1 BvR 331/10, BeckRS 2010, 53514, zuletzt abgerufen am 30.10.2010.

Verfahrensdauer steigt z.B. die Gefahr, dass ein Zeugenbeweis wertlos wird, weil das Erinnerungsvermögen von Zeugen an ein für das Verfahren maßgebliches Ereignis wertlos wird[913]. Zudem sind die Rechtsinhalte oft zeitabhängig. Je länger ein Verfahren andauert, desto größer wird das Risiko, dass der geltend gemachte Anspruch schließlich nicht mehr durchsetzbar ist[914]. Aus der Rechtsverzögerung wird so eine vollständige Rechtsverweigerung[915], mithin gerade das Gegenteil der Justizgewährung. Der Anspruch auf effektiven Rechtsschutz kann deshalb bei ganz offensichtlicher Verfahrensverzögerung eine konkrete gerichtliche Handlungspflicht auslösen, z.B. zur Bestimmung eines Termins[916]. Die Garantie effektiven Rechtsschutzes hat folglich auch eine zeitliche Komponente[917]. Für die Parteien folgt daraus ein subjektives Leistungsrecht mit Grundrechtsqualität auf angemessene Verfahrensdauer[918], das sich für die Gerichte als Beschleunigungsgebot auswirkt[919].

Damit stellt sich die Frage, wann eine Verfahrensdauer unangemessen ist und ein Verfassungs- bzw. Konventionsverstoß vorliegt. Die Zeitspanne, die als angemessene Dauer eines gerichtlichen Verfahrens anzuerkennen ist, kann ebenso wenig abstrakt bestimmt werden, wie der Zeitpunkt, zu dem eine noch angemessene in eine unangemessene Verfahrensdauer umschlägt. Die Angemessenheit der Verfahrensdauer ist vielmehr eine Frage der Verhältnismäßigkeit und somit eine Frage des Einzelfalls. Hinzu kommt, dass sich Beginn und Ende des für die Bewertung der Verfahrensdauer maßgeblichen Zeitraums nach der Art des in Frage stehenden Verfahrens richten. In Zivilverfahren beginnt der maßgebliche Zeitraum mit Eingang der Klage oder des Antrags bei Gericht und endet regelmäßig mit der Zustellung des letzten Urteils oder Beschlusses. Ausnahmsweise kann auch die endgültige Befriedigung des Beschwerdeführers maßgeblich sein, wenn das gerichtliche Urteils nicht oder erst spät durchgesetzt werden kann[920]. Zur Bestimmung der Angemessenheit der Dauer eines Verfahrens wenden der EGMR und das BVerfG regelmäßig dieselben Kriterien

913 *Otto*, S. 18, mit weiteren Beispielen.

914 Vgl. BVerfG, Beschl. v. 24.07.2008 – 1 BvR 547/06, BeckRS 2008, 30575, zuletzt abgerufen am 28.10.2010.

915 Ähnlich *Kirchof*, FS für Doehring, S. 440.

916 *Otto*, S. 37.

917 U.a. BVerfG, Beschl. v. 23.06.2010 – 1 BvR 324/10, BeckRS 2010, 51311, zuletzt abgerufen am 28.10.2010.

918 *Britz/Pfeifer* DÖV 2004, 425 (426).

919 Vgl. *Schmidt-Aßmann*, in: Maunz/Dürig, Art. 19 Abs. 4 GG Rn. 263 für Art. 19 Abs. 4 GG und den Verwaltungsprozess; *Kirchhof*, FS für Doehring, S. 448 ff.

920 *Wittling-Vogel/Ulick* DRiZ 2008, 87.

an. Der EGMR[921] beurteilt die Angemessenheit der Verfahrensdauer nach den Umständen des jeweiligen Einzelfalls und unter Berücksichtigung der Komplexität und Schwierigkeit der Sache, dem Verhalten des Antragstellers und der beteiligten staatlichen Stellen und der Bedeutung der Sache für den Beschwerdeführer. Entsprechende Kriterien nennt das BVerfG[922]. Maßgeblich sind die Umstände des Einzelfalls, vor allem die Natur des Verfahrens und die Bedeutung der Sache für die Parteien, die Auswirkungen einer langen Verfahrensdauer für die Beteiligten, die Schwierigkeit der Sachmaterie, das den Beteiligten zuzurechnende Verhalten, insbesondere Verfahrensverzögerungen durch sie sowie die gerichtlich nicht zu beeinflussende Tätigkeit Dritter und die Gesamtdauer des Verfahrens.

Ist der Ausgang der Sache für den Beschwerdeführer von besonderer Bedeutung, kann folglich bereits eine kürzere Zeitspanne das Recht auf ein Verfahren in angemessener Frist verletzen[923]. Dagegen kann eine längere Verfahrensdauer noch angemessen sein, wenn die Sach- oder Rechtslage des Verfahrens besonders komplex ist. Da die Gerichte alle geeigneten Maßnahmen treffen müssen, um etwaige Kapazitätsengpässe zu beseitigen, kann eine etwaige Überlastung der Gerichte kein die Verfahrensdauer legitimierender Umstand sein[924]. Sie gehört zu den strukturellen Mängeln, die der Staat abstellen muss und wird allenfalls für einen kurzen Zeitraum akzeptiert. Die Tatsache, dass ein Verfahren bereits über einen langen Zeitraum andauert, reicht für sich genommen nicht aus, kann jedoch als Indikator herangezogen werden[925]. Die Gerichte müssen sich jedoch bei zunehmender Verfahrensdauer nachhaltig um eine

---

921 u.a. EGMR NJW 2006, 2389 (2393) (*Sürmeli./.*Deutschland); EGMR NJW 2001, 2694 (2697) (*Kudla./.*Polen); EGMR NJW 2001, 211 (212) (*Gast und Popp*); EGMR NJW 2005, 41 (43), (*Voggenreiter./.*Deutschland). Der EGMR beginnt die Rechtsausführungen regelmäßig mit folgender Zusammenfassung: „The Court reiterates that the reasonableness of the length of the proceedings must be assessed in the light of the circumstances of the case and with reference to the following criteria: the complexity of the case, the conduct of the applicant and the relevant authorities and what was at stake fort he applicant in dispute.", vgl. u.a. das Piloturteil im Fall *Rumpf./.*Deutschland vom 02.09.2010 unter Rn. 41, abrufbar unter www.coe.int/t/d/menschenrechtsgerichtshof, zuletzt abgerufen am 03.09.2010.

922 BVerfG, Beschluss v. 30.07.2009, 1 BvR 2662/06 (Verfahrensdauer über 22 Jahre), abrufbar unter www.bundesverfassungsgericht.de, zuletzt abgerufen am 05.09.2010; BVerfG, Beschluss v. 24.09.2009, 1 BvR 1304/09, BeckRS 2009 39460, zuletzt abgerufen am 05.09.2010.

923 *Wittling-Vogel/Ulick* DRiZ 2008, 87.

924 *Ziekow* DÖV 1998, 941 (945).

925 *Ziekow* DÖV 1998, 941 (944).

Beschleunigung des Verfahrens bemühen[926]. Nicht zu Lasten des Beschwerdeführers darf berücksichtigt werden, dass die Verfahrensdauer etwa dadurch verlängert wurde, dass die Beteiligten sämtliche ihnen zur Verfügung stehende Rechtsmittel ergriffen haben[927]. Zu vertreten haben die Beschwerdeführer hingegen Verzögerungen, die entstehen, weil sie selbst wiederholt die Verschiebung bereits anberaumter Verhandlungen beantragen, ihren Anwalt wechseln, zur Sache nicht rechtzeitig und nicht vollständig vortragen oder erforderliche Unterlagen nicht oder nicht rechtzeitig vorlegen[928].

2. Anspruch auf einen wirksamen Rechtsbehelf

Das BVerfG hat in seinem Plenarbeschluss vom 30.04.2003[929] festgestellt, dass der Justizgewährungsanspruch Rechtsschutz gegen erstmalige Verstöße eines Richters gegen den Anspruch auf rechtliches Gehör erfordert. Dies gilt auch für Verstöße gegen alle anderen verfassungsrechtlich verbürgten Verfahrensrechte[930]. Dementsprechend verlangt der allgemeine Justizgewährungsanspruch (auch) eine fachgerichtliche Rechtsschutzmöglichkeit gegen die erstmalige Verletzung des Anspruchs auf eine angemessene Verfahrensdauer[931]. Der Justizgewährungsanspruch hat folglich im konkreten Zusammenhang einen doppelten Gewährleistungsinhalt: zum einen begründet er das Recht auf angemessene Verfahrensdauer (entsprechend Art. 6 Abs. 1 S. 1 EMRK), zum anderen fordert er zur Durchsetzung dieses Rechts einen prozessualen Rechtsbehelf (entsprechend Art. 13 EMRK), für den wiederum das Erfordernis angemessener Verfahrensdauer gilt. Das Prinzip der Grundrechtseffektivität fordert die Durchsetzbarkeit grundrechtlich geschützter Rechtspositionen[932]. Ein nicht einklagbares Recht darf es im grundrechtsrelevanten Bereich der Rechtsordnung nicht geben. Deshalb richtet sich der Justizgewährungsanspruch nicht nur an die Gerichte, sondern ausdrücklich an den Gesetzgeber, in der Verfahrensordnung einen entsprechenden Rechtsbehelf vorzusehen[933].

Der Justizgewährungsanspruch garantiert nicht nur, dass überhaupt ein Gericht angerufen werden kann, sondern eine „tatsächlich wirksame gerichtliche

926 BVerfG, Beschluss v. 30.07.2009, 1 BvR 2662/06, abrufbar unter www.bundesverfassungsgericht.de, zuletzt abgerufen am 05.09.2010.
927 Grote/Marauhn/*Grabenwarter/Pabel*, Kap. 14, Rn. 104.
928 *Wittling-Vogel/Ulick* DRiZ 2008, 87.
929 BVerfGE 107, 395 ff.; NJW 2003, 1924 ff.
930 Vgl. § 4 II.
931 *Steinbeiß-Winkelmann* ZRP 2007, 177; *Voßkuhle* NJW 2003, 2193 (2197); *Pache/Knauff* BayVBl. 2004, 385 (387); *Jaeger* VBlBW 2004, 128 (136); *Britz/Pfeifer* DÖV 2004, 245 (246).
932 Steinbeiß-Winkelmann ZRP 2007, 177.
933 *Sachs*, in: Sachs, Art. 19 GG Rn. 143.

Kontrolle“[934]. Die Regelung und ihre Anwendung müssen sicherstellen, dass der Bürger mit seinem Anliegen in einer Weise Gehör findet, die die Feststellung und, soweit nicht von vornherein ausgeschlossen, die Abwehr der Rechtsverletzung ermöglicht[935]. Der Rechtsschutz muss geeignet und angemessen sowie für den Rechtsuchenden zumutbar sein[936]. Art. 19 Abs. 4 GG und der allgemeine Justizgewährungsanspruch zielen in erster Linie auf die Integrität der betroffenen Rechte, d.h. gewähren Primärrechtsschutz[937]. Sekundärrechtsschutz ist ebenfalls umfasst, ist allerdings ein „Minus“, weil die Rechtsverletzung erst nachträglich kontrolliert und gegebenenfalls sanktioniert wird. Da sich aus der deutschen Verfassung kein Optimierungsgebot ergibt[938], genügt grundsätzlich auch ein Entschädigungsanspruch der Garantie eines effektiven Rechtsschutzes. Dies gilt jedenfalls dann, wenn der Anspruch nicht erst nach Abschluss des überlangen Verfahrens geltend gemacht werden kann. Ein solcher Rechtsbehelf ist dem Rechtsuchenden nicht zumutbar, weil er ihn bis zum Verfahrensende rechtsschutzlos stellt.

Das deutsche Verfassungsrecht stellt allerdings weitergehende Anforderungen an den Rechtsbehelf. So hat das Plenum des BVerfG klargestellt, dass dem Gebot der Rechtsmittelklarheit nur ein Rechtsbehelf genügt, der „in der geschriebenen Rechtsordnung geregelt“ und in seinen „Voraussetzungen für den Bürger erkennbar“ ist[939]. Diese Anforderungen gelten für sämtliche Verfahrensgrundrechte und lassen sich daher auch auf Rechtsschutz bei Verletzungen des Rechts auf angemessene Verfahrensdauer übertragen. Dementsprechend gilt auch für die Untätigkeitsbeschwerde, dass sie als außerordentlicher Rechtsbehelf den verfassungsrechtlichen Anforderungen an die Rechtsmittelklarheit nicht entspricht.

Wenngleich das BVerfG die Untätigkeitsbeschwerde kraft Grundgesetzes bislang nicht ausdrücklich gefordert hat, klingt deren verfassungsrechtliche Notwendigkeit in dem Plenarbeschluss dennoch an. Denn das Recht auf angemessene Verfahrensdauer ist ein Verfassungsrecht, gegen dessen erstmalige Verletzung es fachgerichtlicher Rechtsschutz geben muss. Zudem folgt aus dem Gebot der Rechtsmittelklarheit, dass der fachgerichtliche Rechtsschutz in der

934 St Rspr: BVerfGE 101, 106 (122), 101, 397 (407); 104, 220 (231); 108, 341 (347).
935 *Sachs*, in: Sachs, Art. 19 GG Rn. 143.
936 BVerfGE 77, 275 (284).
937 *Huber*, in: v. Mangoldt/Klein/Starck, Art. 19 GG Rn. 450.
938 Vgl. § 4 I. 3.
939 BVerfGE 107, 395 (416).

geschriebenen Rechtsordnung verankert sein muss, d.h. im geschriebenen Recht angelegt und jedenfalls durch Analogiebildung zu begründen ist[940]

III. Art. 97 Abs. 1 GG als kollidierendes Verfassungsrecht

Das Bedürfnis nach effektivem Rechtsschutz besteht, sobald eine Rechtsverletzung eintritt oder einzutreten droht. Soll dieses Bedürfnis mit einem auf Beschleunigung des Verfahrens gerichteten Rechtsbehelf durch das Rechtsbehelfsgericht gegenüber dem Ausgangsgericht durchgesetzt werden, sind Kollisionen mit der Garantie richterlicher Unabhängigkeit nach Art. 97 Abs. 1 GG denkbar[941]. Dabei handelt es sich nicht um ein Grundrecht, aber um ein unmittelbar geltendes objektives Recht der Verfassung[942]. Es gründet sich darauf, dass eine an Gesetz und Recht gebundene Rechtsprechung ausschließlich von Richtern und Gerichten ausgeübt werden kann, die von gesetzes- bzw. rechtsfremden und deshalb sachfremden Einflüssen jeglicher Art freigehalten werden[943]. Die Unabhängigkeit des Richters ist daher notwendige Voraussetzung für die Verwirklichung des Justizgewährungsanspruchs bzw. die Gewährung effektiven Rechtsschutzes[944]. Schutzgut ist neben der persönlichen auch die sachliche Unabhängigkeit des Richters, die sich insbesondere in der Freiheit von Weisungen für jedes konkrete Verfahren, aber auch von sonstigen Beeinflussungen aller Art auswirkt[945]. Grundsätzlich gilt daher, dass der effektive Schutz der Unabhängigkeit die Abwehr jeglicher Einmischung gebietet[946]. Selbst mittelbare Einwirkungen, wie z.B. Ersuchen, Empfehlungen, Ratschläge, Anregungen oder Bitten müssen generell unterbleiben[947]. Dies gilt nicht nur von Seiten der Exekutive und Legislative. Art. 97 Abs. 1 GG dient auch der Abwehr rechtsprechungsinterner Übergriffe in die freie richterliche Entscheidungsfindung[948]. Wenn die alleinige Verantwortung des Richters für „seinen Fall" sichergestellt sein soll, kann es keinen Unterschied machen, von wem die Beeinflussung ausgeht[949].

Art. 97 Abs. 1 GG gewährleistet jedoch nicht nur die Unabhängigkeit des Richters, sondern unterwirft ihn gleichzeitig dem Gesetz. Gesetzliche Vorgaben

940 Vgl. § 4 II. 1. b).
941 *Jakob* ZZP 119 (2006), 303 (319).
942 *Jarass/Pieroth*, Art. 97 GG Rn. 1; */Schulze-Fielitz*, in: Dreier, Art. 97 GG Rn. 17.
943 *Schilken* JZ 2006, 860.
944 *Schulze-Fielitz*, in: Dreier, Art. 97 GG Rn. 14.
945 *Kissel/Mayer*, § 1, Rn. 40.
946 *Schilken* JZ 2006, 860 (863).
947 BGHZ 46, 147 (149).
948 *Hillgruber*, in: Maunz/Dürig, Art. 97 GG Rn. 94.
949 *Schütz*, S. 314.

konkretisieren die Gesetzesbindung als verfassungsunmittelbare Schranke der richterlichen Unabhängigkeit. Der parlamentarische Gesetzgeber ist dazu befugt, die richterliche Unabhängigkeit einzuschränken und bei Übertragung von entsprechenden (Rechtsprechungs-) Befugnissen auf einen anderen Richter sogar (partiell) aufzuheben bzw. vorzuenthalten[950]. Die richterliche Entscheidungsfreiheit beginnt folglich erst jenseits dieser normativen Vorgaben. Art. 97 Abs. 1 GG schützt den Richter daher nur vor rechtsprechungsinternen Eingriffen, die unter keinem denkbaren Gesichtspunkt gesetzlich legitimiert sind bzw. unter keinen Umständen als zulässige Ausübung gesetzlich vermittelter richterlicher Kontrollbefugnisse angesehen werden können, die selbst unter dem Schutz der Unabhängigkeitsgarantie stehen[951]. Im Ergebnis ergibt sich aus dem Korrelat zwischen Unabhängigkeit des Richters und der Gesetzesunterworfenheit daher, dass die Bindung eines Richters an die Entscheidung eines anderen Gerichts seine Entscheidungszuständigkeit zwar einschränkt, aber nicht in die von Art. 97 Abs. 1 GG gewährleistete Unabhängigkeit eingreift. Der Grundsatz richterlicher Unabhängigkeit muss zudem eingeschränkt werden, wenn es nicht nur die Unabhängigkeit des Richters durchzusetzen gilt, sondern auch den Justizgewährungsanspruch des Bürgers. Hier zeigt sich die Verknüpfung zwischen richterlicher Unabhängigkeit und der Aufgabe neutraler, nur an Recht und Gesetz gebundener Justizgewährung für den Bürger. *Schilken* [952] zieht insofern zutreffend den Schluss, dass sämtliche Einwirkungen auf die richterliche Unabhängigkeit unzulässig sind, sofern sie nicht einen Bereich betreffen, in dem gerade die dem Bürger geschuldete Justizgewährung durch eingreifende Maßnahmen verfahrensrechtlich oder organisatorisch erst gesichert werden soll. Der Eingriff in die richterliche Unabhängigkeit kann also (nur) legitimiert sein, wenn ein Rechtsgut von ähnlicher Bedeutung, d.h. ein Grundrecht oder ein subjektives Verfassungsrecht, geschützt wird [953]. Dies ist der Fall, wenn entweder durch oder aufgrund der langen Verfahrensdauer eine Grundrechtsverletzung droht oder eintritt.

1. Verletzung des Rechts auf angemessene Verfahrensdauer

Wann die Verfahrensdauer die Schwelle zur Unangemessenheit überschreitet, lässt sich nicht absolut bestimmen, sondern ist eine Frage der Umstände des Einzelfalls, für die insbesondere das Gewicht und die Sensibilität des Verfahrens bzw. der erstrebten Regelung eine Rolle spielen[954]. Ist der Verfahrensausgang für die Beteiligten von besonderer Bedeutung, begründet regelmäßig bereits eine

950 So ausdrücklich *Schütz*, S. 317.
951 *Hillgruber*, in: Maunz/Dürig, Art. 97 GG, Rn. 94.
952 *Schilken* JZ 2006, 860 (864).
953 *Jakob* ZZP 119 (2006), 303 (319).
954 OLG Brandenburg FamRZ 2007, 491 (492).

kürzere Verfahrensdauer eine Verletzung des Anspruchs auf effektiven Rechtsschutz. Dies gilt insbesondere für Streitigkeiten um das Sorge- und Umgangsrecht für Kinder, weil diese ihrer Natur nach einer beschleunigten Bearbeitung bedürfen[955]. Das BVerfG hat bereits mehrfach entschieden, dass in derartigen Streitigkeiten berücksichtigt werden muss, dass jede Verfahrensverzögerung wegen der eintretenden Entfremdung zwischen dem Elternteil und dem Kind häufig schon rein faktisch zu einer (Vor-) Entscheidung führt, noch bevor ein richterlicher Spruch vorliegt[956]. Dies gilt insbesondere, weil das kindliche Zeitempfinden nicht demjenigen eines Erwachsenen entspricht, sondern das Kind die Fähigkeit zur Wahrnehmung und Schätzung von Zeit erst mit zunehmendem Alter erwirbt. Dementsprechend erlernt es auch erst Schritt für Schritt, dass eine „verschwundene Person" wieder auftauchen kann. Kleinere Kinder empfinden den Verlust einer Bezugsperson schneller als endgültig als ältere Kinder oder Erwachsene. Daher kann in Sorge- und Umgangsrechtsverfahren immer nur eine Verfahrensdauer angemessen sein, die dem Alter des betroffenen Kindes im Hinblick auf die faktische Präjudizierung angepasst ist[957].

2. Faktische Entscheidung durch die Verfahrensdauer

Die Verfahrensdauer kann aber nicht nur den Justizgewährungsanspruch selbst verletzen, sondern de facto zu einem Rechtsverlust führen, d.h. eine Entscheidung in der Sache sein[958]. Hier handelt es sich um Verletzungen, die (erst) aufgrund der Dauer des Verfahrens eintreten. Das Verfahren dauert so lange, dass andere (Grund-)Rechte verletzt werden. Besonders häufig kommt dies in der Praxis in zwei Konstellationen vor:

a) Prozesskostenhilfeverfahren

Eine Verfahrensgrundrechtsverletzung aufgrund überlanger Verfahrensdauer kann zunächst in Prozesskostenhilfeverfahren eintreten. Der Staat gewährt dem Bürger den Zugang zu den Gerichten und verweist ihn unabhängig von seinen finanziellen Mitteln zur Durchsetzung seiner Rechtspositionen auf den – kostenpflichtigen – Rechtsweg. Das Sozialstaatsprinzip und das durch Art. 3 Abs. 1 GG gewährleistete Prinzip der Rechtsschutzgleichheit gebieten, die Lage einer wirtschaftlich unvermögenden Partei jedenfalls insoweit der Lage einer vermögenden Partei anzugleichen, dass sie ihre individuellen Rechtspositionen

---

955 KG FamRZ 2007, 533.

956 BVerfG FamRZ 2004, 689; FamRZ 2001, 753.

957 BVerfG FamRZ 2004, 689.

958 *Kemper* NJ 2003, 393: „Selbst aussichtsreiche Prozessparteien werden aber oft zu Verlierern, weil Entscheidungen „zu spät" ergehen".

in gleicher Weise vor den Gerichten geltend machen kann[959]. Die Prozesskostenhilfe realisiert also den Justizgewährungsanspruch[960]. Zögert der Richter die Entscheidung über einen Antrag auf Prozesskostenhilfe unangemessen lange hinaus, kann der Betroffene seinen Anspruch in der Hauptsache nicht geltend machen. Der Justizgewährungsanspruch kann dann nicht durchgesetzt werden. Der PKH-Antrag wird also praktisch abgelehnt.

b) Sorge- und Umgangsrechtsverfahren

Eine ähnliche Situation kann sich in Sorge- und Umgangsverfahren ergeben. Werden keine vorläufigen Regelungen getroffen, kann der antragstellende Elternteil seine Elternrechte während der Verfahrensdauer nicht ausüben. Darüber hinaus besteht bei überlanger Verfahrensdauer in kindschaftsrechtlichen Verfahren die besondere Gefahr, dass der antragstellende Elternteil die geltend gemachten Ansprüche schließlich überhaupt nicht mehr durchsetzen kann, weil sich das Kind mit fortschreitender Verfahrensdauer zu weit von ihm entfremdet hat. In beiden Fällen greift eine unangemessene Verfahrensverzögerung in die in Art. 6 Abs. 2 S. 1 GG verankerten Elternrechte ein, deren Ausfluss die einfachgesetzlichen Sorge- und Umgangsrechtsansprüche sind[961]. Das Umgangsrecht wird also praktisch verweigert.

IV. Ergebnis zu § 11

Festzuhalten ist, dass sowohl Art. 6 Abs. 1 EMRK (einfachgesetzlich) als auch Art. 19 Abs. 4 GG (verfassungsrechtlich) ein Recht auf eine angemessene Verfahrensdauer und eine Entscheidung in angemessener Frist gewähren, außerdem einen substanziellen Anspruch darauf, diese Rechte auch tatsächlich vor den deutschen Gerichten durchsetzen zu können[962]. Es muss im deutschen Rechtssystem einen wirksamen Rechtsbehelf zur Durchsetzung des Rechts auf eine angemessene Verfahrensdauer geben. Soweit Art. 6 Abs. 1 EMRK in einzelnen Verfahren, beispielsweise Steuerverfahren, nicht anwendbar ist, ergibt sich diese Gewährleistung jedenfalls aus dem deutschen Verfassungsrecht.

Ein Rechtsbehelf ist wirksam, wenn er die Verletzung des Anspruchs auf angemessene Verfahrensdauer oder deren Fortdauer abwehren kann oder

---

959 BVerfGE 78, 104 (117 f.).

960 Stein/Jonas/*Bork*, vor § 114 ZPO Rn. 7; Musielak/*Fischer*, § 118 ZPO Rn. 1.

961 *Robbers*, in: *v.* Mangoldt/Klein/Starck, Art. 6 GG Rn. 202.

962 Der Vollständigkeit halber wird darauf hingewiesen, dass die Garantie rechtzeitigen Rechtsschutzes daneben auch aus anderen Grundrechten abgeleitet wird. Vgl. auch *Schmidt-Aßmann*, in: Schoch/Schmidt-Aßmann/Pietzner, Einleitung Rn. 157, mit weiteren Nachweisen.

angemessene Abhilfe für eingetretene Verletzungen gewährt[963]. Ist er ausschließlich auf Wiedergutmachung gerichtet, muss er bereits eingreifen, wenn das Verfahren noch läuft[964]. Art. 6 Abs. 1 S. 1, Art. 13 und Art. 35 Abs. 1 EMRK fordern Rechtsschutz durch die deutschen Gerichte (Subsidiarität der Individualbeschwerde). Aus dem im deutschen Recht geltenden Subsidiaritätsprinzip ergibt sich wiederum, dass der Rechtsschutz in erster Linie von den Fachgerichten zu leisten ist (Subsidiarität der Verfassungsbeschwerde)[965]. Das verfassungsrechtliche Gebot der Rechtsmittelklarheit erfordert zudem, dass der Rechtsbehelf im geschriebenen Recht verankert ist[966]. Ein außerordentlicher Rechtsbehelf genügt nicht.

Im Ergebnis lassen sich die Anforderungen der EMRK und des Grundgesetzes daher wie folgt zusammenfassen: Bei erstmaligen Verletzungen des Rechts auf angemessene Verfahrensdauer muss dem Betroffenen ein gesetzlich geregelter Rechtsgehelf – gegebenenfalls in analoger Anwendung – zur Verfügung stehen, der wirksamen Rechtsschutz durch die Fachgerichtsbarkeit gewährleistet[967]. Gibt es im geschriebenen Recht keinen Rechtsbehelf, der die verfassungs- und EMRK-rechtlichen Anforderungen erfüllt, ist der deutsche Gesetzgeber dazu aufgerufen, diese Lücke zu schließen.

§ 12 Umsetzung der Vorgaben de lege lata

Wenn also sowohl das Verfassungsrecht als auch die EMRK das an den Gesetzgeber gerichtete Gebot beinhalten, Rechtsschutz bei Verletzung des Rechts auf eine angemessene Verfahrensdauer vorzusehen, stellt sich die Frage, ob diese im deutschen Recht hinreichend umgesetzt sind. Bei der Ausgestaltung des Rechtsschutzes hat der Gesetzgeber zwar einen gewissen Spielraum, jedoch stets unter der Prämisse, dass der Rechtsschutz wirksam ist.

Das deutsche Zivilrecht ist darauf ausgelegt, privatrechtliche Beziehungen zweier ebenbürtiger Parteien in Einklang zu bringen[968]. Rechtsmittel und Instanzenzug dienen daher nahezu ausschließlich der Überprüfung, nicht aber der Erzwingung richterlicher Entscheidungen[969]. Sie setzen voraus, woran es bei

---

963 EGMR NJW 2006, 2389 (2390) (*Sürmeli*./.Deutschland); NJW 2007, 1259 (*Scordino*./.Italien).

964 EGMR No. 57229/00 (*Mifsud*./.Frankreich), vgl. auch § 11 I. 2. b) cc).

965 BVerfGE 107, 395 (416); vgl. auch § 4 I. 2. a).

966 Vgl. § 4 I. 2. b).

967 Vgl. auch § 4 I. 4.

968 *Jakob* ZZP 119 (2006), 303 (304).

969 *Häsemeyer*, FS für Michaelis, S. 134, 135.

Verfahrensverzögerungen aufgrund richterlicher Untätigkeit fehlt, nämlich dass zuvor eine Entscheidung ergangen ist. Dies gilt auch in den wenigen Fällen, in denen das Gesetz ein Vorgehen gegen einen Verfahrensstillstand erlaubt. Ordnet das Gericht in einer Entscheidung die Aussetzung oder das Ruhen des Verfahrens als Sonderfall der Aussetzung an, findet nach § 252 ZPO die sofortige Beschwerde statt. Gleiches gilt, wenn das Gericht den Antrag einer Partei auf Vornahme einer Handlung – beispielsweise einen Antrag auf Anberaumung eines Termins zur mündlichen Verhandlung – ausdrücklich ablehnt und dadurch eine Verfahrensverzögerung verursacht. Hier hat das Gericht mit einer die mündliche Verhandlung nicht erfordernden Entscheidung ein das Verfahren betreffendes Gesuch abgelehnt, mit der Folge, dass die sofortige Beschwerde nach § 567 Abs. 1 Nr. 2 ZPO statthaft ist[970]. Der Anfechtungsausschluss nach § 227 Abs. 4 S. 3 ZPO greift hier nicht, weil er nur für die Aufhebung sowie die Verlegung eines Termins oder die Vertagung einer Verhandlung gilt, den Antrag auf Bestimmung eines Termins also nicht erfasst. Für alle übrigen Verfahrensverzögerungen, d.h. solche, die nicht auf einer Entscheidung des Gerichts beruhen, hat der Gesetzgeber keine ausdrückliche Beschwerdemöglichkeit eingerichtet. Hier verbleibt nur der Rückgriff auf die Dienstaufsichtsbeschwerde, den Antrag auf Ablehnung wegen Befangenheit, die Verfassungsbeschwerde oder den Schadensersatzanspruch wegen Amtshaftung.

I. Dienstaufsichtsbeschwerde

Die Bundesregierung hat sich in Verfahren vor dem EGMR mehrfach damit verteidigt, dass dem Beschwerdeführer die Dienstaufsichtsbeschwerde als wirksamer innerstaatlicher Rechtsbehelf gegen die unangemessene Verfahrensdauer zur Verfügung gestanden habe[971]. Tatsächlich ist eine Verfahrensbeschleunigung durch eine Dienstaufsichtsbeschwerde nicht ausgeschlossen. Schon die Ankündigung einer Dienstaufsichtsbeschwerde kann ausreichend Druck auf den Richter ausüben und ihn zur Vornahme einer verfahrensfördernden Maßnahme motivieren. Ob dies tatsächlich der Fall ist, hängt wesentlich von der Persönlichkeit des zuständigen Richters ab. Damit wirkt die Dienstaufsichtsbeschwerde aber bestenfalls mittelbar beschleunigend. Unmittelbar verfahrensfördernde Wirkung hat sie nicht. Dies ist zum einen auf ihre Funktion als justizinterne Kontrollmaßnahme zurückzuführen. Zwar erfordert Art. 13 EMRK nicht zwingend eine gerichtliche Beschwerdemöglichkeit, wohl aber garantiert der allgemeine Justizgewährungsanspruch den Zugang zu und ein Verfahren vor Gericht. Hinter diesem Erfordernis bleibt die Dienstaufsichtsbeschwerde als Teil der staatlichen Gerichts*verwaltung* zurück. Dementsprechend

970 *Ziekow* JZ 1998, 947 (948); ders. DÖV 1998, 941 (947).
971 z.B. EGMR NJW 2006, 2389 (2390) (*Sürmeli*./.Deutschland).

dient die Dienstaufsichtsbeschwerde auch nicht dem Interesse des Einzelnen, sondern dem öffentlichen Interesse an einer funktionsfähigen Rechtspflege. Sie vermittelt den Betroffenen daher auch keinen Rechtsanspruch auf ein Vorgehen gegen den säumigen Richter[972]. Er hat keine Handhabe, die Ermahnung oder Einleitung eines Dienstaufsichtsverfahrens zu erzwingen[973]. Es liegt allein im Ermessen der zuständigen Stelle, ob sie gegen den untätigen Richter vorgeht oder nicht. Ein solcher Rechtsbehelf genügt jedoch auch Art. 13 EMRK nicht, der die Konventionsstaaten zur Einrichtung eines förmlichen Verfahrens verpflichtet[974]. Im Übrigen ist der Betroffene weder Partei des dienstaufsichtlichen Verfahrens, noch kommt ihm überhaupt ein Beteiligtenstatus zu. Damit gewährt die Dienstaufsichtsbeschwerde keinen Rechtsschutz in dem vom Verfassungs- und Europarecht geforderten Sinn.

Wesentliches Defizit der Dienstaufsichtsbeschwerde ist auch, dass sie nur zur Beanstandung der richterlichen Tätigkeit insgesamt führen kann. Ein Fortgang nur des konkret verzögerten Verfahrens kann nicht angeordnet werden. Damit bietet die Dienstaufsichtsbeschwerde unter anderem dann keine Handhabe, wenn die Verfahrensverzögerung bei dem angegriffenen Richter ein Ausnahmefall ist. Sie kann den erforderlichen Rechtsschutz außerdem in verfassungsgerichtlichen Verfahren nicht gewährleisten, weil die Richter des BVerfG keiner Dienstaufsicht unterstehen. Im Ergebnis ist die Dienstaufsichtsbeschwerde daher weder geeignetes noch angemessenes Mittel zur wirksamen Durchsetzung des Anspruchs auf zügige Verfahrensdauer[975].

II. Ablehnung wegen Befangenheit

Wirksamen Rechtsschutz vermittelt nur ein Rechtsbehelf, der in allen Fällen unangemessener Verfahrensdauer eingreift. Die Ablehnung des Richters nach § 42 Abs. 2 ZPO ist jedoch erst möglich, wenn das Verfahren bereits so lange dauert, dass sich der Eindruck der Willkür und der Voreingenommenheit des Richters aufdrängt. Damit kann sie dem Betroffenen in vielen Konstellationen überlanger Verfahrensdauer schon von vornherein keine Handhabe bieten. Hier ist insbesondere an die Fälle zu denken, in denen die Verfahrensverzögerung auf Arbeitsüberlastung des Richters zurückzuführen ist. Auch allgemeine Ursachen, etwa eine längere Erkrankung oder reine Faulheit des Richters, sind nicht dazu

972 EGMR NJW 2006, 2389 (2390) (*Sürmeli./.*Deutschland), unter Nr. 109.

973 *Klein* JZ 1963, 591.

974 Grote/Marauhn/*Richter*, Kap. 20, Rn. 60.

975 Ähnlich *Clausing* JuS 1999, 474 (477): „untaugliches Mittel"; *Kloepfer* JZ 1979, 209: bis auf Extremfälle sei die Dienstaufsicht nach § 26 Abs. 2 DRiG weitgehend ineffektiv.

geeignet, den Anschein der Parteilichkeit zu begründen. Dies gilt unabhängig davon, ob der Betroffene von dieser Ursache Kenntnis hatte[976] oder nicht[977]. Die Verfahrensdauer kann also bereits unangemessen lang sein, ohne dass der Antrag auf Ablehnung wegen Besorgnis der Befangenheit Erfolg verspricht. Der Antrag ist daher in vielen Fällen gar nicht dazu geeignet, Rechtsschutz zu vermitteln. Wenn sich bereits der Eindruck der Willkür aufdrängen muss, besteht die Gefahr, dass eine Verletzung des Anspruchs auf angemessene Verfahrensdauer bereits eingetreten ist.

III. Amtshaftungsanspruch nach Art. 34 GG i.V.m. § 839 BGB

Der Amtshaftungsanspruch kann eine Verletzung des Anspruchs auf angemessene Verfahrensdauer weder verhindern noch beenden. Er hat keine beschleunigende Wirkung, sondern ist ausschließlich auf Wiedergutmachung der eingetretenen Rechtsverletzung gerichtet. Ein solcher Rechtsbehelf gewährt wirksamen Rechtsschutz nur dann, wenn mit ihm die Unangemessenheit der Verfahrensdauer bereits geltend gemacht werden kann, während das Verfahren, dessen überlange Dauer gerügt wird, noch läuft[978]. Muss der Rechtsuchende erst den Abschluss des Verfahrens abwarten – möglicherweise jahrelang – ist ein rein kompensatorischer Anspruch nicht wirksam[979]. Dies ergibt sich bereits aus Art. 13 EMRK, der die Konventionsstaaten verpflichtet, *bei* Verletzung eines Konventionsrechts einen wirksamen Rechtsbehelf zur Verfügung zu stellen.

Schadensersatz wegen Verletzung einer Amtspflicht kann bereits geltend gemacht werden, wenn das verzögerte Verfahren noch nicht abgeschlossen werden ist. § 839 Abs. 2 S. 1 BGB lässt zunächst zwar auf das Gegenteil schließen. Ausreichend ist jedoch, dass die Amtspflicht „bei" dem Urteil verletzt wird, d.h. in dem zur Entscheidung führenden Verfahren[980]. Es spricht daher nichts dagegen, den Anspruch bereits geltend zu machen, wenn das Verfahren noch nicht abgeschlossen ist.

Der Amtshaftungsanspruch vermittelt dennoch nicht in allen Fällen überlanger Dauer wirksamen Rechtsschutz. Denn die Wirksamkeit des Anspruchs nach § 839 BGB i.V.m. Art. 34 GG ist davon abhängig, dass er tatsächlich Wiedergutmachung gewähren kann. Es besteht zwar die Möglichkeit, Schadensersatz

976 So in den Fällen des OLG Dresden OLG-NL 2001, 45 (46) und des OVG Münster NJW 1993, 2259.
977 OLG Düsseldorf MDR 1998, 1052.
978 Vgl. § 11 I. 2. b) bb).
979 EGMR No. 57220/00, (*Mifsud*./.Frankreich), unter Nr. 17.
980 MünchKommBGB/*Papier*, § 839 BGB Rn. 327.

auch für solche für Verzögerungsschäden zu verlangen, die auf Organisationsmängel bei der Ausstattung der Gerichte mit persönlichen und sachlichen Mitteln zurückführen sind[981]. Durch die Umkehr der Darlegungs- und Beweislast ist zudem die Durchsetzbarkeit des Anspruchs erleichtert. Nach wie vor verschließen die Tatbestandsvoraussetzungen der Drittgerichtetheit der Amtspflicht sowie des Verschuldens aber den Weg zum Schadensersatz, wenn die Ursachen für die Verzögerung in der unzureichenden Zuweisung von Mitteln durch den Haushaltsgesetzgeber liegen[982]. Diese „Haftungslücke" begründet die ernstzunehmende Gefahr einer „Entschuldigungskette", in der die Verantwortung für die Verzögerung der nächsthöheren Stelle zugeschoben wird, bis sie schließlich beim haftungsrechtlich unantastbaren Haushaltsgesetzgeber verbleibt[983]. Dass diese Gefahr tatsächlich besteht, zeigen die Stellungnahmen der Interessenverbände der Richter zum Entwurf des sog. Untätigkeitsbeschwerdengesetzes des Bundesministeriums der Justiz[984]. Nach Ansicht der Neuen Richtervereinigung (NRV) liegen die Ursachen für überlange Verfahrensdauer in Deutschland „*ausschließlich oder nahezu ausschließlich*" nicht bei den Richtern, sondern bei den Landesjustizministern, die nicht bereit seien, für die erforderlichen Ressourcen zu sorgen[985]. Schenkt man diesen Stellungnahmen Glauben, ist der faule Richter eine reine Phantasiegestalt, beruhen Verzögerungen des Verfahrensablaufs ausschließlich auf der mangelnden Ausstattung der Gerichte.

Die größte Schwachstelle des Schadensersatzanspruchs wegen Amtshaftung zeigt sich jedoch, wenn die Verantwortung des Richters oder der die Mittel verteilenden Stelle wegen eines Organisationsverschuldens tatsächlich begründet werden kann. Denn eine Entschädigung erhält der Betroffene zwar für

---

981 Vgl. § 9 IV. 5.

982 Vgl. § 9 IV. 6.

983 *Ossenbühl*, Anmerkung zu BGH, Urteil v. 11.01.2007 – III ZR 302/05, JZ 2007, 960.

984 NRV, Stellungnahme vom 17.09.2005, unter 1): „Erfahrungsgemäß kommt es zu langen Verfahrensdauern nur bei überlasteten Gerichten"; DRB, Stellungnahme aus Oktober 2005, unter 2.: „Der Entwurf suggeriert, dass die Gründe einer überlangen Verfahrensdauer hauptsächlich in richterlichem Fehlverhalten zu suchen sind, […]. Dem ist nicht so […]. Es wird übersehen, dass eine unangemessene Verfahrensverzögerung in der Regel auf organisatorische Mängel und/oder gerichtliche Ausstattungsdefizite zurückzuführen ist."; BDFR, Stellungnahme vom 30.09.2005, unter 3.: „Für eine überlange Verfahrensdauer werden nicht die strukturellen Defizite der Finanzgerichtsbarkeit, sondern die Arbeitsweise der Richter verantwortlich gemacht. Dies ist in jeder Hinsicht unakzeptabel".

985 NRV, Schreiben vom 15.11.2006 an den Menschenrechtskommissar des Europarats, S. 5 unter 4; Ähnlich bereits *Weber-Grellet* NJW 1990, 1777 (1778): Die Ursache der Misere liege nicht in einem falschen und unzureichenden Arbeitseinsatz der Richter, sondern in erster Linie in der unzureichenden Personalausstattung der Gerichte.

Vermögensschäden, für die häufig auftretenden Nichtvermögensschäden aber nur unter den Voraussetzungen des § 253 Abs. 2 BGB[986]. Der Amtshaftungsanspruch vermittelt bei Nichtvermögensschäden nicht nur keinen wirksamen, sondern schlicht überhaupt keinen Rechtsschutz[987].

IV. Verfassungsbeschwerde

Der EGMR hat bereits mehrfach darauf hingewiesen, dass das BVerfG die Verfassungswidrigkeit der Verfahrensdauer lediglich feststellen und das zuständige Fachgericht dazu auffordern könne, die notwendigen Maßnahmen zur Beschleunigung oder Beendigung des Verfahrens zu treffen[988]. Richtig ist jedenfalls, dass in den Tenor der verfassungsgerichtlichen Entscheidung nur die Feststellung der Verfassungswidrigkeit der Verfahrensdauer aufgenommen werden darf. Die Aufforderung zur Fortsetzung des Verfahrens kann das BVerfG ausschließlich in den Entscheidungsgründen aussprechen. Der EGMR geht daher zutreffend davon aus, dass die Entscheidung des BVerfG nur beschleunigende Wirkung hat, wenn das zuständige Gericht sich an diese Aufforderung hält und sie innerhalb kurzer Zeit befolgt[989]. Der Feststellungstenor sichert dies jedoch nicht in ausreichender Weise. Insbesondere hat das Ausgangsgericht keine Konsequenzen zu befürchten, wenn es das Ausgangsverfahren nicht mit beschleunigter Wirkung fortführt. Die Bindungswirkung der Entscheidung nach § 31 Abs. 1 BVerfGG sowie die Aussicht, anderenfalls gegen Art. 20 Abs. 3 GG zu verstoßen, lassen zwar erwarten, dass das Hauptsacheverfahren fortgesetzt wird. Die Praxis zeigt jedoch, dass die Umsetzung der Entscheidungen häufig lange Zeit in Anspruch nimmt. Dies gilt insbesondere, weil das BVerfG selbst unter Arbeitsüberlastung leidet. Das Verfahren wird dann vor dem Fachgericht noch weiter verzögert und die Verletzung des Verfahrensgrundrechts dadurch intensiviert. Zu Recht hat der EGMR daher in der Entscheidung *Sürmeli* gegen Deutschland mit Hinweis auf die Dauer der Umsetzung die Verfassungsbeschwerde nicht als „wirksamen Rechtsbehelf" angesehen[990].

---

986 Vgl. § 9 IV. 3.

987 Moderater: *Gundel* DVBl 2004, 17 (25): Der Schadensersatz wegen Amtshaftung nach § 839 i.V. mit Art. 34 GG gewähre wegen seiner Beschränkung auf den Ersatz materieller Schäden keinen wirksamen Rechtsschutz.

988 EGMR, Urteil v. 05.10.2006 – 66491/01, (*Gräßer*./.Deutschland), abrufbar unter www.coe.int/t/d/menschengerichtshof, zuletzt abgerufen am 04.09.2010; EGMR NJW 2006, 2389 (2391) (*Sürmeli*./.Deutschland), Nr. 106.

989 So auch der EGMR NJW 2006, 2389 (2391), unter Nr. 106 (*Sürmeli*./.Deutschland).

990 So auch *Britz/Pfeifer* DÖV 2004, 245 (249); *Vorwerk* JZ 2004, 553 (559).

Die Wirksamkeit der Verfassungsbeschwerde ist jedoch nicht nur deshalb problematisch, weil die Fachgerichte regelmäßig erhebliche Zeit benötigen, die Entscheidung des BVerfG in der Weise umzusetzen, dass das fachgerichtliche Verfahren fortgeführt wird. Vielmehr sind es die Besonderheiten des verfassungsgerichtlichen Verfahrens selbst, die gegen die Wirksamkeit der Verfassungsbeschwerde sprechen. Zunächst wird über die Verfassungsbeschwerde nur vorbehaltlich der Annahme nach § 93 a BVerfGG zur Entscheidung entschieden. Da ca. 97% aller Verfassungsbeschwerden bereits an der Hürde des Annahmeverfahrens scheitern, ist die Chance verhältnismäßig gering, dass der Beschwerdeführer mit der Verfassungsbeschwerde überhaupt in das eigentliche Verfassungsbeschwerdeverfahren vordringt. Dies gilt insbesondere, weil bei der Rüge einer Verfahrensverzögerung realistisch nur die Annahme nach § 93 a Abs. 2 b) BVerfGG in Betracht kommt. Eine Annahme wegen grundsätzlicher verfassungsrechtlicher Bedeutung scheidet in aller Regel aus, weil über Umfang und Bedeutung des Rechts auf angemessene Verfahrensdauer nach der Vielzahl der dazu bereits ergangenen Verfassungsgerichtsentscheidungen keine ernst zu nehmenden Unklarheiten mehr bestehen, d.h. keine klärungsbedürftige Rechtsfrage mehr besteht[991].

Wird die Beschwerde nicht zur Entscheidung angenommen, steht dem Betroffenen kein innerstaatlicher Rechtsbehelf zur Verfügung, um sein Recht auf ein zügiges Verfahren durchzusetzen. Darüber hinaus zeigt die Erfahrung, dass der Beschwerdeführer damit rechnen muss, dass sowohl das Annahmeverfahren als auch die Entscheidung über die Verfassungsbeschwerde in der Sache erhebliche Zeit in Anspruch nehmen. Es ist davon auszugehen, dass selbst bei beschleunigter Durchführung des Verfahrens von der Erhebung der Verfassungsbeschwerde bis zur Entscheidung zumindest ein Jahr vergeht. Ein derart langwieriges Verfahren ist grundsätzlich nicht wirksam, wenn es gerade darum geht, den Anspruch auf ein zügiges Verfahren durchzusetzen. Die Verfassungsbeschwerde erfüllt somit die Erwartungen an einen besonderen Rechtsbehelf bei Verletzungen von Verfahrensgrundrechten[992].

Im Übrigen entspricht die Verfassungsbeschwerde bei auch deshalb den Vorgaben des deutschen Verfassungsrechts nicht, weil es sich nicht um einen

991 Vgl. *Lechner/Zuck*, § 93 a BVerfGG Rn. 6 ff.

992 Nach der Entscheidung im Fall *Sürmeli* hat der EGMR dies in weiteren Fällen festgestellt: EGMR, Urteil v. 15.02.2007 – 19124/02, Rn. 33 (*Kirsten.*/.Deutschland); EGMR, Urteil v. 05.10.2006 – 75204/01, Rn. 25 (*Klasen.*/.Deutschland); EGMR, Urteil v. 13.07.2006 – 38033/02, Rn. 34 (*Stork.*/.Deutschland); EGMR, Urteil v. 05.10.2006 – 66491/01, Rn. 48 (*Gräßer.*/.Deutschland), alle Entscheidungen abrufbar unter www.coe.int/t/d/menschenrechtsgerichtshof, zuletzt abgerufen am 04.09.2010.

fachgerichtlichen Rechtsbehelf handelt. Aus dem Subsidiaritätsgrundsatz ergibt sich, dass der innerstaatliche Rechtsschutz zunächst von den Fachgerichten geleistet werden muss[993].

V. Rechtsbehelfe gegen Untätigkeit

Die Gerichte befinden sich in einem Zwiespalt zwischen dem Auftrag effektiver Rechtsschutzgewährung und dem unergiebigen Gesetzesrecht. An dieser Stelle setzt die in richterlicher Rechtsfortbildung entwickelte Untätigkeitsbeschwerde an. In der einschlägigen Rechtsprechung[994] und Literatur[995] wird häufig der Eindruck vermittelt, es handele sich dabei um ein einheitliches Rechtsinstitut[996]. Dieser Eindruck wird durch die einheitliche Bezeichnung als „Untätigkeitsbeschwerde" verstärkt[997]. Dass dies nicht der Fall ist, zeigt bereits, dass die Beschwerde gegen Verfahrensverzögerungen zum Teil auf eine entsprechende Anwendung des § 567 ZPO – entweder über § 252 ZPO analog, bei Verzögerungen in Prozesskostenhilfeverfahren über § 127 Abs. 2 ZPO analog oder über § 576 Abs. 1 Nr. 2 ZPO analog – gestützt wird, zum Teil aber auch als außerordentlicher Rechtsbehelf angesehen wird. Dementsprechend sind auch unterschiedliche Rechtsfolgen möglich. Es ist daher nicht „die Untätigkeitsbeschwerde" auf ihre Vereinbarkeit mit den europarechtlichen und verfassungsrechtlichen Vorgaben zu überprüfen, sondern ihre unterschiedlichen Ausprägungen.

1. Außerordentliche Untätigkeitsbeschwerde

Soweit die Untätigkeitsbeschwerde als Erscheinungsform der außerordentlichen Beschwerde wegen greifbarer Gesetzwidrigkeit verstanden wird, findet sie keine Grundlage im geschriebenen Recht. Sie ist an die sofortige Beschwerde nach § 567 ZPO lediglich angelehnt. Der Rechtsuchende kann sich über die Voraussetzungen des Rechtsbehelfs aber weder durch einen Blick ins Gesetz noch mit Hilfe eines anerkannten Mittels der Rechtsfortbildung in zumutbarer Weise Klarheit verschaffen. Weder Auslegung noch Analogie helfen ihm hier weiter. Als außergesetzlicher Rechtsbehelf verstößt die Untätigkeitsbeschwerde

993 Vgl. § 11 I. 2. a).

994 z.B. BVerfG NJW 1005, 1105 (1106); OLG Karlsruhe, Beschl. v. 24.07.2003 – 16 WF 50/03, BeckRS 2003 10348, zuletzt abgerufen am 24.10.2010.

995 Saenger/*Kayser*, § 567 ZPO Rn. 13; Zöller/*Gummer*, § 567 ZPO Rn. 21.

996 Vgl. § 10 III 1.

997 Vgl. die in § 10 I. 2. b) unter (1) bis (4) dargestellten Fallgruppen, die ohne Differenzierung sämtlich als Untätigkeitsbeschwerde bezeichnet werden.

daher gegen den Grundsatz der Rechtsmittelklarheit[998]. Der EGMR hat sie deshalb zu Recht als verfassungsrechtlich zweifelhaft bezeichnet[999].

Dieser Rückschluss kann allerdings nicht auch daraus gezogen werden, dass die Rechtsmittelgerichte die außerordentliche Untätigkeitsbeschwerde unter unterschiedlichen Voraussetzungen zulassen würden[1000]. Soweit die Gerichte die Untätigkeitsbeschwerde als außerordentlichen Rechtsbehelf betrachten, gehen sie davon aus, diese sei zulässig, wenn ein Verfahrensstillstand sachlich nicht zu rechtfertigen ist und auf Rechtsverweigerung hinausläuft. Andere Zulässigkeitsvoraussetzungen formulieren nur diejenigen Gerichte, die die Untätigkeitsbeschwerde auf eine entsprechende Anwendung gesetzlicher Rechtsmittelvorschriften stützen. In diesen Fällen handelt es sich jedoch gerade nicht um eine außerordentliche Untätigkeitsbeschwerde[1001].

Soweit die außerordentliche Untätigkeitsbeschwerde den Grundsätzen der außerordentlichen Beschwerde wegen greifbarer Gesetzwidrigkeit folgt, ist sie (erst) statthaft, wenn der Verfahrensstillstand einer Rechtsverweigerung gleichkommt, also wenn für die Rechtfertigung der Verfahrensdauer jede verständige Grundlage fehlt[1002]. Damit ist der Rechtsbehelf nicht bereits bei jeder verfassungs- und EMRK-widrigen Verfahrensverzögerung statthaft. Vielmehr muss die Verfahrensdauer willkürlich sein. Teilweise wird sogar ein willkürliches Verhalten des Richters gefordert. Der Justizgewährungsanspruch begründet jedoch ein Recht auf eine angemessene, nicht auf eine willkürfreie Verfahrensdauer[1003]. Die Voraussetzungen, unter denen eine außerordentliche Untätigkeitsbeschwerde statthaft ist, sind daher zu eng, um wirksamen Rechtsschutz zu gewähren. Es besteht insbesondere die Gefahr, dass die unangemessene Verfahrensdauer durch Umstände gerechtfertigt wird, die innerhalb der Sphäre des Gerichts liegen.

2. Untätigkeitsbeschwerden im gesetzlichen Rechtsmittelsystem

Der Grundsatz der Rechtsmittelklarheit verbietet folglich, zur Vermeidung eines Verstoßes gegen die EMRK *ohne gesetzliche Grundlage* durch Richterrecht eine Untätigkeitsbeschwerde zu schaffen, um auf ein laufendes Verfahren einzuwirken. Daraus lässt sich allerdings nicht bereits der Rückschluss ziehen, dass es das Rechtsinstitut der „verfassungsrechtlich gebotenen Untätigkeitsbeschwer-

998 Vgl. § 4 I. 2. b) und § 5 II; MünchKommZPO/*Lipp*, § 567 ZPO Rn. 25.
999 EGMR NJW 2006, 2389 (2392), unter Nr. 110 (*Sürmeli*./.Deutschland).
1000 So aber der EGMR NJW 2006, 2389 (2392) unter Nr. 110 (*Sürmeli*./.Deutschland).
1001 Vgl. § 5 IV. 2.; MünchKommZPO/*Lipp*, § 567 ZPO Rn. 25.
1002 OLG Karlsruhe FamRZ 2004, 53 (54); OLG Saarbrücken NJW-RR 1999, 1290.
1003 Schmidt-Aßmann, in: *Maunz/Dürig*, Art. 19 GG Rn. 25.

de“ insgesamt de lege lata nicht gebe[1004]. Denn ein Rechtsbehelf gegen Verfahrensverzögerungen ist jedenfalls verfassungs- und europarechtlich erforderlich. Zudem werden die Anforderungen, die die Rechtsmittelklarheit an einen Rechtsbehelf stellt, auch dann gewahrt, wenn ein gesetzlich geregelter Rechtsbehelf bei Prozessverzögerungen durch ein Gericht analog angewendet werden kann. Der Rechtsschutz gegen gerichtliche Untätigkeit ist dann in ausreichender Weise gesetzlich vorgezeichnet und in seinen Voraussetzungen und Rechtsfolgen bestimmbar. Die „Untätigkeitsbeschwerde in entsprechender Anwendung des Rechtsmittelrechts“ kann also der Ausweg aus der „Unzulänglichkeit“ der deutschen Prozessordnungen sein. Dies gilt jedenfalls, wenn die Voraussetzungen für eine Analogie vorliegen und auf diese Weise effektiver Rechtsschutz gewährt wird.

Die Anfechtbarkeit der Untätigkeit in analoger Anwendung gesetzlicher Rechtsmittel hängt davon ab, welche Wirkungen die überlange Verfahrensdauer für den Verfahrensbeteiligten jeweils hat. Da das deutsche Recht Rechtsschutz nur gegen Entscheidungen vorsieht, muss die Verfahrensverzögerung im Ergebnis einer anfechtbaren Entscheidung gleichstehen. Ist dies nicht der Fall, kommt die Rüge der Verfahrensdauer nach § 321 a ZPO analog in Betracht.

a) Untätigkeitsbeschwerde gem. §§ 252, 567 ZPO analog gegen faktische Aussetzungsentscheidungen

Die Beschwerde nach §§ 252, 567 ZPO gewährt Rechtsschutz gegen Aussetzungsbeschlüsse. Sie kann in analoger Anwendung in den Fällen erhoben werden, in denen die Untätigkeit der Aussetzung des Verfahrens gleichsteht und sich als „faktische Aussetzungsentscheidung“ darstellt. Voraussetzung ist jedoch, dass die Analogievoraussetzungen vorliegen, d.h. eine planwidrige Regelungslücke und eine mit dem gesetzlich geregelten Fall vergleichbare Interessenlage[1005].

aa) Planwidrige Regelungslücke

Das Rechtsmittelsystem der ZPO knüpft Rechtsschutz stets an den Erlass einer den Rechtsmittelführer beschwerenden gerichtlichen Entscheidung. Auch Verfahrensverzögerungen sind nach dem ausdrücklichen Gesetzeswortlaut nur anfechtbar, wenn sie auf einer Entscheidung des Gerichts basieren. So sind etwa erstinstanzliche Aussetzungsentscheidungen der Amts- und Landgerichte nach §§ 252, 567 ZPO mit der sofortigen Beschwerde anfechtbar. Ein Rechtsmittel

---

1004 Diesen Rückschluss zieht u.a. das BSG, Beschluss v. 21.05.2007, B 1 KR 4/07 S, BeckRS 2007 45051, zuletzt abgerufen am 04.09.2010.

1005 Vgl. zu den Analogievoraussetzungen § 5 IV. 1.

gegen unangemessene Verfahrensverzögerungen oder Verfahrensstillstand im Allgemeinen sieht die ZPO indes bislang nicht vor. Insofern besteht (immer noch) eine Regelungslücke.

Der Gesetzgeber hat die Problematik überlanger Verfahrensdauer grundsätzlich erkannt und dem Recht auf ein Verfahren innerhalb angemessener Dauer mit der Einführung der verfahrensbeschleunigenden Vorschriften in §§ 272, 273, 278, 349 ZPO Geltung verschaffen wollen. Verfassungs- und EMRK-widrige Verfahrensverzögerungen bleiben dennoch nicht aus. Das Recht auf eine angemessene Verfahrensdauer muss daher mit einem wirksamen Rechtsbehelf tatsächlich durchgesetzt werden können. Im Übrigen zeigt sich die Planwidrigkeit auch dadurch, dass der Gesetzgeber sich mit dem „Entwurf eines Gesetzes über die Rechtsbehelfe bei Verletzungen des Rechts auf ein zügiges gerichtliches Verfahren" und der Entschädigungsklage[1006] selbst um die Schließung der Gesetzeslücke bemüht.

bb) Vergleichbare Interessenlage

Die Regelungslücke ist nur dann auch eine Rechtsschutzlücke, wenn sie sich nicht durch analoge Anwendung des Rechtsmittelrechts, etwa der §§ 252, 567 ZPO, schließen lässt. Dies setzt voraus, dass die Interessenlage bei Anfechtung der unangemessenen Verfahrensdauer vergleichbar ist mit derjenigen gegen eine Aussetzungsanordnung des Gerichts.

Die sofortige Beschwerde gemäß § 252 ZPO ist statthaft gegen Verfahrensverzögerungen aufgrund einer gerichtlichen Anordnung in Form eines Beschlusses[1007]. Anfechtbar ist auch eine Verfahrensunterbrechung, sofern sie nicht (nur) qua gesetzlicher Anordnung eintritt, sondern durch Beschluss festgestellt wird[1008]. Der Gesetzgeber hat dem Rechtsuchenden mit dieser Vorschrift eine dem Urteil in der Sache vorgelagerte Überprüfungsmöglichkeit eingeräumt, weil der durch die Aussetzungsentscheidung ausgelöste Stillstand des Verfahrens ihn in seinem Justizgewährungsanspruch verletzt[1009]. § 252 ZPO gewährt dementsprechend eine Beschwerdemöglichkeit wegen der Verletzung des Rechts auf ein Verfahren innerhalb angemessener Dauer – allerdings dem Wortlaut nach beschränkt auf die gerichtliche Aussetzungs*anordnung*. Eine vergleichbare Interessenlage, die zur Anfechtung auch der unangemessenen Verfahrensdauer mit der sofortigen Beschwerde nach §§ 252, 567 ZPO analog

1006 Vgl. dazu in § 13.
1007 z.B. nach §§ 65, 148, 149, 151 – 154, 246, 247, 578, 614, 640 f., 953 ZPO.
1008 OLG Celle DZWIR 2004, 87; OLG Schleswig NJOZ 2006, 848.
1009 Stein/Jonas/*Roth*, § 252 ZPO Rn. 1.

berechtigt, liegt vor, wenn sich eine Verfahrensverzögerung im Einzelfall als Aussetzung des Verfahrens auswirkt. Dies ist der Fall, wenn das Gericht das Verfahren nicht wie geboten betreibt[1010], etwa entgegen §§ 216 Abs. 2, 272 Abs. 3 ZPO ohne sachlichen Grund die Anberaumung eines Termins ablehnt[1011], unangemessen weit hinauszögert[1012] oder schlicht unterlässt[1013], ferner wenn es einen Termin auf einen unangemessen späten oder gänzlich unbestimmten Zeitpunkt verlegt bzw. vertagt oder einen Termin aufhebt, ohne neu zu terminieren. In solchen Fällen „faktischer Verfahrensaussetzung" verletzt das Gericht den Justizgewährungsanspruch in diesen Fällen in gleicher Weise wie durch eine fehlerhafte Aussetzungsentscheidung. Ein Unterschied besteht lediglich in der Art und Weise der Verursachung der Verfahrensgrundrechtsverletzung. Während die bloß faktische Aussetzung des Verfahrens den Justizgewährungsanspruch durch Nichtvornahme einer gebotenen Maßnahme verletzt, wird die Verletzung des Anspruchs auf ein Verfahren innerhalb angemessener Dauer im Fall eines (unberechtigten) Aussetzungsbeschlusses durch Anordnung einer gerade nicht gebotenen Maßnahme ausgelöst. Die Interessenlage ist dennoch vergleichbar.

Sinn und Zweck der Norm erfordern daher eine entsprechende Anwendung des § 252 ZPO auf sämtliche den Stillstand des Verfahrens bewirkenden Entscheidungen sowie in den Fällen bloßer gerichtlicher Untätigkeit, sofern diese einen tatsächlichen, der Aussetzung des Verfahrens gleichkommenden Verfahrensstillstand bewirkt[1014]. Allerdings gelten dann auch die Beschränkungen der §§ 252, 567 ZPO, weil die analoge Anwendung nicht zu einer Rechtsschutzerweiterung führen kann[1015]. Da die Beschwerde nach §§ 252, 567 ZPO nur gegen erstinstanzliche Entscheidungen der Amts- und Landgerichte statthaft ist, nicht aber gegen Aussetzungsbeschlüsse der Landgerichte in Berufungsverfahren und der Oberlandesgerichte, sind nach §§ 252, 567 ZPO analog auch nur faktische Aussetzungsentscheidungen der Amts- und Landgerichte in erster Instanz anfechtbar.

1010 MünchKommZPO/*Lipp*, § 567 ZPO Rn. 25.

1011 OLG Köln NJW-RR 1999, 290: Ablehnung der Terminierung wegen fehlender Vorschusszahlung für ein Abstammungsgutachten; *Walchshöfer*, Anm. zu OLG Frankfurt, Beschluss v. 22.02.1974 – 16 W 11/74, NJW 1974, 2291.

1012 LG Aachen NJW-RR 1993, 1407: in der Sache wurde über zwei Jahre keine mündliche Verhandlung anberaumt, weil eine im Ausland durchzuführende Vernehmung dort verzögert wurde.

1013 OLG Saarbrücken NJW-RR 1999, 1290.

1014 MünchKommZPO*Gehrlein*, § 216 ZPO Rn. 10; *ders.* § 252 ZPO Rn. 15; MünchKommZPO*Lipp*, § 567 ZPO Rn. 25; Zöller/*Stöber*, § 216 ZPO Rn. 21; Zöller/*Greger*, § 252 ZPO Rn. 1; Zöller/*Heßler*, § 567 ZPO Rn. 21.

1015 MünchKommZPO*Lipp*, § 567 ZPO Rn. 25.

cc) Entscheidungsrahmen des Beschwerdegerichts

Die sofortige Beschwerde nach §§ 252, 567 ZPO führt zur Überprüfung des Aussetzungsbeschlusses auf Verfahrens- und Ermessensfehler[1016]. Allerdings ist beim Prüfungsumfang zu differenzieren. Die tatbestandlichen Voraussetzungen der Aussetzungsentscheidung, beispielsweise die Vorgreiflichkeit bei der Aussetzungsentscheidung nach § 148 ZPO, unterliegen der vollen Überprüfung durch das Beschwerdegericht. Ermessensentscheidungen des Ausgangsgerichts sind hingegen nur eingeschränkt nachprüfbar[1017]. Das Beschwerdegericht darf überprüfen, ob das Ausgangsgericht das ihm eingeräumte Ermessen überschritten (Ermessensüberschreitung), fehlerhaft gebraucht (Ermessensfehlgebrauch) oder verkannt hat (Ermessensnichtgebrauch)[1018]. Es ist jedoch nicht befugt, die Zweckmäßigkeit der Aussetzungsentscheidung zu überprüfen oder gar das Ermessen des Gerichts durch eigenes Ermessen zu ersetzen[1019]. Keinesfalls darf das Beschwerdegericht selbst eine Entscheidung in der Hauptsache treffen, denn Beschwerdegegenstand ist nur die Fehlerhaftigkeit der Aussetzungsentscheidung.

Dieser Prüfungsmaßstab gilt entsprechend für die Untätigkeitsbeschwerde analog §§ 252, 567 ZPO, da über § 252 ZPO die Beschwerdevorschriften insgesamt analog anzuwenden sind. Gegenstand der Beschwerde analog §§ 252, 567 ZPO ist dementsprechend die faktische Aussetzungsentscheidung des Ausgangsgerichts[1020]. Das Beschwerdegericht überprüft, ob die Verfahrensdauer bzw. der Verfahrensstillstand durch einen im Verfahren selbst liegenden sachlichen Grund gerechtfertigt ist[1021].

dd) Rechtsfolgenanordnung nach §§ 252, 567 ZPO analog

Da über § 252 ZPO analog die §§ 567 ff. ZPO insgesamt analog anzuwenden sind, gelten diese Maßstäbe entsprechend für die Rechtsfolgenanordnung bei der Untätigkeitsbeschwerde entsprechend.

Grundsätzlich kann das Beschwerdegericht die Rechtsfolgenanordnung treffen, die es auch auf die sofortige Beschwerde in direkter Anwendung der §§ 252, 567 ZPO gegen eine Aussetzungs*anordnung* treffen kann. Insoweit gilt § 572

1016 KG Berlin MDR 2007, 736; MDR 2008, 283.

1017 MünchKommZPO/*Lipp*, § 567 ZPO Rn. 11; Wieczorek/Schütze/*Jänich*, § 567 ZPO Rn. 14.

1018 KG Berlin MDR 2007, 736 (737); Wieczorek/Schütze/*Gerken*, § 252 ZPO Rn. 5; Musielak/*Stadler*, § 252 ZPO Rn. 4.

1019 MünchKommZPO/*Gehrlein*, § 252 ZPO Rn. 18; Zöller/*Greger*, § 252 ZPO Rn. 3.

1020 BVerfG NJW 2005, 2685 (2687); MünchKommZPO/*Lipp*, § 567 ZPO Rn. 25.

1021 OLG Düsseldorf NJW 2009, 2388, 2389.

Abs. 3 ZPO. Ist die sofortige Beschwerde begründet, hebt das Beschwerdegericht den angefochtenen Beschluss auf. Darüber hinaus kann es grundsätzlich nach seinem Ermessen entweder selbst eine abschließende Entscheidung über den Beschwerdegegenstand treffen oder die Sache zur anderweitigen Verhandlung und Entscheidung an das Ausgangsgericht zurückverweisen und diesem die „erforderliche Anordnung" übertragen[1022]. Dies ist dann erforderlich, wenn die Aufhebung der angefochtenen Entscheidung nicht genügt, um die Beschwer des Beschwerdeführers zu beseitigen[1023]. Verweist das Beschwerdegericht die Sache an das Ausgangsgericht zurück, ist es nicht auf unverbindliche Hinweise zur weiteren Sachbehandlung durch das Ausgangsgericht beschränkt. Vielmehr kann es im Rahmen der Übertragung der erforderlichen Anordnungen nach § 572 Abs. 3 ZPO dem Ausgangsgericht auch Weisungen in Bezug auf die weitere Sachbehandlung erteilen und das Ausgangsgericht sogar dazu anweisen, eine bestimmte Maßnahme zu treffen[1024]. Darüber hat das Beschwerdegericht grundsätzlich nach Zweckmäßigkeitsgesichtspunkten zu befinden[1025]. Die – in jedem Fall bindende – Weisung kann das Beschwerdegericht entweder im Tenor oder in den Gründen des Beschlusses aussprechen[1026].

Auf die Aufhebung des Aussetzungsbeschlusses wird sich die Rechtsfolgenanordnung immer dann beschränken, wenn das Ausgangsgericht die Aussetzungsentscheidung von Amts wegen getroffen hat. Denn dann ist der Beschwer bereits durch die Aufhebung vollständig abgeholfen. Eine weitergehende Entscheidung – entweder durch das Beschwerdegericht selbst oder nach Zurückverweisung durch das Ausgangsgericht – ist nur erforderlich, wenn die Anordnung auf Antrag einer Partei ergangen und dieser Antrag nach Aufhebung der Aussetzungsanordnung erneut zu bescheiden ist. Insoweit ist das Anordnungsermessen des Beschwerdegerichts nach § 572 Abs. 3 ZPO jedoch beschränkt, wenn die Aussetzung im Ermessen des Ausgangsgerichts lag. Eine eigene Sachentscheidung ist dem Beschwerdegericht verwehrt, weil es dabei das Ermessen des Ausgangsgerichts in unzulässiger Weise ersetzen würde[1027]. Es kann die Sache daher nur zur erneuten Entscheidung an das Ausgangsgericht zurückverweisen und dabei auf den Ermessensfehler hinweisen. War die Aussetzungsanordnung hingegen zwingend auf Antrag der Parteien zu treffen – so beispielsweise in den Fällen der §§ 152 ff. ZPO – kann das Beschwerdegericht nach § 572 Abs. 3 ZPO den Antrag auch selbst (abschlägig) bescheiden. Jedenfalls aber gilt, dass

1022 MünchKommZPO/*Lipp*, § 572 ZPO Rn. 26; Musielak/*Ball*, § 572 ZPO Rn. 16.
1023 Wieczorek/Schütze/*Jänich*, § 567 ZPO Rn. 48.
1024 Musielak/*Ball*, § 572 ZPO Rn. 17.
1025 Baumbach/Lauterbach/Albers/Hartmann, § 572 ZPO Rn. 16.
1026 Thomas/Putzo/*Reichold*, § 572 ZPO Rn. 23; Wieczorek/Schütze/*Jänich*, § 572 ZPO Rn. 59.
1027 Wieczorek/Schütze/*Jänich*, § 567 ZPO Rn. 14.

dem Beschwerdegericht eine Entscheidung in der Hauptsache selbst unabhängig von deren Entscheidungsreife nicht treffen darf, da die Überprüfung der materiellen Rechtslage des Hauptsacheverfahrens nicht Beschwerdegegenstand und dementsprechend der Entscheidung des Beschwerdegerichts entzogen ist[1028].

Die nach §§ 252, 567 ZPO zulässigen Rechtsfolgenanordnungen können auf die Untätigkeitsbeschwerde in analoger Anwendung der Vorschriften nur eingeschränkt übertragen werden. Weil die Verfahrensverzögerung nur als faktische Aussetzungsentscheidung wirkt, entfällt die Aufhebung der Aussetzungsanordnung von vornherein als mögliche Rechtsfolge. Stattdessen ist ein Rechtsfolgenausspruch zu treffen, der der Aufhebung der Aussetzungsentscheidung entspricht. Dieser muss sich auf den konkreten Beschwerdegegenstand beziehen und darf keine Ermessensentscheidung des Ausgangsgerichts ersetzen. Denn wenn das Beschwerdegericht das ausgeübte Ermessen des Ausgangsgerichts im Rahmen der sofortigen Beschwerde gegen die Aussetzungsanordnung nur auf Ermessensfehlgebrauch überprüfen und weder die Zweckmäßigkeit der Entscheidung überprüfen, noch die Ermessensentscheidung durch eigenes Ermessen ersetzen kann, darf es auch auf die Untätigkeitsbeschwerde nach §§ 252, 567 ZPO analog nicht anstelle des Ausgangsgerichts eine Ermessensentscheidung treffen. Das Beschwerdegericht wird dem Ausgangsgericht daher aufgeben können, sein Ermessen auszuüben. Die Vorgabe, eine bestimmte Maßnahme zu treffen, kann allenfalls in Betracht kommen, wenn nach der Lage des Verfahrens offenkundig nur eine einzige Maßnahme zur Verfahrensförderung in Betracht kommt, d.h. das Ausgangsgericht sein Ermessen ohnehin nur dahingehend ausüben könnte.

Das Beschwerdegericht muss folglich eine Rechtsfolge anordnen, die den durch faktische Aussetzung des Verfahrens verursachten Stillstand gleich der Aufhebung der Aussetzungsanordnung beseitigt. Deshalb muss es bei begründeter Untätigkeitsbeschwerde nach §§ 252, 567 ZPO jedenfalls die Anordnung gegenüber dem Ausgangsgericht treffen können, dem Verfahren Fortgang zu geben bzw. das Verfahren fortzusetzen[1029]. Ob dabei konkrete Vorgaben hinsichtlich der zu treffenden Maßnahmen („Wie") und des Zeitrahmens („Wann") zulässig sind, ist fraglich. Insofern dürfte richtig sein, dass das Beschwerdegericht die Fortsetzungsanordnung hinsichtlich des „Wie" und „Wann" dann konkretisieren darf, wenn diese Anordnung im Rahmen des Beschwerdegegenstandes liegt und keine Ermessensentscheidung des Ausgangsgerichts ersetzt. Das Beschwerdegericht überprüft auf die Untätigkeitsbeschwerde die sachliche Rechtfertigung der faktischen Aussetzung des

1028 OLG Frankfurt a.M. NJOZ 2006, 2646.
1029 OLG Saarbrücken NJW-RR 1999, 1290 (1291).

Verfahrens. Dazu gehört auch die Feststellung, welche prozessfördernden Maßnahmen das Ausgangsgericht bereits getroffen hat und welche erforderlichen Maßnahmen noch ausstehen. Richtet sich die Untätigkeitsbeschwerde beispielsweise gegen die Nichtterminierung entgegen §§ 216, 273 ZPO, überprüft das Beschwerdegericht, ob die Terminierung die erforderliche prozessfördernde Maßnahme ist und ohne sachlichen Grund noch nicht erfolgt ist. Vorausgesetzt, dass dem Verfahren ohnehin nur durch die Terminierung Fortgang gegeben werden kann, wird das Beschwerdegericht tenorieren dürfen, dass dem Verfahren durch Bestimmung eines Termins zur mündlichen Verhandlung Fortgang zu geben ist[1030]. Wird mit der Untätigkeitsbeschwerde hingegen allgemein die Unangemessenheit der Verfahrensdauer angegriffen und sind nach dem Verfahrensstand verschiedene prozessfördernde Maßnahmen zur Fortsetzung des Verfahrens denkbar, so wird das Beschwerdegericht dem Ausgangsgericht nicht konkret vorgeben dürfen, welche Maßnahme es zu treffen hat. Zulässig dürfte dann nur sein, die Fortführung des Verfahrens durch geeignete prozessleitende Verfügungen anzuordnen. Die in Betracht kommenden Möglichkeiten kann es nur in den Beschlussgründen darlegen. Die Anordnung konkreter Maßnahmen scheidet außerdem aus, wenn diese im Ermessen des Ausgangsgerichts liegen und das Beschwerdegericht deren Erforderlichkeit nur durch Vorwegnahme der Prüfung in der Hauptsache feststellen könnte. Dies gilt beispielsweise für die Anordnung, einen Beweisbeschluss nach § 358 a ZPO zu erlassen. Der Erlass eines solchen Beschlusses steht nicht nur im Ermessen des Ausgangsgerichts, sondern erfordert zudem eine Prüfung der Beweiserheblichkeit und –bedürftigkeit der streitigen Tatsachen des dem Untätigkeitsbeschwerdeverfahren entzogenen Hauptsacheverfahrens[1031].

Einen konkreten Zeitrahmen für die Vornahme prozessfördernder Maßnahmen wird das Beschwerdegericht dem Ausgangsgericht ebenfalls nur dann vorgeben dürfen, wenn dieser nicht im Ermessen des Ausgangsgerichts liegt. Dies ist insbesondere im Hinblick auf Vorgaben zur Terminierung zu berücksichtigen. § 216 Abs. 2 ZPO sieht vor, dass der Termin „unverzüglich" zu bestimmen ist. Dabei hat der Vorsitzende anerkanntermaßen aber einen gewissen Ermessensspielraum[1032]. Im Übrigen ist auch die Auswahl des Terminszeitpunktes, d.h. des Terminstages und der Terminstunde eine Ermessensentscheidung des Vorsitzenden[1033]. Das Beschwerdegericht darf die Fortsetzungsanordnung daher in zeitlicher Hinsicht jedenfalls nicht dahingehend konkretisieren, einen Termin an einem bestimmten Tag zu einer bestimmten Zeit anzuberaumen. Gleiches dürfte

1030 OLG Köln NJW-RR 1999, 290.
1031 MünchKommZPO/*Heinrich*, § 359 ZPO Rn. 1.
1032 Musielak/*Stadler*, § 216 ZPO Rn. 7.
1033 Zöller/*Stöber*, § 216 ZPO Rn. 18.

für die Anordnung gelten, dass innerhalb eines bestimmten Zeitraumes zu terminieren ist, da insofern zumindest ein Rahmen für die Terminierung vorgegeben wird.

ee) Zwischenergebnis

Verletzt das Gericht den Anspruch auf ein Verfahren innerhalb angemessener Frist dadurch, dass es das Verfahren nicht wie geboten betreibt, kann die Untätigkeit mit der Beschwerde in analoger Anwendung der §§ 252, 567 ZPO angefochten werden. Die bloße richterliche Untätigkeit steht dann in ihren Wirkungen einer durch Beschluss angeordneten Aussetzung des Verfahrens gleich. Analog anzuwenden sind auch die nach dem Beschwerderecht der ZPO zulässigen Rechtsfolgen. Zwar entfällt mangels Aussetzungsanordnung die auf die begründete Beschwerde nach § 572 Abs. 3 ZPO vorzunehmende Aufhebung einer Entscheidung. Ihr entspricht indes die Anordnung der Fortsetzung des Verfahrens durch das Beschwerdegericht gegenüber dem Ausgangsgericht. Dabei kann das Beschwerdegericht die Fortsetzungsanordnung sowohl hinsichtlich der zu treffenden Maßnahme als auch des zeitlichen Rahmens konkretisieren, sofern sich die Anordnung im Rahmen des Beschwerdegegenstandes hält und keine dem Ausgangsgericht obliegende Ermessensentscheidung ersetzt. Solange das Beschwerdegericht diese Grenzen einhält, ist der jeweilige Rechtsfolgenausspruch durch die §§ 567 ZPO (analog) gesetzlich legitimiert.

Die Untätigkeitsbeschwerde analog § 252 ZPO ist ein Fall der enumerativ vom Gesetz zugelassenen Beschwerde nach § 567 Abs. 1 Nr. 1 ZPO. Ist die sofortige Beschwerde vom Gesetz ausdrücklich zugelassen, ist sie ohne Rücksicht darauf statthaft, ob durch die beschwerdefähige Entscheidung ein das Verfahren betreffendes Gesuch zurückgewiesen worden ist[1034]. Deshalb kommt es auch nicht darauf an, ob sich die Statthaftigkeit der Beschwerde auch aus der Generalklausel des § 567 Abs. 1 Nr. 2 ZPO herleiten lässt[1035].

b) Untätigkeitsbeschwerde bei verzögerungsbedingtem Rechtsverlust in der Hauptsache

Verfahrensverzögerungen können sich jedoch nicht nur als „faktische Aussetzungsentscheidung", sondern auch als Verweigerung der begehrten Sachentscheidung auswirken. Die Interessenlage ist dann für den Rechtsuchenden vergleichbar mit derjenigen bei einer ablehnenden Hauptsacheentscheidung, so dass er die Untätigkeit des Gerichts mit den dagegen statthaften Rechtsmitteln

1034 Musielak/*Ball*, § 567 ZPO Rn. 11.
1035 Ähnlich Stein/Jonas/*Roth*, § 252 ZPO Rn. 6: Es entfällt „die Notwendigkeit".

anfechten kann[1036]. Das jeweils statthafte Rechtsmittel übernimmt in dem Fall die Funktion einer Untätigkeitsbeschwerde. Dies gilt vor allem in Prozesskostenhilfeverfahren und in Sorge- und Umgangsrechtsverfahren.

aa) Untätigkeitsbeschwerde in Prozesskostenhilfeverfahren nach §§ 127 Abs. 2, 567 ZPO analog

Die Gefahr eines Rechtsverlusts durch Verfahrensverzögerung droht insbesondere in Prozesskostenhilfeverfahren, weil diese ihrer Natur nach einer besonderen Eilbedürftigkeit unterliegen[1037]. Das Prozesskostenhilfegesuch muss möglichst kurzfristig beschieden werden, weil der Antragsteller sich erst danach Klarheit darüber verschaffen kann, ob und inwieweit er die Kosten der Rechtsverfolgung selbst zu tragen hat[1038]. Dies ist Voraussetzung für die Folgeentscheidung über die Fortführung des Hauptsacheverfahrens.

(1) Analogievoraussetzungen

Die Bedeutung des Prozesskostenhilfeverfahrens für den Antragsteller erfordert es, das Verfahren zügig zu führen und alsbald abzuschließen. Hier handelt es sich letztlich um eine ungeschriebene Voraussetzung einer jeden sofortigen Beschwerde nach §§ 127 Abs. 2 S. 2, 567 Abs. 1 Nr. 1 ZPO[1039]. Nach § 118 Abs. 2 S. 3 ZPO ist die Vernehmung von Zeugen und Sachverständigen nur ausnahmsweise zulässig, weil damit regelmäßig eine Verlängerung des Verfahrens verbunden ist. Als unvereinbar mit dem Zweck des Prozesskostenhilfeverfahrens werden zudem die Anordnung der Aussetzung bzw. des Ruhens des Verfahrens über das Prozesskostenhilfegesuch angesehen[1040]. Dies zeigt, dass über einen entscheidungsreifen Antrag zu einem Zeitpunkt entschieden werden soll, zu dem nach Lage der Sache die mit dem Antrag verfolgten Belange noch wahrgenommen werden können oder eine bereits eingereichte Klage noch kostensparend zurückgenommen werden kann[1041]. Jedenfalls darf mit der Entscheidung über den Prozesskostenhilfeantrag nicht abgewartet werden, bis die Hauptsache entscheidungsreif oder gar entschieden ist.

Entscheidet das Gericht über ein Prozesskostenhilfegesuch nicht innerhalb des angemessen Zeitrahmens, kann sich dies für den Antragsteller genauso

---

1036 MünchKommZPO/*Lipp*, § 567 ZPO Rn. 25.

1037 Musielak/*Fischer*, § 118 ZPO Rn. 19.

1038 *Schneider* MDR 2004, 1097.

1039 LAG Köln, Beschluss v. 09.06.2004, 3 Ta 185/04, BeckRS 2004 41356, zuletzt abgerufen am 19.06.2009.

1040 Musielak/*Fischer*, § 118 ZPO Rn. 11; Stein/Jonas/*Bork*, § 118 ZPO Rn. 5.

1041 Stein/Jonas/*Bork*, § 118 ZPO Rn. 5.

auswirken, wie die Ablehnung des Gesuchs vor Entscheidung in der Hauptsache[1042]. Dies gilt insbesondere, wenn die Verzögerung darauf beruht, dass das Gericht unter Verstoß gegen § 118 Abs. 2 S. 3 ZPO Beweis erhoben, in unzulässiger Weise die Aussetzung oder das Ruhen des Verfahren angeordnet oder anstelle der Entscheidung über den Antrag auf Prozesskostenhilfe einen Verhandlungstermin anberaumt hat, aber auch dann, wenn es schlicht überhaupt nicht auf ein Prozesskostenhilfegesuch reagiert. Der ungewisse Ausgang des Prozesskostenhilfeverfahrens stellt den Antragsteller vor dieselbe Entscheidung wie die Versagung der Prozesskostenhilfe, nämlich das Verfahren dennoch auf eigene Kosten zu betreiben bzw. fortzuführen oder aber auf die Rechtsverfolgung bzw. die Rechtsverteidigung zu verzichten. Die Nichtbescheidung des Gesuchs innerhalb angemessener Zeit, d.h. zu einem Zeitpunkt, zu dem der Antragsteller noch die Entscheidung über die Durchführung des Hauptsacheverfahrens auch ohne Prozesskostenhilfe entscheiden kann, ist daher als faktische Ablehnung des Gesuchs zu werten[1043]. Die Untätigkeit des Gerichts ist deshalb entsprechend § 127 Abs. 2 S. 2 ZPO mit dem gegen die Ablehnungsentscheidung vorgesehenen Rechtsmittel, der sofortigen Beschwerde, anfechtbar. Auch diese Beschwerde ist dann eine Ausprägung der Untätigkeitsbeschwerde.

Die sofortige Beschwerde gegen die Versagung der Prozesskostenhilfe richtet sich nach § 567 Abs. 1 ZPO und ist demzufolge nur gegen Entscheidungen im ersten Rechtszug statthaft, nicht aber gegen Prozesskostenhilfeentscheidungen der zweiten Instanz zur Durchführung der Berufung oder der Rechtsverteidigung dagegen[1044]. Dementsprechend ist die Untätigkeitsbeschwerde analog §§ 127, 567 ZPO im Prozesskostenhilfeverfahren zur Durchführung der Berufung oder der Verteidigung gegen eine Berufung nicht statthaft. Die faktische Versagung der Prozesskostenhilfe ist in diesen Fällen nicht nach Beschwerderecht selbständig anfechtbar.

(2) Rechtsfolgenausspruch

Das Beschwerdegericht kann auf die Untätigkeitsbeschwerde im Prozesskostenhilfeverfahren nach §§ 127 Abs. 2, 567 ZPO die nach Beschwerderecht zulässigen Rechtsfolgen anordnen[1045]. Der Prüfungsumfang bei zulässiger und begründeter Beschwerde gegen eine die Prozesskostenhilfe versagende Entscheidung hängt u.a. davon ab, in welchem Umfang die Entscheidung angefochten wird und aus welchen Gründen das Ausgangsgericht den Prozess-

1042 vgl. § 10 I. 2. b) (4) und die dort genannten Rechtsprechungsnachweise.

1043 OLG Köln MDR 1999, 444; OLG Celle MDR 1985, 591; OLG Karlsruhe MDR 1995, 635.

1044 *Kalthoener/Büttner/Wrobel-Sachs*, Rn. 868.

1045 MünchKommZPO/*Lipp*, § 567 ZPO Rn. 25.

kostenhilfeantrag abgelehnt hat. Versagt das Ausgangsgericht die Prozesskostenhilfe wegen fehlender Hilfsbedürftigkeit des Antragstellers oder wegen mangelnder Erfolgsaussicht, hat das Beschwerdegericht uneingeschränkte Prüfungsbefugnis. In diesem Fall fällt bei dem Beschwerdegericht das gesamte Bewilligungsverfahren an[1046]. Es kann nach Aufhebung der versagenden Entscheidung des Ausgangsgerichts nach § 572 Abs. 3 ZPO über den Antrag nach pflichtgemäßem Ermessen entweder selbst entscheiden oder das Verfahren zur erneuten Entscheidung an das Ausgangsgericht zurückzuverweisen. Während bei Entscheidungsreife der Sache regelmäßig eine abschließende Sachentscheidung des Beschwerdegerichts geboten sein wird, findet die Zurückverweisung grundsätzlich dann statt, wenn weitere Ermittlungen des Ausgangsgerichts erforderlich sind[1047].

Da sich die faktische Ablehnungsentscheidung des Ausgangsgerichts als umfassende Ablehnung des Prozesskostenhilfegesuchs auswirkt, hat das Beschwerdegericht auch hier umfassende Prüfungskompetenz. Es kann dementsprechend grundsätzlich auch eine eigene Sachentscheidung über den Antrag treffen. Das Beschwerdegericht hat daher im Rahmen der Begründetheit der Untätigkeitsbeschwerde analog §§ 127 Abs. 2, 567 ZPO sämtliche Voraussetzungen des § 114 ZPO zu überprüfen. Ist die Sache bereits entscheidungsreif, kann das Beschwerdegericht sein Entscheidungsermessen dahingehend ausüben, dass es den Antrag auf Prozesskostenhilfe selbst bescheidet. Die Zurückverweisung zur Entscheidung an das Ausgangsgericht muss demgegenüber dann erfolgen, wenn noch keine Entscheidungsreife gegeben ist, sondern weitere Ermittlungen des Ausgangsgerichts erforderlich sind. In diesem Fall spricht das Beschwerdegericht auch hier eine Fortsetzungsanordnung mit Fristsetzung gegenüber dem Ausgangsgericht aus.

bb) Untätigkeitsbeschwerde in Sorge- und Umgangsrechtsverfahren

Verfahrensverzögerungen können sich auch in Sorge- und Umgangsrechtsverfahren als Ablehnung der begehrten Sachentscheidung auswirken und mit dem gegen eine solche Entscheidung statthaften Rechtsmittel anfechtbar sein[1048].

(1) Analogievoraussetzungen

Ein schleppender Verfahrensgang beeinträchtigt die Rechte der Parteien im Kindschaftsrecht in weit stärkerem Maße als in sonstigen zivilrechtlichen Verfahren und wirkt sich sogar in doppelter Hinsicht auf die Rechte der antrag-

---

1046 Zöller/*Philippi*, § 127 ZPO Rn. 36.
1047 Zöller/*Philippi*, § 127 ZPO Rn. 38.
1048 vgl. auch § 11 III. 2) b).

stellenden Partei aus. Zum einen wird die beantragte Regelung während der Dauer des gerichtlichen Verfahrens nicht erlassen, so dass – vorbehaltlich einer einstweiligen Regelung – bis zur Entscheidung kein Umgang mit dem Kind stattfindet. Der dadurch „versäumte" Umgang ist zu einem späteren Zeitpunkt nicht mehr nachholbar, weil Regelungen des Umgangsrechts nicht für die Vergangenheit wirken. Aus diesem Grund wirkt sich die Verfahrensdauer unabhängig von der endgültigen Entscheidung jedenfalls vorläufig als faktische Ablehnung des Antrags aus[1049]. Zum anderen kann die Verfahrensverzögerung die Hauptsacheentscheidung beeinflussen. In Verfahren über das Sorge- und Umgangsrecht gebietet das zentrale Merkmal des Kindeswohls eine beschleunigte Verfahrensdurchführung. Mit zunehmender Verfahrensdauer steigt die Gefahr, dass sich das Kind vom nicht sorgeberechtigten Elternteil entfremdet. Weil sich die Fähigkeit eines Kindes zur Wahrnehmung von Zeit bzw. Zeitspannen erst mit zunehmendem Alter ausbildet, empfinden besonders kleinere Kinder den Verlust einer Bezugsperson schnell als endgültig[1050]. Der ausbleibende Kontakt lässt sogar befürchten, dass der Antragsteller vom Kind schließlich als Fremder erlebt wird. Das Kindeswohl kann es dann erfordern, dass das beantragte Recht endgültig verwehrt wird, selbst wenn zum Zeitpunkt der Einreichung des Antrages gute Chancen bestanden, die begehrte Regelung zu erhalten. Insofern besteht die Gefahr, dass jede Verfahrensverzögerung schon rein faktisch zu einer (Vor-) Entscheidung führt, noch bevor ein richterlicher Spruch vorliegt[1051].

Auch in Kindschaftssachen gilt daher, dass die Interessenlage bei einer faktischen Vorentscheidung mit derjenigen bei ablehnender Entscheidung in der Hauptsache vergleichbar ist und die Rechtsmittelvorschriften daher entsprechend angewendet werden können.

(2) Rechtsfolgenausspruch

Seit Inkrafttreten des Gesetzes über das Verfahren in Familiensachen und in den Angelegenheiten der freiwilligen Gerichtsbarkeit (FamFG)[1052] ist für die Anfechtbarkeit in Familiensachen nicht mehr zwischen sog. ZPO-Familiensachen und FGG-Familiensachen zu unterscheiden, sofern die Verfahren nach Inkrafttreten des FamFG eingeleitet oder die Einleitung

1049 OLG Karlsruhe FamRZ 1994, 46 (47); *Oelkers*, § 2, Rn. 60.
1050 BVerfG FamRZ 2001, 753 (754).
1051 BVerfG FamRZ 2001, 753 f.; FamRZ 2004, 689.
1052 In Kraft seit dem 01.09.2009.

beantragt wurde[1053]. Vielmehr sind erstinstanzliche Endentscheidungen der Amts- und Landgerichte in Familiensachen einheitlich nach §§ 58 ff. FamFG mit der Beschwerde anfechtbar. Nach § 68 Abs. 3 S. 1 FamFG bestimmt sich das Beschwerdeverfahren nach den Vorschriften über das Verfahren im ersten Rechtszug und knüpft damit an die §§ 23 – 37 und §§ 111 ff. FamFG an. Das Beschwerdegericht, gemäß § 119 Abs. 1 Nr. 1 a, b GVG das Oberlandesgericht, hat nach Aufhebung der angefochtenen Endentscheidung den Sachverhalt neu zu prüfen und gegebenenfalls eine eigene Ermessensentscheidung zu treffen[1054]. Eine Zurückverweisung an das erstinstanzliche Gericht kommt im Interesse der Verfahrensbeschleunigung[1055] nur in den in § 69 Abs. 1 Satz 2 und 3 FamFG genannten Ausnahmefällen in Betracht. Nach Satz 2 ist dies der Fall, wenn das Ausgangsgericht sich noch nicht mit der Sache, sondern ausschließlich mit Zulässigkeitsfragen befasst hat. Nach Satz 3 ist eine Zurückverweisung außerdem bei einem wesentlichen Verfahrensmangel statthaft, der eine umfangreiche oder aufwändige Beweisaufnahme erfordert. Die Zurückverweisung setzt dann aber einen entsprechenden Antrag des Verfahrensbeteiligten voraus, § 69 Abs. 1 S. 3 HS 3 FamFG.

Hat die Verfahrensverzögerung die Wirkung einer das Sorge- oder Umgangsrecht verweigernden Sachentscheidung, kann der Verfahrensbeteiligte diese faktische Ablehnung mit der Beschwerde analog § 58 FamFG anfechten und das Beschwerdegericht daraufhin eine § 69 FamFG entsprechende Rechtsfolgenanordnung treffen. Abgesehen von der Aufhebung der nur faktischen Entscheidung gelten die nach § 69 FamFG möglichen Rechtsfolgenanordnungen bei der Untätigkeitsbeschwerde analog. Das Beschwerdegericht darf nach § 69 Abs. 1 FamFG analog nur dann selbst über das begehrte Sorge- oder Umgangsrecht entscheiden, wenn sich das Ausgangsgericht bereits sowohl mit den Zulässigkeitsfragen als auch mit der Sache selbst beschäftigt hat, diese also entscheidungsreif ist. Anderenfalls ist es wie in den anderen Fällen der analogen Anwendung gesetzlicher Beschwerden als Untätigkeitsbeschwerden auf den Ausspruch einer Fortsetzungsanordnung mit Fristsetzung beschränkt. Dies gilt insbesondere dann, wenn für die Herbeiführung der Entscheidungsreife noch eine Beweisaufnahme durchgeführt werden muss.

1053 Zöller/*Feskorn*, Vor § 58 FamFG Rn. 7: Für Verfahren die bis zum Inkrafttreten des FamFG eingeleitet worden sind oder deren Einleitung bis zum Inkrafttreten dieses Gesetzes beantragt wurde, gelten noch die bis dahin geltenden Vorschriften und wird auch das Rechtsmittelverfahren nach dem bisherigen Recht durchgeführt.

1054 Zöller/*Feskorn*, § 68 FamFG Rn. 5; § 69 Rn. 2.

1055 BT-Drucks. 16/6308, S. 208.

3. Untätigkeitsrüge nach § 321 a ZPO analog

Durch analoge Anwendung des Beschwerderechts können die Regelungslücken bei überlanger Verfahrensdauer nicht vollständig geschlossen werden. Denn die §§ 252, 567 ZPO, §§ 127, 567 ZPO und § 58 FamFG analog gewähren keinen weitergehenden Rechtsschutz als in ihrer direkten Anwendung. Darüber hinaus sind die Untätigkeitsbeschwerden analog Beschwerderecht nur statthaft, wenn die Untätigkeit einer anfechtbaren Entscheidung entspricht, entweder weil sie sich als faktische Aussetzungsentscheidung oder aber als Ablehnung der begehrten Sachentscheidung auswirkt. Rechtsschutz gegen schlichte Untätigkeit durch Nichtbetreiben des Verfahrens gewähren sie gerade nicht.

Verfahrensverzögerungen sind analog Beschwerderecht nur insoweit anfechtbar, wie gegen eine entsprechende Entscheidung des jeweiligen Gerichts überhaupt eine Beschwerde vorgesehen ist. Die Beschwerden nach §§ 252, 567 ZPO, nach §§ 127, 567 ZPO und nach § 58 FamFG sind nur gegen erstinstanzliche Entscheidungen der Amts- und Landgerichte statthaft. Dementsprechend sind sie in analoger Anwendung als Untätigkeitsbeschwerde ebenfalls nur bei Verfahrensverzögerungen in erstinstanzlichen Verfahren der Amts- und Landgerichte eröffnet. Verzögerungen der Verfahren vor den Landgerichten in Berufungsverfahren und vor den Oberlandesgerichten sind davon nicht erfasst. Sie unterliegen nach § 574 Abs. 1 Nr. 2 ZPO bzw. nach § 70 Abs. 1 FamFG der Rechtsbeschwerde, wenn das Beschwerdegericht sie zugelassen hat. Sie scheidet in den Untätigkeitsfällen mangels Zulassung von vornherein aus. Im Ergebnis besteht daher keine Beschwerdemöglichkeit bei Verzögerungen in Berufungsverfahren vor den Landgerichten und in Verfahren vor den Oberlandesgerichten. Gleiches gilt für Prozessverzögerungen in letztinstanzlichen Verfahren, und zwar unabhängig davon, ob das Gericht bloß untätig bleibt oder ob das Verfahren durch eine Aussetzungs*entscheidung* verzögert wird. Hier besteht ebenfalls eine Regelungslücke, weil der Justizgewährungsanspruch in beiden Fällen wirksamen fachgerichtlichen Rechtsschutz zur Abwehr von Verletzungen des Anspruchs auf effektiven Rechtsschutz fordert. Insoweit kommt eine analoge Anwendung des § 321 a ZPO als Untätigkeitsbeschwerde in Betracht.

Eine Regelungslücke verbleibt darüber hinaus auch bei analoger Anwendung der Beschwerden als Untätigkeitsbeschwerden, wenn sich die Untätigkeit gerade nicht als anfechtbare Entscheidung auswirkt, d.h. weder einer Aussetzungsentscheidung noch der Ablehnung der beantragten Sachentscheidung gleichsteht. Dies ist insbesondere der Fall, wenn die unangemessene Verfahrensdauer durch schlichtes Nichtbetreiben des Verfahrens verursacht wird. Rechtsschutz analog Beschwerderecht steht gegen diese „bloße" Untätigkeit mangels vergleichbarer Interessenlage nicht zur Verfügung. Dennoch erfordern der allgemeine Justizgewährungsanspruch und Art. 13 EMRK auch insoweit effektiven Rechtsschutz, wenn die durch bloßes Nichtbetreiben des Verfahrens entstehende Verfahrensdauer das Recht auf ein Verfahren innerhalb angemessener Frist verletzt. Auch diese Regelungslücke kann möglicherweise im Wege der analogen Anwendung des § 321 a ZPO geschlossen werden.

a) Voraussetzungen der Analogie

§ 321 a ZPO (analog) gewährt als „allgemeine Verfahrensgrundrechtsrüge" umfassenden Rechtsschutz bei Verletzung von Verfahrensgrundrechten[1056]. Die sachlich ungerechtfertigte Untätigkeit des Gerichts verletzt den Anspruch der Parteien auf ein Verfahren innerhalb angemessener Dauer – und dementsprechend ein Verfahrensgrundrecht. Da bei erstmaliger Verletzung von Verfahrensgrundrechten fachgerichtlicher Rechtsschutz zur Verfügung stehen muss[1057], gilt dies auch bei Verletzung des Beschleunigungsgebotes[1058]. Hier bietet die analoge Anwendung des § 321 a ZPO eine verfassungskonforme Abhilfemöglichkeit. Die analoge Anwendung des Rechtsbehelfs als Untätigkeitsrüge unterscheidet sich von der Anwendung als Verfahrensgrundrechtsrüge im Übrigen lediglich dadurch, dass Rechtsschutz gegen ein Unterlassen des Gerichts begehrt wird[1059]. Dies spricht jedoch nicht gegen die Gleichbehandlung der Verfahrensgrundrechte, was sich bereits daraus ergibt, dass die Untätigkeit auch als ablehnende Entscheidung darstellen kann. Im Übrigen ist die Gleichbehandlung eine verfassungsrechtliche Notwendigkeit, da der Justizgewährungsanspruch einen Rechtsbehelf gegen alle durch den Richter verursachte Verfahrensgrundrechtsverletzungen verlangt. Im Ergebnis ist entscheidend, ob ein Verfahrensgrundrecht verletzt ist, nicht aber, ob die Ursache dafür in einem Handeln oder einem Unterlassen des Gerichts liegt.

Der erforderliche fachgerichtliche Rechtsschutz ist also auch dort sichergestellt, wo die Untätigkeitsbeschwerden analog Beschwerderecht nicht anwendbar sind, sei es, dass eine Beschwerde gegen die Hauptsacheentscheidung des jeweiligen Gerichts nicht statthaft wäre oder dass sich die verfassungs- und konventionswidrige Verfahrensdauer nicht als eine analog Beschwerderecht anfechtbare de facto Entscheidung darstellt. Diese Lücke kann durch eine (partielle) Analogie

1056 Vgl. dazu § 5 IV.

1057 Vgl. § 4 I.

1058 Dafür explizit *Voßkuhle* NJW 2003, 2193 (2197); *Dörr* Jura 2004, 334 (337); *Rixe* FamRZ 2007, 1453 (1456); *Britz/Pfeifer* DÖV 2004, 245 ff.

1059 *Schenke* NVwZ 2005, 729 (738).

zu der – im Übrigen subsidiären – Verfahrensgrundrechtsrüge gemäß § 321 a ZPO geschlossen werden[1060].

b) Zulässiger Rechtsfolgenausspruch

Über die Rüge nach § 321 a ZPO entscheidet der iudex a quo. Hält er die Rüge für statthaft, zulässig und begründet, muss er ihr abhelfen, indem er das Verfahren fortführt. Eine förmliche Entscheidung über die Fortsetzung des Rechtsstreits ist nicht zu treffen[1061]. Es ist davon auszugehen, dass ein Gericht das Verfahren unverzüglich fortführt, wenn es die Rüge überlanger Verfahrensdauer für begründet hält.

Die Bedenken an der Effektivität der Rüge nach § 321 a ZPO[1062] beziehen sich im Wesentlichen darauf, dass diese dem iudex a quo regelmäßig abverlangt, die Verletzung eines Verfahrensgrundrechts zu dokumentieren und auf diese Weise nach außen hin einzugestehen. Der iudex a quo ist bei der „Untätigkeitsbeschwerde" nach § 321 a ZPO analog zwar dem Vorwurf ausgesetzt, die erforderlichen verfahrensbeschleunigenden Maßnahmen unterlassen zu haben. Die Grundrechtsverletzung hat sich im Fall der Untätigkeit jedoch nicht bereits in einer fehlerhaften Erstentscheidung manifestiert. Dementsprechend wird dem iudex a quo bei der partiellen Untätigkeitsbeschwerde auch nicht abverlangt, seine Erstentscheidung im Tenor der neuen Entscheidung zu berücksichtigen und auf diese Weise seinen Fehler erkennbar zu machen. Im Übrigen gilt auch hier[1063], dass die Bedenken lediglich rechtspolitischer Natur sind, die Effektivität des Rechtsschutzes aber nicht beeinträchtigen.

4. Vereinbarkeit der Rechtsfolgen mit Art. 97 Abs. 1 GG

Soweit die Gerichte – unabhängig von der jeweils herangezogenen dogmatischen Grundlage – eine Untätigkeitsbeschwerde für statthaft halten, diskutieren sie im Rahmen der Rechtsfolgenanordnung stets die Frage, ob damit ein Eingriff in die richterliche Unabhängigkeit verbunden sei. Dabei wird eine über die bloße Fortsetzungsanordnung hinausgehende Rechtsfolge ganz überwiegend als

---

1060 Ebenso MünchKommZPO/*Lipp*, § 567 ZPO Rn. 25; für die verwaltungsprozessuale Parallelvorschrift des § 152 a VwGO *Schenke* NVwZ 2005, 729 (738); a.A. *Jakob* ZZP 119 (2006), 303 (326), der Effektivitätsbedenken gegen den Rechtsschutz analog § 321a ZPO erhebt und eine Übertragung des Verfahrens auf eine andere Stelle, konkret den zur Vertretung berufenen Spruchkörper, befürwortet.

1061 Musielak/*Musielak*, § 321 a ZPO Rn. 11.

1062 Vgl. dazu § 4 IV. 2. c).

1063 § 4 IV. I. 3.; § 5 IV. 2. c) (bb).

Eingriff in die richterliche Unabhängigkeit des Ausgangsgerichts angesehen und deshalb abgelehnt[1064].

Art. 97 Abs. 1 GG dient unter anderem der Abwehr rechtsprechungsinterner Übergriffe in die freie richterliche Entscheidungsfindung[1065]. Die richterliche Unabhängigkeit wird jedoch nicht schrankenlos gewährleistet. Jeder Richter ist nach Art. 97 Abs. 1 GG dem Gesetz unterworfen, mit der Folge, dass Einschränkungen der Unabhängigkeit zulässig sind, sofern und soweit diese im Gesetz vorgesehen sind. Dies gilt auch für Einschränkungen durch inhaltliche Kontrolle gesetzlich legitimierter Entscheidungen der Rechtsmittelgerichte[1066]. Eine im Rechtsmittelweg ergangene Entscheidung des iudex ad quem verletzt den iudex a quo nicht in seiner richterlichen Unabhängigkeit, wenn und soweit das übergeordnete Gericht selbst auf gesetzlicher Grundlage im Rahmen seiner Rechtsprechungsfunktion und seiner richterlichen Unabhängigkeit handelt[1067]. Daraus folgt zunächst, dass eine Rechtsfolgenanordnung des Beschwerdegerichts auf die Untätigkeitsbeschwerde in analoger Anwendung der Rechtsmittelvorschriften nicht in die richterliche Unabhängigkeit des Ausgangsgerichts eingreift, sofern und soweit die Analogievoraussetzungen vorliegen und die Rechtsfolgenanordnung nach Rechtsmittelrecht zulässig ist. Nur soweit die Rechtsfolgenanordnung des Rechtsmittelgerichts diesen Rahmen überschreitet, kann überhaupt ein Verstoß gegen Art. 97 Abs. 1 GG vorliegen.

VI. Ergebnis zu § 12

Die Untersuchung bestätigt, dass es de lege lata einen verfassungs- und europarechtskonformen Untätigkeitsrechtsbehelf gibt, wenn und soweit diese auf einer entsprechenden Anwendung des Rechtsmittelrechts beruht[1068]. Die Untätigkeitsbeschwerde schlechthin gibt es nicht. Vielmehr ist je nach Auswirkung der Untätigkeit im konkreten Fall zu differenzieren[1069]. Gegen „faktische Aussetzungsentscheidungen" ist die sofortige Beschwerde nach §§ 252, 567 ZPO analog als Untätigkeitsbeschwerde statthaft[1070]. Wirkt sich die Untätigkeit hingegen als Ablehnung der begehrten Sachentscheidung aus, kann sie mit dem dagegen statthaften Rechtsmittel analog angegriffen werden. Gegen die faktische Ablehnung von Prozesskostenhilfeanträgen ist die Untätigkeitsbe-

---

1064 Vgl. dazu § 10 IV.
1065 Vgl. dazu § 11 IV.
1066 *Schulze-Fielitz*, in: Dreier, Art. 97 GG Rn. 22.
1067 *Hillgruber*, in Maunz/Dürig, Art. 97 Rn. 94.
1068 So auch *Peters*, FS für Schütze, S. 661 ff.
1069 Vgl. § 12 V. 2.
1070 Vgl. § 12 V. 2. a).

schwerde analog §§ 127 Abs. 2, 567 ZPO statthaft[1071]. In Sorge- und Umgangsrechtsverfahren ist die faktische Ablehnungsentscheidung nach §§ 58 ff. FamFG anfechtbar[1072]. Soweit gegen eine Entscheidung des Gerichts eine Beschwerde nicht statthaft ist, wird der verfassungs- und europarechtlich erforderliche Rechtsschutz durch die allgemeine Verfahrensgrundrechtsrüge in analoger Anwendung von § 321 a ZPO gewährt [1073]. Sie ist als „Auffangrechtsbehelf" außerdem dann statthaft, wenn durch das bloße Nichtbetreiben eines Verfahrens eine verfassungs- bzw. EMRK-widrige Verfahrensdauer eintritt.

Die jeweiligen Rechtsmittel sind auch in ihren Rechtsfolgen analog anwendbar. Die jeweilige Rechtsfolgenanordnung greift in die richterliche Unabhängigkeit des iudex a quo nicht ein, solange sie sich in dem durch das Rechtsmittelrecht festgelegten Rahmen hält. In diesen Fällen ist die Rechtsfolge gesetzlich vorgegeben und vom Ausgangsgericht nach Art. 97 Abs. 1 GG hinzunehmen. Ein Eingriff liegt hingegen vor, soweit die Untätigkeitsbeschwerde als außerordentlicher Rechtsbehelf verstanden wird. Einer solchen außerordentlichen Untätigkeitsbeschwerde – die im Übrigen wegen Verstoßes gegen den Grundsatz der Rechtsmittelklarheit verfassungswidrig ist – bedarf es hingegen nicht, weil durch analoge Anwendung gesetzlicher Rechtsbehelfe die Regelungslücke im Rechtsschutz gegen überlange Verfahrensdauer lückenlos geschlossen werden kann. Dies wird leider häufig nicht erkannt. Insofern stellt *Steger* zutreffend fest, dass eine dogmatisch noch so raffiniert hergeleitete Beschwerdemöglichkeit dem betroffenen Bürger nichts bringe, solange die Gerichte sich weigern, eine solche zur wirksamen Durchsetzung des Rechts auf ein Verfahren in angemessener Frist anzuwenden[1074]. Denn ein Rechtsbehelf, der reine Theorie bleibt, erfüllt das Rechtsschutzdefizit nicht. Die Bemühungen des Gesetzgebers um die Einführung eines speziellen Rechtsbehelfs gegen überlange Verfahrensdauer in das deutsche Recht sind daher zu befürworten.

§ 13 Die Bemühungen des Gesetzgebers um Lückenschließung

Nach ständiger Rechtsprechung des EGMR kann Rechtsschutz bei überlanger Verfahrensdauer entweder durch einen rein präventiven oder rein kompensatorischen Rechtsbehelf gewährt werden. Möglich ist auch ein Rechtsbehelf, der beide Modelle kombiniert. Nach einem vom Bundesministerium der Justiz in

1071 Vgl. § 12 V. 2. b) aa).
1072 Vgl. § 12 V. 2. b) bb).
1073 Vgl. § 12 V. 3.
1074 *Steger*, S. 288.

Auftrag gegebenen Gutachten von *Luczak*[1075] haben fast alle Unterzeichnerstaaten der EMRK „irgendeine Vorkehrung" im Hinblick auf überlange Verfahren getroffen, allerdings nur wenige – so Italien, Kroatien, Malta, Österreich, Polen und Spanien – einen speziellen Rechtsbehelf eingeführt. Dabei handelt es sich überwiegend um Entschädigungsregelungen. In Spanien etwa kann nach § 292 des spanischen Gerichtsverfassungsgesetzes ein Antrag auf Schadensersatz an das Justizministerium gerichtet werden[1076]. Andere Länder haben präventiven und kompensatorischen Rechtsschutz kombiniert. In Polen beispielsweise wurde im Juni 2004 eine solche Kombinationslösung eingeführt[1077]. Ausschließlich präventiven Rechtsschutz gibt es bislang nur in Österreich. Nach § 91 des österreichischen Gerichtsorganisationsgesetzes kann bei dem säumigen Gericht ein an den übergeordneten Gerichtshof gerichteter Antrag gestellt werden, dem Ausgangsgericht eine angemessene Frist für die Vornahme der Verfahrenshandlung zu setzen. Um einen solchen präventiven Rechtsbehelf hatte handelte es sich bei dem Referentenentwurf eines Untätigkeitsbeschwerdengesetzes vom 22.08.2005. Dieser Ansatz wurde inzwischen verworfen. Mit dem Referentenentwurf vom 15.03.2010 bzw. dem Regierungsentwurf vom 18.08.2010 wird nun eine Entschädigungslösung verfolgt. Beide Ansätze werden im Folgenden als mögliche Alternativen eines speziellen innerstaatlichen Rechtsbehelfs gegen unangemessene Verfahrensdauer untersucht[1078].

I. Das sog. Untätigkeitsbeschwerdengesetz vom 22.08.2005

Der am 22.08.2005 veröffentlichte Referentenentwurf eines Untätigkeitsbeschwerdengesetzes gibt dem Rechtsuchenden die Möglichkeit, unmittelbar auf eine beschleunigte Erledigung des Verfahrens hinzuwirken.

1. Der Referentenentwurf vom 22.08.2005

Nach dem Entwurf wird die Untätigkeitsbeschwerde als § 198 in einen neuen siebzehnten Titel des Gerichtsverfassungsgesetzes eingeführt[1079]. Die Beschwerde ist statthaft, wenn „ein anhängiges gerichtliches Verfahren von dem Gericht ohne zureichenden Grund nicht in angemessener Frist gefördert" wird.

1075 *Luczak*, S. 5.

1076 Vgl. *Meyer-Ladewig* NJW 2001, 2679 (2680).

1077 Zur Rechtslage in Polen ausführlich *Milej* OstEuR 2006, 337 ff.

1078 Zuvor hatte das hessische Justizministerium Ende 2003 den Entwurf einer als in § 17 c GVG einzuführenden Untätigkeitsbeschwerde veröffentlicht. Der Entwurf ist bei *Vorwerk* JZ 2004, 553 (554), vollständig abgedruckt.

1079 Da auch der im März 2010 vorgestellte Entwurf die Einführung der Entschädigungsklage als § 198 in das GVG vorsieht, wird die Untätigkeitsbeschwerde im Folgenden zur Unterscheidung als § 198 GVG-E (2005) gekennzeichnet.

Ist sie begründet, muss der iudex a quo unverzüglich, spätestens aber innerhalb eines Monats, Maßnahmen zum Abschluss des Verfahrens innerhalb angemessener Frist treffen. Anderenfalls ist sie spätestens innerhalb eines Monats dem iudex ad quem zur Entscheidung vorzulegen, in Verfahren, in denen ein Rechtsmittel nicht eröffnet ist, dem im Instanzenzug übergeordneten Gericht. Die Vorlage erfolgt außerdem auf Antrag, wenn der Beschwerdeführer die vom iudex a quo getroffene Maßnahme nicht für geeignet hält, um das Verfahren innerhalb angemessener Frist zu beenden. Das Beschwerdegericht muss nach § 198 GVG-E (2005) ebenfalls spätestens innerhalb eines Monats eine Entscheidung treffen. Hält es den Antrag auf Vorlage in der Sache für begründet, setzt es dem Ausgangsgericht eine Frist, in derer es verfahrensfördernde Maßnahmen ergreifen muss. Ein Rechtsmittel gegen die Zurückweisung der Untätigkeitsbeschwerde durch das Beschwerdegericht als unbegründet sieht der Entwurf nicht vor. Allerdings kann die Untätigkeitsbeschwerde erneut erhoben werden, wenn das Verfahren trotz bereits erhobener Beschwerde nicht zum Abschluss gelangt. Um einer ständigen Wiederholung der Beschwerde vorzubeugen, ist dies jedoch erst sechs Monate nach Ablauf der vorhergehenden verfahrensfördernden Maßnahme möglich, es sei denn, innerhalb der vom Beschwerdegericht bestimmten Frist wird gar keine wirksame prozessfördernde Maßnahme getroffen[1080].

2. Stellungnahmen der Interessenverbände

Die um Stellungnahme gebetenen Interessenverbände äußerten sich zu dem rein präventiven Lösungsansatz des Referentenentwurfs kontrovers. Zuspruch erhielt der Entwurf erwartungsgemäß von Seiten der Anwaltschaft, namentlich der Bundesrechtsanwaltskammer (BRAK), dem Deutschen Anwaltverein (DAV) und dem Deutschen Notarverein (DNotV)[1081]. Kritik erhoben dagegen die Interessenverbände der Richter. Der Deutsche Richterbund (DRB), der Bund Deutscher Finanzrichter (BDFR) und die Neue Richtervereinigung (NRV) bezeichneten den Entwurf als „*verfassungswidrig, fehlerhaft und kontraproduktiv*“, „*weder geboten noch geeignet*“ und als „*Schildbürgerstreich in der Justizpolitik*“[1082]. Der Verband zur Förderung der Rechtspflege und Unabhängigkeit von Richtern am Amtsgericht (ARV) erklärte, der Entwurf sei „*in der*

1080 RefE v. 22.08.2005, S. 13, „Zu Absatz 6“.

1081 BRAK-Stellungnahme Nr. 28/2005, September 2005, DAV, Stellungnahme Nr. 48/2005; DNotV, Stellungnahme vom 27.09.2005.

1082 BDFR, Stellungnahme vom 30.09.2005; DRB, Stellungnahme aus Oktober 2005; Bundesverband der NRV, Stellungnahme vom 17.09.2005, Stellungnahme von Mario Cebulla (Mitglied des Bundesvorstandes der NRV) vom 17.09.2005.

jetzigen Form strikt abzulehnen", weil er grobe handwerkliche Fehler aufweise und gegen den Grundsatz der richterlichen Unabhängigkeit verstoße[1083].

Zu berücksichtigen ist, dass sämtliche Stellungnahmen vor der Rechtsprechungsänderung des EGMR zum Verhältnis von Art. 13 und Art. 6 Abs. 1 EGMR abgegeben wurden[1084]. Der DRB bezweifelte zu diesem Zeitpunkt sogar noch, dass sich aus der Rechtsprechung des EGMR zu Art. 13 EMRK überhaupt ein zwingender Regelungsbedarf für die Fälle überlanger Verfahrensdauer ergebe. Die Gesamtheit der bereits vorhandenen Mittel, die Erinnerung, die Dienstaufsichtsbeschwerde, die Amtshaftungsklage und die außerordentliche Untätigkeitsbeschwerde, erfülle die Anforderungen des Gerichtshofs an eine wirksame Beschwerde, so dass der Gesetzesentwurf eine überobligatorische Verbesserung mit sich bringe. Auf einem Expertensymposium am 08.10.2007 im Bundesministerium der Justiz bestand zwar Einigkeit darüber, dass gesetzgeberischer Handlungsbedarf bestehe [1085]. Für die Einführung der Untätigkeitsbeschwerde hatte sich am 14.11.2007 der Petitionsausschuss des Deutschen Bundestages eingesetzt[1086]. Allerdings hat das Bundeskabinett den Entwurf nicht beschlossen. Die Bundesregierung erklärte in ihrer „Antwort auf die Kleine Anfrage der FDP" ausdrücklich, dass der Entwurf eines Untätigkeitsbeschwerdengesetzes von der Bundesregierung nicht beschlossen werde[1087]. Als Alternativlösungen seien aus dem Kreis der Experten im Wesentlichen drei Ansätze angesprochen worden, namentlich ein präventiver Rechtsbehelf an eine gerichtsinterne Stelle bzw. an das Ausgangsgericht, eine Entschädigungslösung anstelle eines präventiven Rechtsbehelfs sowie eine Kombinationslösung aus präventivem Rechtsbehelf und Entschädigungsregelung.

3. Verfassungs- und Europarechtskonformität des Entwurfs

Fraglich ist, ob die Entwurfslösung als ein mögliches Modell zur Einführung eines speziellen innerstaatlichen Rechtsbehelfs den verfassungs- und europarechtlichen Anforderungen an den Rechtsschutz bei überlanger Verfahrensdauer genügt.

1083 ARV, Stellungnahme vom 29.09.2005.

1084 EGMR, NJW 2006, 2389 ff. (*Sürmeli*./.Deutschland).

1085 *Steinbeiß-Winkelmann* ZRP 2007, 177 (180); Auskunft des Bundesministeriums zu Frage 2 der Kleinen Anfrage der Abgeordneten Mechthild Dyckmans, Jörg van Essen, Christian Ahrend, weiterer Abgeordneter und der Fraktion der FDP zum Rechtsschutz gegen überlange Verfahren bei Gericht, BT-Drucks. 16/7655.

1086 Vgl. die Vorbemerkung der Kleinen Anfrage der FDP, BT-Drucks. 16/7558, abrufbar unter www.dipbt.bundestag.de, zuletzt abgerufen am 05.09.2010.

1087 Vorabdruck abrufbar unter www.dipbt.bundestag.de/dip21/btd/16/076/1607655.pdf, zuletzt abgerufen am 05.09.2010.

a) *Präventiver Rechtsbehelf*

Gegen die vorgeschlagene Untätigkeitsbeschwerde werden erhebliche Bedenken geäußert. So heißt es beispielsweise, dass die Untätigkeitsbeschwerde zu Missbrauch anreize und Querulantentum Vorschub leiste[1088]. Außerdem begründe jeder innerhalb des anhängigen Verfahrens zusätzlich erhobene Rechtsbehelf die Gefahr, das Verfahren weiter zu verzögern und die Grundrechtsverletzung zu vertiefen[1089]. Dies gelte insbesondere, wenn die Verzögerung nicht auf reine Faulheit des zuständigen Gerichts zurückzuführen sei, sondern systembedingte Ursachen habe. In solchen Fällen erhöhe die Untätigkeitsbeschwerde das Arbeitsaufkommen des einzelnen Richters. Es wird daher sogar die Frage gestellt, ob „*im gesamtsystemischen Saldo*" das Hinnehmen einzelnen Fehlverhaltens nicht letztlich produktiver sei als die alle Systemhandlungen belastende Überwachungstätigkeit[1090].

Da an der verfassungs- und europarechtlichen Notwendigkeit eines Rechtsbehelfs gegen überlange Verfahrensdauer kein Zweifel besteht, kann es jedoch keine Lösung sein, Rechtsschutz von vornherein zu versagen und die Verfassungs- bzw. die EMRK-Verletzung hinzunehmen. Zudem entspricht es der ständigen Rechtsprechung des EGMR, dass ein präventiver Rechtsbehelf nicht nur ein effektiver Rechtsbehelf im Sinne von Art. 13 EMRK sein kann, sondern unter Wirksamkeitsgesichtspunkten sogar vorzugswürdig ist[1091]. Tatsächlich ist eine Beschleunigungsbeschwerde nur dann ein wirksamer Rechtsbehelf, wenn die Verletzung des Rechts auf angemessene Verfahrensdauer durch das Beschwerdeverfahren nicht noch weiter vertieft wird. Dies auszuschließen ist jedoch Aufgabe des Gesetzgebers, die er bei der konkreten Ausgestaltung des Rechtsbehelfs zu beachten hat. Die Belastung der Gerichte durch einen zusätzlichen Rechtsbehelf und die Auswirkungen auf die Verfahrensdauer kann er durch ein „schlankes" Beschwerdeverfahren mit knappen Fristvorgaben gering halten. Dann hält sich auch die Gefahr in Grenzen, dass die Untätigkeitsbeschwerde missbraucht wird, um sich einen zeitlichen Vorteil gegenüber anderen Rechtsuchenden zu verschaffen oder dass zahlungsunwillige Schuldner sie benutzen, um das Verfahren weiter zu verzögern[1092]. Ebenso unbeachtlich ist schließlich der Einwand, dass die Untätigkeitsbeschwerde den Ursachen einer

---

1088 DRB, Stellungnahme aus Oktober 2005, unter 2).

1089 DRB, Stellungnahme aus Oktober 2005, unter 3); *Vorwerk* JZ 2004, 553 (558).

1090 *Augsberg* KritV 2007, 237 (251).

1091 EGMR NJW 2006, 2398 (2392) (*Sürmeli*./.Deutschland), unter Nr. 100; NJW 2007, 1259 (1263) (*Scordino*./.Italien), unter Nr. 183.

1092 NRV, Stellungnahme vom 17.09.2005, S. 1 unter Ziff. 2: Die NRV befürchtet aufgrund der Verwendung offener Begrifflichkeiten im Rahmen der Zulässigkeit des Rechtsbehelfs eine unabsehbare Mehrbelastung der Justiz.

überlangen Verfahrensdauer nicht entgegenwirken könne[1093]. Die Ursachenbekämpfung ist zwar grundsätzlich wünschenswert, kann durch einen Rechtsbehelf – ob nun präventiv oder kompensatorisch – aber ohnehin nicht geleistet werden. Er kann allenfalls als Indikator für Problemlagen wirken[1094].

b) Verankerung der Untätigkeitsbeschwerde in § 198 GVG

Die deutsche Verfassung und die EMRK gewährleisten eine angemessene Verfahrensdauer ausnahmslos für alle Gerichtsverfahren. Der Anspruch muss daher auch in allen Gerichtsverfahren tatsächlich durchsetzbar sein. Dementsprechend soll die Untätigkeitsbeschwerde ausweislich der Entwurfsbegründung auch in allen gerichtlichen Verfahren Anwendung finden und damit den Anforderungen des EGMR an einen wirksamen innerstaatlichen Rechtsbehelf gegen gerichtliche Verzögerungen Rechnung tragen[1095]. Dieser Zielsetzung wird die Untätigkeitsbeschwerde durch die Verankerung im GVG zwar weitgehend, aber dennoch nicht in vollem Umfang gerecht. Das GVG gilt nach § 2 EGGVG für die Straf- und Zivilgerichtsbarkeit unmittelbar und im Übrigen überwiegend kraft Verweises[1096]. Im verfassungsgerichtlichen Verfahren findet das GVG hingegen grundsätzlich keine Anwendung. Da auch der Entwurf des Untätigkeitsbeschwerdengesetzes insoweit keine Regelung vorsieht, bleibt der Gesetzesentwurf für den Rechtsschutz bei unangemessener Dauer von Verfahren vor dem Bundesverfassungsgericht wie den Landesverfassungsgerichten hinter der Zielsetzung und den verfassungs- und EMRK-rechtlichen Anforderungen zurück. In dieser Hinsicht ist der durch die Verankerung der Untätigkeitsbeschwerde im GVG festgelegte Anwendungsbereich der Vorschrift zu eng.

Andererseits wird teilweise befürchtet, eine Verortung der Untätigkeitsbeschwerde im GVG gehe zu weit. Der Deutsche Notarverein hat in seiner Stellungnahme zum Gesetzesentwurf darauf hingewiesen, dass im Bereich der notariellen Tätigkeit mit § 15 Abs. 2 S. 1 BNotO sowie § 54 BeurkG bereits de lege lata zwei sektorale Rechtsbehelfe gegen notarielle Untätigkeit zur Verfügung stehen und im Anwendungsbereich dieser Vorschriften kein Bedürfnis für eine weitere Untätigkeitsbeschwerde bestehe[1097]. Vor dem Hintergrund der hohen Qualität des Rechtsschutzes und der Rechtssicherheit im Rahmen des § 15 Abs. 2 BNotO liefe die parallele Zulassung der Beschwerde nach § 198 GVG der Zielsetzung der Gesetzesinitiative zuwider. Es sei zudem anzunehmen, dass § 54 BeurkG gegenüber § 198 GVG-E ebenso lex specialis

1093 So z.B. der DRB, Stellungnahme aus Oktober 2005, S. 1.
1094 Vgl. RefE v. 22.08.2005, S. 7.
1095 RefE v. 22.08.2005, S. 7.
1096 § 173 VwGO; § 202 SGG; § 155 FGO; § 46 OWiG.
1097 DNotV, Stellungnahme vom 27.09.2005, unter 7).

sei, wie im Verhältnis zu § 15 Abs. 2 BNotO. Die vom Deutschen Notarverein angeregte Klarstellung des subsidiären Charakters der Untätigkeitsbeschwerde gegenüber diesen speziellen Rechtsbehelfen[1098] ist jedoch nicht erforderlich. § 198 GVG-E findet im Verfahren der freiwilligen Gerichtsbarkeit zwar Anwendung, setzt jedoch nach Absatz 1 Satz 1 ausdrücklich voraus, dass „ein anhängiges *gerichtliches* Verfahren von dem *Gericht* ohne zureichenden Grund nicht in angemessener Frist gefördert" wird. Auf die Fälle des § 15 BNotO bzw. § 54 BeurkG, in denen der Notar die Vornahme einer beantragten Handlung, etwa der Urkundstätigkeit oder die Erteilung der Vollstreckungsklausel ablehnt, ist § 198 GVG-E daher nicht anwendbar. Die Untätigkeitsbeschwerde greift erst, wenn der Antragsteller wegen Ablehnung oder Verweigerung der Tätigkeit Beschwerde erhebt. In diesen Fällen finden dann auch die Vorschriften über die Angelegenheiten der freiwilligen Gerichtsbarkeit Anwendung, § 54 Abs. 2 S. 2 BeurkG und § 15 Abs. 2 BNotO.

c) *Statthaftigkeit der Untätigkeitsbeschwerde*

aa) Keine Verfahrensförderung in angemessener Frist

Die Untätigkeitsbeschwerde ist statthaft, wenn ein anhängiges gerichtliches Verfahren nicht in *angemessener Frist* gefördert wird. Der Entwurf verzichtet auf die Vorgabe starrer Fristen für die Bewertung der Angemessenheit. Schwierigkeiten bei der Bewertung der Verfahrensdauer im jeweiligen Einzelfall sind dennoch nicht zu befürchten[1099]. § 198 GVG-E (2005) knüpft an den Wortlaut von Art. 6 Abs. 1 EMRK an, der das Recht auf ein Verfahren innerhalb angemessener Frist begründet. Die Vorschrift weist so auch darauf hin, dass die Bewertung der Angemessenheit den vom EGMR und dem BVerfG entwickelten Beurteilungskriterien entsprechend erfolgen soll[1100]. Maßstab für die Angemessenheit der Verfahrensdauer sind folglich die Einzelfallumstände unter Berücksichtigung der Komplexität des Falls, des Verhaltens des Beschwerdeführers und der beteiligten staatlichen Stellen und der Bedeutung des Falls für den Beschwerdeführer[1101]. Der Vorschlag u.a. der Interessenverbände, Mindestfristen festzulegen, die vor deren Erhebung einer Untätigkeitsbeschwer-

1098 DNotV, Stellungnahme vom 27.09.2005, unter 8).

1099 Diese Bedenken äußern jedoch die Bundesrechtsanwaltskammer, BRAK-Stellungnahme Nr. 28/2005, S. 2; DRB, Stellungnahme aus Oktober 2005, S. 2 unter Ziff. 4.

1100 Dies bestätigt die Begründung des Gesetzesentwurfs der Bundesregierung, S. 10.

1101 Vgl. dazu auch die Ausführungen und Rechtsprechungsnachweise in § 11 III.

de abgewartet werden müssen[1102], oder extreme Verfahrensdauern als unzulässig im Gesetz zu kennzeichnen[1103], ist damit gerade nicht vereinbar. Zwar haben solche Mindestfristen den Vorteil, dass sie Gerichten wie auch Betroffenen einen klaren Anhaltspunkt für die Angemessenheit der Verfahrensdauer geben. Allein der Vergleich der durchschnittlichen Verfahrensdauer in Zivil-, Verwaltungs- und finanzgerichtlichen Verfahren[1104] zeigt jedoch, dass eine fixe Mindestfrist nicht festgelegt werden kann. Eine starre Fristenregelung beeinträchtigt zudem die notwendige Flexibilität der Untätigkeitsbeschwerde im Hinblick auf die Berücksichtigung der Gegebenheiten des jeweiligen Einzelfalls. Die Unterschiede der Verfahrensgegenstände, die sowohl generell als auch im Einzelfall einen unterschiedlichen Zeitaufwand bei der Fallbearbeitung rechtfertigen können, verbieten es, absolute zeitliche Vorgaben für die Angemessenheit der Verfahrensdauer aufzustellen[1105]. Dies gilt nicht nur für die gesetzliche Festlegung einer Maximaldauer, sondern auch für eine vom Rechtsuchenden vor der Erhebung des Rechtsbehelfs abzuwartende Mindestfrist. Außerdem bestünde gerade dann die Gefahr, dass aufgrund der einzuhaltenden Mindestfrist die Untätigkeitsbeschwerde zu spät kommt und gerade nicht mehr die erforderliche präventive Wirkung hat[1106]. Festzuhalten bleibt daher, dass die in dem Entwurf gewählte offene Formulierung der Tatbestandsvoraussetzung grundsätzlich eine verfassungs- und konventionskonforme Anwendung der Untätigkeitsbeschwerde ermöglicht. Dies gilt auch, weil die Untätigkeitsbeschwerde so in allen Fallkonstellationen eingreift, in denen derzeit Rechtsschutz in analoger Anwendung der gesetzlichen Beschwerden oder § 321 a ZPO gewährt werden kann[1107].

bb) Ohne zureichenden Grund

§ 198 Abs. 1 GVG-E (2005) setzt zusätzlich voraus, dass das Verfahren *ohne zureichenden Grund* nicht in angemessener Frist gefördert wird. Auch dieser unbestimmte Begriff soll nach dem Willen der Bundesregierung durch die Rechtsprechung des EGMR sowie des BVerfG ausgestaltet werden. Unklar ist allerdings, ob diesem Merkmal überhaupt eine eigenständige Bedeutung

---

1102 Diesen Vorschlag unterbreitet der DRB, Stellungnahme aus Oktober 2005, S. 2 unter Ziff. 4; *Stabel*, S. 154 spricht sich in ihrem Entwurf für eine verwaltungsprozessuale Beschleunigungsbeschwerde ebenfalls dafür aus, „die Erhebung der Beschwerde erst nach Ablauf einer bestimmten Verfahrensdauer, z.B. zwölf Monate nach Klageerhebung, zuzulassen".

1103 Dafür setzt sich die Bundesrechtsanwaltskammer ein, BRAK-Stellungnahme Nr. 28/2005, S. 3.

1104 BMJ, Pressemitteilung vom 26.08.2005.

1105 *Klose* NJ 2003, 241 (244).

1106 Diese Bedenken äußert auch *Roller* DRiZ 2007, 82 (87).

1107 Vgl. § 12 V.

zukommt. Denn besondere Gründe für Verzögerungen des Verfahrens, beispielsweise die besondere Schwierigkeit der Sache oder das Verhalten des Beschwerdeführers, sind nach ständiger Rechtsprechung des EGMR und des BVerfG bereits bei der Beurteilung der Angemessenheit der Verfahrensdauer zu berücksichtigen. Zudem kann nach der Entwurfsbegründung eine überlange Verfahrensdauer nicht durch solche Umstände gerechtfertigt sein, die innerhalb des staatlichen Verantwortungsbereichs liegen. Organisationsmängel, beispielsweise eine unzureichende Personal- und Sachausstattung, sowie Umstände, die in der Person des Richters liegen, können eine unangemessene Verfahrensdauer nicht rechtfertigen. Ob eine Verfahrensverzögerung einen zureichenden Grund hat, ist folglich bereits bei der Bewertung der Angemessenheit der Verfahrensdauer zu berücksichtigen. Um von vornherein zu vermeiden, dass Missverständnisse über die Rechtfertigung der Verfahrensdauer entstehen, sollte der Zusatz daher gestrichen werden.

d) Rechtsfolge

Auf Rechtsfolgenseite ist zu beachten, dass eine Untätigkeitsbeschwerde nur dann präventiv wirkt, wenn sie tatsächlich den Fortgang des Verfahrens bewirken kann.

aa) Abhilfe durch den iudex a quo

Nach § 198 Abs. 3 S. 1 GVG-E (2005) kann der iudex a quo der Untätigkeitsbeschwerde durch Anordnung einer verfahrensfördernden Maßnahme abhelfen. Ob die Einlegung der Untätigkeitsbeschwerde beim Ausgangsgericht die erwünschte Verfahrensbeschleunigung bringt, ist zwar fraglich, wenn die Parteien ihn bereits vorher, etwa durch formlose Eingaben, auf die Verfahrensdauer hingewiesen und erfolglos um Verfahrensfortführung ersucht haben. Der Anspruch auf eine verfahrensfördernde Maßnahme kann dann aber jedenfalls durch das Beschwerdegericht durchgesetzt werden. Im Ergebnis entspricht die Abhilfemöglichkeit des iudex a quo im Rahmen des § 198 GVG-E (2005) der Abhilfemöglichkeit, die dem Ausgangsgericht nach § 572 Abs. 1 ZPO eingeräumt ist. Dass der iudex a quo eine verfahrensbeschleunigende Maßnahme vornimmt, ist im Übrigen nicht ausgeschlossen, zumal eine förmliche Beschwerde ungleich größeren Druck auf ihn ausübt, als eine formlose Eingabe. Dies gilt schon deshalb, weil die Untätigkeitsbeschwerde in die Statistiken der Gerichte einfließt und somit Grundlage dienstlicher Beurteilungen ist. Zudem zwingt die nach § 198 Abs. 3 S. 2 GVG-E erforderliche Stellungnahme zu dem Beschwerdevorbringen das Ausgangsgericht, sich mit der Dauer des Verfahrens und den erforderlichen Beschleunigungsmaßnahmen auseinanderzusetzen. Ob das Ausgangsgericht dann tatsächlich eine verfahrensfördernde Maßnahme trifft, dürfte u.a. von den Ursachen der jeweiligen Verfahrensverzögerung abhängen. Die Verfahrensförderung muss dem Gerichte tatsächlich möglich sein. Vor allem muss es die notwendigen Kapazitäten dafür haben. Beruht die Verfahrensverzögerung hingegen auf allgemeiner Überlastung des mit der Sache befassten Richters, etwa aufgrund unzureichender Personal- und Sachausstattung des Gerichts, kann der Beschwerde nur abgeholfen werden, wenn die Bearbeitung des konkreten Verfahrens anderen, möglicherweise ebenfalls verzögerten Verfahren vorgezogen wird. Allerdings handelt es sich dabei um ein grundsätzliches Problem präventiven Rechtsschutzes, das sich durch die Ausgestaltung des jeweiligen Rechtsbehelfs nicht beheben lässt. Es spricht Einiges dafür, dass in einem solchen Fall dem Erfordernis effektiven Rechtsschutzes besser durch Kompensation der eingetretenen Nachteile gewährt wird. Solange allerdings der EGMR einen ausschließlich präventiven Rechtsbehelf jedoch ausdrücklich als wirksamen Rechtsbehelf anerkennt, so beispielsweise die Beschwerde nach § 91 des österreichischen Gerichtsorganisationsgesetzes, entspricht die Untätigkeitsbeschwerde nach § 198 GVG-E (2005) seinen Anforderungen.

bb) Antrag auf Vorlage an das Beschwerdegericht

Ergreift das Ausgangsgericht Abhilfemaßnahmen, kann der Beschwerdeführer binnen einer Frist von zwei Wochen Vorlage an das Beschwerdegericht verlangen, § 198 Abs. 4 S. 1 GVG-E (2005). Diese Vorlagemöglichkeit sichert die Effektivität der Untätigkeitsbeschwerde in den Fällen, in denen das Ausgangsgericht zwar eine Maßnahme trifft, diese zur Verfahrensförderung aber nicht geeignet ist. Da sowohl der Antragsteller als auch der iudex a quo zur prozessfördernden Wirkung der Maßnahme Stellung nehmen müssen, wird dem Beschwerdegericht regelmäßig eine kurzfristige Beurteilung möglich sein und das Vorlageverfahren den Fortgang des Hauptsacheverfahrens nicht übermäßig verzögern. Gleichzeitig dürfte die Stellungnahmepflicht den Antragsteller von einer übereilten Vorlage abhalten und das Ausgangsgericht zu einer sorgfältigen Prüfung der beschleunigenden Wirkung einer zu treffenden Maßnahme anhalten. Für eine zügige Durchführung des Vorlageverfahrens sorgen schließlich die kurze Antragsfrist sowie die knapp bemessene Entscheidungsfrist des Beschwerdegerichts. Da die Vorlage nach § 198 Abs. 3 S. 2 in Verbindung mit S. 1 GVG-E (2005) „unverzüglich, spätestens innerhalb eines Monats erfolgen muss“, wird die weitere Verzögerung des Verfahrens durch Verschleppung der Vorlage verhindert.

cc) Fristsetzung durch das Beschwerdegericht

Der Rechtsbehelf ist schließlich auch nur dann wirksam, wenn das Beschwerdegericht eine Anordnung gegenüber dem Ausgangsgericht treffen kann, die einen

Fortgang des Verfahrens gewährleistet. Der Entwurf sieht vor, dass der iudex a quo bei begründeter Beschwerde selbst darüber entscheidet, welche prozessfördernde Maßnahme es anordnet[1108]. Das Beschwerdegericht ist zu einer „Ersatzvornahme" der prozessfördernden Maßnahme nicht berechtigt, ebenso wenig zu einer verbindlichen Handlungsanweisung[1109]. Es kann dem Ausgangsgericht aber eine Frist zur Vornahme einer verfahrensfördernden Maßnahme setzen, § 198 Abs. 5 GVG-E (2005)[1110]. Dies gilt auch im Fall der Vorlage der Beschwerde auf Antrag des Beschwerdeführers nach Absatz 3 Satz 1.

Der EGMR hat klargestellt, dass ein präventiver Rechtsbehelf gegen überlange Verfahrensdauer u.a. dann wirksam im Sinne von Art. 13 EMRK ist, wenn er entweder den Eintritt der Verletzung des Anspruchs auf eine angemessene Verfahrensdauer oder aber deren Fortdauer verhindern kann[1111]. Dies kann der Rechtsbehelf durch die dem Beschwerdegericht mögliche Rechtsfolgenanordnung leisten. Denn das Ausgangsgericht hat bei begründeter Beschwerde dem Verfahren innerhalb der gesetzten Frist durch geeignete Maßnahmen Fortgang zu geben. Hatte das Ausgangsgericht auf die Beschwerde hin bereits Maßnahmen getroffen, die zur Verfahrensförderung aber nicht geeignet waren, kann es der zu begründenden Entscheidung des Beschwerdegerichts die Gründe für deren Unzulänglichkeit entnehmen. Außerdem kann das Beschwerdegericht in den Entscheidungsgründen Maßnahmen nennen, die stattdessen zur Verfahrensförderung geeignet sind. Es ist davon auszugehen, dass der iudex a quo seine Amtspflicht befolgt, innerhalb der Frist beschleunigende Maßnahmen zu treffen und so die Fortdauer der Verfahrensgrundrechtsverletzung verhindert werden kann.

Dass der Eintritt weiterer Grundrechtsverletzungen aufgrund einer bereits entstandenen überlangen Verfahrensdauer, wie sie beispielsweise in Prozesskostenhilfe- oder Sorge- und Umgangsrechtsverfahren vorkommen kann[1112], möglicherweise weder durch eine verfahrensfördernde Maßnahme des Ausgangsgerichts noch durch die Fristsetzung des Beschwerdegerichts

---

1108 Der ARV missversteht offenbar die Entwurfslösung dahingehend, dass diese dem Beschwerdegericht die Befugnis einräume, dem Ausgangsgericht auch vorzugeben, welche Maßnahmen es überhaupt zu treffen habe, vgl. die Stellungnahme, S. 3 unter II. 1. a).

1109 RefE v. 15.03.2005, S. 12.

1110 Die Fristsetzung durch das Beschwerdegericht ist auch in Absatz 3 des hessischen Entwurfs einer Untätigkeitsbeschwerde vorgesehen: „Erachtet das Beschwerdegericht die Beschwerde für begründet, so bestimmt es eine Frist zur Vornahme der notwendigen Verfahrenshandlung."

1111 EGMR NJW 2006, 2389 (2390) (*Sürmeli*./.Deutschland), vgl. auch § 11 I. 2. b) aa).

1112 Zur Grundrechtsverletzung aufgrund überlanger Verfahrensdauer vgl. § 11 IV. 2.

verhindert werden kann, steht der Wirksamkeit der Untätigkeitsbeschwerde nach § 198 GVG-E (RefE 2005) im Übrigen nicht entgegen. Für die Effektivität des Rechtsbehelfs kann es nur darauf ankommen, ob sie wirksamen Rechtsschutz gegen Verletzungen des Anspruchs auf Entscheidung innerhalb angemessener Frist gewährt, nicht aber, ob sie dies gleichzeitig auch gegen Verletzungen anderer (Verfahrens-) Grundrechte vermag.

Die Möglichkeit der Fristsetzung gegenüber dem Ausgangsgericht wird insbesondere von den richterlichen Interessenverbänden als Eingriff in die richterliche Unabhängigkeit kritisiert[1113]. Die Neue Richtervereinigung hält den Entwurf für verfassungswidrig. Jede Fristbestimmung zwinge dem Richter einen zeitlichen Rahmen, und – weil er nicht mehr in richterlicher Unabhängigkeit über die erforderliche Bearbeitungstiefe entscheiden könne – sogar einen qualitativen Maßstab für die Entscheidung auf[1114]. Obwohl die Vereinbarkeit mit der richterlichen Unabhängigkeit einer der wesentlichen Kritikpunkte gegen die Untätigkeitsbeschwerde ist, gibt es zu dem Thema kaum dezidierte Auseinandersetzungen. Stattdessen beschränken sich die Beiträge darauf, die Frage der Zulässigkeit der Fristsetzung kurz anzureißen und einen Standpunkt dazu zu äußern[1115]. Bei genauerer Betrachtung handelt es sich jedoch um ein „Scheinproblem". Die Garantie richterlicher Unabhängigkeit steht in engem Zusammenhang mit der Garantie des gesetzlichen Richters nach Art. 101 Abs. 1 S. 2 GG. Die Unabhängigkeit ist stets und ausschließlich dem Richter vorbehalten, der nach der gesetzlichen Zuständigkeitsregelung entscheidungsbefugt ist. Der gesetzliche Richter ist folglich im Rahmen seiner gesetzlichen Zuständigkeit unabhängig. Dies schließt es nicht aus, dass der parlamentarische Gesetzgeber die Zuständigkeitsbestimmungen ganz oder teilweise ändert. Deshalb kollidiert die Ermächtigung des Beschwerdegerichts zur Fristsetzung gegenüber dem Ausgangsgericht auch nicht mit der richterlichen Unabhängigkeit des iudex a quo, solange der Gesetzgeber sie dem Beschwerdegericht durch

---

1113 NRV, Stellungnahme vom 17.09.2005, unter 3); Stellungnahme des Verbandes sächsischer Verwaltungsrichterinnen und Verwaltungsrichter, BDVR-Rundschreiben 06/2005, S. 153; BDFR, Stellungnahme vom 30.09.2005, dort unter I.2 und II.3; ARV, Stellungnahme vom 29.09.2005, S. 4.

1114 NRV, Stellungnahme vom 17.09.2005, S. 2, Ziff. 3) a).

1115 So z.B. *Steinbeiß-Winkelmann* ZRP 2007, 177 (180); *Augsberg* KritV 2007, 237 (250); *Niesler*, S. 256 f.; *Stabel*, S. 159 ff. (dazu sogleich); *Gimbel* ZRP 2004, 35 (37) für die Untätigkeitsbeschwerde im Strafprozess; vgl. auch die Kleine Anfrage der Abgeordneten und der Fraktion der FDP vom 12.12.2007, BT-Drucks. 16/7558, S. 2, Frage Nr. 9.

förmliches Gesetz verleiht[1116]. Die gesetzlich legitimierte Fristbestimmung greift in den Schutzbereich des Art. 97 Abs. 1 GG folglich gar nicht ein. Soweit dies anders beurteilt wird, wird übersehen, dass die Auswahl der Rechtsfolge eines Rechtsbehelfs durch den Gesetzgeber einem Abwägungsprozess unterliegt. Er muss nicht nur die Unabhängigkeit des gesetzlichen Richters gewährleisten, sondern auch für wirksamen Rechtsschutz bei überlanger Verfahrensdauer sorgen. Dies wird durch die Möglichkeit der Fristbestimmung gewährleistet, ohne dass diese Rechtsfolge die Unabhängigkeit unangemessen beschränkt.

e) *Wiederholung der Beschwerde*

Der Entwurf lässt eine Wiederholung der Untätigkeitsbeschwerde grundsätzlich zu. Dies ist im Sinne eines effektiven Rechtsschutzes auch sinnvoll, weil nicht auszuschließen ist, dass das Verfahren trotz bereits erhobener Untätigkeitsbeschwerde nicht in angemessener Zeit zum Abschluss kommt. Gleichzeitig muss verhindert werden, dass das Verfahren durch Missbrauch der Untätigkeitsbeschwerde durch ständige Wiederholung verzögert und der Fortgang blockiert wird. Die Beschränkung der Wiederholungsmöglichkeit durch die in § 198 Abs. 6 GVG-E vorgesehene 6-monatige „Sperrfrist" wird diesen beiden Interessen gerecht. Sie berücksichtigt gleichzeitig die Situation, dass der iudex a quo trotz entsprechender Anordnung des Beschwerdegerichts innerhalb der gesetzten Frist keine verfahrensfördernden Maßnahmen trifft. Denn in diesem Fall fortgesetzter Untätigkeit ist das Abwarten einer Sperrfrist nicht nur nicht geboten, sondern beschränkt den Beschwerdeführer in seinen Rechtsschutzmöglichkeiten.

4. Systemkonformität der Untätigkeitsbeschwerde

Neben der Frage nach der Verfassungs- und Europarechtskonformität stellt sich die Frage, ob sich § 198 GVG-E (2005) in das bestehende Rechtsmittelsystem einfügt und insbesondere mit den Zielsetzungen der Zivilprozessreform 2002[1117] vereinbar ist. Um den Zivilprozess „bürgernäher, effizienter und durchschaubarer" zu machen, hat der Gesetzgeber mit der ZPO-Reform 2002 das Rechtsmittelrecht grundlegend neu strukturiert. Neben konzeptionellen Änderungen des Berufungs- und des Revisionsrechts wurde der Beschwerderechtszug an den Hauptsacherechtszug angepasst, vereinfacht und mit dem Ziel

1116 So wohl auch *Redeker* NJW 2003, 488 (489): *Stabel*, S. 160, 169, angesichts der Tragweite der Problematik jedoch mit der etwas knappen Begründung, Art. 97 Abs. 1 GG stehe nur solchen rechtlichen Bindungen entgegen, die nicht aufgrund einer Gesetzesvorschrift infolge der Ausübung rechtsprechender Gewalt durch ein anderes Gericht eintreten. Auf den für die Eingriffsbefugnis qua Gesetz wesentlichen Zusammenhang des Art. 97 Abs. 1 GG mit Art. 101 Abs. 1 S. 2 GG wird nicht eingegangen.

1117 Vgl. § 3 II.

der Verfahrensbeschleunigung gestrafft[1118]. Außerdem hat er sich mit der Einführung der Anhörungsrüge für die Abhilfe von Verfahrensgrundrechtsverletzungen durch den iudex a quo entschieden.

a) *Systemkonformität des vorgesehenen Instanzenzuges*

Über die Untätigkeitsbeschwerde entscheidet nach § 198 Abs. 3 GVG-E (2005) zunächst der iudex a quo. Das Beschwerdegericht ist erst zuständig, wenn der iudex a quo keine Abhilfemaßnahmen ergreift und ihm die Beschwerde zur Entscheidung vorlegt. Insofern entspricht die Entscheidungszuständigkeit nach § 198 GVG-E (2005) der Konzeption des § 572 ZPO, wonach die sofortige Beschwerde ebenfalls beim iudex a quo einzulegen ist und nur bei Nichtabhilfe dem iudex ad quem vorzulegen ist. Darüber hinaus sieht § 198 GVG-E (2005) die Zuständigkeit des iudex ad quem auch auf Antrag des Beschwerdeführers vor, wenn der iudex a quo zwar eine Maßnahme getroffen hat, er diese Maßnahme aber nicht für verfahrensbeschleunigend hält. Die Vorlage auf Antrag des Beschwerdeführers entspricht der Möglichkeit, die Abhilfeentscheidung des iudex a quo nach § 572 Abs. 1 ZPO mit der sofortigen Beschwerde anzufechten. Die Untätigkeitsbeschwerde ist also nicht nur ihrer Bezeichnung nach eine Beschwerde, sondern dem Beschwerderecht der ZPO auch insofern angepasst, als eine Abhilfe zunächst durch den iudex a quo erfolgen soll und das Beschwerdegericht erst nachrangig zuständig ist.

Allerdings wird die Anlehnung an das Rechtsmittelrecht der §§ 567 ff. ZPO nicht konsequent durchgehalten. Denn der vorgesehene Instanzenzug passt nicht in das Beschwerderecht. Regelmäßig sind Beschwerdegerichte in erstinstanzlichen Verfahren vor den Amtsgerichten die Landgerichte (§ 72 GVG) und in erstinstanzlichen Verfahren vor den Landgerichten die Oberlandesgerichte (§ 119 Abs. 1 Nr. 2 GVG). Über Rechtsbeschwerden entscheidet nach § 133 GVG einheitlich der BGH, und zwar auch dann, wenn eine Entscheidung eines Landgerichts angefochten wird. Den Oberlandesgerichten ist die Kontrollfunktion dadurch weitgehend entzogen[1119]. § 198 Abs. 3 S. 2 GVG-E (2005) entspricht dieser Konzeption insofern, als das Beschwerdegericht grundsätzlich das jeweils im Rechtsmittelzug nächsthöhere Gericht ist – in Verfahren vor den Amtsgerichten folglich ebenfalls die Landgerichte, in erstinstanzlichen Verfahren vor den Landgerichten ebenfalls die Oberlandesgerichte und in Verfahren vor den Oberlandesgerichten der BGH. Allerdings sind für die Untätigkeitsbeschwerde in Verfahren vor den Landgerichten nach § 198 Abs. 3 S. 4 GVG-E (2005) die Oberlandesgerichte zuständig und nicht, wie für die Rechtsbeschwerde gegen

1118 BT-Drucks. 14/4722, S. 68.

1119 *Schneider*, Praxis der neuen ZPO, Rn. 1172.

Entscheidungen der Landgerichte Während Entscheidungen der Landgerichte der BGH. § 198 Abs. 3 S. 4 GVG-E (2005) greift damit erheblich in die Konzeption des Beschwerderechts durch die ZPO-Reform 2002 ein und durchbricht die Zuständigkeitskonzentration beim BGH[1120].

b) *Verhältnis zu § 321 a ZPO*

Unabhängig davon steht gerade die Anlehnung des § 198 GVG-E (2005) an das Beschwerderecht der §§ 567 ff. ZPO in starkem Widerspruch zu den Grundgedanken der ZPO-Reform 2002 und § 321 a ZPO. Denn mit der Einführung der Anhörungsrüge nach § 321 a ZPO hat der Gesetzgeber nicht nur eine bewusste Entscheidung für die Abhilfe von Verfahrensgrundrechtsverstößen innerhalb derselben Instanz getroffen, sondern gleichzeitig auch eine Entscheidung gegen die Korrektur innerhalb des Beschwerderechtszuges[1121]. Dieser gesetzgeberischen Grundentscheidung entspräche es, auch Verletzungen des Verfahrensgrundrechts auf eine angemessene Verfahrensdauer innerhalb derselben Instanz zu korrigieren. Eine Kontrolle im Rahmen des Beschwerderechtszuges steht mit dieser Entscheidung und der mit § 321 a ZPO in der ZPO verankerten Rechtsmittelsystematik nicht im Einklang. Für den Rechtsuchenden ist diese unterschiedliche Ausgestaltung des Rechtsschutzes gegen Verfahrensgrundrechtsverletzungen weder transparent noch nachvollziehbar. Dies gilt im Übrigen auch deshalb, weil die vorgeschlagene Untätigkeitsbeschwerde im GVG verankert werden soll, während die Gehörsrüge ein Rechtsbehelf der ZPO ist.

c) *Zwischenergebnis*

Der Gesetzgeber hatte sich mit der Einführung des § 321 a ZPO im Rahmen der ZPO-Reform 2002 für die Korrektur von Gehörsverletzungen und damit auch allgemein von Verfahrensgrundrechtsverletzungen im Wege der Selbstkorrektur durch den iudex a quo entschieden. Gleichzeitig hatte er eine bewusste Entscheidung gegen die Korrektur von Verfahrensgrundrechtsverletzungen im Beschwerderechtszug getroffen. Mit dem Entwurf der Untätigkeitsbeschwerde ist er von diesen Grundentscheidungen wieder abgewichen und hat gleichzeitig für die Korrektur von Verletzungen des Verfahrensgrundrechts auf eine angemessene Verfahrensdauer eine ganz eigene Lösung entwickelt. Denn die Untätigkeitsbeschwerde ist zunächst nicht einmal in die Zivilprozessordnung eingegliedert und zudem weder an die Anhörungsrüge angelehnt noch in vollem

---

1120 Ob diese Durchbrechung bewusst erfolgt, geht aus der Entwurfsbegründung nicht hervor. Dort heißt es lediglich, dass durch die Zuständigkeit der Oberlandesgerichte der BGH entlastet werden solle, RefE v. 22.08.2005, S. 12.

1121 Vgl. § 4 III.

Umfang dem Beschwerderecht der §§ 567 ff. ZPO nachempfunden. Durch die Abweichung vom Prinzip der Selbstkontrolle des iudex a quo bei Verfahrensgrundrechtsverletzungen ist die Untätigkeitsbeschwerde auch eröffnet, wenn im Hauptsacheverfahren eine sofortige Beschwerde oder Rechtsbeschwerde nicht statthaft wäre – so in Verfahren vor dem BGH. Dort wird dementsprechend auch eine „neue" Zuständigkeit geschaffen, nämlich diejenige eines anderen Senats des BGH als Beschwerdegericht.

Ob man sich dieser Systembrüche bei der Ausarbeitung des Entwurfs bewusst war, lässt sich nicht beantworten. Jedenfalls gibt die Entwurfsbegründung darüber keinerlei Aufschluss. Der Zielsetzung der ZPO-Reform, insbesondere durch ein transparentes und nachvollziehbares Rechtsmittelsystem Bürgernähe zu schaffen, hätte jedenfalls eine an § 321 a ZPO angelehnte Lösung eher entsprochen. Dies gilt auch deshalb, weil § 321 a ZPO analog als allgemeine Verfahrensgrundrechtsrüge auch zur Überprüfung aller anderen Verfahrensgrundrechte zur Verfügung steht und das Modell des § 198 GVG-E (2005) lediglich dem Recht auf ein Verfahren innerhalb angemessener Frist eine Sonderstellung zuweist.

5. Vollständige Lückenschließung durch den Referentenentwurf?

Es stellt sich schließlich die Frage, ob das sog. Untätigkeitsbeschwerdengesetz die Regelungslücke bei Verletzungen des Anspruchs auf eine angemessene Verfahrensdauer umfassend schließen würde oder ob auch nach Einführung des Rechtsbehelfs Raum für die analoge Anwendung gesetzlicher Rechtsbehelfe verbliebe. Die Untätigkeitsbeschwerde ist statthaft, wenn ein anhängiges gerichtliches Verfahren nicht in angemessener Frist gefördert wird. Sie gewährt Rechtsschutz folglich gegen sämtliche Verfahrensverzögerungen, die gegen das Recht auf eine Entscheidung innerhalb angemessener Frist nach Art. 6 Abs. 1 EMRK verstoßen. Damit umfasst sie nicht nur sämtliche Fallgruppen richterlicher Untätigkeit, in denen Rechtsschutz bisher durch analoge Anwendung des Beschwerderechts geschlossen werden konnte, sondern auch die durch bloßes Nichtbetreiben eines Verfahrens verursachte Rechtsverletzung, gegen die § 321 a ZPO als allgemeine Verfahrensgrundrechtsrüge statthaft ist.

Die Regelungslücke wird aber nur dann vollständig geschlossen, wenn die Beschwerde Rechtsschutz gegen überlange Verfahrensdauer in Verfahren sämtlicher Gerichtsbarkeiten gewährt. Dies ist zwar erklärtes Ziel des Untätigkeitsbeschwerdengesetzes, denn in der Entwurfsbegründung heißt es, dass die Untätigkeitsbeschwerde in allen gerichtlichen Verfahren Anwendung finde[1122].

1122 RefE v. 22.08.2005, S. 7.

Bei genauerer Betrachtung zeigt sich jedoch, dass dieses Ziel nicht erreicht wird, weil das Untätigkeitsbeschwerdengesetz die Einführung von Rechtsschutz bei überlanger Dauer auch in verfassungsgerichtlichen Verfahren nicht gewährt. § 198 GVG-E (2005) gilt in verfassungsgerichtlichen Verfahren weder unmittelbar sieht noch der Entwurf die Aufnahme eines Verweises oder die Einführung eines entsprechenden Rechtsbehelfs in das BVerfGG und die Landesverfassungsgerichte vorsieht[1123]. Folglich verblieben auch bei Einführung der vorgeschlagenen Untätigkeitsbeschwerde ausfüllungsbedürftige Regelungslücken, die in verfassungs- und europarechtskonformer Weise nur durch analoge Anwendung gesetzlicher Rechtsbehelfe geschlossen werden könnten. Um die Regelungslücke vollständig zu beseitigen und den Gesetzesentwurf seiner Zielvorgabe anzugleichen, müsste der Entwurf entsprechend nachgebessert bzw. ergänzt werden. Möglich ist dies etwa durch Aufnahme eines Verweises auf § 198 GVG-E (2005), etwa durch Ergänzung von § 17 BVerfGG. In Betracht kommt aber auch die Einführung eines Rechtsbehelfs in das BVerfGG[1124]. Die Lückenschließung in den Landesverfassungsgerichten könnte entsprechend erfolgen, obliegt aber den Landesgesetzgebern.

6. Ergebnis

Die am 22.08.2005 vorgestellte Untätigkeitsbeschwerde wird den verfassungs- und EMRK-rechtlichen Anforderungen an wirksamen Rechtsschutz bei Verletzung des Rechts auf ein Verfahren innerhalb angemessener Frist weitgehend gerecht. Der größte Kritikpunkt ist, dass sie die Regelungslücke im deutschen Recht nicht vollständig schließt, weil sie in Verfahren vor den Landesverfassungsgerichten und dem BVerfG nicht greift. Insofern besteht Ergänzungsbedarf. Um die verfassungs- und europarechtskonforme Anwendung der Beschwerde zu gewährleisten, sollte zudem in § 198 Abs. 1 GVG-E (2005) die Passage „ohne zureichenden Grund“ gestrichen werden. Anderenfalls sind Missverständnisse über eine mögliche Rechtfertigung einer im Übrigen unangemessenen Verfahrensdauer zu befürchten.

1123 Die Landesverfassungsgerichtsgesetze könnte der Bundesgesetzgeber ohnehin mangels Gesetzgebungskompetenz nicht ergänzen.

1124 *Borm*, S. 164 ff., schlägt die Einführung einer Veröffentlichungspflicht in § 97 BVerfGG vor. Ist die Verfassungsbeschwerde länger als 4 Jahre beim BVerfG anhängig, soll der Beschwerdeführer die Veröffentlichung des Verfahrens und seiner Dauer beantragen können. *Borm* räumt jedoch selbst ein, dass die Veröffentlichungspflicht die Verfahrensdauer nur indirekt beeinflussen kann, aber nicht geeignet ist, unmittelbar die Rechte der Beschwerdeführer und Antragsteller zu sichern und der Rechtsverletzung abzuhelfen, vgl. S. 166.

Der Entwurf muss sich allerdings den Vorwurf gefallen lassen, mit dem Rechtsmittelsystem der ZPO zu brechen. In der vorgeschlagenen Fassung ist die Untätigkeitsbeschwerde nicht systemkonform und entspricht auch nicht den Zielsetzungen, die der Gesetzgeber mit der ZPO-Reform 2002 verfolgt und umgesetzt hat. So steht § 198 GVG-E (2005) im Widerspruch zu der Entscheidung, die der Gesetzgeber mit der Einführung von § 321 a ZPO für die Korrektur von Verfahrensgrundrechtsverletzungen durch den iudex a quo und gegen die Abhilfe im Beschwerderechtszug getroffen hat. An dieser Grundsatzentscheidung sollte schon aus Gründen der Praktikabilität auch für den Rechtsschutz bei anderen Verfahrensgrundrechtsverletzungen festgehalten werden. Dann entfiele auch die Notwendigkeit, den Oberlandesgerichten eine Abhilfebefugnis in Beschwerdeverfahren zuzuweisen und eine neue Zuständigkeit für die Untätigkeitsbeschwerde in Verfahren vor dem BGH zu begründen. Zwingend ist die „Anpassung" der Untätigkeitsbeschwerde an das bestehende Rechtsmittelsystem indes nicht. Der Gesetzgeber ist in der Ausgestaltung weitgehend frei und kann demnach auch die mit der ZPO-Reform 2002 durchgesetzten Entscheidungen wieder revidieren.

II. Entwurf eines Gesetzes über den Rechtsschutz bei überlangen Gerichtsverfahren und strafrechtlichen Ermittlungsverfahren

Der Gesetzgeber hat den Entwurf der Untätigkeitsbeschwerde verworfen und damit auch das Modell eines rein präventiven Rechtsbehelfs aufgegeben. Der Notwendigkeit, legislativ tätig zu werden, ist er sich dennoch bewusst[1125]. Seine Bemühungen konzentrieren sich nun aber auf einen kompensatorischen Rechtsbehelf. Dies ist gerade deshalb bemerkenswert, weil noch im Jahr 2005 eine Entschädigungslösung ausdrücklich abgelehnt wurde, da sie nur schwer vereinbar mit dem System des deutschen Haftungsrechts sei, das Ersatz für immaterielle Schäden nur im Ausnahmefall gewähre[1126].

Die Bundesjustizministerin Sabine Leutheusser-Schnarrenberger hat am 08.04.2010 den Referentenentwurf eines Gesetzes über den Rechtsschutz bei überlangen Gerichtsverfahren und strafrechtlichen Ermittlungsverfahren vorgestellt. Der Entwurf soll den Anforderungen der Art. 6 Abs. 1 EMRK und Art. 13 EMRK Rechnung tragen, wonach dem Betroffenen zur Durchsetzung seines Anspruchs auf Entscheidung innerhalb angemessener Verfahrensdauer ein wirksamer Rechtsbehelf zu einer innerstaatlichen Instanz zur Verfügung garantiert sei. Der Amtshaftungsanspruch nach § 839 BGB i.V.m. Art. 34 GG sei dazu nicht geeignet, weil er Schadensersatz nur bei schuldhaften Verzöge-

1125 Pressemitteilung des BMJ vom 18.08.2010.
1126 RefE v. 22.08.2005, S. 7.

rungen und für materielle Schäden gewähre. Der Gedanke der Prävention werde durch eine Verzögerungsrüge als formelle Voraussetzung der Entschädigung aufgegriffen. Ein Gericht werde den „manifesten Vorwurf überlanger Verfahrensdauer im Kontext eines späteren Entschädigungsprozesses" vermeiden wollen, so dass eine „konkret-präventive Beschleunigungswirkung" zu erwarten sei[1127]. Die Entscheidung für einen Entschädigungsrechtsbehelf scheint bereits gefallen. Denn am 18.08.2010 hat das Bundeskabinett den nach Stellungnahme der Interessenverbände nochmals geänderten Entwurf beschlossen und den Regierungsentwurf dem Bundestag zur Beratung zugeleitet.

1. Der Referentenentwurf vom 15.03.2010

Der Referentenentwurf vom 15.03.2010 sieht die Einführung des Entschädigungsrechtsbehelfs in §§ 198 bis 201 GVG vor[1128]. Die Verfahrensbeteiligten sollen für Nachteile infolge unangemessener Verfahrensdauer eine Entschädigung entsprechend §§ 249 ff. BGB erhalten. Allerdings handelt es sich nicht um eine verschuldensabhängige Schadensersatzleistung, sondern um eine Entschädigung für einen vom Verschulden des Spruchkörpers unabhängigen Nachteil aufgrund der Überlänge des Verfahrens[1129]. Ersatzfähig sind materielle Einbußen, aber auch sämtliche immateriellen Nachteile der unangemessenen Verfahrensdauer, z.B. seelische Unbill, körperliche Beeinträchtigungen, Rufschädigungen oder Entfremdung eines Kindes von einem Elternteil. Immaterielle Nachteile werden nach § 198 Abs. 2 S. 3 und 4 GVG-E (RefE 2010) regelmäßig durch eine Pauschale von 100 Euro für jeden Monat der Verzögerung ausgeglichen, es sei denn, dass diese nach den Einzelfallumständen unbillig ist. Nach § 198 Abs. 2 S. 2 GVG-E (RefE 2010) gilt eine widerlegbare Vermutung für die Kausalität der Verfahrensdauer für die eingetretenen immateriellen Nachteile. Ersatz wird jedoch nur gewährt, wenn nicht nach den Umständen des Einzelfalls eine Wiedergutmachung „auf andere Weise" ausreichend ist, § 198 Abs. 4 GVG-E (RefE 2010). In Betracht kommt dafür beispielsweise die Feststellung der unangemessenen Verfahrensdauer, wenn der Betroffene durch sein Verhalten erheblich zur Verzögerung beigetragen oder er keinen weitergehenden immateriellen Schaden erlitten hat und die Überlänge des Verfahrens den einzigen Nachteil darstellt[1130].

§ 198 Abs. 3 GVG-E (RefE 2010) macht den Entschädigungsanspruch von der vorherigen Erhebung einer Verzögerungsrüge beim iudex a quo abhängig. Der iudex a quo soll die Gelegenheit zur Verfahrensbeschleunigung erhalten und die

1127 RefE vom 15.03.2010, S. 11 unter A. I. 4 und 5.
1128 Im Folgenden GVG-E (RefE 2010).
1129 RefE vom 15.03.2010, S. 15.
1130 RefE vom 15.03.2010, S. 16.

Beteiligten daran gehindert werden, nach klagloser Hinnahme der Verfahrensdauer die Entschädigung „zu kassieren“ (kein „dulde und liquidiere“)[1131]. Die Verzögerungsrüge kann erhoben werden, wenn Anlass für die Besorgnis besteht, dass der Abschluss des Verfahrens in angemessener Zeit gefährdet sein könnte, d.h. der Betroffene konkrete Anhaltspunkte dafür hat, dass das Verfahren keinen angemessen zügigen Fortgang nimmt[1132]. Nicht notwendig ist die Gewissheit, dass das Verfahren nicht mehr in angemessener Zeit abgeschlossen werden kann. Eine vor diesem Zeitpunkt erhobene Rüge begründet keinen Entschädigungsanspruch. Möglich ist dann nur die Feststellung der unangemessenen Verfahrensdauer. Bei verspäteter Rüge wird eine Entschädigung für den vorhergehenden Zeitraum nicht gewährt.

Nach § 200[1133] GVG-E (RefE 2010) sind bei gemeinschaftlicher Verursachung der Verfahrensdauer durch verschiedene Gerichte der Länder und des Bundes im Instanzenzug die Rechtsträger der beteiligten Gerichte Gesamtschuldner. Der Ausgleich im Innenverhältnis richtet sich nach den jeweiligen Verursachungsbeiträgen der beteiligten Gerichte an der Verfahrensdauer. Die Zuständigkeit ist dagegen bei den Oberlandesgerichten konzentriert, denen die im Einzelfall schwierige Feststellung der Unangemessenheit der Verfahrensdauer und der korrekten Behandlung einer Rechtssache bei den obersten Bundesgerichten obliegt. Zuständig ist das OLG, in dessen Bezirk der Rechtsträger seinen Sitz hat. Bei einer Klage gegen Bund und Land als Gesamtschuldner hat der Kläger die Wahl zwischen mehreren örtlich zuständigen Oberlandesgerichten. Eine Entscheidung durch den Einzelrichter ist ausgeschlossen. Gegen die Entscheidung des OLG ist auf Zulassung die Revision zum BGH zulässig.

2. Stellungnahmen zu dem Referentenentwurf

Die Bundesjustizministerin erwartet ausweislich der Pressemitteilung des BMJ vom 08.04.2010[1134] von dem Entwurf positive Effekte für die Justiz insgesamt, weil die Verantwortlichen bei berechtigten Klagen über Verbesserungen bei Ausstattung, Geschäftsverteilung und Organisation nachdenken werden. Der Rechtsbehelf soll nicht nur effektiven Rechtsschutz gewährleisten, sondern gleichzeitig als „Indikator für Problemlagen wirken und die Behebung struktureller Mängel durch die dafür Verantwortlichen voranbringen“[1135]. Mit

1131 RefE vom 15.03.2010, S. 17.

1132 RefE vom 15.03.2010, S. 18.

1133 § 199 GVG-E (RefE 2010) betrifft den Rechtsschutz bei überlanger Dauer in Strafverfahren und wird daher im Rahmen dieser Arbeit nicht behandelt.

1134 Abrufbar unter www.bjm.de/verfahrensdauer, zuletzt abgerufen am 08.04.2010.

1135 RefE vom 15.03.2010, S. 12 unter A. I. 5.

Schreiben vom 07.04.2010 sind die Länder und Interessenverbände um Stellungnahme gebeten worden.

a) Stellungnahme des Deutschen Richterbundes

Der Deutsche Richterbund äußerte sich in seiner Stellungnahme vom 10.05.2010 positiv zu dem Referentenentwurf[1136]. Die Vorteile der Entschädigungslösung lägen darin, dass sie bei den für die Sach- und Personalausstattung zuständigen Ländern ansetze, da die Verantwortung für die langen Gerichtsverfahren ganz überwiegend nicht bei den Richtern liege. Daher sei die Entwurfslösung grundsätzlich zu begrüßen, auch mit Blick auf die Rechtsprechung des EGMR, insbesondere zum Fall *Sürmeli*. Man habe sich bereits in der Vergangenheit für eine Entschädigungsregelung ausgesprochen, die die Funktionsfähigkeit der Gerichte und die laufenden Gerichtsverfahren möglichst wenig beeinträchtige. Lediglich einzelne Punkte sollten klarer gefasst werden, um der Intention des Rechtsbehelfs besser gerecht zu werden[1137].

b) Stellungnahme des Deutschen Anwaltvereins

Auf dem 61. Deutschen Anwaltstag in Aachen begrüßte auch der DAV den Referentenentwurf[1138]. Der Präsident Wolfgang Ewer wies darauf hin, dass zur Qualität des gerichtlichen Verfahrens auch dessen Dauer gehöre. Der Gesetzesentwurf sei eine geeignete Grundlage, um eine Entschädigung zu verlangen, bedürfte aber im Einzelnen der Konkretisierung[1139]. Die Verzögerungsrüge werde außerdem eine präventive Wirkung bei den Gerichten haben. Er warnte allerdings davor, Rechtsmittel zum Zweck der Verfahrensbeschleunigung zu verkürzen oder Zuständigkeiten aus der 1. Instanz zu den Rechtsmittelgerichten zu verlagern. Die Qualität gerichtlicher Entscheidungen dürfe nicht beeinträchtigt werden. Der DAV-Präsident wies außerdem darauf hin, dass die durchschnittliche Verfahrensdauer in der Bundesrepublik Deutschland im europäischen Vergleich positiv zu bewerten sei, allerdings teilweise unzumutbar lange Verfahrenszeiten hingenommen werden müssten. Ein Benchmark der Gerichte untereinander könne daher ein weiterer Anreiz zur angemessenen Beschleunigung sein.

1136 DRB, Stellungnahme vom 10.05.2010, zuvor auch bereits der Vorsitzende in der Presse, u.a. gegenüber n-tv unter www.n-tv.de/politik/Schmerzensgeld-fuer-Wartezeit-article813754.html, zuletzt abgerufen am 09.05.2010.

1137 Vgl. zu den Änderungsvorschlägen in den nachfolgenden Abschnitten.

1138 Nachrichtenbeitrag „DAV: Anwälte begrüßen Maßnahmen gegen überlange Gerichtsverfahren" vom 14.05.2010 auf www.juris.de, Nachrichten.

1139 Vgl. zu den Änderungsvorschlägen in den nachfolgenden Abschnitten.

c) *Stellungnahme der Neuen Richtervereinigung*

Die Neue Richtervereinigung (NRV) befürwortete die Entscheidung, zugunsten eines kompensatorischen Rechtsbehelfs von einer präventiven Verzögerungsbeschwerde Abstand zu nehmen[1140], kritisierte jedoch die Ausgestaltung des Entschädigungsrechtsbehelfs. Die Kritik betrifft zunächst § 198 Abs. 1 S. 2 GVG-E (RefE 2010), wonach sich die Angemessenheit der Verfahrensdauer u.a. nach der „Bedeutung des Verfahrens" richten soll, die ausweislich der Entwurfsbegründung für den jeweiligen Verfahrensbeteiligten aus der Sicht eines verständigen Betroffenen ermittelt werde soll. Die NRV hält diese „subjektivierte" Differenzierung nicht für vereinbar mit Art. 19 Abs. 4 GG und Art. 6 EMRK[1141]. Wesentlicher Kritikpunkt ist daneben die in § 198 Abs. 3 GVG-E (RefE 2010) vorgesehene Verzögerungsrüge. Neben der in dem Entwurf verwendeten Bezeichnung als „Warnschuss" gilt dies vor allem für den maßgeblichen Rügezeitpunkt. Der Zeitpunkt, zu dem im Einzelfall die Besorgnis bestehe, dass der Abschluss des Verfahrens in angemessener Zeit gefährdet sein könne, sei nur äußerst schwer feststellbar. Wer seine Rüge nicht frühzeitig einlege und regelmäßig und in kurzfristigen Abständen wiederhole, laufe daher Gefahr, mit seinem finanziellen Entschädigungsbegehren an § 198 Abs. 3 GVG-E (RefE 2010) zu scheitern. Das mit dieser „Tatbestandshürde" verbundene Risiko und die damit einhergehende Mehrbelastung der Gerichte könne durch Bestimmung von Regellaufzeiten vermieden werden, innerhalb derer Verfahren regelmäßig abzuschließen seien und nach deren Ablauf eine – vom jeweiligen Rechtsträger der Gerichte zu widerlegende – Vermutung für eine unangemessene Verfahrensdauer gelte[1142].

d) *Stellungnahme der Bundesrechtsanwaltskammer*

Die Bundesrechtsanwaltskammer (BRAK) begrüßte das „Anliegen des Gesetzgebers, mit dem Referentenentwurf Rechtsschutzmöglichkeiten in Fällen überlanger Gerichtsverfahren und strafrechtlicher Ermittlungsverfahren einzuführen"[1143]. Der Versuch, die Rechtsschutzlücke bei überlanger Verfahrensdauer durch eine Entschädigungslösung zu schließen und dem Gedanken der Prävention mit der Einführung einer „Verzögerungsrüge" Rechnung zu tragen, bleibe jedoch „auf halbem Weg stehen". Das Gericht sei nicht zu einer förmlichen Bescheidung der Verzögerungsrüge verpflichtet und für den Verfahrensbeteiligten bestehe keine Beschwerdemöglichkeit. Ein Fortgang des Verfahrens könne nicht erzwungen werden, so dass das Modell im Ergebnis auf

---

1140 Stellungnahme der NRV vom 31.05.2010, S. 1.
1141 Stellungnahme der NRV vom 31.05.2010, S. 2.
1142 Stellungnahme der NRV vom 31.05.2010, S. 6 f.
1143 BRAK-Stellungnahme, Juni 2010, S. 3.

ein „dulde und liquidiere“ hinauslaufe. Das vorgeschlagene Kompensationsmodell könne daher nicht die gewünschten Resultate bringen und sei damit im Endeffekt verfehlt[1144]. Die BRAK schlägt vor, den Entwurf durch Kombination einer Untätigkeitsbeschwerde mit einem Entschädigungsanspruch zu ersetzen.

e) *Weitere Stellungnahmen und Reaktionen*

Zahlreiche weitere Reaktionen und Stellungnahmen zu dem Referentenentwurf finden sich in der Tagespresse und im Internet. So hieß es beispielsweise am 11.04.2010 in einem Bericht auf n-tv mobil[1145], dass die Gesetzesinitiative auf breite Unterstützung stoße. Der Vorsitzende des Innenausschusses, Wolfgang Bosbach, wird mit den Worten zitiert, die Justizministerin habe einen gangbaren Weg aufgezeigt. Die Entschädigungen für Prozessbeteiligte bei zu langen Ermittlungs- und Gerichtsverfahren könnten zu beschleunigten Abläufen führen und, wo notwendig, zu Neueinstellungen. Skeptisch äußerte sich hingegen der Präsident des Saarländischen Oberlandesgerichtes Roland Rixecker. In einem Interview vom 09.04.2010 mit der Saarbrücker Zeitung[1146] bezweifelte er, dass der geplante Entschädigungsrechtsbehelf tatsächlich Abhilfe schaffen könne und dass es sinnvoll sei, die der Justiz fehlenden Ressourcen zu verwenden, um ein neues Verfahren zur Überprüfung einer Verfahrensdauer zu eröffnen. In einer Anmerkung des SZ-Redakteurs zu diesem Interview heißt es ferner, dass das Gesetz auch dazu führen werde, dass Beteiligte in Allerweltsprozessen vor den Amtsgerichten, denen es mit Verhandlung und Beweisaufnahme einfach nicht schnell genug gehe, beim Gericht Druck machen und mit einer „Verzögerungsrüge“ drohen. Er empfiehlt daher, einen Missbrauch der neuen Möglichkeit in dem Gesetzesentwurf auszuschließen. Einen möglichen Missbrauch befürchtet nach einem Bericht vom 09.04.2010[1147] auch der Vorsitzende des Richter- und Staatsanwaltbundes in Sachsen-Anhalt. Der Entschädigungsanspruch könne quasi ohne Schadensnachweis erhoben werden und so unberechtigte Begehrlichkeiten wecken.

3. Der Regierungsentwurf vom 18.08.2010

Das Bundeskabinett hat den Entwurf eines Gesetzes über den Rechtsschutz bei überlangen Gerichtsverfahren und strafrechtlichen Ermittlungsverfahren am

1144 BRAK-Stellungnahme, Juni 2010, S. 4.

1145 http://mbil.n-tv.de/index.pl?id=813754 vom 11.04.2010, zuletzt abgerufen am 11.04.2010.

1146 Abrufbar unter www.saarbrücker-zeitung.de/sz-berichte/themen/Justitia-soll-mehr-Tempo-machen-wir-wollen-zwar-zuegig-arbeitende-Richter-aber-keinen-kurzen-Prozess;art2825,3255402, zuletzt abgerufen am 11.04.2010.

1147 Abrufbar unter www.mz-web.de/artikel?id=1269291675543, zuletzt abgerufen am 11.04.2010.

18.08.2010 beschlossen[1148], allerdings mit einigen wesentlichen Änderungen gegenüber dem Referentenentwurf vom 15.03.2010. Dies betrifft zunächst die Verzögerungsrüge. Nachdem u.a. die BRAK und die NRV darauf hingewiesen hatten, dass aufgrund der Rechtsnachteile der verspäteten Erhebung der Rüge im Entschädigungsverfahren mit deren ständiger Wiederholung durch die Verfahrensbeteiligten zu rechnen sei, ist ihre Wiederholung nunmehr erst 6 Monate später möglich, § 198 Abs. 3 S. 2 GVG-E (RegE 2010). Die vorzeitige Rüge kann, wie auch schon nach dem Referentenentwurf, einen Entschädigungsanspruch nicht begründen, sondern allenfalls zur Feststellung der unangemessenen Verfahrensverzögerung führen[1149]. Demgegenüber soll die verspätete Rüge nicht mehr notwendigerweise zum Verlust des Entschädigungsanspruchs für den vorhergehenden Zeitraum führen. Vielmehr ist die Verspätung grundsätzlich unschädlich, „weil Geduld eines Verfahrensbeteiligten nicht „bestraft" werden soll". Stellt sich das Verhalten des Betroffenen allerdings bei Würdigung der Gesamtumstände eher als ein „Dulde und Liquidiere" dar, soll das Entschädigungsgericht dies bei der Beurteilung der Angemessenheit der Verfahrensdauer berücksichtigen können und bei der Frage, ob Wiedergutmachung auf andere Weise gemäß Absatz 4 ausreichend ist. Verlängert wurde zudem die Sperrfrist für die Erhebung der Entschädigungsklage. Diese kann nicht, wie noch im Referentenentwurf vorgesehen, bereits 3, sondern regelmäßig erst 6 Monate nach der Verzögerungsrüge erhoben werden, es sei denn, es ist ausnahmsweise eine kürzere Frist geboten, § 198 Abs. 3 S. 2 HS 2 GVG-E (RegE 2010). Auf Rechtsfolgenseite ist die noch in § 198 Abs. 4 GVG-E (RefE 2010) vorgesehene Möglichkeit der Bekanntmachung der Verurteilung im elektronischen Bundesanzeiger entfallen.

Eine weitere Änderung betrifft die Bemessungsgrundlage der Pauschalentschädigung bei immateriellen Nachteilen. Anstelle der im Referentenentwurf vorgesehenen monatlichen Entschädigung von 100 Euro je vollem Monat der Verzögerung, erhält der Geschädigte nach dem Regierungsentwurf eine Pauschale von 1.200 Euro pro Jahr der Verzögerung. Die Entwurfsbegründung stellt klar, dass bei Zeiträumen unter einem Jahr eine zeitanteilige Berechnung erfolgen soll[1150].

Während der Referentenentwurf vom 15.03.2010 unabhängig von der Verursachung eines Nachteils durch den Bund oder das Land eine Zuständigkeitskonzentration für Entschädigungsklagen bei den Oberlandesgerichten vorsah, ist nach § 201 Abs. 1 GVG-E (RegE 2010) für Klagen auf Entschädigung gegen ein

1148 Im Folgenden bezeichnet als RegE 2010.
1149 RegE v. 18.08.2010, S. 31.
1150 RegE v. 18.08.2010, S. 30.

Land das OLG zuständig, in dessen Bezirk die Regierung des Beklagten Landes ihren Sitz hat, für Klagen auf Entschädigung gegen den Bund der BGH. Bei Nachteilen, die durch Verzögerungen in Verfahren anderer Gerichtsbarkeiten entstanden sind, sind deren oberste Landes- bzw. Bundesgerichte entsprechend zuständig[1151]. Durch die Entscheidungszuständigkeit der jeweiligen Fachgerichte soll sichergestellt werden, dass über die „Angemessenheit" der Verfahrensdauer sachkundig geurteilt wird[1152]. Mit der Zuständigkeitskonzentration bei den Oberlandesgerichten ist auch die im Referentenentwurf vorgesehene gesamtschuldnerische Haftung aller an einem überlangen Verfahren beteiligten Rechtsträger aufgegeben worden. § 200 GVG-E (RegE 2010) bestimmt stattdessen, dass für Nachteile, die aufgrund von Verzögerungen bei den Gerichten eines Landes eingetreten sind, das Land haftet, für Nachteile infolge von Verzögerungen bei Bundesgerichten haftet der Bund.

Nach § 201 Abs. 3 GVG-E (RefE 2010) hatte der Kläger bei Feststellung einer überlangen Verfahrensdauer unabhängig vom Bestehen eines Entschädigungsanspruchs regelmäßig keine Kosten zu tragen. Das Gericht sollte nur bei unverhältnismäßig hohem Entschädigungsanspruch nach billigem Ermessen über die Kosten entscheiden. Davon abweichend soll das Gericht nach § 201 Abs. 4 GVG-E (RegE 2010) generell nach billigem Ermessen über die Kosten entscheidet, wenn ein Entschädigungsanspruch nicht oder nicht in der geltend gemachten Höhe besteht.

4. Verfassungs- und Europarechtskonformität des Rechtsbehelfs

Fraglich ist, ob der vorgeschlagene Entschädigungsrechtsbehelf die verfassungs- und europarechtlichen Anforderungen an einen Rechtsbehelf gegen überlange Verfahrensdauer erfüllt.

a) Geltung in Verfahren aller Gerichtsbarkeiten

Art. 13 EMRK und der allgemeine Justizgewährungsanspruch garantieren Rechtsschutz gegen unangemessene Verfahrensdauer in Verfahren sämtlicher

1151 Dies dürfte auf entsprechende Kritik u.a. der Präsidenten der Finanzgerichte und des Präsidenten des Bundesfinanzhofs in ihrer Gemeinsamen Stellungnahme vom 09.06.2010 zurückzuführen sein. Diese hatten die Zuständigkeitskonzentration bei den Oberlandesgerichten für etwaige Entschädigungsklagen auch finanzgerichtliche Verfahren betreffend kritisiert. Dies sei wegen der regelmäßig steuerrechtlich schwierig zu beurteilenden Sachverhalte sachlich nicht zu rechtfertigen, vgl. die Pressemitteilung des FG Münster vom 09.06.2010, abrufbar unter www.fg-muenster.nrw.de/presse/pressemitteilungen, zuletzt abgerufen am 28.08.2010.

1152 RegE v. 18.08.2010, S. 38.

Gerichtsbarkeiten. Dieser Anforderung wird der Entschädigungsrechtsbehelf gerecht, denn im Unterschied zum sog. Untätigkeitsbeschwerdengesetz gewährt er Rechtsschutz nicht nur in fachgerichtlichen, sondern auch im Verfahren vor dem Bundesverfassungsgericht. Der Regierungsentwurf vom 18.08.2010 sieht die im Referentenentwurf zwar bereits angelegte, aber noch nicht ausgestaltete Ergänzung des BVerfGG um einen Entschädigungsrechtsbehelf in §§ 97 a bis e nun vor. Darüber hinaus soll auch eine Ergänzung der Landesverfassungsgerichtsgesetze erfolgen[1153]. Allerdings liegt die Gesetzgebungskompetenz insoweit bei den Ländern, die noch entsprechend tätig werden müssen.

b) *Wirksamkeit der Verzögerungsrüge*

Voraussetzung für den Entschädigungsanspruch ist nach § 198 Abs. 3 GVG-E (RegE 2010) die vorherige Rüge der Verfahrensdauer bei dem mit der Sache befassten Gericht. Mit dieser Vorschaltrüge ähnelt der Rechtsbehelf jedenfalls auf den ersten Blick Kombinationslösungen, wie sie beispielsweise in Kroatien, Spanien, Polen und der Slowakei vorgesehen sind[1154] und für die sich auch die auf dem Expertensymposium anwesenden Vertreter der Richter- und Anwaltschaft mehrheitlich ausgesprochen hatten[1155]. Grundsätzlich ist ein solches Kombinationsmodell zu begrüßen, weil es die Wahrscheinlichkeit steigert, dass die Gesamtregelung effektiv wirkt[1156]. Allerdings ist fraglich, ob dies auch für den vorgeschlagenen Rechtsbehelf gilt.

Die Verzögerungsrüge soll dem Richter als „Warnschuss“[1157] dienen und so die Möglichkeit der Beschleunigung des Verfahrens eröffnen. Sie vermittelt dem Verfahrensbeteiligten allerdings keinen Anspruch auf Bescheidung. Selbst wenn Anhaltspunkte dafür vorliegen, dass das Verfahren nicht in angemessener Frist abgeschlossen wird, ist das Ausgangsgericht zur förmlichen Bescheidung der Rüge nicht verpflichtet. Die Verzögerungsrüge ist dementsprechend kein Rechtsbehelf im formellen Sinn, sondern hat im Ergebnis denselben Charakter wie jedes andere informelle Gesuch auf Verfahrensförderung. Bescheidet das Gericht die Rüge nicht, muss der Verfahrensbeteiligte den Eintritt der Verletzung hinnehmen und anschließend die Entschädigungsklage erheben. Er ist dann auf ein „Dulde und Liquidiere“ verwiesen, obwohl dies zu verhindern gerade Sinn und Zweck der Rüge ist[1158]. Die verfassungs- und europarechtlichen Anforderungen an den Rechtsschutz gegen unangemessene Verfahrensdauer

1153 Vgl. RegE v. 18.08.2010, S. 25 unter Ziffer 11.
1154 *Luczak*, S. 27 und 65.
1155 *Roller* ZRP 2008, 122, 123.
1156 *Luczak*, S. 8.
1157 So jedenfalls noch die Begründung zum RefE vom 15.03.201017.
1158 RefE vom 15.03.2010, S. 17; RegE vom 18.08.2010, S. 31.

erfüllt eine solche Verzögerungsrüge nicht. Denn wirksam ist nur ein Rechtsbehelf, der einen prozessual durchsetzbaren Anspruch auf eine gerichtliche Entscheidung begründet[1159]. Die Verzögerungsrüge gewährt daher weder für sich genommen wirksamen Rechtsschutz noch steigert sie die Effektivität der Entschädigungslösung. Deshalb handelt es sich bei dem am 18.08.2010 vom Bundeskabinett beschlossenen Entwurf auch nicht um eine echte Kombinationslösung, wie sie im österreichischen, kroatischen, spanischen, polnischen und slowakischen Recht verankert ist[1160] und vom Expertensymposium der Richter- und Anwaltschaft favorisiert wurde[1161]. Die Kritik der NRV[1162] und der BRAK[1163], er bleibe „auf halbem Weg stehen“, muss sich der Entwurf daher gefallen lassen.

c) *Wirksamkeit der Entschädigungsklage*

Da die Verzögerungsrüge nach § 198 Abs. 3 S. 1 GVG-E (Reg-E 2010) keinen wirksamen Rechtsschutz gewährt, ist für die Wirksamkeit des vorgeschlagenen Rechtsbehelfs allein maßgeblich, ob die Entschädigungsklage den Anforderungen des allgemeinen Justizgewährungsanspruchs und Art. 13 EMRK genügt. Erforderlich ist, dass sie selbst ein wirksamer, angemessener und zugänglicher Rechtsbehelf gegen die überlange Dauer eines gerichtlichen Verfahrens ist[1164]. Dies hängt vor allem von ihrer Ausgestaltung ab[1165].

aa) Entschädigung für unangemessene Verfahrensdauer

Der Rechtsbehelf gewährt eine Entschädigung für Nachteile, die ein Verfahrensbeteiligter „infolge unangemessener Dauer eines Gerichtsverfahrens“ erleidet. Auf die Bestimmung einer fixen Zeitgrenze wird, ebenso wie im Entwurf des sog. Untätigkeitbeschwerdengesetzes, verzichtet[1166]. Im Unterschied zu dem 2005 vorgestellten Entwurf werden in § 198 Abs. 1 S. 2 GVG-E (RegE 2010) jedoch explizit einzelne Beurteilungskriterien für die Angemessenheit der Verfahrensdauer, nämlich die Umstände des Einzelfalles, insbesondere die Schwierigkeit und Bedeutung des Verfahrens und das Verhalten von Verfahrensbeteiligten und Dritten, aufgeführt. Der Wortlaut („*insbesondere*“) und die Entwurfsbegründung stellen klar, dass es sich dabei nur um eine beispielhafte

---

1159 Aus dem Grund ist auch die Gegenvorstellung kein wirksamer Rechtsbehelf, soweit sie nicht auf § 572 Abs. 1 ZPO gestützt werden kann, vgl. § 5 III.

1160 *Luczak*, S. 27 und 65.

1161 *Roller* ZRP 2008, 122, 123.

1162 Stellungnahme der NRV vom 31.05.2010.

1163 BRAK-Stellungnahme, Juni 2010, S. 3, 4.

1164 Vgl. § 4 I.2.b).

1165 *Roller* ZRP 2008, 122, 123 (für das sog. Untätigkeitsbeschwerdengesetz).

1166 RegE v. 18.08.2010, S. 27.

Aufzählung handelt und die vom EGMR und vom BVerfG entwickelten Bewertungsmaßstäbe herangezogen werden sollen[1167]. Weitere Klarstellungen im Gesetzestext sind daher nicht erforderlich. Soweit beispielsweise der BDR den Hinweis empfiehlt, dass Zeiten, in denen das Gerichtsverfahren kraft Gesetzes unterbrochen war oder auf Antrag der Parteien geruht habe, bei der Bestimmung der Angemessenheit der Verfahrensdauer nicht zu berücksichtigen sind[1168], ergibt sich dies bereits aus der ständigen Rechtsprechung des BVerfG und des EGMR[1169]. Aus diesem Grund ist grundsätzlich auch die Klarstellung, dass es für die Beurteilung nicht auf ein etwa pflichtwidriges Verhalten des zuständigen Spruchkörpers ankommt[1170], entbehrlich.

Im Übrigen gibt die Entwurfsbegründung Aufschluss über die anzuwendenden Kriterien. Soweit es dort allerdings heißt, dass das Entschädigungsgericht bei der Beurteilung der Angemessenheit der Verfahrensdauer auch berücksichtigen solle, ob sich das Verhalten des Verfahrensbeteiligten als „Dulde und Liquidiere" darstelle, etwa weil er die Verzögerungsrüge unterlassen oder zu spät erhoben habe, steht dies nicht im Einklang mit Art. 6 Abs. 1 EMRK. Denn die Verpflichtung, für eine angemessene Verfahrensdauer zu sorgen, trifft nicht die Verfahrensbeteiligten selbst, sondern die Gerichte. Sie darf auch nicht durch die Verpflichtung zur Erhebung einer Verzögerungsrüge auf den Verfahrensbeteiligten abgewälzt werden. In die Beurteilung der Angemessenheit kann zwar ein verfahrensverzögerndes Verhalten eines Verfahrensbeteiligten einfließen. Ihm darf aber nicht angelastet werden, dass er das Gericht nicht auf eine ihm ohnehin nach Art. 6 Abs. 1 EMRK und dem allgemeinen Justizgewährungsanspruch obliegenden Pflicht hingewiesen hat. Dies ausgenommen stellt der Entwurf durch die Anknüpfung an die in der Rechtsprechung entwickelten Kriterien zur Bewertung der Angemessenheit der Verfahrensdauer grundsätzlich sicher, dass eine Entschädigung in den Fällen gewährt wird, in denen Art. 13 EMRK und der allgemeine Justizgewährungsanspruch dies fordern.

bb) Entschädigung für erlittene Nachteile

Nach der Rechtsprechung des EGMR u.a. im Fall *Mifsud* gegen Frankreich ist Sekundärrechtsschutz nur wirksam, wenn er bereits während des laufenden

---

1167 So ausdrücklich sowohl der RefE vom 15.03.2010, S. 14 f. als auch der RegE vom 18.08.2010, S. 27.

1168 BDR, Stellungnahme vom 10.05.2010, unter Ziffer 6.

1169 Vgl. unter § 11 II.

1170 RefE vom 15.03.2010, S. 15; RegE vom 18.08.2010, S. 28.

(überlangen) Verfahrens eingeleitet werden kann[1171]. Dem entspricht der Entwurf, da die Erhebung der Entschädigungsklage bereits vor Abschluss des Ausgangsverfahrens möglich ist. Im Übrigen erfüllt der Entwurf die verfassungs- und europarechtlichen Anforderungen grundsätzlich insofern, als eine Entschädigung sowohl für materielle als auch für immaterielle Nachteile gewährt wird. Allerdings ist für die Effektivität der Entschädigungsklage auch insoweit die konkrete Ausgestaltung maßgeblich.

(1) Entschädigung für materielle Nachteile

Nach § 198 Abs. 1 GVG-E (RegE 2010) wird eine Entschädigung für einen „Nachteil" gewährt. Vermögensnachteile werden im Unterschied zu Nichtvermögensnachteilen nicht explizit genannt. Allerdings stellt die Entwurfsbegründung klar, dass auch solche Nachteile ersatzfähig sind. Da der Entschädigungsanspruch verschuldensunabhängig ist, wird nicht Schadensersatz, sondern eine „Entschädigung" gewährt[1172]. Im Unterschied zu immateriellen Schäden ist eine anderweitige Wiedergutmachung, etwa durch Feststellung der Konventionsverletzung, nicht möglich. Dies entspricht auch der Praxis des EGMR, der lediglich bei immateriellen Nachteilen die eingetretene Konventionsverletzung feststellt[1173]. Insgesamt richtet sich der Ersatz materieller Nachteile im jeweiligen Einzelfall also nach den Maßstäben, die auch der EMRK im Rahmen von Art. 41 EMRK anwendet. Dadurch gewährleistet der Entwurf jedenfalls für entstandene Vermögensschäden eine konventions- und verfassungsgemäße Kompensation.

(2) Entschädigung für immaterielle Nachteile

Eine Entschädigung wird darüber hinaus auch für immaterielle Nachteile infolge einer Verfahrensverzögerung gewährt, § 198 Abs. 2 GVG-E (RegE 2010).

(•) Kompensation durch Pauschalbetrag

Der Geschädigte erhält für immaterielle Nachteile regelmäßig eine Entschädigung von 1.200 Euro für jedes Jahr der Verzögerung. Abweichungen von dieser Pauschale sind möglich, wenn der Betrag nach den Umständen des Einzelfalls unbillig ist. Dass die Entschädigung auch zeitanteilig für Verzögerungen

---

1171 EGMR No. 57220/00 (*Mifsud*./.Frankreich), unter Nr. 17. Dem widerspricht die Auffassung des DRB, Stellungnahme vom 10.05.2010, unter Ziffer 9., die Erhebung der Entschädigungsklage während des noch laufenden Gerichtsverfahrens sei weder erforderlich noch sachgerecht und diese im Referentenentwurf vorgesehene Möglichkeit daher zu beschränken.

1172 RefE vom 15.03.210, S. 15; RegE vom 18.08.2010, S. 28.

1173 BGH NVwZ 2007, 1035 (1037) (*Stoll*./.Deutschland), unter Nr. 51.

unterhalb eines Jahres gewährt wird, geht aus dem Wortlaut nicht eindeutig hervor, wird aber durch die Begründung klargestellt[1174]. Eine solche zeitanteilige Bemessung der Entschädigung ist unabdingbare Voraussetzung eines effektiven Entschädigungsrechtsbehelfs im Sinne des Justizgewährungsanspruchs und Art. 13 EMRK, weil anderenfalls kürzere Verfahrensverzögerungen vollständig rechtsschutz- bzw. entschädigungslos blieben. Die im Referentenentwurf vorgesehene monatliche Bemessung der Pauschale hätte dem bessern entsprochen. Um eine zeitanteilige Entschädigung zu gewährleisten, empfiehlt sich eine klarstellende Ergänzung unmittelbar im Gesetzestext[1175].

Unabhängig davon stellt sich die Frage, ob eine Pauschalentschädigung überhaupt als Kompensation für immaterielle Nachteile geeignet und der vorgesehene Regelsatz angemessen ist[1176]. Ein Pauschalbetrag als *Regelentschädigung* dürfte bereits deshalb kritisch sein, weil die Höhe einer Entschädigungszahlung nach der Rechtsprechung des EGMR nach den Umständen des jeweiligen Einzelfalles zu ermitteln ist. Maßgeblich ist dabei gerade nicht allein die Verfahrensdauer. Vielmehr ist regelmäßig auch die Zahl der durchlaufenen Instanzen und der Gegenstand des Verfahrens entscheidend für die Bestimmung des etwa erlittenen Nichtvermögensschadens[1177]. Je bedeutender der Streitgegenstand für die persönliche Lage jedes Klägers ist, desto größer sind die Unannehmlichkeiten und Unsicherheiten für ihn[1178]. Ein unabhängig vom Verfahrensgegenstand festgesetzter Pauschalsatz ist damit regelmäßig nicht vereinbar. Deshalb wendet auch der EGMR keine „festen Entschädigungssätze" an, sondern orientiert sich allenfalls an der in gleich gelagerten Fällen gewährten Entschädigungssumme. Die Höhe der vom EGMR bei überlanger Verfahrensdauer gewährten Entschädigungszahlungen variiert daher erheblich[1179]. Eine Praxis des EGMR gibt es gerade nicht[1180]. Offen bleibt auch, aus welchem Grund ein Betrag von 1.200 Euro pro Jahr regelmäßig eine angemessene Entschädigung sein sollen. Zwar hat der EGMR im Fall *Sürmeli* gegen Deutschland dem Beschwerdeführer für eine zehnjährige Verfahrensdauer eine

1174 RegE vom 18.08.2010, S. 30.

1175 Aus welchem Grund die im Referentenentwurf vorgesehene Bemessung der Entschädigung auf Monats- gegen die Bemessung auf Jahresbasis ausgetauscht wurde, bleibt unklar.

1176 Der DAV kritisiert, dass ein Betrag in Höhe von 100 Euro oft zu niedrig sein werde, wenn erhebliche wirtschaftliche Werte betroffen seien, www.juris.de, Nachrichten, Beitrag vom 14.05.2010.

1177 *Meyer-Ladewig*, Art. 41 EMRK Rn. 231.

1178 EGMR NJW 2009, 655 (656), unter Nr. 43.

1179 *Meyer-Ladewig*, Art. 41 EMRK Rn. 19 f.

1180 So aber der RegE vom 18.08.2010, S. 30; im RefE vom 15.03.2010, S. 17, heißt es explizit, die Höhe der Pauschale orientiere sich an der Praxis des EGMR, pro Jahr der Gesamtdauer eines Verfahrens einen Betrag von rund 1.000 Euro zuzusprechen.

Entschädigung von 10.000 Euro zugesprochen[1181]. Allerdings hat er in einem anderen Fall den gleichen Betrag, d.h. 10.000 Euro, für ein Verfahren von 18 Jahren und 9 Monaten gewährt und in einem weiteren Verfahren lediglich 5.000 Euro für ein elfjähriges Zivilverfahren. Im Unterschied dazu hat er für ein fünfjähriges kindschaftsrechtliches Verfahren sogar 8.000 Euro Entschädigung gewährt[1182]. Regelsätze sind der Rechtsprechung des EGMR folglich gerade nicht zu entnehmen. Insgesamt widerspricht eine Pauschale als Regelentschädigung daher der Notwendigkeit, die Entschädigung nach den Umständen des jeweiligen Einzelfalls zu ermitteln. Die Möglichkeit, über Billigkeitserwägungen von der Pauschale abzuweichen, ändert daran nichts, denn dabei handelt es sich lediglich um eine Ausnahmeregelung. Die Möglichkeit, eine höhere Entschädigung zuzusprechen, besteht im Übrigen nur, wenn der Entschädigungskläger einen entsprechend bestimmten Klageantrag stellt. Er müsste folglich die mit dem Kostenrisiko verbundene Einschätzung treffen, ob in seinem Fall eine höhere Entschädigung angemessen wäre. Auf die Festsetzung einer Pauschale sollte daher verzichtet werden. Nachteile wären damit nicht verbunden, weil sich die Gerichte zunächst an vergleichbaren Fällen aus der Rechtsprechung des EGMR orientieren könnten. Im Übrigen ist zu erwarten, dass sich innerhalb kurzer Zeit auch in der deutschen Rechtsprechung eine Kasuistik herausbildet.

(•) Wiedergutmachung auf andere Weise

Für immaterielle Nachteile kann eine Entschädigung in Geld nur beansprucht werden, soweit nicht nach den Umständen des Einzelfalls eine Wiedergutmachung *„auf andere Weise“* ausreichend ist, § 198 Abs. 2 GVG-E (RegE 2010). Auch hier wird an die Praxis des EGMR angeknüpft, der von einer finanziellen Entschädigung für immaterielle Nachteile absieht, wenn er die bloße Feststellung der Konventionsverletzung für ausreichend hält[1183]. Dementsprechend steht die Möglichkeit, anstelle einer finanziellen Entschädigung eine anderweitige Wiedergutmachung zu gewähren, grundsätzliche im Einklang mit der Rechtsprechung des EGMR und spricht nicht per se gegen die Wirksamkeit eines Rechtsbehelfs[1184]. Allerdings muss gewährleistet sein, dass die Feststellung eine

---

1181 EGMR NJW 2006, 2389 (*Sürmeli*./.Deutschland).

1182 Vgl. die Angaben von *Roller* ZRP 2008, 122, Fn. 20; vgl. auch die Tabelle der in jüngerer Rechtsprechung vom EGMR gewährten Entschädigungen bei *Meyer-Ladewig*, Art. 41 EMRK Rn. 20.

1183 z.B. im Fall *Niedzwiecki*./.Deutschland, Urteil v. 01.04.2010, Nr. 12852/08, „The Court holds that the finding of violations constitutes in itself sufficient just satisfaction for any non-pecuniary damage sustained by the applicant.“, abrufbar unter www.cmiskp.echr.coe.int, zuletzt abgerufen am 03.09.2010.

1184 Grundsätzliche Bedenken an der Geeignetheit der anderweitigen Wiedergutmachung äußert jedoch die BRAK, Stellungnahme aus Juni 2010, S. 10.

Entschädigungszahlung nicht auch dann stets ersetzt, wenn ein immaterieller Nachteil und dessen kausale Verursachung durch die Verfahrensdauer hinreichend nachgewiesen sind. Dieses Risiko ist nach dem Wortlaut bzw. der Formulierung von § 198 Abs. 2 S. 1 GVG-E (RegE 2010) („*nur beansprucht werden, soweit nicht*") jedenfalls nicht auszuschließen. Denn danach ist die Wiedergutmachung auf andere Weise die Regel bzw. wird eine Vermutung dafür begründet, dass diese ausreichend ist. Indes ist davon auszugehen, dass es sich hier um ein Redaktionsversehen handelt. Denn in der Entwurfsbegründung findet sich das Regelverhältnis bzw. die Vermutung, die der Wortlaut von § 198 Abs. 2 S. 2 GVG-E (RegE 2010) begründet, gerade nicht wieder. Vielmehr heißt es dort – in positiver Formulierung –, dass eine Entschädigung für immaterielle Nachteile „*ausgeschlossen ist, soweit nach den Einzelfallumständen eine Wiedergutmachung auf andere Weise ausreichend ist*"[1185]. Dies soll in Anlehnung an die Rechtsprechung des EGMR geklärt werden und ist zudem vom beklagten Rechtsträger darzutun[1186]. Von der Möglichkeit der Wiedergutmachung auf andere Weise soll folglich nur in den Fällen Gebrauch gemacht werden, in denen auch der EGMR die Feststellung für ausreichend halten würde. Allerdings ist § 198 Abs. 2 S. 2 GVG-E (RegE 2010) in der derzeitigen Fassung missverständlich und missbrauchsanfällig. Um potentielle Missverständnisse und eine konventionswidrige Anwendung des Rechtsbehelfs auf Rechtsfolgenseite zu vermeiden, sollte Absatz 2 Satz 2 jedenfalls positiv formuliert und dadurch die Vermutungswirkung beseitigt werden.

d) Ausschluss des Entschädigungsanspruchs bei unterlassener, verfrühter oder verspäteter Verzögerungsrüge

Eine Entschädigung, ob für materielle oder immaterielle Nachteile, erhält ein Verfahrensbeteiligter nur, wenn er zuvor bei dem mit der Sache befassten Gericht die Dauer des Verfahrens gerügt hat, § 198 Abs. 3 S. 1 GVG-E (RegE 2010). Auswirkungen auf den Entschädigungsanspruch kann aber nicht nur eine unterlassene, sondern auch eine vorzeitige oder verspätete Rüge haben.

aa) Verzögerungsrüge als Zulassungsbeschränkung

Die Verzögerungsrüge ist kein förmlicher Rechtsbehelf. Vielmehr handelt es sich um eine Art Vorverfahren, das als formelle Anspruchsvoraussetzung des Entschädigungsanspruchs der Entschädigungsklage vorauszugehen hat. Die Einrichtung eines Vorverfahrens ist grundsätzlich zulässig, solange es nicht einen vollständigen Rechtswegausschluss zur Folge hat, sondern nur eine

1185 RegE v. 18.08.2010, S. 29.
1186 RegE v. 18.08.2010, S. 30.

Zugangsbeschränkung begründet[1187]. Denn Rechtsschutz muss weder voraussetzungslos noch zeitlich unbegrenzt gewährleistet werden[1188]. Vielmehr bleibt die Ausgestaltung der Voraussetzungen und Bedingungen des Zugangs zu einem Gericht den jeweils geltenden Prozessordnungen überlassen. Dabei kann der Gesetzgeber auch Regelungen treffen, die für ein Rechtsschutzbegehren besondere formelle Voraussetzungen aufstellen und sich dadurch für den Rechtsuchenden einschränkend auswirken. Der Anspruch des Einzelnen auf eine tatsächlich wirksame gerichtliche Kontrolle darf ihm jedoch weder tatsächlich unmöglich gemacht noch in unzumutbarer, aus Sachgründen nicht mehr zu rechtfertigender Weise erschwert werden[1189]. Dies ist bei einem Vorverfahren regelmäßig nicht der Fall, wenn es den Rechtsschutz nicht verschlechtert, sondern auf Verbesserung angelegt ist und so den Interessen des Rechtsuchenden zugute kommt[1190].

Es ist folglich nicht per se unzulässig, den Entschädigungsanspruch an die vorherige Erhebung der Verzögerungsrüge zu knüpfen. Denn der Rechtsschutz wird dadurch nicht von vornherein ausgeschlossen. Allerdings wird den Verfahrensbeteiligten mit der Verzögerungsrüge nach § 198 Abs. 3 S. 1 GVG-E (RegE 2010) als Ausschlusskriterium für den Entschädigungsanspruch auferlegt, die Verfahrensdauer „im Blick zu behalten", während das mit dem Verfahren befasste Gericht auf den „Warnschuss" warten kann. Die Verantwortung zur Beachtung und Einhaltung einer angemessenen Verfahrensdauer wird so den Verfahrensbeteiligten übertragen, obwohl gerade ihnen nach dem allgemeinen Justizgewährungsanspruch und Art. 6 Abs. 1 EMRK den Anspruch auf Entscheidung innerhalb angemessener Frist haben und Anspruchsverpflichtete originär die Gerichte sind. Im Ergebnis muss sich also der Anspruchsinhaber selbst um die Beachtung seines Rechts auf angemessene Verfahrensdauer „kümmern". Dies ist vor allem deshalb problematisch, weil die Verzögerungsrüge ihm keinen Anspruch auf förmliche Bescheidung durch das Ausgangsgericht vermittelt. Denn dem Verfahrensbeteiligten wird durch das formelle Erfordernis der Verzögerungsrüge der Rechtsschutz erschwert, und zwar ohne dass dies seinen Interessen zwangsläufig zugute käme. Solange der Verfahrensbeteiligte seinen Anspruch auf eine angemessene Verfahrensdauer mit der Verzögerungsrüge nicht tatsächlich förmlich durchsetzen kann, ist sie ein Tatbestandshindernis, das ihm die die wirksame gerichtliche Kontrolle der Verfahrensdauer durch das Entschädigungsgericht ohne sachlichen Grund in unzulässiger Weise unzumutbar erschwert. Eine anspruchsausschließende

1187 *Schmidt-Aßmann*, in: Maunz/Dürig, Art. 19 Abs. 4 GG, Rn. 233 und Rn. 249 (für das Vorverfahren im Verwaltungsrecht).

1188 BVerfGE 40, 237 (256).

1189 Musielak/*Musielak*, Einl. Rn. 7; BVerfG ZVE 2000, 148 (150).

1190 BVerfG NJW 1976, 34 (37).

Funktion der Verzögerungsrüge ist nur gerechtfertigt, wenn sie auch der Durchsetzung seiner Interessen dient und einen Anspruch auf Bescheidung vermittelt.

bb) Vorzeitige Verzögerungsrüge

Unabhängig davon verliert der Verfahrensbeteiligte seine Entschädigungsansprüche nicht nur bei unterlassener Verzögerungsrüge, sondern auch dann, wenn er sie zu früh erhebt. § 198 Abs. 3 S. 2 GVG-E (RegE 2010) bestimmt den Rügezeitpunkt nicht absolut. Vielmehr kann die Rüge erhoben werden, wenn *„Anlass zur Besorgnis besteht, dass das Verfahren nicht in einer angemessenen Zeit abgeschlossen wird*". Wird die Rüge vor diesem Zeitpunkt erhoben, überprüft das Entschädigungsgericht zwar die Angemessenheit der Verfahrensdauer. Als Rechtsfolge kommt aber höchstens die Feststellung des Verfassungs- bzw. Konventionsverstoßes in Betracht[1191]. Eine finanzielle Entschädigung ist in jedem Fall ausgeschlossen[1192]. Dies gilt unabhängig davon, ob der Anspruch tatsächlich besteht und dem Verfahrensbeteiligten die vorzeitige Erhebung der Rüge vorzuwerfen ist.

Nach der Entwurfsbegründung soll die Präklusion des Entschädigungsanspruchs verhindern, dass die Verzögerungsrüge schon im Anfangsstadium eines Verfahrens eingelegt wird, möglicherweise sogar schon höchst vorsorglich mit der Klageerhebung[1193]. In solchen „Extremfällen" einer verfrühten Rüge rechtfertigt sich der Anspruchsausschluss dadurch, dass sich der Verfahrensbeteiligte anderenfalls schlicht über das Rügeerfordernis hinwegsetzen könnte und die Rüge in ihrer Funktion leer liefe. Der vollständige Ausschluss einer finanziellen Entschädigung ist aber dann unzumutbar, wenn das Verfahren bereits geraume Zeit andauert und der Verfahrensbeteiligte den Rügezeitpunkt schlicht falsch bewertet. Dies kann leicht passieren, denn konkrete *„Anhaltspunkte dafür, dass das Verfahren keinen angemessen zügigen Fortgang nimmt*", wird es etwa bei bloßem Nichtbetreiben des Verfahrens über einen längeren Zeitraum regelmäßig nicht geben. Der Verfahrensbeteiligte darf dann aber nicht dadurch benachteiligt werden, dass er den Rügezeitpunkt falsch einschätzt, ohne dass ihm dies vorzuwerfen ist. Dies gilt auch deshalb, weil die Rüge andererseits gerade möglichst früh eingelegt werden soll, damit sie ihre Warnfunktion vollständig entfalten kann[1194]. Der Anspruchsausschluss ist deshalb zwar sachlich gerechtfertigt, wenn die Rüge rechtsmissbräuchlich (viel) zu früh

1191 Diese ist nach dem Regierungsentwurf allerdings auch nur bei immateriellen Nachteilen möglich.
1192 RegE v. 18.08.2010, S. 31.
1193 RegE v. 18.08.2010, S. 31.
1194 RegE vom 18.08.2010, S. 31.

eingelegt wird und sie daher ihren Sinn und Zweck gar nicht erfüllen kann. In allen anderen Fällen beschneidet der generelle Ausschluss der finanziellen Kompensation durch eine vorzeitige Verzögerungsrüge den Verfahrensbeteiligten ohne sachliche Rechtfertigung in seinem Entschädigungsanspruch.

cc) Verspätete Verzögerungsrüge

Konsequenzen für den Entschädigungsanspruch kann auch die verspätete Rüge haben. Allerdings sind diese nach dem Regierungsentwurf nicht mehr so gravierend wie noch im Referentenentwurf vorgesehen, wonach auch ein Verstreichen des maßgeblichen Rügezeitpunktes zwangsläufig zu einem Verlust des Entschädigungsanspruchs führte[1195]. Einige Interessenverbände hatten diese Konsequenz in ihren Stellungnahmen stark kritisiert. Die BRAK bezeichnete die Verzögerungsrüge als *„regelrechte Falle für die Beteiligten und eine Regressfalle für ihre Anwälte“*[1196]. Sie seien genötigt, ständig Verzögerungsrügen zu erheben, um keine Entschädigungsansprüche zu verlieren oder um sich keiner Regressgefahr auszusetzen. Die Gefahr, dass vorsorglich und vorzeitig begonnen werde, monatlich Rügen einzulegen, um sicherzustellen, dass eine einzelne, später vom Entschädigungsgericht als verfrüht eingestufte Rüge nicht zum Verlust ihres Anspruchs führt und ein Anwalt nicht regresspflichtig wird, sah auch die NRV[1197]. Ziel des Entschädigungsgesetzes müsse es sein, den Rechtsuchenden die Möglichkeit zu verschaffen, den international und grundrechtlich verbürgten Rechtsschutz auf eine effektive Justizgewährung wirksam durchzusetzen. Die in dem Entwurf eingebaute Tatbestandshürde verfehle dieses Ziel und trage lediglich zur Entlastung des sonst entschädigungspflichtigen Rechtsträgers bei. Diese Kritik war durchaus berechtigt, weil der Rechtsverlust bei verspäteter Verzögerungsrüge die Verfahrensbeteiligten aus denselben Gründen unangemessen benachteiligt, wie bei einer vorzeitigen Rüge. Für den Regierungsentwurf gilt dies nicht mehr. Die Erhebung der Rüge nach dem in Satz 2 bestimmten Zeitpunkt soll nunmehr grundsätzlich unschädlich sein. Die Geduld eines Verfahrensbeteiligten soll nicht „bestraft“ werden[1198]. Stellt sich das Zuwarten allerdings eher als ein „Dulde und Liquidiere“ dar, kann das Entschädigungsgericht dieses Verhalten bei der Frage, ob Wiedergutmachung auf andere Weise durch Feststellung der Überlänge ausreicht, berücksichtigen. Dabei handelt es sich jedoch um eine legitime Einschränkung des Entschädigungsanspruchs, weil der Verlust des Anspruchs auf eine

1195 RefE vom 15.03.2010, S. 18: „Wird die Rüge nach dem in Satz 2 bestimmten Zeitpunkt eingelegt, ist ein Entschädigungsanspruch für einen davor liegenden Zeitraum ausgeschlossen.“

1196 BRAK-Stellungnahme, Juni 2010, S. 8.

1197 Stellungnahme der NRV vom 31.05.2010, S. 5.

1198 RegE v. 18.08.2010, S. 31.

finanzielle Kompensation sich hier nach den konkreten Einzelfallumständen richtet. Demzufolge berücksichtigt das Entschädigungsgericht auch, ab wann es in dem konkreten Verfahren hinreichende Anhaltspunkte dafür gab, dass dieses nicht in angemessener Zeit abgeschlossen wird und ob und wann der Verfahrensbeteiligte diese hätte erkennen können.

e) *Haftungs- und Zuständigkeitsaufteilung*

Die Bundesregierung hat die im Referentenentwurf vorgesehene Zuständigkeitskonzentration für die Entschädigungsklage bei den Oberlandesgerichten aufgegeben. Die Zuständigkeit für die Entschädigungsklage soll sich stattdessen nach der Verantwortlichkeit für die eingetretene Verzögerung richten. Entschädigungsgerichte sind danach die Oberlandesgerichte bei Verfahrensverzögerungen auf Länderebene, der Bundesgerichtshof bei Verfahrensverzögerungen auf Bundesebene. Diese strikte Zuständigkeitstrennung zwischen Oberlandesgerichten und BGH hat jedoch zur Folge, dass bei kumulativer Verursachung der überlangen Verfahrensdauer durch Gerichte der Länder und des Bundes im Instanzenzug der Verfahrensbeteiligte gezwungen ist, seinen Entschädigungsanspruch in zwei parallelen Verfahren durchzusetzen. Dies ist umso erstaunlicher, als durch die im Referentenentwurf vom 15.03.2010 vorgesehene gesamtschuldnerische Haftung der Rechtsträger und durch die die Zuständigkeitsbündelung bei den Oberlandesgerichten gerade vermieden werden sollte, dass ein kompensatorischer Rechtsbehelf in einem Verfahren gegen mehrere Rechtsträger gerichtet werden müsste, da dies seine Effektivität erheblich einschränken würde[1199]. Diese Konsequenz wird in der Begründung zum Regierungsentwurf schlicht übergangen bzw. das noch in der Begründung zum Referentenentwurf unmittelbar aufgezeigte Problem nicht mehr aufgegriffen. Dennoch stellt sich die Frage, ob ein Rechtsbehelf unter diesen Voraussetzungen wirksam ist. Denn das Gebot effektiven Rechtsschutzes verlangt nicht nur, dass ein Zugang zu Gericht besteht, sondern begründet auch einen Anspruch auf eine effektive Gestaltung des Verfahrens[1200]. Diesem Anspruch ist jedoch gerade nicht genügt, wenn der Verfahrensbeteiligte seine Entschädigungsansprüche, die ihm aus der überlangen Dauer ein- und desselben Verfahrens vor Gerichten eines Landes und des Bundes erwachsen sind, in zwei Entschädigungsverfahren durchsetzen muss. Die Durchsetzung seiner Ansprüche vor Gericht ist durch die gespaltene Zuständigkeit unzumutbar erschwert, ohne dass sich dafür sachliche Gründe finden ließen. Vielmehr entstehen dem Entschädigungskläger doppelter Aufwand und doppelte Kosten. Eine solche Zuständigkeitsregelung zudem jedenfalls in diesen Fällen auch nicht praktikabel. Denn bei der Prüfung des Entschädigungsanspruchs müssten beide Gerichte ohnehin regelmäßig auch die

---

1199 RefE vom 15.03.2010, S. 24.

1200 MünchKommZPO/*Rauscher*, Einl. Rn. 16.

Angemessenheit der Verfahrensdauer vor dem jeweils anderen Gericht bewerten. Auch den Gerichten entstünde daher doppelter Aufwand, der durch eine gesamtschuldnerische Haftung von Bund und Ländern (jedenfalls) in den Fällen kumulativer Verursachung einer überlangen Verfahrensdauer durch Gerichte der Länder und des Bundes sowie die Konzentration der Zuständigkeit vermeidbar wäre.

f) Kosten

Die Entschädigungsklage ist nur dann ein effektiver Rechtsbehelf, wenn die dafür anfallenden Kosten keine übermäßige Hürde darstellen und Abschreckungswirkung für die potentiell klagende Partei haben[1201]. Nach § 201 Abs. 4 GVG-E (RegE 2010) entscheidet das Entschädigungsgericht nach billigem Ermessen über die Kosten, wenn zwar eine unangemessene Verfahrensdauer festgestellt wird, ein Entschädigungsanspruch aber nicht oder nicht in der geltend gemachten Höhe besteht. Nach der Entwurfsbegründung soll auch dann nach Biligkeitsgesichtspunkten über die Kosten entschieden werden, wenn ein Kläger im Fall des § 198 Abs. 4 S. 4 GVG-E (RegE 2010) seine Rügeobliegenheit nicht erfüllt hat, d.h. der Verfahrensbeteiligte die Voraussetzungen der Verzögerungsrüge nicht hinreichend beachtet hat[1202]. Dies ist insbesondere in den Fällen kritisch, in denen der Verfahrensbeteiligte die Rüge nicht rechtsmissbräuchlich vorzeitig erhoben hat. Denn dann erhält er auch bei im Übrigen bestehendem Anspruch wegen Verletzung seines Anspruchs auf ein Verfahren innerhalb angemessener Frist nicht nur keine finanzielle Entschädigung, sondern muss auch noch befürchten, dass er die Kosten des Verfahrens tragen muss. Da für den Entschädigungskläger das Risiko besteht, zusätzlich zu der Rechtsverletzung durch überlange Verfahrensdauer auch noch mit den Kosten belastet zu werden, wird er durch § 201 Abs. 4 GVG-E (RegE 2010) nicht nur unangemessen benachteiligt, sondern hat die vorgesehene Kostenregelung auch die zu vermeidende Abschreckungswirkung. Dies kann beispielsweise dadurch vermieden werden, dass ein Kostenrisiko für den Entschädigungskläger nur dann besteht, wenn die beantragte Entschädigung zwar nicht zugesprochen, aber als Wiedergutmachung auf andere Weise die überlange Verfahrensdauer festgestellt wird[1203].

1201 Vgl. *Luczak*, S. 75.

1202 RegE v. 18.08.2010, S. 40.

1203 So die in § 201 Abs. 3 des Referentenentwurfs vorgesehene Kostenregelung.

g) *Wahrung der richterlichen Unabhängigkeit des iudex a quo*

Der DRB sieht in dem Entwurf „nicht unerhebliche Gefahren für die richterliche Unabhängigkeit“ [1204]. Durch einen „unseriösen“, z.B. auf unsachgemäße Bevorzugung gegenüber anderen anhängigen Verfahren gerichteten „Warnschuss“ könne in Verbindung mit der Ankündigung, den Dienstherrn auf Entschädigung in Anspruch zu nehmen, ein unzulässiger Druck aufgebaut werden, der den Kernbereich der richterlichen Unabhängigkeit verletzen könne. Gleiches gelte, wenn im Rahmen des Entschädigungsverfahrens die Verfahrensführung des Ausgangsgerichts und etwaige Handlungsalternativen in einem konkreten Fall betreffende Feststellungen getroffen würden. Diese Befürchtungen sind vor allem aus der Diskussion um die Möglichkeit der Dienstaufsichtsbeschwerde als Verfahrensbeschleunigendes Maßnahme bekannt [1205], jedoch unbegründet. Der Richter ist nach Art. 97 Abs. 1 GG unabhängig. Die Unabhängigkeit ist aber nicht absolut gewährleistet. Vielmehr ist der Richter dem Gesetz unterworfen – und zwar mit den im Gesetz genannten Einschränkungen seiner Unabhängigkeit[1206]. Feststellungen, die das OLG im Rahmen der ihm zugewiesenen Entscheidung über die Entschädigungsklage die Verfahrensführung durch das Ausgangsgericht trifft, greifen folglich nicht in unzulässiger Weise in den Kernbereich der Unabhängigkeit des iudex a quo ein. Ebenso wenig wird durch die Verzögerungsrüge unzulässiger Druck auf den iudex a quo aufgebaut. Dies ist insbesondere nicht in dem genannten Beispielsfall eines ohnehin „unseriösen Warnschusses“ zu befürchten. Denn der iudex a quo soll durch die Verzögerungsrüge lediglich dazu veranlasst werden, etwa erforderliche Maßnahmen zur Verfahrensförderung zu treffen. Besteht bei einer „querulatorischen“ Rüge dafür kein Anlass, ist der iudex a quo weder gehalten, die vom Rügeführer geforderten Maßnahmen vorzunehmen noch muss er eine Verurteilung seines Dienstherrn in einem anschließenden Entschädigungsverfahren befürchten.

h) *Zwischenergebnis*

Die Verzögerungsrüge nach § 198 Abs. 3 GVG-E (RegE 2010) ist kein formeller Rechtsbehelf und daher auch für sich genommen kein effektiver Rechtsbehelf im Sinne der deutschen Verfassung und der EMRK. Eine Entschädigungsklage wie sie § 198 GVG-E (RegE 2010) vorsieht kann zwar grundsätzlich effektiven Rechtsschutz gewähren. Allerdings wird die vorgeschlagene Konzeption den verfassungs- und europarechtlichen Anforderungen nicht vollständig gerecht. Kritikpunkt ist neben der Entschädigung immaterieller

1204 DRB, Stellungnahme vom 10.05.2010, unter 5.

1205 Vgl. § 9 I.

1206 Vgl.§ 11 III.

Nachteile durch eine Regelpauschale von 1.200 Euro pro Jahr der Verzögerung vor allem die Ausgestaltung der Verzögerungsrüge bzw. der vollständige Ausschluss bei Nichterhebung der nicht als formeller Rechtsbehelfs ausgestalteten Rüge bzw. bei Präklusion des finanziellen Entschädigungsanspruchs im Fall der (nicht vorwerfbar) verfrühten Verzögerungsrüge. Dies gilt auch deshalb, weil der Entschädigungskläger bei verfrühter Rüge gleichzeitig befürchten muss, auch mit den Kosten des Verfahrens belastet zu werden (§ 201 Abs. 4 GVG-E). Schließlich entspricht auch die Spaltung der Zuständigkeit für die Entschädigungsklage im Fall kumulativer Verursachung der Verzögerung durch Gerichte der Länder und des Bundes nicht den Anforderungen an einen effektiven Rechtsschutz, weil der Entschädigungskläger gezwungen ist, seinen Anspruch in parallelen Verfahren vor dem OLG und dem BGH durchsetzen zu müssen. Diese Wirksamkeitsdefizite auszubessern, bleibt Aufgabe des Gesetzgebers, denn wie der EGMR in seinem Piloturteil vom 02.09.2010 klargestellt hat, muss sichergestellt sein, dass der einzurichtende Rechtsschutz den Anforderungen, die er in ständiger Rechtsprechung begründet hat, in Theorie und Praxis entspricht[1207].

5. Systemkonformität der Entschädigungsklage

Unabhängig von der Verfassungs- und Europarechtskonformität des Entschädigungsrechtsbehelfs stellt sich aber auch bei dem aktuellen Referentenentwurf die Frage, ob er sich in das bestehende Rechtsmittelsystem einfügt.

a) Unterschiedliche Ausgestaltung des Rechtsschutzes gegen Verfahrensgrundrechtsverletzungen

§ 198 GVG-E (RegE 2010) unterscheidet sich von dem Rechtsschutz bei Verletzungen anderer Verfahrensgrundrechte nach § 321 a ZPO in direkter Anwendung als Gehörsrüge bzw. in analoger Anwendung als allgemeine Verfahrensgrundrechtsrüge. Ins Auge fällt zunächst ebenso wie bei dem Entwurf der Untätigkeitsbeschwerde aus dem Jahr 2005, dass der Gesetzgeber den Rechtsschutz nicht in die ZPO, sondern in das GVG integrieren will. Die Beweggründe dafür sind offen. Da ohnehin in die meisten Verfahrensordnungen Verweisvorschriften aufgenommen werden müssen, ist eine zentrale Regelung des Entschädigungsrechtsbehelfs im GVG nicht zwangsläufig praktikabler. Darüber hinaus unterscheidet sich § 198 GVG-E (RegE 2010) von der Rüge nach § 321 a ZPO vor allem dadurch, dass die Gehörsrüge auf Nachholung des unterlassenen Gehörs gerichtet ist, während der Verfahrensbeteiligte für Nachteile aufgrund überlanger Verfahrensdauer eine Entschädigung erhält. Zwar

1207 EGMR, Urteil vom 02.09.2010, Nr. 46344/06, unter Nr. 73, abrufbar unter www.cmiskp.coe.int, zuletzt abgerufen am 02.09.2010.

liegt der sachliche Grund dafür ein Stück weit in den Gewährleistungsinhalten der jeweiligen Verfahrensgrundrechte selbst. Denn eine Verletzung des rechtlichen Gehörs lässt sich ohne Weiteres durch Nachholung des unterlassenen Gehörs beseitigen. Diese Möglichkeit besteht bei einer Verletzung des Anspruchs auf angemessene Verfahrensdauer nicht. Eine Verletzung kann dann nur durch eine Entschädigung ausgeglichen werden. Indes hätte der durch § 321 a ZPO bereits vorgegebenen Rechtsmittelsystematik für den Rechtsschutz bei Verletzung von Verfahrensgrundrechten eine an ihre Konzeption angelehnte Verzögerungsrüge bereits deshalb besser entsprochen, weil damit die Grundentscheidung des Gesetzgebers für eine Selbstabhilfe derartiger Verletzungen konsequent fortgesetzt worden wäre.

b) Eingliederung in das deutsche Schadensersatzrecht

Die Bundesregierung hatte noch im Jahr 2005 in der Begründung zu der vorgeschlagenen Untätigkeitsbeschwerde ausdrücklich erklärt, dass von der Einführung einer Entschädigungsregelung abgesehen worden sei, weil sich ein solcher Rechtsbehelf in das System des deutschen Haftungsrechts, das Ersatz für immaterielle Schäden nur im Ausnahmefall gewähre, nur schwer einordnen ließe[1208]. Dieses Argument steht einem Entschädigungsrechtsbehelf allerdings nicht zwingend entgegen. Denn wirksamer Rechtsschutz gegen Verfahrensgrundrechtsverletzungen kann nur entweder präventiv oder kompensatorisch sein. Entscheidet sich der Gesetzgeber für eine Entschädigungsregelung, muss diese den Anforderungen der deutschen Verfassung und der EMRK entsprechend auch die Kompensation immaterieller Nachteile vorsehen. Der EGMR hat im Fall *Scordino* gegen Italien klargestellt, dass es durchaus denkbar sei, bei der Ausgestaltung eines Rechtsbehelfs auf Wiedergutmachung von den maßgebenden Verfahrensvorschriften allgemeiner Klagen auf Schadensersatz abzuweichen. Jeder Staat müsse auf der Grundlage der für seine Gerichtsbarkeit geltenden Vorschriften entscheiden, welches Verfahren am besten dem zwingenden Kriterium der Wirksamkeit entspreche, unter der Voraussetzung, dass das Verfahren dem in Art. 6 Abs. 1 EMRK garantierten Grundsatz der Fairness entspreche[1209]. Dass sich ein Entschädigungsrechtsbehelf nicht ohne Weiteres in das deutsche Schadensersatzrecht einfügt, ist daher verfassungs- und europarechtlich unbedenklich. Es handelt sich lediglich um einen Aspekt, den der Gesetzgeber bei der Ausübung seines Wahlrechts zwischen präventivem und kompensatorischem Rechtsbehelf berücksichtigen kann und der für das deutsche Rechtssystem für präventiven Rechtsschutz sprechen kann.

1208 RefE v. 22.08.2005.

1209 EGMR NJW 2007, 1259 (1265) (*Scordino*./.Italien), unter Nr. 200.

c) *Sachliche Zuständigkeit*

Die Zuständigkeit bestimmt sich in Zivilverfahren regelmäßig nach dem Streitwert und obliegt in erster Instanz entweder den Amts- oder den Landgerichten. Die Oberlandesgerichte sind nach § 119 Abs. 1 Nr. 2 GVG grundsätzlich Rechtsmittelgerichte für Entscheidungen der Landgerichte bzw. in den in § 119 Abs. 1 Nr. 1 GVG abschließend genannten Fällen auch für Entscheidungen der Amtsgerichte. Ihnen übergeordnet ist der BGH als Revisionsinstanz. Durch § 201 Abs. 1 GVG-E (RegE 2010) wird die Zuständigkeit für Entschädigungsklagen bei den Oberlandesgerichten und dem BGH gebündelt und ihnen damit auch neue Kompetenzen zugewiesen.

Die Oberlandesgerichte werden in Entschädigungsverfahren nicht in ihrer Funktion als Rechtsmittelgerichte im eigentlichen Sinn tätig. Sie entscheiden zwar über einen Verfahrensfehler der Amts- und Landgerichte, allerdings nicht über eine förmliche Entscheidung, da eine solche über die Verzögerungsrüge nicht ergeht. Über die Entschädigungsklage entscheiden sie in jedem Fall als erste Instanz. § 201 Abs. 1 GVG-E (RegE 2010) weicht demzufolge von der regelmäßigen Streitwertzuständigkeit ab und begründet eine neue Zuständigkeit der Oberlandesgerichte und des BGH. Für diese Entscheidung werden in dem Regierungsentwurf keine Gründe genannt. Vielmehr heißt es lediglich, dass sich die Zuständigkeit nach der Haftungsverteilung richte. Eine der Haftung entsprechende Zuständigkeitsverteilung ist dem Zivilverfahren jedoch fremd und für Entschädigungsverfahren jedenfalls nicht zwingend. Für vorgesehene Regelung sprechen möglicherweise die Erwägungen, die in dem Referentenentwurf für die dort vorgesehene generelle Zuständigkeitskonzentration bei den Oberlandesgerichten genannt wurden. Darin hieß es, dass die im Einzelfall schwierige Feststellung der Verletzung des Rechts auf angemessene Verfahrensdauer mit der Autorität der Oberlandesgerichte getroffen werden solle – dies allerdings auch deshalb, weil die Oberlandesgerichte danach auch über die korrekte Behandlung einer Rechtssache beim BGH zu entscheiden gehabt hätten[1210]. Es darf bezweifelt werden, dass es tatsächlich einer über die generelle Autorität eines im Instanzenzug übergeordneten Gerichts hinausgehenden Autorität für die Entscheidung über die Entschädigungsklage bedarf. Soweit auf die Komplexität der zu entscheidenden Frage des Verstoßes gegen den Anspruch auf angemessene Verfahrensdauer abgestellt wird, überzeugt dies nicht. Denn zum einen können schwierige Einzelfallentscheidungen in Anlehnung an die Rechtsprechung des EGMR geklärt werden. Zum anderen wird die ebenfalls im Einzelfall komplexe Frage eines Gehörsverstoßes im Rahmen des § 321 a ZPO auch sämtlichen Gerichten zugetraut. Es besteht daher keine Notwendigkeit, den Oberlandesgerichten die Kompetenz zur Entscheidung

1210 RefE vom 15.03.2010, S. 25.

über Verzögerungen von Verfahren vor den Gerichten der Länder zuzuweisen. Entsprechende Erwägungen gelten für die Zuständigkeitsbündelung beim BGH. Auch insofern begründet § 201 GVG-E (RegE 2010) eine Kompetenzerweiterung, weil der BGH in Entschädigungsverfahren nicht als Revisionsgericht tätig wird, sondern erstinstanzlich über die Entschädigungsklagen entscheidet. Der Rechtsmittelsystematik hätte folglich eine am Streitwert orientierte Zuständigkeitsregelung besser entsprochen. So ließe sich im Übrigen auch die Konzentration der mit den Klagen verbundenen, zusätzlichen Arbeitsbelastung bei den beiden Gerichten vermeiden und das damit verbundene Risiko der Auswirkung auf die Dauer der Entschädigungsverfahren. .

Der Regierungsentwurf lässt schließlich die Frage der Zuständigkeit für Entschädigungsklagen wegen Verzögerungen in Verfahren vor den Oberlandesgerichten und dem BGH selbst offen. In konsequenter Übertragung der Haftungsverteilung zwischen Bund und Ländern steht lediglich fest, dass über Entschädigungsklagen wegen Verzögerungen von Verfahren vor den Oberlandesgerichten und dem BGH diese jeweils selbst zuständig sind. Ob allerdings der iudex a quo oder ein anderer Spruchkörper des Gerichts entscheiden soll, geht weder aus dem vorgeschlagenen Gesetzestext noch aus der Begründung hervor. Insofern besteht jedenfalls Klarstellungsbedarf.

d) Zwischenergebnis

Die vorgeschlagene Entschädigungsklage fügt sich aus verschiedenen Gründen nicht in das Rechtsmittelsystem der ZPO ein. Insgesamt wäre eine Angleichung sowohl an die durch die Gehörsrüge bzw. allgemeine Verfahrensgrundrechtsrüge nach § 321 a ZPO (analog) vorgegebene Rechtsmittelsystematik aus Gründen der Nachvollziehbarkeit und Durchschaubarkeit des Rechtsschutzes bei Verfahrensgrundrechtsverletzungen vorzuziehen. Sofern der Gesetzgeber (auch) einen Entschädigungsrechtsbehelf vorsieht, sollte sich die Zuständigkeit für Entschädigungsklagen nach dem Streitwert richten, auch um die Arbeitsbelastung mit den Entschädigungsverfahren auf die verschiedenen Gerichte zu verteilen und so weiteren Verzögerungen im Entschädigungsverfahren vorzubeugen.

6. Vollständige Lückenschließung durch den Entschädigungsrechtsbehelf?

Mit dem Entschädigungsrechtsbehelf soll die Lücke bei Verletzungen des Rechts auf eine angemessene Verfahrensdauer vollständig geschlossen werden[1211]. Anders als das 2005 vorgestellte Untätigkeitsbeschwerdengesetz

1211 RegE v. 18.08.2010, S. 1.

gewährt der Regierungsentwurf eines Entschädigungsrechtsbehelfs vom 18.08.2010 durch die vorgesehene Ergänzung des BVerfGG Rechtsschutz auch bei konventionswidriger Dauer von Verfahren vor dem Bundesverfassungsgericht. Soweit verfassungs- und EMRK-rechtlich Rechtsschutz auch in landesverfassungsgerichtlichen Verfahren erforderlich ist, hat die Bundesregierung den hier bestehenden Handlungsbedarf gesehen. Die Lückenfüllung ist insoweit jedoch Aufgabe der Länder, die nun zur Einführung entsprechender Rechtsbehelfe in die Landesverfassungsgesetze aufgerufen sind. Sobald dies geschehen ist, besteht eine Regelungslücke, die Raum für die analoge Anwendung gesetzlicher Rechtsbehelfe als Untätigkeitsbeschwerde ließe, nicht mehr.

7. Ergebnis zu § 13

Der Gesetzgeber bemüht sich seit Langem darum, die Rechtsschutzlücke zu schließen und einen speziellen Rechtsbehelf gegen überlange Verfahrensdauer einzuführen. Mit dem Entwurf eines Untätigkeitsbeschwerdengesetzes wurde am 22.08.2005 zunächst ein präventiver Rechtsbehelf vorgestellt. Vorgesehen war die Einführung einer Beschwerde in § 198 GVG, mit der ein anhängiges gerichtliches Verfahren, das ohne zureichenden Grund nicht in angemessener Frist gefördert wird, beschleunigt werden sollte.

Wie die Untersuchung dieses Entwurfs gezeigt hat, hätte die vorgeschlagene Untätigkeitsbeschwerde den verfassungs- und EMRK-rechtlichen Anforderungen an einen wirksamen Rechtsbehelf bei Verletzung des Rechts auf ein Verfahren innerhalb angemessener Frist im Großen und Ganzen entsprochen[1212]. Um die Rechtsschutzlücke vollständig zu schließen, wäre ihre Anwendbarkeit in Verfahren vor den Landesverfassungsgerichten und dem BVerfG ergänzt bzw. sicherzustellen gewesen.

Kritikpunkte gibt es dennoch, und zwar im Wesentlichen gesetzessystematische[1213]. Der Gesetzgeber hatte mit der ZPO-Reform 2002 bzw. mit der Konzeption von § 321 a ZPO als Rechtsbehelf zum iudex a quo die Grundentscheidung für die Korrektur von Verfahrensgrundrechtsverletzungen innerhalb derselben Instanz getroffen. Der Entwurf der Untätigkeitsbeschwerde bricht mit dieser Entscheidung. Wie die sofortige Beschwerde nach § 567 ZPO ist sie beim iudex a quo einzulegen; hilft dieser nicht ab, entscheidet das Beschwerdegericht, d.h. der iudex ad quem. Hintergrund dieses „Kurswechsels“ dürfte wohl die starke Kritik an der Zuständigkeit des iudex a quo für die Anhörungsrüge sein bzw. die Zweifel an der Bereitschaft des iudex a quo, eigene Fehler einzugeste-

1212 Vgl. § 13 I. 3.
1213 Vgl. § 13 I. 4.

hen und diese zu beheben. Unabhängig davon, ob die Ausgestaltung als Beschwerde daher vorzugswürdig ist, bringt sie jedenfalls Zuständigkeitsprobleme mit sich, die eine systemkonforme Konzeption vermieden hätte.

Nachdem der Entwurf starker Kritik vor allem aus der Richterschaft ausgesetzt war, hat der Gesetzgeber sein ursprüngliches Konzept verworfen und seine Bemühungen auf einen kompensatorischen Rechtsbehelf gerichtet [1214]. Das Bundeskabinett hat den am 15.03.2010 vorgestellten Entwurf mit wenigen Änderungen am 18.08.2010 beschlossen. Danach sollen Betroffene nach vorheriger Rüge der Verfahrensdauer eine Entschädigung für kausal verursachte materielle und immaterielle Nachteile erhalten.

Zwar erfüllt grundsätzlich auch ein kompensatorischer Rechtsbehelf die Anforderungen der Verfassung und der EMRK an Rechtsschutz bei überlanger Verfahrensdauer. Für den vorgeschlagenen Entschädigungsrechtsbehelf gilt dies allerdings vor allem mit Blick auf die erforderliche Verzögerungsrüge nicht[1215]. Als formelle Anspruchsvoraussetzung erschwert sie dem Betroffenen den Rechtsschutz, und zwar ohne ihm einen Anspruch auf Bescheidung zu geben und echter Rechtsbehelf zu sein. Hinzu kommt, dass der „richtige“ Rügezeitpunkt nur schwer ermittelbar ist, eine verfrühte Rüge den Anspruch aber nicht wahrt.

Darüber hinaus steht auch der Referentenentwurf der Entschädigungsklage nicht mit dem Rechtsmittelkonzept der ZPO im Einklang. Dies gilt schon deshalb, weil ein kompensatorischer Rechtsbehelf die durch § 321 a ZPO vorgegebene Systematik, wonach Rechtsschutz bei Verfahrensgrundrechtsverletzungen mittels Rüge an den iudex a quo gewährt wird, durchbricht.

§ 14 Ergebnis des Teil 2

Die Regelungslücke im Rechtsschutz bei Verletzung von Verletzungen des Anspruchs auf eine angemessene Verfahrensdauer kann bereits jetzt durch analoge Anwendung des Beschwerderechts und der allgemeinen Verfahrensgrundrechtsrüge nach § 321 a ZPO analog als Auffangrechtsbehelf in verfassungs- und EMRK-konformer Weise vollständig geschlossen werden[1216]. Diese Möglichkeiten bleiben jedoch häufig bloße Theorie. Es besteht folglich keine Rechtsschutzlücke, wohl aber ein Rechtsanwendungsdefizit. Deshalb sind

1214 Vgl. § 13 II.
1215 Vgl. § 13 II. 4 d).
1216 Vgl. § 12 V. 2.

die Bemühungen des Gesetzgebers, einen speziellen Rechtsbehelf gegen verfassungs- und konventionswidrige Verfahrensdauer einzuführen, grundsätzlich zu begrüßen. Den Anforderungen von Art. 13 EMRK entspricht grundsätzlich sowohl präventiver als auch kompensatorischer Rechtsschutz. Daher sind sowohl der im August 2005 vorgestellte Entwurf eines Untätigkeitsbeschwerdengesetzes als auch der im August 2010 vorgeschlagene Entwurf eines Entschädigungsrechtsbehelfs dem Grunde nach mögliche Alternativen eines Rechtsbehelfs gegen überlange Verfahrensdauer. Allerdings muss der Rechtsschutz sowohl in Theorie als auch in Praxis den vom EGMR in ständiger Rechtsprechung konkretisierten Anforderungen der EMRK an wirksamen Rechtsschutz genügen. Die am 22.08.2005 vorgestellte Untätigkeitsbeschwerde wird diesen Anforderungen insofern gerecht, als sie tatsächlich geeignet ist, eine Verfahrensbeschleunigung zu bewirken. Allerdings besteht diese Möglichkeit nicht auch in verfassungsgerichtlichen Verfahren, obwohl der allgemeine Justizgewährungsanspruch und Art. 6 Abs. 1 sowie Art. 13 EMRK dies fordern[1217]. Die Untätigkeitsbeschwerde schließt daher auch die Regelungslücke im deutschen Recht nicht vollständig.

Die Entschädigungsklage in der Fassung des Regierungsentwurfs vom 18.08.2010 gewährt dagegen Rechtsschutz auch gegen die unangemessene Dauer von Verfahren vor dem Bundesverfassungsgericht. Soweit entsprechender Rechtsschutz auch bei überlanger Dauer von Verfahren vor den Landesverfassungsgerichten gewährt sein muss, sind die Länder zu einer Ergänzung ihrer Verfassungsgerichtsgesetze aufgerufen[1218]. Der Entschädigungsrechtsbehelf kann folglich die Regelungslücke (weitgehend) schließen. Allerdings gewährt er in seiner jetzigen Fassung keinen effektiven Rechtsschutz[1219]. Dies gilt vor allem, weil die vorgesehene Verzögerungsrüge als zwingende formelle Voraussetzung des Entschädigungsanspruchs den Rechtsschutz unzumutbar beschränkt, solange sie nicht auch einen echten Anspruch auf förmliche Bescheidung vermittelt. Nachbesserungsbedarf besteht zudem, soweit die Entschädigung für immaterielle Nachteile durch eine Pauschale gewährt werden soll[1220]. Schließlich sind auch im Rahmen der vorgesehenen Zuständigkeit für die Entschädigungsklage Änderungen erforderlich, insofern als auch bei kumulativer Verursachung der überlangen Verfahrensdauer durch Gerichte des Bundes und der Länder sowohl dem BGH als auch den Oberlandesgerichten obliegt, da der Verfahrensbeteiligte so gezwungen ist, seinen Entschädigungsanspruch in zwei parallelen Verfahren geltend zu machen[1221].

1217 Vgl. § 13 I. 5.

1218 Vgl. § 13 II. 6.

1219 § 13 II. 4. d).

1220 Vgl. § 13 II. 4. c) aa) (2) (•).

1221 Vgl. § 13 II. 5. c).

Gegen beide Entwürfe bestehen rechtssystematische Vorbehalte. Vor allem wird die Grundentscheidung des Gesetzgebers, die er mit der Einführung des § 321 a ZPO im ZPO-Reformgesetz 2002 für die Abhilfe von Verfahrensgrundrechtsverletzungen durch den iudex a quo getroffen hat, nicht durchgehalten. Für den Bürger sind solche Differenzierungen für den Rechtsschutz bei Verletzung von Verfahrensgrundrechten weder durchschaubar noch nachvollziehbar. Dies sollte Anlass geben, die Ausgestaltung des Rechtsschutzes nochmals zu überdenken und zu überarbeiten.

Der EGMR hat klargestellt, dass die Bundesrepublik Deutschland unverzüglich, spätestens innerhalb eines Jahres nach Rechtskraft des Piloturteils vom 02.09.2010 tätig werden und einen wirksamen Rechtsbehelf in die deutsche Rechtsordnung einführen muss[1222]. Es bleibt zu hoffen, dass die Beratung des Entwurfs im Bundestag zu den erforderlichen Änderungen führt. Wünschenswert wäre, dass er sich dazu durchringt, die Verzögerungsrüge als förmlichen Rechtsbehelf mit Anspruchsqualität auszugestalten. Dann müsste sich der Entschädigungsrechtsbehelf auch nicht mehr den berechtigten Vorwurf gefallen lassen, auf halbem Weg stehen zu bleiben. Ob der spezielle Rechtsbehelf gegen überlange Verfahrensdauer den Anforderungen von Art. 13 EMRK genügt, wird in jedem Fall nach dessen Einführung der EGMR zu entscheiden haben.

1222 EGMR, Beschluss v. 02.09.2010, Nr. 46344/06, abrufbar unter www.cmisk-echr.coe.int, zuletzt abgerufen am 02.09.2010.

Teil 3: Parallelen der Untersuchungen und Gesamtergebnis

Die getrennte Darstellung des Rechtsschutzes gegen Verletzungen von Verfahrensgrundrechten allgemein und gegen Verletzungen des Verfahrensgrundrechts auf Entscheidung innerhalb angemessener Frist im Speziellen in den ersten beiden Teilen dieser Arbeit entspricht der Behandlung in weiten Teilen der Literatur. Die Rechtsschutzmöglichkeiten gegen Verletzungen von Verfahrensgrundrechten allgemein werden meist ausgehend vom Plenarbeschluss des BVerfG vom 30.04.2003[1223] untersucht und neben dem Recht auf Gehör nach Art. 103 Abs. 1 GG auf ein bestimmtes Verfahrensgrundrecht regelmäßig nicht abgestellt[1224]. Der Rechtsschutz gegen überlange Verfahrensdauer wird überwiegend isoliert betrachtet. Die Beiträge konzentrieren sich auf die EMRK-rechtlichen Grundlagen[1225] und die Rechtsprechung des EGMR[1226] zum Erfordernis eines wirksamen Rechtsbehelfs bei Verletzungen des Anspruchs auf eine angemessene Verfahrensdauer. Ob der allgemeine Justizgewährungsanspruch wirksamen Rechtsschutz auch bei Verletzungen des Rechts auf eine angemessene Verfahrensdauer garantiert und umgekehrt Art. 13 EMRK effektiven Rechtsschutz auch bei Verletzung anderer Verfahrensgrundrechte fordert, wird nur selten hinterfragt[1227]. Die überwiegend „eindimensionale“ Darstellung beider Fragestellungen überrascht, denn der Anspruch auf eine angemessene Verfahrensdauer ist als eine der Teilgarantien des durch Art. 6 Abs. 1 EMRK garantierten Rechts auf ein faires Verfahren[1228] und des allgemeinen Justizgewährungsanspruchs ein Verfahrensgrundrecht. Der Frage, ob daher auch dieselben Voraussetzungen für den Rechtsschutz gelten, wird im dritten Teil dieser Arbeit nachgegangen. Dazu werden zunächst die Parallelen zwischen dem Plenarbeschluss des BVerfG vom 30.04.2003 und der Grundsatzentscheidung des EGMR im Fall *Kudla* und den Hintergründen dieser Entscheidungen aufgezeigt (§ 15). In § 16 wird verifiziert, ob das Ergebnis des

---

1223 BVerfGE 107, 395 ff.

1224 u.a. *Voßkuhle* NJW 2003, 2193 ff.; *Rensen* MDR 2005, 181 ff.; *Bloching/Kettinger* JR 2005, 441 ff.; *Scheuch/Lindner* ZIP 2004, 973 ff.; *Seer/Thulfaut* BB 2005, 1085; *Schneider* FS für Madert, S. 203 ff.; ders. MDR 2006, 969 ff.; *Bloching/Kettinger* NJW 2005, 860 ff.; *Kettinger* ZRP 2006, 152; *Desens* NJW 2006, 124 ff.; vgl. auch die Dissertationen von *Schnabl* und *Günther*.

1225 Beispielsweise *Stackmann* JuS 2005, 495; ebenso die Stellungnahmen zum Entwurf des Untätigkeitsbeschwerdengesetzes, so z.B. des Vors. Richters am OLG a.D. *Piorreck,* abrufbar unter www.hefam.de/koll/pio20080628.pdf, zuletzt abgerufen am 14.09.2010; Stellungnahme des DRB aus Oktober 2005.

1226 Vgl. u.a. EGMR NJW 2001, 2694 ff (*Kudla*./.Deutschland); NJW 2006, 2389 (2392) (*Sürmeli*./.Deutschland); NJW 2004 3397 ff (*Görgülü*./.Deutschland).

1227 So z.B. *Haremza*, S. 73 ff.; *Schenke* NVwZ 2005, 729 ff.; *Jakob* ZZP 119, 303 ff.; MünchKommZPO/*Lipp*, § 567 ZPO Rn. 25.

1228 EGMR NJW 2006, 2389, 2391 (*Sürmeli*./.Deutschland), unter Rn. 104 und 105.

ersten Teils der Arbeit, nämlich dass der allgemeine Justizgewährungsanspruch Rechtsschutz bei Verletzungen sämtlicher Verfahrensgrundrechte gewährt, gerade auch für Verletzungen des Anspruchs auf eine angemessene Verfahrensdauer gilt. Entsprechend wird anschließend in § 17 untersucht, ob Art. 13 EMRK neben einer wirksamen Beschwerdemöglichkeit gegen Verletzungen des Anspruchs auf Entscheidung innerhalb angemessener Frist auch Rechtsschutz gegen Verletzungen anderer Verfahrensgrundrechte garantiert. Ob und wie diese Garantien im deutschen Recht umgesetzt sind, wird schließlich in § 18 dargestellt. Die wesentlichen Ergebnisse dieser Arbeit sind abschließend in § 19 zusammengefasst.

§ 15 Parallelen zwischen dem Plenarbeschluss des BVerfG vom 30.04.2003 und der *Kudla*-Entscheidung des EGMR

Zwischen der Grundsatzentscheidung des EGMR im Fall *Kudla* gegen Polen vom 16.10.2000[1229] und dem nur zweieinhalb Jahre später folgenden Plenarbeschluss des BVerfG[1230] bestehen auffällige Parallelen. Dies gilt nicht nur für Gegenstand und Begründung, sondern auch für die Entwicklungen, die zu diesen beiden Entscheidungen geführt haben.

Hintergrund der beiden Entscheidungen war die erhebliche Arbeitsbelastung, die sowohl das BVerfG als auch der EGMR zu bewältigen hatte. Die Zahl der beim BVerfG eingehenden Verfassungsbeschwerden, mit denen vor allem Verletzungen des Anspruchs auf rechtliches Gehör gerügt wurde, stieg ständig an[1231]. Ähnlich ging es dem EGMR, der immer häufiger über Individualbeschwerden zu entscheiden hatte, mit denen eine überlange Dauer nationaler Gerichtsverfahren angemahnt wurde[1232]. Beide Gerichte beriefen sich deshalb verstärkt auf ihre nur subsidiäre Entscheidungszuständigkeit, das BVerfG auf § 90 Abs. 2 S. 1 BVerfGG und die daraus folgende Primärzuständigkeit der Fachgerichte zur Abhilfe von Verfahrensgrundrechtsverletzungen, der EGMR auf die Subsidiarität der Individualbeschwerde gegenüber innerstaatlichen Rechtsbehelfen nach Art. 35 Abs. 1 EMRK und die daraus resultierende primäre Verantwortung der nationalen Stellen, u.a. für die Durchsetzung des Anspruchs auf Entscheidung innerhalb angemessener Frist. Auf diese Weise versuchten beide Gerichte, die Abhilfezuständigkeit auf andere Gerichte zu verlagern und sich selbst Entlastung zu verschaffen. Allerdings stand ihnen dabei zunächst ihre eigene ständige

1229 EGMR NJW 2001, 2694 ff (*Kudla*./.Deutschland).
1230 BVerfGE 107, 395 ff.; NJW 2004, 1924 ff.
1231 Vgl. dazu auch § 3 I.
1232 Vgl. dazu eingehend § 10.

Rechtsprechung im Weg. Denn mit dem Grundsatz, dass die Verfassung nur Rechtsschutz durch, nicht aber gegen den Richter gewähre[1233], hatte das BVerfG selbst dafür gesorgt, dass Verfahrensgrundrechtsverletzungen, die einer fachgerichtlichen Überprüfung nicht unterlagen, ausschließlich mit der Verfassungsbeschwerde gerügt werden konnten. Vergleichbare Auswirkungen hatte die ständige Rechtsprechung des EGMR zum Verhältnis von Art. 13 und Art. 6 Abs. 1 EMKR. Der EGMR hatte stets vertreten, dass Art. 6 Abs. 1 EMRK als lex specialis Art. 13 EMRK absorbiere[1234]. Für die Mitgliedstaaten bestand daher auch keine EMRK-rechtliche Verpflichtung, innerstaatlichen Rechtsschutz zur Durchsetzung des Anspruchs auf eine angemessene Verfahrensdauer vorzusehen. Verstöße gegen das Verfahrensgrundrecht konnten daher, soweit sie einer wirksamen innerstaatlichen Kontrolle nicht unterlagen, nur mit der Individualbeschwerde beim EGMR gerügt werden[1235].

Um ihre Arbeitsbelastung durch „Dezentralisierung" zu reduzieren, mussten folglich das BVerfG sowie der EGMR von ihrer ständigen Rechtsprechung abrücken. Eine entsprechende Grundlage schaffte zunächst der EGMR im Fall *Kudla* gegen Polen vom 26.10.2000[1236]. In dieser Grundsatzentscheidung stellte er klar, dass Art. 13 EMRK bei Verletzungen des Anspruchs auf Entscheidung innerhalb angemessener Frist nicht durch Art. 6 Abs. 1 EMRK absorbiert werde, sondern eine eigenständige Bedeutung neben Art. 6 Abs. 1 EMRK habe. Dadurch begründete er nicht nur einen Individualanspruch auf Durchsetzung des Rechts auf Entscheidung innerhalb angemessener Frist mittels eines wirksamen innerstaatlichen Rechtsbehelfs, sondern gleichzeitig auch die Verpflichtung der Mitgliedstaaten, entsprechenden Rechtsschutz in ihren Rechtsordnungen vorzusehen. Zweieinhalb Jahre später schlug das BVerfG einen ganz ähnlichen Weg ein. In seinem Beschluss vom 30.04.2003[1237] erklärte das Plenum des BVerfG, dass der allgemeine Justizgewährungsanspruch einen Anspruch auf Korrektur erstmaliger Verfahrensgrundrechtsverstöße durch die Fachgerichtsbarkeit begründe und formulierte den Auftrag an den deutschen Gesetzgeber, entsprechenden Rechtsschutz in den Verfahrensordnungen vorzusehen.

Die Parallelen in der *Kudla*-Entscheidung des EGMR und dem Plenarbeschluss des BVerfG lassen sich wie folgt zusammenfassen:

1233 BVerfGE 1, 433 (437 ff.); 11, 106 (110); 26, 243 (246); 49, 329 (340).

1234 z.B. EGMR Urteil v. 19.12.1997, 155/1996/774/975 (*Brualla Gómez de la Torre.*/.Spanien); Urteil v. 02.02.1992, 8/1992/353/427; (*Pizzetti.*/.Italien); Urteil v. 02.09.1998, 5/1998/908/1120 (*Kadubec.*/.Slovakei), abrufbar unter www.coe.int/T/D/Menschenrechtsgerichtshof, je zuletzt abgerufen am 04.09.2010.

1235 *Jakob* ZZP 119 (2006), 303, 304 f.

1236 EGMR NJW 2001, 2694 (*Kudla.*/.Polen); vgl. dazu § 10 II. 1.

1237 BVerfGE 107, 395 ff. bzw. BVerfG NJW 2003, 1924 ff.

1. In beiden Fällen rügten die Beschwerdeführer die Verletzung eines Verfahrensgrundrechts durch ein Gericht. Gegenstand der Verfassungsbeschwerde war die Verletzung des Anspruchs auf rechtliches Gehör[1238]. Der Individualbeschwerde lag die Rüge der Verletzung des Anspruchs auf ein Verfahren innerhalb angemessener Frist zugrunde[1239]. Das rechtliche Gehör und eine angemessene Verfahrensdauer sind durch Art. 103 Abs. 1 GG bzw. durch den allgemeinen Justizgewährungsanspruch[1240] nicht nur verfassungsrechtlich, sondern durch Art. 6 Abs. 1 EMRK[1241] auch europarechtlich garantierte Verfahrensgrundrechte.

2. Die Beschwerdeführer rügten zudem das Fehlen eines Rechtsbehelfs gegen die Verletzung ihrer Verfahrensgrundrechte. Der Beschwerdeführer *Kudla* rügte mit der Individualbeschwerde, dass es keine wirksame Beschwerde gebe, mit der er die überlange Dauer des Verfahrens in seiner Sache vor einer innerstaatlichen Instanz rügen könne[1242]. Die Verfassungsbeschwerdeführerin beanstandete, dass sie keine fachgerichtliche Möglichkeit habe, die Verletzung ihrer Rechte aus Art. 103 Abs. 1 GG geltend zu machen[1243].

3. Sowohl der EMGR[1244] als auch das BVerfG[1245] wiesen darauf hin, dass sie grundsätzlich nur subsidiär zuständig seien, der EGMR erst nach Erschöpfung des innerstaatlichen Rechtswegs, das BVerfG erst nach Erschöpfung der fachgerichtlichen Rechtsbehelfe. Den zu erschöpfenden Rechtsweg erweiterten sie, indem sie durch Änderung ihrer ständigen Rechtsprechung den Gesetzgeber zur Einrichtung entsprechender Rechtsbehelfe verpflichteten. Der EGMR begründete durch die Änderung seiner Rechtsprechung zum Verhältnis von Art. 6 Abs. 1 EMRK und Art 13 EMRK ein Handlungserfordernis für die nationalen Gesetzgeber begründe, wirksamen Rechtsschutz gegen Verletzungen des Anspruchs auf eine angemessene Verfahrensdauer vorzusehen[1246]. Das BVerfG stellte klar, dass der allgemeine Justizgewährungsanspruch einen Anspruch auf eine mindestens einmalige fachgerichtliche Kontrolle erstmaliger Verletzungen des Anspruchs auf rechtliches Gehör garantiere und forderte den deutschen Gesetzgeber zur Einführung eines entsprechenden Rechtsbehelfs auf.

1238 BVerfG NJW 2003, 1924.
1239 EGMR NJW 2001, 2694, 2697 (*Kudla*./.Polen), dort unter Ziffer 117 ff.
1240 Vgl. § 4 I. c).
1241 Vgl. § 11 I 1.
1242 EGMR NJW 2001, 2694, 2689, dort unter Ziffer 132.
1243 BVerfG NJW 2003, 2914, vgl. die Sachverhaltsschilderung.
1244 EGMR NJW 2001, 2694, 2699 f., dort unter Ziffer 152.
1245 BVerfG NJW 2003, 1924, 1928, dort unter 2. a) bb).
1246 EGMR NJW 2001, 2694, 2699 f., unter Rn. 152.;BVerfG NJW 2003, 1924, 1929.

§ 16 Verfassungsrechtliches Erfordernis eines Rechtsbehelfs auch bei Untätigkeit der Gerichte

Der allgemeine Justizgewährungsanspruch begründet einen Anspruch auf eine mindestens einmalige fachgerichtliche Kontrolle gegen Verletzungen des Anspruchs auf rechtliches Gehör durch ein Gericht[1247]. Darüber hinaus hat das Plenum des BVerfG in seinem Beschluss vom 30.04.2003 explizit festgestellt, dass aus dem Justizgewährungsanspruch ein entsprechendes Erfordernis auch bei Verletzung aller anderen Verfahrensgrundrechte folgt [1248]. Die zügige Durchführung eines Verfahrens ist elementare Voraussetzung für einen effektiven Rechtsschutz. Die Rechtsschutzgarantie ist stets verletzt, wenn Rechtsschutz nicht rechtzeitig geleistet wird. Hinzu kommt, dass der Anspruch auf eine angemessene Verfahrensdauer in engem Zusammenhang mit dem Anspruch auf rechtliches Gehör steht. Die Verfahrensbeteiligten können den Verfahrensablauf nur mitgestalten, wenn ihnen das rechtliche Gehör zu einem Zeitpunkt gewährt wird, in dem eine Einflussnahme auf die Entscheidung überhaupt noch möglich ist[1249]. Die durch den allgemeinen Justizgewährungsanspruch für den Anspruch auf rechtliches Gehör speziell und für alle anderen Verfahrensgrundrechte allgemein begründete Forderung nach fachgerichtlichem Rechtsschutz bei ihrer erstmaligen Verletzung gelten deshalb auch für den Anspruch auf Entscheidung innerhalb angemessener Frist.

§ 17 EMRK-rechtliches Erfordernis eines Rechtsbehelfs gegen Verfahrensgrundrechtsverletzungen allgemein

Während die Frage, ob die Kernaussagen des Plenarbeschlusses des BVerfG nur bei Verletzungen des Anspruchs auf rechtliches Gehör oder auch bei Verletzungen anderer Verfahrensgrundrechte gelten, bereits häufig diskutiert wurde[1250], ist die Frage, ob die Grundsatzentscheidung, die der EGMR im Fall *Kudla*[1251] für Verletzungen des Anspruchs auf Entscheidung innerhalb angemessener Frist getroffen hat, für sämtliche Verfahrensgrundrechte gilt, bislang nicht umfassend untersucht worden. Entscheidend ist, ob das Absorptionsverhältnis zwischen Art. 13 EMRK und Art. 6 Abs. 1 EMRK nur bei Verletzungen des Anspruchs auf eine angemessene Verfahrensdauer oder auch bei Verletzungen des Rechts auf ein „fair trial" nach Art. 6 Abs. 1 EMRK aufgehoben ist.

1247 Vgl. u.a. § 3 IV.

1248 BverfGE 107, 395 (407), vgl. dazu auch die Ausführungen unter § 4 II 1.

1249 So z.B. *Jaeger* VBlBW 2004, 128 (130).

1250 u.a. *Borm*, S. 82; *Voßkuhle* NJW 2003, 2193 (2197); *Kettinger*, S. 263.

1251 EGMR NJW 2001, 2694 (2698), Nr. 132 (*Kudla*./.Polen).

Gegenstand der Individualbeschwerde war im Fall *Kudla* die Verletzung des Anspruchs auf Entscheidung innerhalb angemessener Frist bzw. des Rechts auf eine Beschwerde zu einer innerstaatlichen Instanz. Dementsprechend beschränkte sich der EGMR in seiner Entscheidung auch auf die Feststellung, dass Art. 13 EMRK bei richtiger Auslegung eine wirksame innerstaatliche Beschwerde wegen behaupteter Verletzung der Verpflichtung zur Verhandlung innerhalb angemessener Frist garantiere. Zu dem Anspruch auf eine Beschwerdemöglichkeit bei Verletzungen anderer Verfahrensgrundrechte äußerte er sich nicht explizit. Zu diesen „anderen" Verfahrensgrundrechten zählen vor allem diejenigen Rechte, die in Art. 6 Abs. 1 EMRK zu einem Recht auf ein faires Verfahren zusammengefasst sind, nämlich die Unabhängigkeit und Unparteilichkeit des Gerichts, das Recht auf Zugang zu einem Gericht, die Öffentlichkeit des Gerichtsverfahrens, die angemessene Dauer und allgemein die Fairness des Verfahrens[1252].

I. Anwendbarkeit von Art. 13 EMRK auf Beschwerden, mit denen die Verletzung von Art. 6 Abs. 1 EMRK gerügt wird

Bis zu seiner Entscheidung im Fall *Kudla* hatte der EGMR in ständiger Rechtsprechung die Auffassung vertreten, Art. 13 EMRK werde von Art. 6 Abs. 1 EMRK als lex specialis verdrängt und sei daher gegenüber *sämtlichen* prozessualen Garantien des Art. 6 Abs. 1 EMRK lediglich subsidiär anwendbar[1253]. Diese Ansicht gab er der *Kudla*-Entscheidung jedenfalls für Verletzungen des Anspruchs auf Entscheidung innerhalb angemessener Frist ausdrücklich auf. Sofern dies gleichermaßen für alle Justizgrundrechte des Art. 6 Abs. 1 EMRK gilt, muss auch bei deren Verletzung wirksamer innerstaatlicher Rechtsschutz zur Verfügung stehen.

1. Gegenstand der *Kudla*-Entscheidung

Der EGMR hat sich in der *Kudla*-Entscheidung ausdrücklich auf die Garantie der Entscheidung innerhalb angemessener Frist bezogen und festgestellt, dass es zwischen Art. 6 Abs. 1 EMRK und Art. 13 EMRK keine Überschneidungen gebe, wenn die behauptete Konventionsverletzung, die der Beschwerdeführer vor einer innerstaatlichen Instanz rügen möchte, die Verletzung des Rechts auf Verhandlung innerhalb angemessener Frist sei[1254]. Daraus geht jedoch nicht hervor, dass der EGMR der Garantie einer angemessenen Verfahrensdauer eine

1252 Zu den Verfahrensrechten der EMRK *Kleine-Cosack*, Rn. 1279.

1253 EGMR EuGRZ 1983, 523 (528) (*Sporrong u Lönnroth.*/.Schweden), unter Nr. 88; EGMR EuGRZ 1996, 593 (600) (*Hentrich.*/.Frankreich), unter Nr. 65.

1254 EGMR NJW 2001, 2697 (2699) (*Kudla.*/.Polen), Nr. 147.

Sonderstellung einräumen wollte[1255]. Vielmehr ist diese Beschränkung Folge der Beschränkung der Individualbeschwerde auf die Rüge dieser Verfahrensgrundrechtsverletzung. Ansatzpunkte für die Übertragbarkeit der Entscheidungsgrundsätze auch auf andere Verfahrensgrundrechtsverletzungen ergeben sich dennoch aus der Entscheidung selbst. Der EGMR stellte beispielsweise fest, dass er weder im Wortlaut noch in der Entstehungsgeschichte des Art. 13 EMRK Anhaltspunkte dafür finde, dass für die Anwendung von Art. 13 EMRK auf *„einen der Aspekte des in Art. 6 Abs. 1 EMRK garantierten „Rechts auf ein Gericht" kein Raum sei*"[1256]. Weiter heißt es, dass Art. 13 EMRK die Verpflichtung der Konventionsstaaten begründe, die Menschenrechte zunächst und vor allem in ihren eigenen Rechtssystemen zu schützen – und damit eine zusätzliche Garantie, dass die Personen ihre Rechte wirksam wahrnehmen können. Die Erfordernisse des Art. 13 EMRK müssten daher als *„Verstärkung der in Art. 6 Abs. 1 EMRK vorgesehenen angesehen werden*"[1257]. Der EGMR hat seine Entscheidung also gerade nicht auf die vom Beschwerdeführer *Kudla* gerügte Verletzung des Rechts auf eine angemessene Verfahrensdauer beschränkt, sondern darüber hinaus ausdrücklich alle anderen Teilgarantien des Art. 6 Abs. 1 EMRK einbezogen. Damit hat er deutlich zu verstehen gegeben, dass es auch insofern nicht bei der Absorption von Art. 13 EMRK durch Art. 6 Abs. 1 EMRK verbleiben soll.

2. Übertragbarkeit

Darüber hinaus ist die Begründung, mit der der EGMR die Absorptionswirkung von Art. 6 Abs. 1 EMRK im Verhältnis zu Art. 13 EMRK bei Verletzungen des Anspruchs auf angemessene Verfahrensdauer auf die anderen Verfahrensgrundrechte übertragbar. Eine der zentralen Argumente des EGMR in der *Kudla*-Entscheidung lautet[1258]:

„Ob der Beschwerdeführer in einem bestimmten Fall in einer Streitigkeit in Bezug auf seine zivilrechtlichen Ansprüche und Verpflichtungen oder über eine gegen ihn erhobene strafrechtliche Anklage eine Verhandlung innerhalb angemessener Frist hatte, ist eine andere Rechtsfrage als die, ob er nach staatlichem Recht einen wirksamen Rechtsbehelf zur Prüfung einer darauf gestützten Beschwerde hatte."

Dies gilt aber unabhängig davon, welche der Einzelgarantien des Art. 6 Abs. 1 EMRK verletzt ist. Denn es ist stets ein Unterschied, ob in einem

1255 So aber *Gundel* DVBl 2004, 17 (19 f.), der als „Tatsache" ansieht, dass diese Garantie nun unter den in Art. 6 EMRK enthaltenen Gewährleistungen eine prozessuale Sonderstellung einnehme.
1256 EGMR NJW 2001, 2694 (2700), Nr. 151 (*Kudla*./.Polen.
1257 EGMR NJW 2001, 2694 (2700), Nr. 152 (*Kudla*./.Polen).
1258 EGMR NJW 2001, 2694 (2699), Nr. 147 (*Kudla*./.Polen).

Verfahren die Verfahrensgrundrechte beachtet werden oder ob der Beschwerdeführer eine einmal eingetretene Verfahrensgrundrechtsverletzung mit einem innerstaatlichen Rechtsbehelf geltend machen kann. Ein Verfahrensgrundrecht, dessen Verletzung nicht gerügt werden kann und daher keine Konsequenzen hat, bleibt theoretisch und läuft im Ergebnis leer.

3. Subsidiarität der Individualbeschwerde

Für die Anwendbarkeit von Art. 13 EMRK auf sämtliche Verfahrensgrundrechte spricht auch, dass die Individualbeschwerde nach Art. 35 Abs. 1 EMRK subsidiär gegenüber nationalen Rechtsbehelfen ist. Es ist in erster Linie Aufgabe der staatlichen Instanzen, insbesondere der Gerichte der Mitgliedstaaten der EMRK, wirksamen Rechtsschutz gegen Konventionsverletzungen zu gewährleisten[1259]. Art. 35 Abs. 1 EMRK ist eng mit Art. 6 Abs. 1 und Art. 13 EMRK verbunden, weil diese Regelungen die Konventionsstaaten verpflichten, Menschenrechte zunächst und vor allem in ihren eigenen Rechtssystemen zu schützen und dafür entsprechende Rechtsschutzmöglichkeiten zur Verfügung zu stellen[1260]. Art. 13 EMRK garantiert den innerstaatlichen Menschenrechtsschutz, der von Art. 35 EMRK den staatlichen Stellen zugewiesen ist. Zur Abhilfe von Konventionsverstößen sind also in erster Linie die nationalen Stellen berufen und nicht der EGMR[1261]. Dies gilt aber für die durch die Konvention garantierten Verfahrensrechte nur dann in umfassender Weise, wenn Art. 13 EMRK in keinem Fall einer Verfarhensgrundrechtsverletzung von Art. 6 Abs. 1 EMRK als lex specialis verdrängt wird. Versteht man die *Kudla*-Entscheidung nur als teilweise Aufgabe der Absorptions-Rechtsprechung, wären die Mitgliedstaaten nur zur Einrichtung von innerstaatlichem Rechtsschutz bei Verletzungen des Rechts auf eine angemessene Verfahrensdauer verpflichtet. Die Subsidiarität der Individualbeschwerde nach Art. 35 Abs. 1 EMRK verlangt aber, das Verhältnis von Art. 6 Abs. 1 S. 1 zu Art. 13 EMRK so zu bestimmen, dass die Konventionsstaaten innerstaatlichen Rechtsschutz bei sämtlichen Verfahrensgrundrechtsverletzungen einrichten müssen.

1259 *Meyer-Ladewig*, Art. 35 EMRK Rn. 7; EGMR NJW 2001, 2694 (2700) (*Kudla.*/.Polen), Nr. 152.

1260 EGMR NJW 2001, 3694 (2700) (*Kudla.*/.Polen), unter Nr. 152.

1261 *Gundel* DVBl 2004, 17 (21).

4. Entlastung des EGMR

Dieses Verständnis steht schließlich auch im Einklang mit der Zielsetzung des EGMR, durch die Rechtsprechungsänderung letztlich für seine eigene Entlastung zu sorgen. Der EGMR wird durch den Filter der staatlichen Gerichte von Individualbeschwerden entlastet[1262]. Eine umfassende Entlastung setzt jedoch voraus, dass die primäre Verantwortung für die Abhilfe von Verletzungen prozessualer Konventionsgarantien insgesamt den Mitgliedstaaten zugewiesen wird.

II. Ergebnis zu § 17

Art. 6 Abs. 1 EMRK absorbiert Art. 13 EMRK in keinem Fall einer Verfahrensgrundrechtsverletzung. Dementsprechend ist wirksamer innerstaatlicher Rechtsschutz nicht nur gegen Verletzungen des Anspruchs auf eine angemessene Verfahrensdauer, sondern auch gegen Verletzungen der anderen Verfahrensgarantien EMRK-rechtlich gewährleistet. Für den deutschen Gesetzgeber folgt daraus die Verpflichtung, wirksamen Rechtsschutz gegen Verfahrensgrundrechtsverletzungen vorzusehen.

§ 18 Umsetzung der verfassungs- und EMRK-rechtlichen Anforderungen im deutschen Recht

Festzuhalten ist, dass der allgemeine Justizgewährungsanspruch und Art. 6 Abs. 1 und Art. 13 EMRK gleiche Anforderungen an den Rechtsschutz bei Verletzung von Verfahrensgrundrechten stellen. Unabhängig davon, welches Verfahrensgrundrecht betroffen ist, bedarf es im Fall seiner Verletzung eines wirksamen innerstaatlichen Rechtsbehelfs. Art. 13 EMRK fordert, dass mit der innerstaatlichen Beschwerde die Konventionsrechte und –freiheiten ihrem Wesen nach durchgesetzt werden können, indem entweder die Konventionsverletzung oder ihre Fortdauer verhindert werden oder für eine eingetretene Verletzung angemessene Wiedergutmachung geleistet wird. Um die Wirksamkeitsanforderungen des allgemeinen Justizgewährungsanspruchs zu erfüllen, müssen erstmalige Verfahrensgrundrechtsverletzungen mindestens einmal innerhalb der Fachgerichtsbarkeit überprüft werden können[1263]. Es ist nicht zwingend notwendig, dass der Rechtsschutz durch eine höhere Instanz gewährt wird. Ausreichend, aber erforderlich ist, dass der Zugang zu einer vom Gesetzgeber eingerichteten Instanz nicht erschwert wird[1264].

1262 *Kleine-Cosack*, Rn. 1341.
1263 So auch *Schenke* NVwZ 2005, 729 (731, 738).
1264 Vgl. dazu § 4 I. 3.

Obwohl für alle Verfahrensgrundrechtsverletzungen dieselben Anforderungen gelten, sind diese im deutschen Verfahrensrecht unterschiedlich umgesetzt. Ein spezieller Rechtsbehelf ist mit der Anhörungsrüge nach § 321 a ZPO bislang nur für Verletzungen des Anspruchs auf rechtliches Gehör vorhanden. Im Übrigen unterscheiden sich die Rechtsschutzmöglichkeiten ganz erheblich, weil die insoweit bestehenden Regelungslücken durch analoge Anwendung verschiedener gesetzlicher Rechtsbehelfe geschlossen werden müssen. So kommt bei Verletzungen des Anspruchs auf Entscheidung innerhalb angemessener Frist je nach Verfahrenssituation und Wirkung der Verfahrensdauer im konkreten Fall die analoge Anwendung von §§ 127 Abs. 2, 567 ZPO in Prozesskostenhilfeverfahren und § 58 FamFG in Sorge- und Umgangsrechtsverfahren, jeweils bei faktischer Ablehnung der begehrten Sachentscheidung, sowie von §§ 252, 567 ZPO bei faktischer Aussetzung des Verfahrens als Untätigkeitsbeschwerde in Betracht[1265]. Liegen die Voraussetzungen für eine dieser Beschwerden nicht vor, kann hier – wie im Übrigen auch bei allen anderen Verfahrensgrundrechtsverletzungen – auf § 321 a ZPO analog zurückgegriffen werden. Dementsprechend stehen bei überlanger Verfahrensdauer insgesamt vier verschiedene Rechtsbehelfe zur Verfügung.

Eine verfassungs- und konventionskonforme Lückenschließung ist folglich zwar möglich, allerdings ist die Rechtslage nur schwer zu durchschauen. Hier würde durch die Einführung eines speziellen Rechtsbehelfs gegen überlange Verfahrensdauer Klarheit geschaffen. Allerdings deuten die bisher vorgestellten Gesetzesentwürfe darauf hin, dass der Rechtsschutz bei überlanger Verfahrensdauer nicht an den Rechtsschutz bei Gehörsverletzungen nach § 321 a ZPO – und in analoger Anwendung als allgemeine Verfahrensgrundrechtsrüge auch bei Verletzungen der anderen Verfahrensgrundrechte – angeglichen wird. Weder die Untätigkeitsbeschwerde in der Fassung des Entwurfs vom 22.08.2005 noch der am 18.08.2010 vom Bundeskabinett beschlossene Entschädigungsrechtsbehelf würden den Rechtsschutz bei Verletzung von Verfahrensgrundrechten rechtssystematisch vereinheitlichen. Dies gilt für die Untätigkeitsbeschwerde bereits deshalb, weil sie als Beschwerde ausgestaltet einen Instanzenzug vorsieht und sich nicht als Rüge an den iudex a quo richtet. Soweit der Entschädigungsrechtsbehelf eine Verzögerungsrüge voraussetzt, entspricht auch sie der Anhörungsrüge nach § 321 a ZPO nicht, weil sie keinen Anspruch auf förmliche Bescheidung durch das Ausgangsgericht gewährt. Die Entschädigungsklage selbst weicht ohnehin von der Konzeption der Anhörungsrüge ab, weil eine Kompensation für eingetretene Gehörsverletzungen nicht gewährt wird.

1265 Zu den Fallgruppen der Untätigkeit und den statthaften Rechtsbehelfen vgl. § 12 V. 2. a) bis c).

Es ist daher davon auszugehen, dass trotz gleicher verfassungs- und europarechtlicher Anforderungen der Rechtsschutz bei Verfahrensgrundrechtsverletzungen auch nach Einführung eines gesetzlichen Rechtsbehelfs bei überlanger Verfahrensdauer unterschiedlich umgesetzt sein wird. Dagegen bestehen zwar weder verfassungs- noch EMRK-rechtliche Bedenken. Vielmehr ist der Gesetzgeber bei der Ausgestaltung der Rechtsbehelfe frei, soweit die jeweiligen Mindestanforderungen gewährleistet sind. Allerdings ist die unterschiedliche Ausgestaltung von Rechtsschutz, der denselben Anforderungen zu genügen hat, für den Rechtsuchenden nicht nachvollziehbar und daher nicht bürgernah. Deshalb würde die Einführung jeder der beiden vorgeschlagenen Rechtsbehelfe auch den Zielsetzungen der ZPO-Reform 2002 widersprechen. Aus rechtssystematischen Gesichtspunkten wäre daher eine Angleichung des nun einzuführenden Rechtsbehelfs bei überlanger Verfahrensdauer an die Konzeption der Anhörungsrüge nach § 321 a ZPO vorzuziehen.

§ 19 Gesamtergebnis

Die wesentlichen Ergebnisse dieser Arbeit lassen sich wie folgt zusammenfassen:

1. Der allgemeine Justizgewährungsanspruch und Art. 13 EMRK garantieren eine wirksame innerstaatliche Beschwerde bei Verletzung sämtlicher Verfahrensgrundrechte. Bei der Ausgestaltung des Rechtsschutzes hat der Gesetzgeber einen weiten Spielraum, sofern er dabei die Mindestanforderungen einhält, die sich aus der Verfassung und der EMRK ergeben. Das Grundgesetz, konkret der Grundsatz der Rechtsmittelklarheit, fordert eine gesetzlich verankerte Regelung [1266], die bei erstmaligen Verfahrensgrundrechtsverletzungen eine mindestens einmalige fachgerichtliche Kontrolle[1267] ermöglicht. Der Gesetzgeber hat grundsätzlich die Wahl zwischen einem Rechtsbehelf, der den Eintritt der Verletzung oder deren Fortdauer verhindert oder für eine eingetretene Verletzung eine angemessene Entschädigung gewährt[1268].

2. Der Gesetzgeber hat mit der Einführung des § 321 a ZPO die Rechtsschutzlücke bei Verletzungen des Anspruchs auf rechtliches Gehör vollständig geschlossen. Die Anhörungsrüge entspricht den Anforderungen der Verfassung und der EMRK an einen wirksamen Rechtsbehelf bei Verfahrensgrundrechtsverletzungen. Dass der Gesetzgeber die Abhilfezuständigkeit dem iudex a quo

1266 BVerfGE 107, 395 (416), vgl. § 4 I. 2. b).
1267 BVerfGE 107, 395 (412), vgl. § 4 I. 2.
1268 EGMR NJW 2006, 2389 (2390) (*Sürmeli*./.Deutschland); NJW 2007 1259 (1263) (*Scordino*./.Italien); vgl. § 11 I. 2. b) aa).

zugewiesen hat, steht der Effektivität des Rechtsschutzes nicht entgegen[1269]. Die deutsche Verfassung und die EMRK begründen kein Optimierungsgebot. Die Überprüfung einer Rechtsverletzung durch ein anderes oder ein höheres Gericht kann daher allenfalls rechtspolitisch wünschenswert sein.

3. Gegen Verletzungen anderer Verfahrensgrundrechte, insbesondere das Recht auf Entscheidung innerhalb angemessener Frist, sieht das deutsche Recht derzeit noch keinen speziellen Rechtsbehelf vor. Dies ist verfassungs- und EMRK-rechtlich dennoch nicht zu beanstanden, weil durch die nach dem allgemeinen Justizgewährungsanspruch und Art. 13 EMRK gebotene verfassungs- bzw. konventionskonforme Auslegung der Zugangsvoraussetzungen für die gesetzlichen Rechtsbehelfe und Rechtsmittel der erforderliche Rechtsschutz gewährleistet werden kann. Gegen die Verletzung des Rechts auf eine angemessene Verfahrensdauer gibt es die Untätigkeitsbeschwerde schlechthin zwar nicht. Allerdings kommt, wie in § 12 V. dargestellt, je nach Verfahrenssituation und Wirkung der Verfahrensdauer im Einzelfall die analoge Anwendung gesetzlicher Beschwerdemöglichkeiten in Betracht. Hier ist zu differenzieren. Gegen sog. faktische Aussetzungsentscheidungen der Amts- und Landgerichte in erstinstanzlichen Verfahren ist die sofortige Beschwerde nach §§ 252, 567 ZPO analog als Untätigkeitsbeschwerde statthaft[1270]. Die faktische Ablehnung einer begehrten Sachentscheidung ist dagegen in analoger Anwendung des gegen die ablehnende Entscheidung statthaften Rechtsmittels anfechtbar[1271]. In Prozesskostenhilfeverfahren ist die sofortige Beschwerde nach §§ 127, 252 ZPO analog als Untätigkeitsbeschwerde anwendbar[1272]. Gegen die faktische Ablehnung der beantragten Entscheidung in Sorge- und Umgangsrechtsverfahren kann ist eine Untätigkeitsbeschwerde nach § 58 FamFG statthaft[1273]. Soweit auch bei analoger Anwendung der jeweiligen Rechtsmittel gegen die entsprechende ablehnende Hauptsacheentscheidung Regelungslücken verbleiben, können diese durch analoge Anwendung des § 321 a ZPO geschlossen werden[1274]. Dies gilt auch, wenn die unangemessene Verfahrensdauer durch bloßes Nichtbetreiben des Verfahrens verursacht ist. Denn wie bei allen anderen Verfahrensgrundrechtsverletzungen ist § 321 a ZPO analog als „allgemeine Verfahrensgrundrechtsrüge" auch dann statthaft.

1269 Vgl. § 4 I. 3. und § 5 IV. 2. c)
1270 Vgl. § 12 V. 2. a).
1271 Vgl. § 12 V. 2. b).
1272 Vgl. § 12 V. 2. b) aa).
1273 Vgl. § 12 V. 2. b) bb).
1274 Vgl. § 12 V. 3.

4. Bei Verfahrensgrundrechtsverletzungen gibt es folglich keine Rechtsschutzlücken, wohl aber ein Rechtsanwendungsdefizit. Der Rechtsschutz bei Verletzung von Verfahrensgrundrechten außerhalb von § 321 a ZPO bleibt häufig theoretisch, weil die zur Verfügung stehenden Möglichkeiten nicht allgemein anerkannt und umgesetzt werden. Deshalb sind die Bemühungen des Gesetzgebers, einen speziellen Rechtsbehelf auch bei Verletzung des Anspruchs auf eine angemessene Verfahrensdauer einzuführen, grundsätzlich zu befürworten. Mit dem Entwurf eines sog. Untätigkeitsbeschwerdengesetzes hatte die Bundesregierung bereits im August 2005 einen präventiven Rechtsbehelf gegen überlange Verfahrensdauer vorgestellt[1275]. Abgesehen von dem Ergänzungsbedarf bei überlanger Verfahrensdauer in verfassungsgerichtlichen Verfahren erfüllte dieser Vorschlag einer Untätigkeitsbeschwerde als präventiver Rechtsbehelf die verfassungs- und europarechtlichen Anforderungen an wirksamen Rechtsschutz bei unangemessener Verfahrensdauer grundsätzlich[1276]. Gegen die Konzeption sprechen vor allem rechtssystematische Überlegungen. Im Gegensatz dazu entspricht der Regierungsentwurf des sog. Entschädigungsrechtsbehelfs vom 18.08.2010 [1277] den verfassungs- und EMRK-rechtlichen Voraussetzungen an einen kompensatorischen Rechtsbehelf bei Verletzung des Anspruchs auf Entscheidung innerhalb angemessener Frist nicht [1278]. Der Rechtsbehelf gewährt zumindest in der jetzt vorgeschlagenen Fassung keinen effektiven Rechtsschutz. Dies gilt vor allem, weil die Verzögerungsrüge als zwingende formelle Voraussetzung des Entschädigungsanspruchs dem Verfahrensbeteiligten keinen Anspruch auf förmliche Bescheidung vermittelt und daher weder selbst ein wirksamer Rechtsbehelf ist noch zur Wirksamkeit der Entschädigungsklage beiträgt[1279]. Sie ist sie eine Tatbestandshürde, die den erforderlichen Rechtsschutz unzumutbar beschränkt. Insofern besteht jedenfalls Änderungsbedarf. Im Sinne eines möglichst wirksamen Rechtsschutzes wäre eine Verzögerungsrüge als förmlicher Rechtsbehelf mit Anspruchsqualität vorzuziehen.

6. Der Gesetzgeber hat vom BVerfG und vom EGMR den Auftrag erhalten, wirksamen Rechtsschutz bei Verletzungen sämtlicher Verfahrensgrundrechte zu gewähren – wenn auch vom BVerfG deutlicher als vom EGMR. Seit seinem Grundsatzurteil im Fall *Kudla* gegen Polen[1280] hat der EGMR in einer Vielzahl

---

1275 Abrufbar unter www.dipbt.bundestag.de/dip21/btd/16/076/1607665.pdf, zuletzt abgerufen am 05.09.2010.

1276 Vgl. § 13 I.

1277 Abrufbar unter www.dipbt.bundestag.de/dip21/brd/2010/0540-10.pdf, zuletzt abgerufen am 28.10.2010.

1278 Vgl. § 13. II. 3.

1279 Vgl. § 13 II. 3. b).

1280 EGMR NJW 2001, 2694 ff.

von Entscheidungen[1281] gegenüber der Bundesrepublik Deutschland festgestellt, dass es im deutschen Recht bislang keinen wirksamen Rechtsbehelf bei Verletzungen des Anspruchs auf angemessene Verfahrensdauer gibt. Der Handlungsdruck auf den deutschen Gesetzgeber ist ständig gestiegen, hat allerdings dennoch nicht zur Einführung des angemahnten Rechtsschutzes geführt. Der EGMR hat daher in seinem ersten Piloturteil [1282] gegen die Bundesrepublik Deutschland im September 2010 die Einführung eines Rechtsbehelfs „unverzüglich", spätestens aber innerhalb eines Jahres nach Rechtskraft der Entscheidung gefordert. Es ist daher davon auszugehen, dass der deutsche Gesetzgeber die Regelungslücke im deutschen Recht in Kürze durch einen speziellen Rechtsbehelf gegen überlange Verfahrensdauer schließen wird. Es bleibt dann abzuwarten, ob der EGMR diesen Rechtsbehelf als wirksamen Rechtsbehelf bei überlanger Verfahrensdauer anerkennt.

1281 u.a. EGMR NJW 2006, 2389 (*Sürmeli*./.Deutschland); NVwZ 2008, 289 (*Herbst*./.Deutschland); EUGRZ 2007, 268 ff. (*Grasser*./.Deutschland); NVwZ 2007, 2035 ff. (*Stork*./.Deutschland).

1282 EGMR NJW 2010, 3355 (*Rumpf*./.Deutschland).

Nachtrag

Das Gesetz über den Rechtsschutz bei überlangen Gerichtsverfahren und strafrechtlichen Ermittlungsverfahren wurde am 24. November 2011 vom Bundestag beschlossen und am 2. Dezember 2011 im Bundesgesetzblatt[1283] veröffentlicht. Damit hat Deutschland die Forderung des EGMR nach der Einführung eines Rechtsbehelfs gegen überlange Verfahrensdauer binnen Jahresfrist nach Rechtskraft seines Piloturteils vom 2. September 2010 fristgerecht[1284] erfüllt.

Der im zweiten Teil dieser Arbeit behandelte Regierungsentwurf des Entschädigungsrechtsbehelfs vom 18.08.2010 ist zwar nicht unverändert, aber mit nur wenigen Änderungen in Kraft getreten. So ist § 198 Abs. 1 GVG insofern ergänzt worden, dass die zu zahlende Entschädigung „angemessen" sein soll. Nach Absatz 5 ist bis zur rechtskräftigen Entscheidung über die Klage der Anspruch nicht übertragbar. Und nach § 201 Abs. 2 GVG ist eine „Entscheidung durch" statt einer „Übertragung auf" den Einzelrichter ausgeschlossen.

Die wenigen Änderungen sind folglich überwiegend sprachlicher bzw. klarstellender Natur und berühren die in dieser Arbeit ermittelten Ergebnisse[1285] nicht. Insbesondere ist die Verzögerungsrüge in § 198 Abs. 3 GVG unverändert als zwingende formelle Voraussetzung ohne Anspruch auf förmliche Entscheidung ausgestaltet. Damit gelten die für den Regierungsentwurf geäußerten Effektivitätsbedenken auch für den am 3. Dezember 2011 in Kraft getretenen Entschädigungsrechtsbehelf. Ob sich der EGMR mit diesem Ergebnis zufrieden geben wird, wird sich zeigen.

1283 BT-Drucks. 587/11.

1284 Das Piloturteil ist gemäß Art. 44 Nr. 2 b) EMRK drei Monaten nach seinem Erlass rechtskräftig geworden. Die Jahresfrist lief dementsprechend am 2. September 2011 ab.

1285 vgl. Teil 2, § 13 II.

Literaturverzeichnis

Abel, Wolfgang, Zur Nichtigkeitsklage wegen Mängeln der Vertretung im Zivilprozess, Jur. Diss., München 1994.

Abetz, Marie-Claire, Justizgrundrechte in der Europäischen Union, Frankfurt am Main 2005, zugl. Jur. Diss., Berlin 2004.

Amtsrichterverband e.V., Stellungnahme vom 29.9.2005 zum Entwurf eines Untätigkeitsbeschwerdengesetzes, abrufbar unter www.amtsrichterverband.com, zuletzt abgerufen am 27.03.2008 (zitiert: ARV, Stellungnahme vom 29.09.2005).

Augsberg, Ino, Selbstreferenz als Gesetzgebungsprogramm? – Zu einigen neueren Entwicklungen im Recht des Hochschul- und Justizwesens -, KritV 2007, 236 – 255.

Bamberger, Heinz Georg/ Roth, Herbert (Hrsg.), BGB, Beck'scher Online-Kommentar, Stand: 01.03.2011, (zitiert: Bamberger/Roth/*Bearbeiter*).

Barnert, Thomas, Nichtigkeitsklage und Anspruch auf rechtliches Gehör, ZZP 116 (2003), 447 – 458.

Bauer, Horst, Gerichtsschutz als Verfassungsgarantie. Zur Auslegung des Art. 19 Abs. 4 GG, Berlin 1973.

Bauer, Manfred, Die Gegenvorstellung im Zivilprozess in Analogie zu den §§ 33 a, 311 a StPO, NJW 1991, 1711 – 1716.

Baumbach, Adolf/ Lauterbach, Wolfgang/ Albers, Jan/ Hartmann, Peter, Zivilprozessordnung, Kommentar, 68. Auflage, München 2010.

Baur, Fritz, Richterliche Verstöße gegen die Prozessförderungspflicht, in: Festschrift für Karl Heinz Schwab zum 70. Geburtstag, Hrsg. Peter Gottwald, Hanns Prütting, Tübingen 1986, 53 – 60.

Benda, Ernst/ Klein, Eckhart, Verfassungsprozessrecht. Ein Lehr- und Handbuch, 2. Auflage, Heidelberg 2001.

Berchtold, Josef, Die Anhörungsrüge nach § 178 a SGG. Vom Umgang des Gesetzgebers mit Rechtsprechungsressourcen, NZS 2006, 9 – 17.

Bloching, Micha/ Kettinger, Alexander, Verfahrensgrundrechte im Zivilprozess – Nun endlich das Comeback der außerordentlichen Beschwerde?, NJW 2005, 860-863.

dies., Das Anhörungsrügengesetz in der zivilprozessualen Praxis, JR 2005, 441 – 446.

Blomeyer, Jürgen, Die Haftung des Staates für die Verzögerung von Zivilprozessen, NJW 1977, 557 – 561.

Borm, Thomas, Der Anspruch auf angemessene Verfahrensdauer im Verfassungsbeschwerdeverfahren vor dem Bundesverfassungsgericht, Frankfurt am Main 2005, zugl. Jur. Diss., München 2005.

Brandt-Janczyk, Ursula, Richterliche Befangenheit durch Vorbefassung im Wiederaufnahmeverfahren, Univ. Diss., Tübingen 1978.

Braun, Johann, Verletzung des Rechts auf Gehör und Urteilskorrektur im Zivilprozess, NJW 1981, 425 – 428.

ders., Anhörungsrüge oder Wiederaufnahmeklage?, NJW 1983, 1403 – 1406.

ders., Die Korrektur von Gehörverletzungen im Zivilprozess, JR 2005, 1 – 5.

ders., Restitutionsklage wegen Verletzung der Europäischen Menschenrechtskonvention, NJW 2007, 1620 – 1622.

Britz, Gabriele/ Pfeifer, Denise, Rechtsbehelf gegen unangemessene Verfahrensdauer im Verwaltungsprozess – Rechtsschutzerfordernisse bei Verletzung von Prozessgrundrechten nach der jüngsten Rechtsprechung von EGMR und BVerfG –, DÖV 2004, 245 – 250.

Brüning, Christoph, Staatshaftung bei überlanger Dauer von Gerichtsverfahren, NJW 2007, 1094 – 1099.

Bruns, Anja, Prozessgrundrechte im System des Grundgesetzes, Jur. Diss., Münster 2002.

Büttner, Helmut, Die Beschwerde gegen eine Prozesskostenhilfe-Entscheidung und Prozesskostenhilfe in der Rechtsmittelinstanz, FPR 2002, 498 – 505.

ders., Unbegriffen-unbegreifliche „greifbare Gesetzwidrigkeit", FamRZ 1989, 129 – 131.

Bund Deutscher Finanzrichterinnen und Finanzrichter, Stellungnahme vom 30. September 2005 zum Entwurf eines Gesetzes über die Rechtsbehelfe bei Verletzung des Rechts auf ein zügiges gerichtliches Verfahren (Untätigkeitsbeschwerdengesetz), abrufbar unter www.bdfr.de, zuletzt abgerufen am 06.09.2010 (zitiert: BDFR, Stellungnahme vom 30. September 2005).

Bund DeutscherRechtspfleger e.V., Das BMJ will eine Untätigkeitsbeschwerde wegen überlanger Verfahrensdauer einführen. –Länder im Zugzwang für eine bessere Personalausstattung der Gerichte!?, abrufbar unter www.bdr-online.de, zuletzt abgerufen am 06.09.2010 (zitiert: BDR, Stellungnahme).

Bundesministerium der Justiz, Entlastung des Bundesverfassungsgerichts, Bericht der vom Bundesminister der Justiz eingesetzten Kommission, Bonn 1998 (zitiert: BMJ, Entlastung des BVerfG).

dass., Mehr Rechte für Bürgerinnen und Bürger: Rechtsbehelf gegen überlange Verfahrensdauer, Pressemitteilung vom 26. August 2005, abrufbar unter www.bmj.bund.de (Pressemitteilungen 2005), zuletzt abgerufen am 06.09.2010 (zitiert BMJ, Pressemitteilung vom 26. August 2005).

Bundesrechtsanwaltskammer, Stellungnahme der Bundesrechtsanwaltskammer zum Entwurf eines Gesetzes über die Rechtsbeschwerde bei Verletzung des Rechts auf ein zügiges gerichtliches Verfahren (Untätigkeitsbeschwerdengesetz), BRAK-Stellungnahme-Nr. 28/2005, September 2005, abrufbar unter www.brak.de, zuletzt abgerufen am 06.09.2010 (zitiert: BRAK, Stellungnahme Nr. 28/2005).

dies., Stellungnahme zum Entwurf eines Gesetzes über die Rechtsbehelfe bei Verletzung des Anspruchs auf rechtliches Gehör (Anhörungsrügengesetz) vom 18. Mai 2004, Nr. 21/2004, abrufbar unter www.brak.de, zuletzt abgerufen am 06.09.2010 (zitiert: BRAK-Stellungnahme, Nr. 21/2004).

Chlosta, Joachim, Zulässigkeit der außerordentlichen Beschwerde, NJW 1993, 2160 – 2161.

Clausing, Berthold, Aktuelles Verwaltungsprozessrecht, JuS 1999, 474 – 478.

Commission for the Efficiency of Justice (CEPEJ), European judicial systems, abrufbar unter www.coe.int/CEPEJ, zuletzt abgerufen am 7.03.2008.

Deppert, Katharina, Nichtigkeitsklage analog § 579 Abs. 1 Nr. 4 ZPO bei Verletzung des Art. 103 Abs. 1 GG, in: Festschrift für Karlmann Geiss zum 65. Geburtstag, Hrsg. von Hans Erich Brandner, Horst Hagen, Rolf Stürner, Köln, Berlin, Bonn, München 2000, 81 – 96.

Deutscher Anwaltverein, Stellungnahme durch den Ausschuss Sozialrecht zum Entwurf eines Gesetzes über die Rechtsbehelfe bei Verletzung des Anspruchs auf rechtliches Gehör (Anhörungsrügengesetz), im Mai 2004, Nr. 24/04, abrufbar unter www.anwaltverein.de, zuletzt abgerufen am 06.09.2010 (zitiert: DAV, Stellungnahme Nr. 24/04).

ders., Stellungnahme des Deutschen Anwaltvereins zum Entwurf eines Gesetzes über die Rechtsbehelfe bei Verletzung des Rechts auf ein zügiges gerichtliches Verfahren (Untätigkeitsbeschwerdengesetz), Stellungnahme Nr. 48/2005, Berlin, Oktober 2005, abrufbar unter www.anwaltverein.de, zuletzt abgerufen am 06.09.2010 (zitiert: DAV, Stellungnahme Nr. 48/2005).

Deutscher Notarverein, Stellungnahme zum Entwurf eines Gesetzes über die Rechtsbehelfe bei Verletzung des Rechts auf ein zügiges Verfahren (Untätigkeitsbeschwerdengesetz), 27. September 2005, abrufbar unter www.dnotv.de, zuletzt abgerufen am 04.09.2010 (zitiert: DNotV, Stellungnahme vom 27. September 2005).

Deutscher Richterbund, Stellungnahme des Deutschen Richterbundes zu dem Entwurf eines Gesetzes über die Rechtsbehelfe bei Verletzung des Rechts auf ein zügiges Verfahren (Untätigkeitsbeschwerdengesetz), Nr. 20/2005, Oktober 2005, abrufbar unter www.drb.de, zuletzt abgerufen am 06.09.2010 (zitiert: DRB, Stellungnahme aus Oktober 2005).

ders., Stellungnahme des Deutschen Richterbundes zum Referentenentwurf bei überlangen Gerichtsverfahren, Nr. 23/10, abrufbar unter www.drb.de, Nachrichtenportal, zuletzt abgerufen am 06.09.2010 (zitiert: DRB, Stellungnahme vom 10.05.2010).

Desens, Marc, Die subsidiäre Verfassungsbeschwerde und ihr Verhältnis zu fachgerichtlichen Anhörungsrügen, NJW 2006, 1243-1247.

Detterbeck, Steffen, Streitgegenstand, Justizgewährungsanspruch und Rechtsschutzanspruch, AcP 192 (1992), 325 – 340.

ders., Staatshaftung bei normativem Unrecht, JA 1991, 7 – 12.

Dörr, Oliver, Rechtsschutz gegen den Richter, Jura 2004, 334 – 338.

Dorn, Christian, Justizgewähranspruch und Grundgesetz, Ein Beitrag zum Verständnis des Grundgesetzes für die Bundesrepublik Deutschland, Berlin 2005, zugl. Jur. Diss., Kiel 2005.

Dreier, Horst (Hrsg.), Grundgesetz, Kommentar,
- Band I, Präambel, Art. 1 – 19, 2. Auflage, Tübingen 2004;
- Band II, Art. 20 – 82, 2. Auflage, Tübingen 2006,

(zitiert: *Bearbeiter*, in: Dreier).

Dütz, Wilhelm, Rechtsstaatlicher Gerichtsschutz im Privatrecht, Zum sachlichen Umfang der Zivilgerichtsbarkeit, Bad Homburg v.d.H., Berlin, Zürich 1970.

Fetzer, Rhona, Die Haftung des Staates für legislatives Unrecht, Berlin 1994, zugl. Jur. Diss, Konstanz 1993.

Frehse, Hermann, Die Anhörungsrüge nach § 178 a SGG, SGb 2005, 265 – 272.

Gaede, Karsten, Das Recht auf Verfahrensbeschleunigung gemäß Art. 6 I 1 EMRK in Steuer- und Wirtschaftsstrafverfahren, wistra 2004, 166 – 174.

Gaier, Reinhard, Das neue Berufungsverfahren in der Rechtsprechung des BGH, NJW 2004, 2041 – 2046.

Gaul, Hans Friedhelm, Rechtswegerschöpfung im Sinne des § 90 Abs. 2 Satz 1 BVerfGG und Wiederaufnahme des Verfahrens in der Zivilgerichtsbarkeit, in: Festschrift für Ekkehard Schumann zum 70. Geburtstag, Hrsg. Peter Gottwald, Herbert Roth, Tübingen 2001, 89 – 131.

Gehb, Jürgen, Vom langsamen Ende eines verfassungsrechtlichen Dogmas? – Der trickreiche Weg des Bundesverfassungsgerichts zum Anhörungsrügengesetz –, DÖV 2005, 683 – 687.

Gehrlein, Markus, Zivilprozessrecht nach der ZPO-Reform 2002, Ein Leitfaden für Ausbildung und Praxis, München 2001.

Gimbel, Hermann, Einführung einer allgemeinen Untätigkeitsbeschwerde im Strafprozess, ZRP 2004, 35 – 37.

Göppinger, Horst, Anm. zu OLG Stuttgart, Beschluss v. 9.12.1952, ZZP 66 (1953), 61 – 63.

Gottwald, Peter/ Semmelmayer, Johann, Anmerkung zu BGH, Beschluss v. 8.10.1992 – VII ZB 2/92, JZ 1993, 415 – 417.

Gottwald, Peter, Empfehlen sich im Interesse eines effektiven Rechtsschutzes Maßnahmen zur Vereinfachung, Vereinheitlichung und Beschränkung der Rechtsmittel und Rechtsbehelfe des Zivilverfahrensrechts?, Gutachten für den 61. Deutschen Juristentag, NJW 1996, Beilage 23, 9 – 13.

Grabenwarter, Christoph, Europäische Menschenrechtskonvention, 2. Auflage, München 2005. 4. Auflage, München 2009.

Gravenhorst, Wulf, Anhörungsrügengesetz und Arbeitsgerichtsverfahren, NZA 2005, 24 – 27.

Greger, Reinhard; Zweifelsfragen und erste Entscheidungen zur neuen ZPO, NJW 2002, 3049 – 3128.

Grote, Rainer/ Marauhn, Thilo (Hrsg.); EMRK/GG, Konkordanzkommentar zum europäischen und deutschen Grundrechtsschutz, Tübingen 2006 (zitiert: Grote/Marauhn/*Bearbeiter*).

Grunsky, Wolfgang; Der Beschleunigungsgrundsatz im arbeitsgerichtlichen Verfahren, RdA 1974, 201 – 206.

Guckelberger, Annette; Die Anhörungsrüge nach § 152 a VwGO n.F., NVwZ2005, 11 – 15.

Günter, Peter; Rechtssicherheit vs. Materielle Gerechtigkeit – Außerordentliche Rechtsbehelfe im Zivilprozess, Jur. Diss., Würzburg 2006.

Gundel, Jörg; Neue Anforderungen des EGMR an die Ausgestaltung des nationalen Rechtsschutzsystems – Die Schaffung effektiver Rechtsbehelfe gegen überlange Verfahrensdauer, DVBl 2004, 17 – 27.

Häfelin, Ulrich; Die verfassungskonforme Auslegung und ihre Grenzen, in: Recht als Prozess und Gefüge, in: Festschrift für Hans Huber zum 80. Geburtstag, Hrsg. Jörg Paul Müller, Bern 1981, 241 – 259.

Häsemeyer, Ludwig; Die Erzwingung richterlicher Entscheidungen, mögliche Reaktionen auf Justizverweigerung, in: Festschrift für Karl Michaelis zum 70. Geburtstag am 21. Dezember 1970, Hrsg. Martin Pawlowski, Göttingen 1972, 135 – 150.

Handbuch der Europäischen Grundrechte; Hrsg. Sebastian Heselhaus, Carsten Nowak, München, Wien, Bern 2006 (zitiert: HEuGR/*Bearbeiter).*

Hannich, Rolf/ Meyer-Seitz, Christian (Hrsg.); ZPO-Reform 2002 mit Zustellungsreformgesetz, München 2002.

Haremza, Sascha; Der untätige Verwaltungsrichter – Notwendigkeit eines Untätigkeitsbeschwerdengesetzes, Jur. Diss., Regensburg 2009.

Henkel, Heinrich; Einführung in die Rechtsphilosophie, 2. Auflage, München 1977.

Hinz, Werner; Zulassungsberufung und Abhilfeverfahren nach der ZPO-Reform, WuM 2002, 3 – 9.

Huber, Michael; Anhörungsrüge bei Verletzung des Anspruchs auf rechtliches Gehör, JuS 2005, 109 - 113.

Hübsch, Gerbert; Wird die Rüge der Verletzung des rechtlichen Gehörs im Zivilprozess neu geregelt?, DRiZ 1980, 140 – 141.

Hummer, Rüdiger; Justizgewährung und Justizverweigerung in verfassungsrechtlicher Sicht, Jur. Diss., Marburg 1972.

Isensee, Josef/ Kirchhof, Paul (Hrsg.), Handbuch des Staatsrechts der Bundesrepublik Deutschland,
- Band II, Verfassungsstaat, 3. Auflage, Heidelberg 2004,
- Band VI, Freiheitsrechte, Heidelberg 1989,

(zitiert: Isensee/Kirchhof/*Bearbeiter*).

Jaeger, Gerold M., Neue Perspektiven für die Beschleunigungsbeschwerde aufgrund des allgemeinen Justizgewährungsanspruchs? zugleich eine Anmerkung zu VGH Bad.-Württ., Beschl. v. 20.03.2003, VBlBW 2003, 364, VBlBW 2004, 128 – 137.

Jakob, Dominique, Zulässigkeit und Zukunft der Untätigkeitsbeschwerde im Zivilprozess, ZZP 119 (2006), 303 – 330.

Jarass, Hans/ Pieroth, Bodo, Grundgesetz für die Bundesrepublik Deutschland, Kommentar, 9. Auflage, München 2007.

Jauernig, Othmar, Außerordentliche Rechtsbehelfe, in: Festschrift für Ekkehard Schumann zum 70. Geburtstag, Hrsg. Peter Gottwald, Herbert Roth, Tübingen 2001, 241 – 258.

Kadelbach, Stefan, Der Status der Europäischen Menschenrechtskonvention im deutschen Recht, Jura 2005, 480 – 486.

Kahlke, Gerhard, Zulassung der Berufung wegen Verletzung des rechtlichen Gehörs, NJW 1985, 2231 – 2236.

Kalthoener, Elmar/ Büttner, Helmut/ Wrobel-Sachs, Hildegard , Prozess- und Verfahrenskostenhilfe, Beratungshilfe, 5. Auflage, München 2010.

Kemper, Rolf, Wirksamer gerichtlicher Rechtsschutz als „Frage der Zeit", NJ 2003, 393 – 396.

Kenntner, Markus, Das BVerfG als subsidiärer Superrevisor?, NJW 2005, 785 – 848.

ders., Vom „Hüter der Verfassung" zum „Pannenhelfer der Nation"? –zur Kontrolldichte im Verfahren der Urteilsverfassungsbeschwerde –, DÖV 2005, 269 – 280.

Kerwer, Christof, Rechtsschutz gegen Wiedereinsetzung in den vorigen Stand bei Verletzung des rechtlichen Gehörs – BGHZ 130, 97, JuS 1997, 592 – 598.

Kettinger, Alexander, Die Verletzung von Verfahrensgrundrechten - Die Flucht des Gesetzgebers vor seiner Verantwortung, ZRP 2006, 152 – 155.

ders., Ein Plädoyer gegen die „Beerdigung" von außerordentlichen Rechtsbehelfen, DVBl. 2006, 1151 – 1155.

ders., Geschäftsverteilung und wirksamer Rechtsschutz im Rahmen des § 321 a ZPO, JR 2006, 443 – 447.

ders., Die Verfahrensgrundrechtsrüge. Das Anhörungsrügengesetz in der zivilprozessualen Praxis (§ 321 a ZPO), Hamburg 2007, zugl. Jur. Diss., Bayreuth 2007 (zitiert: *Kettinger*, Verfahrensgrundrechtsrüge).

ders., Die Verletzung von Verfahrensgrundrechten – Reicht eine Verfassungsbeschwerde? – Zugleich Besprechung von VGH Mannheim, Beschl. v. 2.2.2005 – 3 S 83/05, BayVBl. 2007, 489 – 492.

Kirchhof, Paul, Verfassungsrechtliche Maßstäbe für die Verfahrensdauer und für die Rechtsmittel, in: Staat und Völkerrechtsordnung, Festschrift für Karl Doehring zum 17. März 1989, Hrsg. Kay Hailbronner, Georg Ress, Torsten Stein, Berlin, Heidelberg, New York, London, Paris, Tokyo, Hong Kong 1989, 439 – 457.

Kissel, Otto-Rudolf, Gibt es eine Untätigkeitsbeschwerde im Rahmen des Verfahrens der Freiwilligen Gerichtsbarkeit?, ZZP 69 (1951), 3 – 19.

Kissel, Otto-Rudolf/ Mayer, Herbert, Gerichtsverfassungsgesetz, Kommentar, 4. Auflage, München 2005.

Klein, Eckart, Subsidiarität der Verfassungsgerichtsbarkeit und Subsidiarität der Verfassungsbeschwerde, in: Festschrift für Wolfgang Zeidler, Hrsg. Walter Fürst, Roman Herzog, Dieter C. Umbach, Band 2, Berlin, New York 1987, Band 2, 1305 – 1323.

Klein, Hans H., Rechtsweg und Justizverweigerung, JZ 1963, 591 – 593.

Kleine-Cosack, Michael, Verfassungsbeschwerden und Menschenrechtsbeschwerde. Tipps und Taktik, 2. Auflage, Heidelberg 2007.

Kloepfer, Michael, Verfahrensdauer und Verfassungsrecht, JZ 1979, 209 – 216.

Klose, Bernhard, Wie lange darf effektiver Rechtsschutz dauern?, NJ 2004, 241 – 245.

Kommentar zum Bonner Grundgesetz, Bearbeitet von H.J. Abraham u.a., Loseblatt, Band 4, Art. 15 – 19, Stand: 143. Aktualisierung (Dezember 2009) (zitiert: *Bearbeiter*, in: BK).

Krämer, Achim, Anhörungsrüge und modifizierte Anhörungsrüge, AnwBl 1998, 617 – 622.

Kraheberger, Dieter, Die außerordentliche Beschwerde im Verwaltungsprozess, DÖV 2002, 19 – 24.

Kramer, Ernst A., Juristische Methodenlehre, 2. Auflage, Bern 2005.

Kreft, Gerhart, „Greifbare Gesetzwidrigkeit“ – Gedanken zur Entlarvung eines Phantoms, in: Der verfasste Rechtsstaat, Festgabe für Karin Graßhof, Hrsg. von Gerd Pfeiffer, Udo Burgermeister, Gerald Roth, Heidelberg 1998, 185 – 197.

Kroppenberg, Inge, Zum Rechtsschutzbereich der Rüge gemäß § 321 a ZPO, ZZP 116 (2003), 423 – 446.

dies., Rechtsschutz gegen den untätigen Zivilrichter, ZZP 119 (2006), 177 – 198.

Küper, Wilfried, Die Richteridee der Strafprozessordnung und ihre geschichtlichen Grundlagen, Berlin 1967.

Kummer, Peter, Die Gegenvorstellung, in: Festschrift für Otto Ernst Krasney zum 65. Geburtstag am 16. Dezember 1997, Hrsg. von Wolfgang Gitter, Bertram Schulin, Hans F. Zacher, München 1997, 277 – 299.

Kunze, Axel, Das amtsgerichtliche Bagatellverfahren gemäß § 495 a ZPO und die Subsidiarität des BVerfG, NJW 1995, 2154 – 2155.

Lansnicker, Frank/ Schwirtzek, Thomas, Rechtsverhinderung durch überlange Verfahrensdauer – Verletzung des Beschleunigungsgebots nach Art. 6 I 1 EMRK, NJW 2001, 1969 – 1974.

Larenz, Karl/ Canaris, Claus-Wilhelm, Methodenlehre der Rechtswissenschaft, 3. Auflage, Berlin, Heidelberg, New York, Barcelona, Budapest, Hong Kong, London, Mailand Paris, Tokyo 1995.

Larenz, Karl, Methodenlehre der Rechtswissenschaft, 6. Auflage, Berlin, Heidelberg, New York, London, Paris, Tokyo, Hong Kong, Barcelona, Budapest, 1991.

Lechner, Hans/ Zuck, Rüdiger, Bundesverfassungsgerichtsgesetz, Kommentar, 5. Auflage, München 2006.

Lipp, Volker, Beschwerden wegen „greifbarer Gesetzeswidrigkeit" nach der ZPO-Reform 2002, NJW 2002, 1700 – 1702.

Looschelders, Dirk/ Roth, Wolfgang, Juristische Methodik im Prozess der Rechtsanwendung, Zugleich ein Beitrag zu den verfassungsrechtlichen Grundlagen von Gesetzesauslegung und Rechtsfortbildung, Berlin 1996.

Lorenz, Dieter, Der Rechtsschutz des Bürgers und die Rechtsweggarantie, München 1973.

ders., Der grundrechtliche Anspruch auf effektiven Rechtsschutz, AöR 105 (1980), 623 – 649.

Lotz, Michael, Die „greifbare Gesetzeswidrigkeit" – eine den Wertentscheidungen des Grundgesetzes Rechnung tragende Rechtsschöpfung des BGH?, NJW 1996, 2130 – 2133.

Luczak, Anna Katharina, Wirksame Beschwerdemöglichkeiten im Sinne der Art. 6 I, 13 EMRK; Rechtsvergleichendes Gutachten zu den Regelungen in den Unterzeichnerstaaten der EMRK, 30. April 2006.

Lüke, Wolfgang, Zivilprozessrecht: Erkenntnisverfahren, Zwangsvollstreckung, 9. Auflage, München 2006.

Mangoldt, Hermann von (Begr.)/ *Klein, Friedrich* (Fortgef.)/ *Starck, Christian* (Hrsg.), Kommentar zum Grundgesetz,
- Präambel, Artikel 1 bis 19, 5. Auflage, München 2005,
- Art. 20 bis 78, 5. Auflage, München 2005,
- Art. 79 bis 146, 5. Auflage, München 2005

(zitiert: *Bearbeiter*, in: v. Mangoldt/Klein/Starck).

Maunz/Dürig, Grundgesetz. Kommentar, Begr. Theodor Maunz, Günter Dürig, Hrsg. Roman Herzog, Matthias Herdegen, Rupert Scholz, Hans H. Klein,
- Band III: Art. 17- 27 GG,
- Band IV: Art. 28 – 69 GG,
- Band V: Art. 70 – 99 GG,

57. Auflage, München 2010: 57. Ergänzungslieferung, Januar 2010, (zitiert: *Bearbeiter*, in: Maunz/Dürig).

Maurer, Hartmut, Staatsrecht I, 6. Auflage, München 2010 (zitiert: *Maurer*, Staatsrecht).

ders., Allgemeines Verwaltungsrecht, 16. Auflage, München 2006 (zitiert: *Maurer*, Verwaltungsrecht).

Meyer-Ladewig, Jens, Rechtsbehelfe gegen Verzögerungen im gerichtlichen Verfahren – zum Urteil des EGMR Kudla/Polen, NJW 2001, 2679 – 2680.

ders., Europäische Menschenrechtskonvention, Handkommentar, 2. Auflage, Baden-Baden 2006.

Milej, Tomasz, Von Kudla bis Scordino. Die polnischen Rechtsbehelfe gegen die Verletzung des Rechts auf ein Verfahren innerhalb angemessener Frist in rechtsvergleichender Perspektive, OstEuR 2006, 337 – 364.

Müller, Hans-Friedrich, Abhilfemöglichkeiten bei der Verletzung des Anspruchs auf rechtliches Gehör nach der ZPO-Reform, NJW 2002, 2743 – 2747.

Münch, Ingo von (Begr.)/ *Kunig, Philip* (Hrsg.), Grundgesetz-Kommentar,
- Band 1, Präambel bis Art. 19, 5. Auflage, München 2000,
- Band 2, Art. 20 bis Art. 69, 4./5. Auflage, München 2001,
- Band 3, Art. 70 bis Art. 146, 4./5. Auflage, München 2003,

(zitiert: *Bearbeiter*, in: von Münch/Kunig).

Münchener Kommentar zum Bürgerlichen Gesetzbuch, Hrsg. Kurt Rebmann, Franz Jürgen Säcker, Roland Rixecker, Band 5: Schuldrecht, Besonderer Teil III, §§ 705 – 853, Partnerschaftsgesellschaftsgesetz, Produkthaftungsgesetz, 5. Auflage, München 2009 (zitiert: MünchKommBGB/*Bearbeiter*).

Münchener Kommentar zur Zivilprozessordnung mit Gerichtsverfassungsgesetz und Nebengesetzen, 1. Auflage, Hrsg. Gerhard Lüke, Alfred Walchshöfer,

- Band 2, §§ 355 – 802, München 1992 (zitiert: MünchKommZPO/*Bearbeiter,* 1. Auflage),
- Aktualisierungsband ZPO-Reform 2002 und weitere Reformgesetze, 2. Auflage, München 2002 (zitiert: MünchKommZPO/Aktualisierungsbd/*Bearbeiter*),
- 3. Auflage, Hrsg. Thomas Rauscher, Peter Wax, Joachim Wenzel, Band 1: §§ 1 – 510 c, 3. Auflage, München 2008, Band 2: §§ 511 – 945, 3. Auflage, München 2007. (zitiert: MünchKommZPO/*Bearbeiter*).

Musielak, Hans-Joachim (Hrsg.), Zivilprozessordnung, Kommentar, 5. Auflage, München 2007 (zitiert: Musielak/*Bearbeiter*).

ders., Neue Fragen im Zivilverfahrensrecht, JuS 2002, 1203 – 1207.

ders., Grundkurs ZPO, 10. Auflage, München 2010 (zitiert: *Musielak*, GK ZPO).

Nassall, Wendt, Anhörungsrügengesetz – nach der Reform ist vor der Reform, ZRP 2004, 164.

Neue Richtervereinigung, Stellungnahme des Bundesverbandes der NRV vom 17.09.2005 zum Entwurf eines Untätigkeitsbeschwerdengesetzes, abrufbar unter www.nrv-net.de, zuletzt abgerufen am 06.09.2010 (zitiert: NRV, Stellungnahme vom 17.09.2005).

Neue Richtervereinigung, Schreiben vom 15.11.2006 an den Menschenrechtskommissar des Europarats, Thomas Hammarberg, abrufbar unter www.nrv-net.de, zuletzt abgerufen am 06.09.2010 (zitiert: NRV, Schreiben vom 15.11.2006 an den Menschenrechtskommissar des Europarats).

dies., Stellungnahme zum Referentenentwurf für ein „Gesetz über den Rechtsschutz bei überlangen Gerichtsverfahren und strafrechtlichen Ermittlungsverfahren“ vom 31.05.2010, abrufbar unter www.nrv-net.de, zuletzt abgerufen am 06.09.2010 (zitiert: Stellungnahme der NRV vom 31.05.2010).

Niemann, Karl-Heinz/ Herr, Gunther, Zulässigkeit einer außerordentlichen Berufung wegen Verletzung des rechtlichen Gehörs?, ZRP 2000, 278 – 282.

Oelkers, Harald, Sorge- und Umgangsrecht in der Praxis, 2. Auflage, 2004.

Ossenbühl, Fritz, Anmerkung zu BGH, Urteil v. 11.1.2007 – III ZR 302/05, JZ 2007, 690 – 691.

Otto, Kai-A., Der Anspruch auf ein Verfahren innerhalb angemessener Zeit, Pfaffenweiler 1995, zugl. Diss., Mainz 1994.

Pache, Eckhard, Das europäische Grundrecht auf einen fairen Prozess, NVwZ 2001, 1342 – 1347.

Pache, Eckhard/ Knauff, Matthias, Zum grundrechtsgleichen Anspruch auf Rechtsschutz gegen den Richter, BayVBl. 2004, 385 – 388.

Pape, Gerhard, Selbstkorrektur oder außerordentliche Beschwerde wegen „greifbarer Gesetzwidrigkeit"?, NZI 2003, 12 – 17.

Papier, Hans-Jürgen, Richterliche Untätigkeit und Dienstaufsicht, NJW 1990, 8 – 14.

Pawlowski, Hans-Martin, Zu den „außerordentlichen Beschwerden" wegen „greifbarer Gesetzeswidrigkeit", Festschrift für Egon Schneider zum 70. Geburtstag, Berlin 1997, 39 – 64 (zitiert: *H.-M. Pawlowski*, FS für Schneider).

Pawlowski, Sibylle, Zum außerordentlichen Rechtsschutz gegen Urteile und Beschlüsse bei Verletzung des Rechts auf Gehör nach Art. 103 Abs. 1 GG durch die Zivilgerichtsbarkeit. Ein Beitrag zur Lehre von der „greifbaren Gesetzwidrigkeit", Berlin 1994, zugl. Jur. Diss., Tübingen 1992 (zitiert: *S. Pawlowski*).

PEBB§Y-Gutachten, Erarbeitung eines Systems der Personalbedarfsberechnung für den mittleren und Kanzleidienst sowie für den einfachen Dienst in der ordentlichen Gerichtsbarkeit, August 2002, abrufbar unter www.mj.niedersachsen.de zuletzt abgerufen am 07.09.2010 (zitiert: PEBB§Y-Gutachten).

Peters, Egbert, Rechtsbehelfe gegen Untätigkeit, in: Wege zur Globalisierung des Rechts, Festschrift für Rolf A. Schütze zum 65. Geburtstag, Hrsg. Reinhold Geimer, München 1999, 661 – 669.

Pieroth, Bodo/ Schlink, Bernhard, Grundrechte, Staatsrecht II, 21. Auflage, Heidelberg 2005.

Piorreck, Karl Friedrich, Der Gesetzesentwurf eines Untätigkeitsbeschwerdengesetzes ist vom Tisch – das Problem rechtsstaatswidriger Verfahrensverzögerungen aber nicht, Referat auf der Tagung der Evangelischen Akademie Arnoldshain in Zusammenarbeit mit dem Hessischen Richterbund: „Europarecht in der Praxis" am 14. und 15.06.2008, abrufbar unter www.hefam.de, zuletzt abgerufen am 06.09.2010.

Poelzig, Dörte, Die „Vorlagerüge" gemäß § 321 a ZPO analog, ZZP 121 (2008), 233 – 247.

Polep, Tanja/ Rensen, Hartmut, Die Gehörsrüge (§ 321 a ZPO). Leitfaden für die Praxis, Berlin 2004.

Posser, Herbert, Die Subsidiarität der Verfassungsbeschwerde, Berlin 1993, zugl. Jur. Diss., Münster 1993.

Posser, Herbert/ Wolff, Heinrich Amadeus, VwGO, Beck`scher Online-Kommentar, Stand: 01.07.2010, (zitiert: Posser/Wolff/*Bearbeiter*).

Raisch, Peter, Juristische Methoden, Vom antiken Rom bis zur Gegenwart, Heidelberg 1995.

Redeker, Konrad, Kann eine Untätigkeitsbeschwerde helfen?, NJW 2003, 488 – 489.

ders., Verfahrensgrundrechte und Justizgewähranspruch, NJW 2003, 2956 – 2958.

Rensen, Hartmut, Die Gehörsrüge nach In-Kraft-Treten des Anhörungsrügengesetzes, MDR 2005, 181 – 184.

Rimmelspacher, Bruno, Zum Verhältnis der Nichtzulassungsbeschwerde nach § 544 Abs. 1 S. 1 zur Gehörsrüge, LMK 2005, 94.

Rixe, Georg, Anm. zu EGMR, Urteil vom 8.6.2006 (Sürmeli./.Deutschland), FamRZ 2007, 1453 – 1458.

Rößler, Gerhard, Auch weiterhin außerordentliche Beschwerden wegen greifbarer Gesetzwidrigkeit?, BB 2003, 1710 – 1711.

Roller, Steffen, Der Gesetzesentwurf eines Untätigkeitsbeschwerdegesetzes, DRiZ 2007, 82 – 87.

ders., Möglichkeiten des Gesetzgebers zu einer Beschleunigung gerichtlicher Verfahren, ZRP 2008, 122 – 123.

Rosenberg, Leo/ Schwab, Karl Heinz/ Gottwald, Peter, Zivilprozessrecht,
- 16. Auflage, München 2004,
- 17. Auflage, München 2010.

Rüsken, Reinhart, Wird die Gegenvorstellung abgeschafft?, Die Anrufung des gemeinsamen Senats durch den BFH, NJW 2008, 481 – 484.

Rüthers, Bernd, Rechtstheorie, 4. Auflage, München 2008.

Rugullis, Sven, Die höchstrichterliche Rechtsprechung zu unanfechtbaren Beschlüssen, KTS 2004, 15 – 39.

Sachs, Michael (Hrsg.), Grundgesetz, Kommentar, 5. Auflage, München 2009 (zitiert: *Bearbeiter,* in: Sachs).

Saenger, Ingo (Hrsg.), Zivilprozessordnung, Handkommentar, 3. Auflage, Baden-Baden 2009 (zitiert: Hk-ZPO/*Bearbeiter*).

Sangmeister, Bernd, Rechtsbehelfe gegen „unanfechtbare“ Entscheidungen: Die Gewährleistung des rechtlichen Gehörs als Umsetzungs- und nicht als Erkenntnisproblem der gerichtlichen Praxis, in: Gestaltung und Abwehr im Steuerrecht, Festschrift für Klaus Korn zum 65. Geburtstag, Hrsg. Dieter Carlé, Rudolf Stahl, Martin Strahl, Bonn 2005, 657 – 698.

ders., „Oefters todtgesagt bringt langes Leben“ – Doch noch ein (kleiner) Hoffnungsschimmer für die Anhörungsrüge?, NJW 2007, 2363 – 2369.

Schachtschneider, K.A., Das Rechtsstaatsprinzip des Grundgesetzes, JA 1978, 237 – 244.

Schenke, Wolf-Rüdiger, Außerordentliche Rechtsbehelfe im Verwaltungsprozessrecht nach Erlass des Anhörungsrügengesetzes, NVwZ 2005, 729 – 739.

ders., Verfassungsrechtliche Garantie eines Rechtsschutzes gegen Rechtsprechungsakte?, JZ 2005, 116 – 126.

Scheuch, Silke/ Lindner, Richard, Rechtsbehelfe bei der Verletzung von Verfahrensgrundrechten – Die Folgen der Plenarentscheidung des Bundesverfassungsgerichts vom 30.4.2003 (ZIP 2003, 1102 ff.) für den Zivilprozess, ZIP 2004, 973 – 981.

Schiedermair, Gerhard, Die Anordnung der erst künftig durchführbaren erbbiologischen Untersuchung durch Beweisbeschluss des Prozessgerichts, FamRZ 1955, 282 – 284.

ders., Anm. zu OLG Hamm, Beschluss v. 28.5.2958, FamRZ 1958, 379, 382.

Schilken, Eberhard, Die Sicherung der Unabhängigkeit der Dritten Gewalt, JZ 2006, 860 – 863.

ders., Zivilprozessrecht, 5. Auflage, Köln, Berlin, München 2006 (zitiert: *Schilken*, ZPO).

Schlaich, Klaus/ Korioth, Stefan, Das Bundesverfassungsgericht, Stellung, Verfahren, Entscheidungen, 7. Auflage, München 2007.

Schlette, Volker, Der Anspruch auf gerichtliche Entscheidung in angemessener Frist, Verfassungsrechtliche Grundlagen und praktische Durchsetzung, Berlin 1999.

Schmalz, Dieter, Methodenlehre für das juristische Studium, 4. Auflage, Baden-Baden 1998.

Schmidt, Uwe, Abhilfeverfahren gemäß § 321 a ZPO n.F. – Selbstkorrektur der Gerichte bei Verfahrensverletzungen, MDR 2002, 915 – 918.

Schmidt-Räntsch, Günther/ Schmidt-Räntsch, Jürgen, Deutsches Richtergesetz, Richterwahlgesetz, Kommentar, 6. Auflage, München 2009.

Schnabl, Daniel, Die Anhörungsrüge nach § 321 a ZPO. Gewährleistung von Verfahrensgrundrechten durch die Fachgerichte, Jur. Diss., Tübingen 2007.

Schneider, Egon, Die Rechtsmittelfähigkeit von Einstellungsbeschlüssen nach §§ 707, 719, 769 ZPO, MDR 1980, S. 529 – 532.

ders., Grundrechtsverstöße als greifbare Gesetzwidrigkeit, MDR 1997, 991 – 994.

ders., Kein Rechtsschutz gegen faule Richter?, MDR 1998, 1397 – 1399.

ders., Tendenzen und Kontroversen in der Rechtsprechung, MDR 1998, 252 – 256.

ders., Ausnahmebeschwerde und Ausnahmeberufung, MDR 2001, 845 – 848.

ders., Ausnahmebeschwerde wegen greifbarer Gesetzwidrigkeit und Gehörsrüge, MDR 2002, 1047 – 1049.

ders., Praxis der neuen ZPO, 2. Auflage, Recklinghausen 2003.

ders., Verzögerte Prozesskostenhilfe, MDR 2004, 1097 – 1098.

ders., Zulässigkeit der Untätigkeitsbeschwerde, MDR 2005, 430.

ders., Die Gehörsrüge – eine legislative Missgeburt, in: RVG - Probleme und Chancen, Festschrift für Wolfgang Madert zum 75. Geburtstag, Hrsg. Hans Helmut Bischof, München 2006, 187 – 204.

ders., Gehörsrüge des § 321 a ZPO – Anhörungsrüge, Ausnahmeberufung, Ausnahmebeschwerde, Willkürverbot, MDR 2006, 969 – 976.

Schoch, Friedrich/ Schmidt-Aßmann, Eberhard/ Pietzner, Rainer (Hrsg.), Verwaltungsgerichtsordnung, Kommentar, Band II, 20. Auflage 2010, 19. Ergänzungslieferung; Stand: November 2009 (zitiert: *Bearbeiter*, in: Schoch/Schmidt-Aßmann/Pietzner).

Schoenfeld, Christoph, Die Anhörungsrüge nach § 133 a FGO – Voraussetzungen und Stellung im System der außerordentlichen Rechtsbehelfe, DB 2005, 850 – 855.

Schütt, Ernst, Anm. zu BGH, Beschluss v. 28.10.1998 – VIII ZR 190/98, MDR 1999, 248 – 249.

Schütz, Carsten, Der ökonomisierte Richter. Gewaltenteilung und richterliche Unabhängigkeit als Grenzen Neuer Steuerungsmodelle, Berlin 2005, zugl. Jur. Diss., Würzburg 2004.

Schumann, Ekkehard, Die Gegenvorstellung im Zivilprozessrecht, in: Festschrift für Gottfried Baumgärtel zum 70. Geburtstag, Hrsg. Hanns Prütting, Köln, Berlin, Bonn, München 1990, 491 – 502.

ders., Die Wahrung des Grundsatzes des rechtlichen Gehörs – Dauerauftrag für das BVerfG?, NJW 1985, 1134 – 1140.

Schuschke, Winfried, Ende des Behelfs „greifbare Gesetzwidrigkeit“ im Wohnungseigentumsverfahren?, NZM 2003, 463 – 466.

Schwab, Martin, Grundzüge der Zivilprozessordnung, 2. Auflage, Heidelberg, München, Landsberg, Berlin 2007.

Seer, Roman/ Thulfaut, Kai, Die neue Anhörungsrüge als außerordentlicher Rechtsbehelf im Steuerprozess, BB 2005, 1085 – 1088.

Seidel, Christiane, Außerordentliche Rechtsbehelfe, Verfassungsbeschwerden vor dem Fachgericht, Jur. Diss., Konstanz 2003.

Seiler, Frank, Die Anhörungsrüge in der Revisionsinstanz, AnwBl. 2006, 378 – 380.

Seiler, Frank/ Wunsch, Lutz, Statthaftigkeit und Zulässigkeit der Rechtsbeschwerde, NJW 2003, 1840 – 1845.

Sodan, Helge, Der Grundsatz der Subsidiarität der Verfassungsbeschwerde, DÖV 2002, 925 – 935.

ders., Qualitätsmaßstäbe für die Justiz?, NJW 2003, 1494 – 1496.

ders., Das Spannungsverhältnis von Qualität und Quantität in der Justiz, DÖV 2005, 764 – 771.

Spranger, Tade Matthias, Verfassungsrecht im Korsett des Prozessrechts, AöR 127 (2002), 27 – 71.

Stabel, Julie, Der Anspruch auf angemessene Dauer eines verwaltungsgerichtlichen Verfahrens, Hamburg 2006, zugl. Jur. Diss., Erlangen-Nürnberg 2006.

Stackmann, Nikolaus, Die Neugestaltung des Berufungs- und Beschwerdeverfahrens in Zivilsachen durch das Zivilprozessreformgesetz, NJW 2002, 781 – 789.

ders., Die erfolgversprechende Berufungsschrift in Zivilsachen, NJW 2003, 169 – 175.

Steger, Andreas, Überlange Verfahrensdauer bei öffentlich-rechtlichen Streitigkeiten vor deutschen und europäischen Gerichten, Auswirkungen, Ursachen, Abhilfemöglichkeiten, Rechtsschutzmöglichkeiten, Berlin 2008, zugl. Jur. Diss., Bonn 2008.

Stein/Jonas, Kommentar zur Zivilprozessordnung,

- 21. Auflage bearbeitet von Reinhard Bork, Wolfgang Brehm, Wolfgang Grunsky, Dieter Leipold, Wolfgang Münzberg, Herbert Rotz, Peter Schlosser, Ekkehard Schumann, Band 5, Teilband, §§ 511 – 591, Tübingen 1994, (zitiert: Stein/Jonas/Bearbeiter, 21. Auflage),
- 22. Auflage bearbeitet von Christian Berger, Reinhard Bork, Wolfgang Brehm, Wolfgang Grunsky, Dieter Leipold, Wolfgang Münzberg, Paul Oberhammer, Herbert Roth, Peter Schlosser, Gerhard Wagner,
  - Band 2: §§ 41 – 127 a, Tübingen 2004,
  - Band 3: §§ 128 – 252, Tübingen 2005,
  - Band 5: §§ 328 – 510 b, Tübingen 2006,

  (zitiert: Stein/Jonas/*Bearbeiter*).

Steinbeiß-Winkelmann, Christine, Überlange Gerichtsverfahren – der Ruf nach dem Gesetzgeber,ZRP 2007, 177 – 208.

Stern, Klaus, Das Staatsrecht der Bundesrepublik Deutschland, Band I: Grundbegriffe und Grundlagen des Staatsrechts. Strukturprinzipien der Verfassung, 2. Auflage, München 1984.

Stürner, Michael, Die Anfechtung von Zivilurteilen. Eine funktionale Untersuchung der Rechtsmittel im deutschen und englischen Recht, München 2002, zugl. Jur. Diss., München 2002.

Tappeiner, Christian, Die außerordentliche Beschwerde im Zivilprozess, Jur. Diss., Frankfurt a.M. 1998.

Terhechte, Jörg Philipp, Zum Amtshaftungsanspruch bei Organisationsmängeln innerhalb der Dritten Gewalt – zugleich ein Beitrag zum Rechtsschutz gegen den untätigen Richter, DVBl 2007, 1134 – 1143.

Thomas, Heinz/ Putzo, Hans, Zivilprozessordnung mit Gerichtsverfassungsgesetz, den Einführungsgesetzen und europarechtlichen Vorschriften, Kommentar, 31. Auflage, München 2010 (zitiert: Thomas/Putzo/*Bearbeiter*).

Treber, Jürgen, Neuerungen durch das Anhörungsrügengesetz, NJW 2005, 97 – 101.

Treder, Lutz, Methoden und Technik der Rechtsanwendung, Eine systematische Einführung mit Beispielen, Heidelberg 1998.

Ulrici, Bernhard, Das Anhörungsrügengesetz, Jura 2005, 368 – 372.

Umbach, Dieter C./ Clemens, Thomas/ Dollinger, Franz-Wilhelm (Hrsg.), Bundesverfassungsgerichtsgesetz, Mitarbeiterkommentar und Handbuch, 2. Auflage, Heidelberg 2005 (zitiert: Umbach/Clemens/Dollinger/*Bearbeiter*).

Verband sächsischer Verwaltungsrichterinnen und Verwaltungsrichter, Stellungnahme des Verbandes sächsischer Verwaltungsrichterinnen und Verwaltungsrichter zum Entwurf eines Gesetzes über die Rechtsbehelfe bei Verletzung des Rechts auf ein zügiges gerichtliches Verfahren (Untätigkeitsbeschwerdengesetz), BDVR-Rundschreiben 06/2005, S. 153.

Völker, Mallory, Hauptsacheentscheidung durch das Beschwerdegericht im Rahmen einer Untätigkeitsbeschwerde?! – Eine Stellungnahme zu der Entscheidung des OLG Naumburg, FF 2005, 144 – 146.

Vollkommer, Max, Die lange Dauer der Zivilprozesse und ihre Ursachen, ZZP 81 (1968), 102 – 135.

ders., Zur Einführung der Gehörsrüge in den Zivilprozess, Festschrift für Ekkehard Schumann zum 70. Geburtstag, Hrsg. Peter Gottwald, Herbert Roth, Tübingen 2001, 507 – 534.

ders., Erste praktische Erfahrungen mit der neuen Gehörsrüge gemäß § 321 a ZPO, in: Festschrift für Hans-Joachim Musielak zum 70. Geburtstag, Hrsg. Christian Heinrich, München 2004, 619 – 654.

ders., Rechtsschutz bei erstmaliger Verletzung von Verfahrensgrundrechten in der Berufungs- und Beschwerdeinstanz im Licht des Plenarbeschlusses des BVerfG vom 30.4.2003, in: Grenzüberschreitungen. Beiträge zum Internationalen Verfahrensrecht und zur Schiedsgerichtsbarkeit, Hrsg. Birgit Bachmann, Stephan Breidenbach, Dagmar Coester-Waltjen, Burkhard Heß, Andreas Nelle, Christian Wolf, Festschrift für Peter Schlosser zum 70. Geburtstag, Tübingen 2005, 1009 – 1023.

ders., Beschwerden wegen „greifbarer Gesetzwidrigkeit“ nach neuem Recht, NJW-Sonderheft BayObLG 2005: „Abschied zum Ende eines Gerichts: gewidmet dem letzten Präsidenten des aufgelösten Bayerischen Obersten Landesgerichts Peter Gummer“, 64 – 70.

Vorwerk, Volkert, Kudla gegen Polen – Was kommt danach?, JZ 2004, 553 – 559.

Voßkuhle, Andreas, Rechtsschutz gegen den Richter. Zur Integration der Dritten Gewalt in das verfassungsrechtliche Kontrollsystem vor dem Hintergrund des Art. 19 Abs. 4 GG, München 1993, zugl. Jur. Diss., München 1991/1992.

ders., Erosionserscheinungen des zivilprozessualen Rechtsmittelsystems, NJW 1995, 1377 – 1384.

ders., Bruch mit einem Dogma: Die Verfassung garantiert Rechtsschutz gegen den Richter, NJW 2003, 2193 – 2200.

Walchshöfer, Alfred, Anmerkung zu OLG Frankfurt, Beschluss v. 22.02.1974, NJW 1974, 2291 – 2292.

Wank, Rolf, Die verfassungsgerichtliche Kontrolle der Gesetzesauslegung und Rechtsfortbildung durch die Fachgerichte, JuS 1980, 545 – 553.

ders., Die Auslegung von Gesetzen, 4. Auflage, Köln, Berlin, München 2008.

Wax, Peter, Von der Beschwerde wegen greifbarer Gesetzeswidrigkeit zur Beschwerde wegen unzumutbarer Härte, in: Verfahrensrecht am Ausgang des 20. Jahrhunderts, Festschrift für Gerhard Lüke zum 70. Geburtstag, Hrsg. Hanns Prütting, Helmut Rüssmann, München 1997, 944 – 960.

Weber-Grellet, Heinrich, (Irr-)Wege aus der Justizmisere, NJW 1990, 1777 – 1778.

Wieczorek/Schütze, Zivilprozessordnung und Nebengesetze, Großkommentar, begründet von Bernhard Wieczorek, herausgegeben von Rolf A. Schütze, 3. Auflage,
- Zweiter Band, 3. Teilband, 1. Teil: §§ 300 – 354, Berlin 2007,
- Dritter Band, 1. Teilband, §§ 542 – 591, Berlin 2005,

(zitiert: Wieczorek/Schütze/*Bearbeiter*).

Wilfinger, Peter, Das Gebot des effektiven Rechtschutzes in Grundgesetz und Europäischer Menschenrechtskonvention, Frankfurt am Main, Berlin, Bern, New York, Paris, Wien 1995, zugl. Jur. Diss., Bochum 1994.

Wittling-Vogel, Almut/ Ulick, Ilona, Kriterien für die Bewertung der Verfahrensdauer nach Art. 6 Abs. 1 EMRK, DRiZ 2008, 87.

Ziekow, Jan, Die Beschleunigungsbeschwerde im Verwaltungsprozess, DÖV 1998, 941 – 951.

ders., Anmerkung zu OVG NW, Beschluss v. 2.12.1997, JZ 1998, 947 – 950.

Zippelius, Reinhold, Juristische Methodenlehre, 10. Auflage, München 2006 (zitiert: *Zippelius*, Methodenlehre).

ders., Rechtsphilosophie, 5. Auflage, München 2007 (zitiert: *Zippelius*, Rechtsphilosophie).

Zippelius, Reinhold/ Würtenberger, Thomas, Deutsches Staatsrecht, 32. Auflage, München 2008 (zitiert: *Zippelius/Würtenberger*).

Zöller, Zivilprozessordnung, Kommentar, bearbeitet von Reinhold Geimer, Reinhard Greger, Peter Gummer, Kurt Herget, Hans-Joachim Heßler, Peter Philippi, Kurt Stöber, Max Vollkommer, 28. Auflage, Köln 2010 (zitiert: Zöller/*Bearbeiter*).

Zuck, Rüdiger, Die Subsidiarität der Verfassungsbeschwerde, Festschrift für Konrad Redeker zum 70. Geburtstag, Rechtsstaat zwischen Sozialgestaltung und Rechtsschutz, Hrsg. Bernd Bender, Rüdiger Breuel, Fritz Ossenbühl, Horst Sendler, München 1993, 213 – 224.

ders., Das Verhältnis von Anhörungsrüge und Verfassungsbeschwerde, dargestellt am Beispiel des § 152 a VwGO, NVwZ 2005, 739 – 743.

ders., Rechtliches Gehör im Zivilprozess – Die anwaltlichen Sorgfaltspflichten nach dem In-Kraft-Treten des Anhörungsrügengesetzes, NJW 2005, 1226 – 1230.

ders., Anwalt oder Gericht – wer sichert das rechtliche Gehör? Gewährleistung und Gewährung des rechtlichen Gehörs vor den Zivilgerichten, AnwBl. 2006, 773 – 779.

ders., Das Recht der Verfassungsbeschwerde, 3. Auflage, München 2006 (zitiert: *Zuck*, Verfassungsbeschwerde).

ders., Rechtspolitik am Scheideweg: Was wird aus der Gegenvorstellung?, ZRP 2008, 44 – 47.

ders., Die Anhörungsrüge im Zivilprozess, Münster 2008 (zitiert: *Zuck*, Anhörungsrüge).

Kolibri 360 GmbH
Ferdinand-Jühlke-Straße 7
99095 Erfurt, Deutschland
produktsicherheit@kolibri360.de